IMMOBILIEN KAUFLEUTE 2

Lernfelder 6–9

Autoren

Manuela Lengwinat · William Münckwitz · Mira Strittmatter · Dr. Dirk Wenzel

unter Mitarbeit der Verlagsredaktion

Cornelsen

IMMOBILIEN KAUFLEUTE 2

Dieses Buch wurde erstellt unter Verwendung von Materialien von:
Oliver Dillmann, Raimund Erger, Kai Franke, Christian Fritz, Ariane Hoffmann, Antje Kost, Antje Licht, Ute Morgenstern, Klaus Otte, Michael Piek, Sandra Pita-Leichsenring, Roswitha Pütz, Katrin Rohde, Michael Rottmeier, Heike Scholz, Anja Seiler, Claudia Simons-Kövér, Gurdrun Vogel-Kammerer†, Sabine Wagner

Wir bedanken uns bei Herrn Kai-Patrick Betke für die inhaltliche Unterstützung in Lernfeld 7.

Verlagsredaktion: Sascha Heinrich, Rebecca Syme
Bildredaktion: Gertha Maly, Christina Scheurerer
Covergestaltung: Ungermeyer
Innenlayout: sofarobotnik GbR, Augsburg und München
Technische Umsetzung: STRAIVE
Titelfoto: Shutterstock.com/SeventyFour

Wir weisen darauf hin, dass die im Lehrwerk genannten Unternehmen und Geschäftsvorgänge frei erfunden sind. Ähnlichkeiten mit real existierenden Unternehmen lassen keine Rückschlüsse auf diese zu. Dies gilt auch für die im Lehrwerk genannten Kreditinstitute, Bankleitzahlen und Buchungsvorgänge.

Soweit in diesem Lehrwerk Personen fotografisch abgebildet sind und ihnen von der Redaktion fiktive Namen, Berufe, Dialoge und Ähnliches zugeordnet oder diese Personen in bestimmte Kontexte gesetzt werden, dienen diese Zuordnungen und Darstellungen ausschließlich der Veranschaulichung und dem besseren Verständnis des Inhalts.

Sämtliche Personenbezeichnungen in diesem Band (z. B. „Schüler", „Lehrer", „Vermieter") gelten selbstverständlich für alle Geschlechter.

www.cornelsen.de

Die Webseiten Dritter, deren Internetadressen in diesem Lehrwerk angegeben sind, wurden vor Drucklegung sorgfältig geprüft. Der Verlag übernimmt keine Gewähr für die Aktualität und den Inhalt dieser Seiten oder solcher, die mit ihnen verlinkt sind.

1. Auflage, 2. Druck 2025

Alle Drucke dieser Auflage können im Unterricht nebeneinander verwendet werden.

Druck: Drukarnia Dimograf Sp. z o.o., Bielsko-Biała

ISBN: 978-3-06-452262-6 (Schulbuch)
ISBN: 978-3-06-452265-7 (E-Book)

PEFC
PEFC/32-31-076
PEFC-zertifiziert
Dieses Produkt stammt aus nachhaltig bewirtschafteten Wäldern und kontrollierten Quellen
www.pefc.pl

Vorwort

Wir freuen uns, dass Sie sich für den Ausbildungsberuf „Immobilienkaufmann/-frau“ entschieden haben. In der nun vor Ihnen liegenden beruflichen Ausbildung werden Sie sich mit den komplexen und anspruchsvollen Leistungsprozessen immobilienwirtschaftlicher Unternehmen auseinandersetzen. Dabei eignen Sie sich z. B. umfassende Kenntnisse über das Vermieten von Wohn- und Gewerberäumen, das Begleiten von Bauprojekten sowie das Begründen und Verwalten von Wohnungseigentum an. Ihre Ausbildung bietet somit eine große Bandbreite spannender Themen. Neben dem reinen Fachwissen geht es in der Ausbildung aber auch darum, sich Handlungskompetenzen anzueignen und themenübergreifendes Arbeiten zu lernen.

Um den Anforderungen des Ausbildungsberufs und der Branche gerecht zu werden, folgt die neubearbeitete Lehrwerksreihe konsequent dem aktuell gültigen Rahmenlehrplan für den Ausbildungsberuf „Immobilienkaufmann/Immobilienkauffrau“.

Vom ersten Erscheinungstermin der Vorgängertitel bis heute sind nicht nur einige Jahre vergangen, auch alle Beteiligten sind um viele Erfahrungen reicher. Der konsequenten Arbeit der Schüler und Schülerinnen, der Lehrkräfte sowie betrieblichen Ausbilder und Ausbilderinnen mit den Lehrwerken haben wir eine Reihe von Anregungen zu verdanken, die in die Neubearbeitung eingeflossen sind.

Das Autorenteam, Praktiker und Praktikerinnen sowie erfahrene Lehrkräfte in der immobilienwirtschaftlichen Ausbildung, legen mit dieser Neubearbeitung Materialien vor, die uneingeschränkt dem Lernfeldkonzept folgen und die für einen erfolgreichen Abschluss der Ausbildung erforderlichen Kenntnisse vermitteln.

Neben den fachlichen Inhalten bietet die Neubearbeitung zu jedem Lernfeld verschiedene Situationen mit Arbeitsaufträgen, die den beruflichen Alltag abbilden und berufliche Anforderungen widerspiegeln. Weitere Aufgaben bieten zudem die Möglichkeit, das Gelernte zu wiederholen und zu festigen.

Mit der Neubearbeitung der Lehrwerksreihe „Immobilienkaufleute“ möchten wir Ihnen ein guter Begleiter auf dem Weg zur Abschlussprüfung sein und den Grundstein legen für einen erfolgreichen Berufseinstieg in die Immobilienwirtschaft. Wir wünschen Ihnen viel Spaß bei der Arbeit mit den neuen Büchern und eine spannende sowie zukunftsweisende Ausbildung.

Berlin, März 2023

Manuela Lengwinat
William Münckwitz
Mira Strittmatter
Dr. Dirk Wenzel
Manfred Wünsche

LF 6

Gewerbliche Objekte bewirtschaften

Situationen

LF 7

Grundstücke erwerben und entwickeln

Situationen

Situationen

Situationen

LF 8

Bauprojekte entwickeln und begleiten

SB ▶ SITUATION 63
Öffentliches Baurecht

SB ▶ SITUATION 64
Bauantrag und Baugenehmigung

Situationen

Situationen

Situationen

Situationen

LF 9

Wohnungseigentum begründen und verwalten

Situationen

Situationen

Firmenportrait:
MEWOH Musterwohn GmbH

MEWOH Musterwohn GmbH
Mieten. Einziehen. Wohlfühlen.

Die MEWOH Musterwohn GmbH ist eine mittelständische Wohnungsbaugesellschaft, deren Erfolgsgeschichte im Jahr 2002 in Leipzig mit dem Zusammenschluss der Jaanson & Kassis Grundstücks- und Wohnungsverwaltung GmbH und der Frank Giger Bauträger GmbH & Co. KG begann. Von Anfang an war es ihr Ziel, bundesweit Wohnraum für jedermann zu erschließen und anzubieten. Mittlerweile verfügt die MEWOH Musterwohn GmbH über ein umfangreiches Wohnungsportfolio mit gut 8 000 Wohneinheiten. Von der kleinen „Studentenbude" bis hin zum exklusiven Loft im Szeneviertel ist für jeden Geschmack etwas dabei. Hinzu kommen zudem ca. 650 Gewerbeeinheiten.

Zu den vielfältigen Aufgaben der MEWOH Musterwohn GmbH gehören u. a. die Verwaltung der eigenen Bestandseinheiten sowie deren Instandhaltung und -setzung. Außerdem bietet sie auch den Service an, Fremdobjekte zu betreuen. Dazu zählen u. a. die WEG-Verwaltung, die Sondereigentumsverwaltung und auch das Verwalten von fremden Gewerbeimmobilien.

Da es eine eigene Baubetreuung gibt, werden entsprechende Planungs- und Überwachungsaufgaben sowie die Durchführung von Modernisierungs- und Sanierungsarbeiten firmenintern übernommen.

Im Jahr 2020 haben Frau Dr. Kerstin Pohl und Herr Karsten Riedel die Geschäftsführung der MEWOH Musterwohn GmbH gemeinschaftlich übernommen. Ihr Mitarbeiterteam setzt sich teils aus erfahrenen und teils aus jüngeren Mitarbeitern zusammen, die mit viel Know-how, Engagement und Motivation die Stützpfeiler des Unternehmens bilden. Außerdem wird das Team durch drei Auszubildende verstärkt. Eine Übersicht über wesentliche Firmendaten gibt die folgende Aufstellung.

Firma
MEWOH Musterwohn GmbH
Fangerstraße 15 – 20
04104 Leipzig

☎ 0341 9321XX-0
🖷 0341 9321XX-9

✉ info@mewoh-musterwohn.dex
🌐 www.mewoh-musterwohn.dex

Rechtsform
Gesellschaft mit beschränkter Haftung (GmbH)
Sitz: Leipzig

Handelsregister
Amtsgericht Leipzig
HRB 61175/413

Geschäftsführung
Dr. Kerstin Pohl
Karsten Riedel

Gesellschafter
Frank Giger
Fenja Jaanson
Halim Kassis
Barbara Ruths

Bankverbindungen
TopBank Leipzig
IBAN: DE24 1001 0700 0060 0521 98
BIC: TOPBE DE729

Vereinsbank Ost
IBAN: DE28 9003 0300 0180 0643 03
BIC: VBOSDEFF XXX

Finanzamt
Leipzig III
Laukenweg 102
04217 Leipzig

Steuernummer
142/0878/497

Betriebsnummer für die Sozialversicherung
75 207 490

Umsatzsteuer ID-Nr.
DE 15788 8081

Anzahl der Beschäftigten
147

Wir sind für Sie da!

Sie sind auf der Suche nach einer Mietwohnung im Großraum Leipzig?

Wollen die Verwaltung Ihres Wohneigentums in kompetente Hände geben?

Spielen mit dem Gedanken, eine Gewerbeimmobilie anzumieten?

Liebäugeln Sie mit dem Kauf einer Wohnimmobilie?

Unser kompetentes Team steht Ihnen mit Rat und Tat zur Seite. Seit 2002 bieten wir Ihnen ein umfangreiches Angebot an immobilienwirtschaftlichen Leistungen. Wir beraten, betreuen und verwalten. In unserem Immobilienbestand findet sich für jeden Geschmack und jeden Anspruch das Richtige. Darüber hinaus engagieren wir uns mit unseren Bauprojekten in der Stadtentwicklung, um das Wohnen in Leipzig und Umgebung moderner und nachhaltiger zu gestalten.

Unsere Leistungen für Sie (Auszug):
- Vertrieb von eigenen Objekten und Fremdobjekten (u. a. Bestandsvertrieb und Akquise)
- Verwaltung von eigenen Objekten und Fremdobjekten (u. a. WEG-Verwaltung, Sondereigentum und Gewerbeimmobilien)
- kaufmännische und technische Bestandsbetreuung

Sie wollen mit uns in Kontakt treten? Dann rufen Sie uns unter 0341 9321XX-0 an. Oder schicken Sie eine Mail an info@mewoh-musterwohn.dex.

Gesellschaftsvertrag

§ 1 Firma und Sitz der Gesellschaft
(1) Die Firma der Gesellschaft lautet:
MEWOH Musterwohn
Gesellschaft mit beschränkter Haftung
(2) Sitz der Gesellschaft ist Leipzig.

§ 2 Gegenstand des Unternehmens
Gegenstand des Unternehmens ist das Errichten, Vermieten und Bewirtschaften von eigenen Immobilien sowie das Betreuen und Verwalten von fremden Immobilien. Die Gesellschaft darf andere Unternehmen gleicher oder ähnlicher Art übernehmen, vertreten und sich an solchen beteiligen. Sie darf auch Zweigniederlassungen errichten.

§ 3 Stammkapital
(1) Das Stammkapital beträgt 500.000 Euro (in Worten: fünfhunderttausend Euro). Davon übernehmen
a) Herr Frank Giger, Stammeinlage: 200.000 Euro,
b) Frau Fenja Jaanson, Stammeinlage: 150.000 Euro,
c) Herr Halim Kassis, Stammeinlage: 50.000 Euro,
d) Frau Barbara Ruths, Stammeinlage: 100.000 Euro.
(2) Alle Gesellschafter leisten ihre Einlagen in Geld.
Je 50 % der Stammeinlage sind sofort zur freien Verfügung der Gesellschaft einzuzahlen, die Restbeträge sind nach Aufforderung der Geschäftsführung zu leisten.

§ 4 Dauer der Gesellschaft, Geschäftsjahr, Kündigung
(1) Die Gesellschaft wird auf unbestimmte Zeit errichtet.
(2) Geschäftsjahr ist das Kalenderjahr.
(3) Jedem Gesellschafter steht ein Kündigungsrecht mit einjähriger Frist zum Jahresende zu.

§ 5 Organe der Gesellschaft
Die Organe der Gesellschaft sind
a) die Geschäftsführung,
b) die Gesellschafterversammlung.

§ 6 Geschäftsführer
(1) Die Geschäftsführung besteht aus einer oder mehreren Personen. Sind mehrere Personen bestellt, so wird die Gesellschaft durch je zwei von ihnen gemeinschaftlich vertreten.
(2) Zum Geschäftsführer wurde bestellt:
Herr Frank Giger. Er ist von den Beschränkungen des § 181 BGB befreit.

§ 7 Gesellschafterversammlung und Stimmrecht
(1) Alljährlich findet innerhalb von 6 Monaten nach Schluss des vorangegangenen Rechnungsjahres eine ordentliche Gesellschafterversammlung statt. Diese beschließt über die
- Feststellung des Jahresabschlusses für das vorangegangene Geschäftsjahr,
- Verwendung des Ergebnisses der Unternehmung,
- Entlastung der Geschäftsführung,
- Wahl einer eventuell zu bestellenden Person für die Abschlussprüfung.

(2) Je 1.000 Euro eines Geschäftsanteils gewähren eine Stimme.

§ 8 Jahresabschluss
Innerhalb der ersten drei Monate nach Abschluss eines Geschäftsjahres hat die Geschäftsführung den Jahresabschluss und den Lagebericht aufzustellen und diese zusammen mit einem Vorschlag zur Ergebnisverwendung der ordentlichen Gesellschafterversammlung vorzulegen. Der Jahresabschluss ist nach den gesetzlichen Vorschriften und Gliederungen zu erstellen.

§ 9 Bekanntmachungen
Bekanntmachungen der Gesellschaft werden im Bundesanzeiger veröffentlicht.
Leipzig, den 03.07.2002

Frank Giger	*Halim Kassis*
Frank Giger	Halim Kassis
Fenja Jaanson	*Barbara Ruths*
Fenja Jaanson	Barbara Ruths

Der Gesellschaftsvertrag wurde von Rechtsanwältin und Notarin Frau Dr. Petra Mehl-Grauer, Leipzig, notariell beglaubigt.
Änderung des Gesellschaftsvertrages § 6 (2) durch die Gesellschafterversammlung am 17. Mai 2020:
Ab dem 01. Juli 2020 werden Frau Dr. Kerstin Pohl und Herr Karsten Riedel zur gemeinschaftlichen Geschäftsführung bestellt. Sie lösen damit Herrn Frank Giger ab. Beide sind von den Beschränkungen des § 181 BGB befreit. Die Änderungen wurden von Rechtsanwältin und Notarin Frau Dr. Claudia Grehl, Leipzig, notariell beglaubigt.

Organigramm (Auszug)

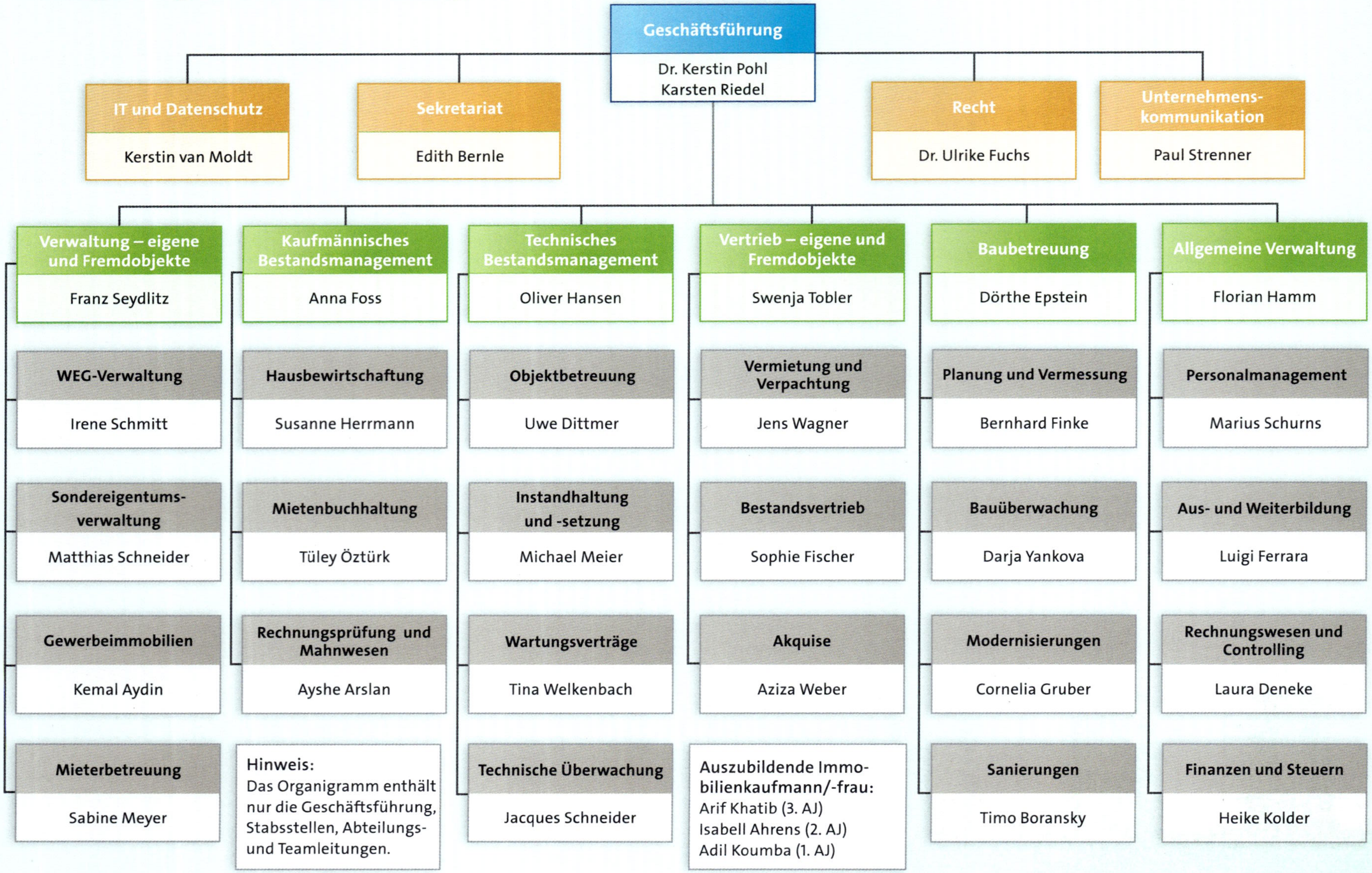

LERNFELD 6

Gewerbliche Objekte bewirtschaften

1 Einführung

Beispiel

Isabell ist inzwischen im zweiten Jahr ihrer Ausbildung zur Immobilienkauffrau. Sie ist etwas aufgeregt, denn heute ist ihr erster Tag in der Abteilung „Gewerbeimmobilien". Bisher hat sie nur den Vermietungsprozess von Wohnimmobilien kennengelernt. Isabell hat schon gehört, dass bei Gewerbeimmobilien einiges etwas anders läuft – aber was genau, davon hat sie momentan noch keine Ahnung.

Zum Glück ist der Abteilungsleiter „Gewerbeimmobilien" Kemal Aydin sehr nett und nimmt Isabell ihre Sorgen: „Mach dir keine Gedanken. Deshalb bist du ja hier. Du wirst in deiner Zeit in unserer Abteilung Schritt für Schritt die Unterschiede zwischen der Vermietung von Gewerbe zu Wohnungen kennenlernen. Das ist halb so wild! Du wirst sehen."

Er erklärt weiter: „Das Gewerberaummietrecht bietet einen größeren gesetzlichen Handlungsspielraum als das Wohnraummietrecht. Dieser größere Spielraum liegt vor allen Dingen darin, dass zahlreiche Mieterschutzvorschriften des BGB für den gewerblichen Mieter nicht greifen. Dennoch kann auch im Gewerberaummietrecht nicht alles jederzeit wirksam vereinbart werden. Vor allem für sogenannte Formularmietverträge gelten strengere Regelungen als für individuell ausgehandelte Mietverträge. Wir bei der MEWOH Musterwohn GmbH arbeiten ausschließlich mit Formularmietverträgen."

Vertragsarten: Formular- und Individualvertrag

▶ Band 1, LF 4, Kap. 1.2.1

Allgemeine Geschäftsbedingungen

▶ Band 1, LF 2, Kap. 3.2

Formularmietvertrag (= Allgemeine Geschäftsbedingungen)	Individualvereinbarung
• vorformulierte Vertragsbedingungen, die eine Vertragspartei (Verwender) der anderen Vertragspartei bei Abschluss eines Vertrags stellt • in einem Vordruck mit mehreren Alternativen ist lediglich eine anzukreuzen bzw. durchzustreichen • unselbstständige Ergänzungen in ergänzungsbedürftige Formulare werden eingetragen • Leerräume durch vorgegebene Alternativen sind auszufüllen	• Vertrag wurde vorher nicht bereits verwendet bzw. es ist nicht geplant, diesen nochmals zu verwenden • Vertrag wird individuell ausgehandelt
→ Der Normalfall	→ Der Sonderfall

Das Verwenden von nicht mehr aktuellen Vordrucken kann z. B. dazu führen, dass ungültige Klauseln enthalten sind.

Immer wieder wird in den folgenden Kapiteln dieses Lernfelds auf den Unterschied zwischen Individualvereinbarung und Formularmietvertrag Bezug genommen. Werden in einem Formularmietvertrag unwirksame Klauseln verwendet, tritt an ihre Stelle die gesetzliche Regelung.

Die folgenden Kapitel geben einen Überblick über das Gewerbemietrecht

- von der Anbahnung und dem Abschluss eines Gewerbemietvertrags,
- der Gestaltung des Gewerbemietvertrags und den damit verbundenen Rechten und Pflichten für Mieter und Vermieter sowie
- der Beendigung des Gewerbemietvertrags.

2 Anbahnung eines Gewerbemietvertrags

SB ▶ SITUATION 47 Anbahnung eines Gewerbemietvertrags

Beispiel

Nach ihrem ersten aufregenden Tag in der Abteilung „Gewerbeimmobilien" gestern geht Isabell heute schon etwas gelassener zur Arbeit. Sie darf heute Stefanie Wagner unterstützen, die schon seit 10 Jahren in der Abteilung „Gewerbeimmobilien" arbeitet. Diese zeigt Isabell gleich, was heute zu tun ist: „Wir haben hier diese freie Gewerbefläche in einem unserer Objekte in zentraler Lage in Leipzig. Bisher waren die Räume an einen Zahnarzt vermietet. Er wollte sich vergrößern – daher wurde der Mietvertrag nicht verlängert. Nun haben wir schon erste Interessenten für die Fläche und müssen einen geeigneten Mieter auswählen." Die freie Gewerbefläche befindet sich im ersten Stock eines Objekts mit Wohn- und Gewerbeimmobilien. Sie verfügt über einen Empfangsbereich, zwei Toilettenräume, einen Technik-/Serverraum und vier weitere Räume zur freien Verfügung. Der Zugang erfolgt über ein Treppenhaus sowie einen Lift.

Bisher gibt es folgende Interessenten:
- **Interessent 1:** Physiotherapiepraxis Lisa Hapke (tätig seit 2005)
- **Interessent 2:** Rechtsanwaltskanzlei Dr. Gerrit Buchholz und Dr. Marita Sonnikow (Neugründung einer Kanzleigemeinschaft für Familienrecht)
- **Interessent 3:** Dufte GmbH, Online-Versandhandel für Gewürze, Geschäftsführung Sarah Rolke (tätig seit 2019)

2.1 Die Mieterauswahl

Die Auswahl eines Gewerbemieters sollte, insbesondere im Hinblick auf die teilweise langen Vertragslaufzeiten, wohlüberlegt sein und anhand von geeigneten Kriterien und Unterlagen erfolgen. Einige Kriterien, die üblicherweise bei der Entscheidungsfindung herangezogen werden, zeigt die folgende Übersicht.

Laufzeit eines Gewerbemietvertrags

▶ LF 6, Kap. 4.6

Kriterien zur Auswahl eines Gewerbemieters

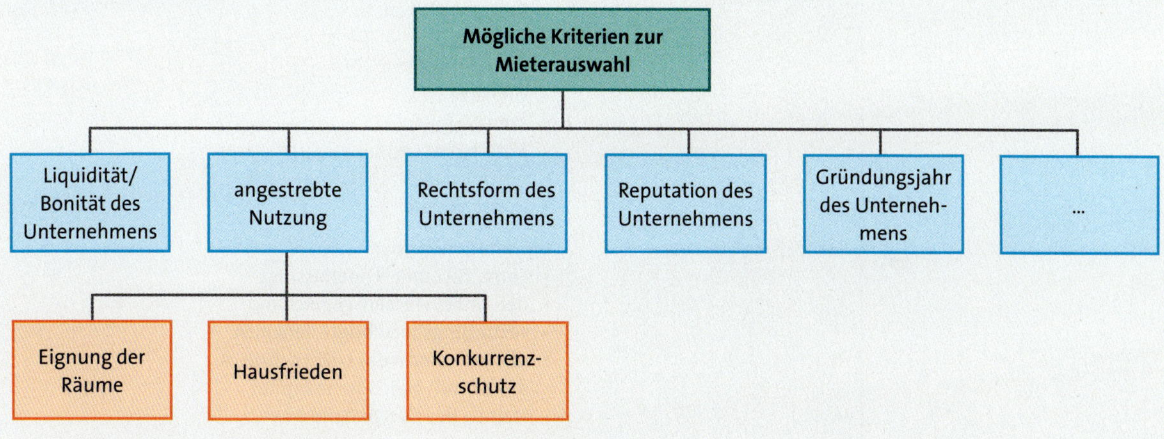

Handelsregister
▶ Band 1, LF 2, Kap. 4.3

Damit der Vermieter eine Beurteilung der Kriterien vornehmen kann, muss der Gewerbemieter geeignete Unterlagen vorlegen. Zu diesen Unterlagen gehört z. B. ein Handelsregisterauszug, der u. a. Angaben zur Firma, dem Unternehmensgegenstand sowie den vertretungsbefugten Personen enthält:

Handelsregister B des Amtsgerichts Musterstadt — Abruf vom 05.10.2022 — Nummer der Firma: HRB 54321 — Seite 1 von 1

Nummer der Eintragung	a) Firma b) Sitz, Niederlassung, inländische Geschäftsanschrift, empfangsberechtigte Person, Zweigniederlassungen c) Gegenstand des Unternehmens	Grund- oder Stammkapital	a) Allgemeine Vertretungsregelung b) Vorstand, Leitungsorgan, geschäftsführende Direktoren, persönlich haftende Gesellschafter, Geschäftsführung, Vertretungsberechtigte und besondere Vertretungsbefugnis	Prokura	a) Rechtsform, Beginn, Satzung oder Gesellschaftsvertrag b) Sonstige Rechtsverhältnisse	a) Tag der Eintragung b) Bemerkungen
1	2	3	4	5	6	7
1	a) Muster-Handels GmbH b) Musterstadt c) Hausverwaltung; Verwaltung eigener und fremder Wohnimmobilien	25.000,00 EUR	a) Sofern nur eine Person zur Geschäftsführung bestellt ist, vertritt diese allein. Sind als Geschäftsführung mehrere Personen bestellt, erfolgt die Vertretung durch mindestens zwei Personen gemeinsam. Das Erteilen einer Einzelvertretungsbefugnis kann erfolgen. b) Geschäftsführung: Dr. Mia Musterfrau, Musterstadt, *25.08.1985 Lenny Carlsen, Musterstadt, *18.02.1979		a) Gesellschaft mit beschränkter Haftung Gesellschaftsvertrag vom 01.08.2021 zuletzt geändert am 01.08.2021	a) 01.08.2021 Thomson

Die folgende Tabelle gibt einen Überblick über Unterlagen, die in der Regel von einem Gewerbemieter bei der Mieterauswahl angefordert werden.

Liquidität/Bonität
▶ LF 6, Kap. 2.1.1

Unterlage	Information
Mieterselbstauskunft	Eine individuelle Gestaltung durch den Vermieter ist möglich. In der Regel enthält sie Angaben zum Unternehmensgegenstand, Rechtsform, Vertretungsverhältnisse usw.
Bankauskunft	Mitteilung eines Kreditinstituts über: • die wirtschaftlichen Verhältnisse • das Geschäftsgebaren • das Zahlungsverhalten von Kunden im Rahmen der Geschäftsverbindung mit der Bank
Auszug einer Wirtschaftsauskunftei, wie z. B. Creditreform	Einschätzung zur Bonität aufgrund der Sammlung von wirtschaftsrelevanten Daten des Unternehmens, wie beispielsweise: • Branchenrisiken • Bilanzen • Zahlungsweisen • Umsätze • Kreditурteile • Mitarbeiterzahl • Auftragslage • Inkassodaten
Handelsregisterauszug	Informationen über: • Firma, Sitz und Niederlassung • den Unternehmensgegenstand • vertretungsberechtigte Personen • die Rechtsform des Unternehmens • das Grund- oder Stammkapital • Namen des Geschäftsinhabers

Jahresabschlüsse	Der Jahresabschluss enthält mindestens die Bilanz sowie die Gewinn- und Verlustrechnung.
Betriebswirtschaftliche Auswertung (BWA)	Ergänzend zu den Jahresabschlüssen kann die BWA einen tieferen Einblick in die wirtschaftliche Situation des Unternehmens geben, da je nach Rechtsform und Größe des Unternehmens die Jahresabschlüsse zu komprimiert dargestellt sind.

2.1.1 Bonität und Liquidität

Selbstverständlich möchte ein Gewerbevermieter durch seine Mieterauswahl genau wie bei Wohnraummietverhältnissen sicherstellen, dass die vereinbarte Miete oder andere Forderungen von ihm durch den Vertragspartner immer geleistet werden können.

Mietersuche und Mieterauswahl (bei Wohnraummietverhältnissen)

▶ Band 1, LF 4, Kap. 3

Während man sich bei einem Wohnraummietverhältnis durch Einkommensnachweise des Arbeitgebers oder Kontoauszüge ein geeignetes Bild des Mieters verschaffen kann, sind diese Nachweise bei einem Gewerberaummieter nicht vorhanden bzw. nur bedingt aussagekräftig. Daher werden zur Bewertung von Liquidität und Bonität eines Gewerbetreibenden Jahresabschlüsse und/oder betriebswirtschaftliche Auswertungen zurate gezogen.

Bonität

Sie ist die erwartete Zahlungszuverlässigkeit eines Schuldners für die Zukunft und wird in der Regel aus der Zahlungszuverlässigkeit der Vergangenheit abgeleitet.

Liquidität

Sie stellt die aktuelle Ausstattung eines Unternehmens mit finanziellen Mitteln zur Sicherstellung der Zahlungsfähigkeit dar.

Existiert ein Unternehmen bereits einige Jahre, ist die Vorlage entsprechender Unterlagen zur Bewertung von Bonität und Liquidität in der Regel unproblematisch. Anders sieht es hingegen bei jungen bzw. neu gegründeten Unternehmen aus, sogenannten Start-ups. Diese können naturgemäß keine aussagekräftigen Jahresabschlüsse aus den vergangenen Jahren nachweisen und sind (noch nicht) bei den Wirtschaftsauskunfteien hinterlegt.

Hilfsweise kann hier ein Kontoauszug oder ein anderer geeigneter Nachweis über das Betriebsvermögen herangezogen werden, wie beispielsweise eine Inventarliste.

Inventar

▶ Band 1, LF 3, Kap. 2.2

Darüber hinaus ist es empfehlenswert, sich das Unternehmenskonzept vorlegen zu lassen, um die Geschäftsidee zu prüfen und eine erste Einschätzung zu einem möglichen Erfolg des jungen Unternehmens zu treffen. Bei neu gegründeten Unternehmen sollte zudem besonders auf die zu leistenden Sicherheitsleistungen geachtet werden.

Sicherheitsleistungen

▶ LF 6, Kap. 4.3

Beispiel

Bei den Interessenten für die freien Gewerberäume wie der Kanzleigemeinschaft für Familienrecht, die gerade neu gegründet wurde, könnte die MEWOH Musterwohn GmbH eine höhere Barkaution oder zusätzlich eine Bankbürgschaft verlangen.

2.1.2 Unternehmensgegenstand und Eignung der Räume

Vermieter müssen sicherstellen, dass ihre Räume zum **vertraglich vereinbarten Zweck nutzbar** sind. Daher ist seitens des Vermieters bei der Auswahl des Mieters stets zu prüfen, ob die angestrebte gewerbliche Nutzung in den zu vermietenden Räumen überhaupt möglich ist. Eigentümer sind hinsichtlich der Nutzung der Räume nicht völlig frei, sondern müssen verschiedene Einschränkungen beachten. Dabei können vor allem die folgenden gesetzlichen oder vertraglichen Beschränkungen eine Rolle spielen:

Reine Wohngebiete:
§ 3 BauNVO

Grundbuch: Abteilung II
▶ LF 7, Kap. 3.6

Wohnungseigentümergemeinschaft
▶ LF 9, Kap. 3.2

Konkurrenzschutz
▶ LF 6, Kap. 4.9

Nutzungsbeschränkung durch (Beispiele)	Erläuterung
Bauplanung	Hier wird die bauliche Nutzung von Gebieten vorgeschrieben, die Einschränkungen zur gewerblichen Nutzung mit sich bringen kann. So sind in einem „Reinen Wohngebiet (WR)“ beispielsweise grundsätzlich nur Wohngebäude und Anlagen zur Kinderbetreuung zulässig. Darüber hinaus sind ▪ nur Läden und nicht störende Handwerksbetriebe, die zur Deckung des täglichen Bedarfs der Wohnbevölkerung dienen, ▪ kleine Betriebe des Beherbergungsgewerbes sowie ▪ soziale, kulturelle, gesundheitliche und sportliche Einrichtungen ausnahmsweise zulässig, wenn sie den Bedürfnissen der Bewohner dienen.
Bauordnungen der Länder	In den Bauordnungen der Länder ist geregelt, welche Nutzungen und Nutzungsänderungen genehmigungspflichtig sind.
Zweckentfremdungsverbote	Landesrechtlich kann geregelt sein, dass Wohnräume nicht beliebig zu gewerblichen Zwecken umgenutzt werden können.
Eintragungen im Grundbuch	Im Grundbuch könnten in Abteilung II beispielsweise Unterlassungsdienstbarkeiten vereinbart worden sein, die die Ausübung bestimmter Gewerbe untersagen.
Regelungen der Wohnungseigentümergemeinschaft	In der Teilungserklärung, der Gemeinschaftsordnung oder durch Vereinbarungen kann die Wohnungseigentümergemeinschaft die Nutzung von Flächen einschränken.
Gewährter Konkurrenzschutz gegenüber anderen Gewerbemietern	Je nach Vereinbarung mit Bestandsgewerbemietern können Vermieter verpflichtet sein, nicht an Konkurrenzunternehmen zu vermieten.

Beispiel

In dem Objekt, in dem sich die freie Gewerbefläche befindet, hat die MEWOH Musterwohn GmbH bereits im Erdgeschoss an einen Fachanwalt für Familienrecht vermietet. Um ihre Konkurrenzschutzpflicht nicht zu verletzen, entscheidet sich Stefanie Wagner also gegen den Interessent 2.

In einer Gegend mit vielen Familien eignet sich eine gastronomische Fläche eher für ein Café.

Neben diesen klaren gesetzlichen oder vertraglichen Einschränkungen, die bei der Wahl eines Gewerbemieters beachtet werden müssen, sollte der Vermieter im eigenen Interesse zudem darauf achten, dass das angestrebte Gewerbe zum Standort passt.

So lassen sich bereits bei der Auswahl des Mieters zukünftige Konflikte z. B. mit anderen Mietern vermeiden. Beispielsweise eignet sich für eine gastronomische Fläche in einer Gegend mit vielen Familien eher ein Café als eine Szenekneipe.

Beispiel

Für die freie Gewerbefläche der MEWOH Musterwohn GmbH könnte beispielsweise die Vermietung an die Dufte GmbH, Online-Gewürzhandel problematisch sein. Vor dem Haus stehen nur eingeschränkt Parkflächen zur Verfügung. Der Aufzug könnte durch die Lieferdienste blockiert werden. Stefanie Wagner befürchtet Ärger mit den anderen Mietern im Haus und entscheidet sich daher gegen diesen Interessenten.

Der Vermieter muss lediglich die **Eignung der Räume für den Vertragszweck** sicherstellen. Liegt die Ursache für die eingeschränkte Nutzung der Mietsache in der Person des Gewerbemieters oder in betrieblichen Umständen, ist dies Sache des Mieters.

Sollte der Mieter jedoch hinsichtlich der vertragsgemäßen Nutzung der Gewerberäume eingeschränkt werden, z. B. durch vom Vermieter nicht beachtete Einschränkungen in der Teilungserklärung, kann dies zu einem Mangel der Räume führen, den der Vermieter zu vertreten hat.

Rechte und Pflichten des Vermieters und Mieters (Mängel)

▶ Band 1, LF 4, Kap. 2

Recht zur Mietminderung

▶ Band 1, LF 4, Kap. 2.3.1

Merke!

- Bei der Mieterauswahl ist vor allem darauf zu achten, dass die geplante gewerbliche Nutzung in den Räumen zulässig ist und zum Mietumfeld passt.
- Bei der Bewertung der Bonität/Liquidität ist darauf zu achten, dass geeignete Unterlagen herangezogen werden (betriebswirtschaftliche Auswertung, Jahresabschlüsse).
- Die Auswahl des Mieters hat wesentlichen Einfluss auf die Gestaltung des Mietvertrags z. B. zu Regelungen bzgl. der Sicherheitsleistungen oder hinsichtlich der Umsatzsteuer.

2.2 Mietvorvertrag vs. Letter of Intent

Im Zuge der Verhandlungen um einen Gewerberaummietvertrag kann ein **Mietvorvertrag** bzw. ein **Letter of Intent** zur Anwendung kommen. Die Tabelle auf der folgenden Seite gibt einen Überblick über den Unterschied dieser beiden Vertragsarten.

Letter of Intent (Abk.: LoI)
bezeichnet eine Absichtserklärung

	Mietvorvertrag	Letter of Intent
Definition	Ein Vertrag, in dem sich die Vertragsparteien dazu verpflichten, zu einem späteren Zeitpunkt einen Mietvertrag abzuschließen.	Ein Vertrag, in dem der Vertragsbindungswille und der Stand der Verhandlungen dokumentiert sowie Verschwiegenheit über vertrauliche Informationen, die Übernahme von Planungskosten etc. vereinbart werden können.
Anwendung	Er kommt zur Anwendung, wenn dem Abschluss eines Mietvertrags Hindernisse im Wege stehen, z. B. eine ausstehende Baugenehmigung für das zu vermietende Objekt.	Er kommt zur Anwendung, wenn Vertragsverhandlungen zum Gewerberaummietvertrag länger andauern.

Form des Gewerbemietvertrags
▶ LF 6, Kap. 3

Schrift- und Textform
▶ Band 1, LF 2, Kap. 1.7

Ein Mietvorvertrag unterliegt **nicht** der Schriftformerfordernis nach § 550 BGB. Daher stellen sich Rechtsstreitigkeiten zum Mietvorvertrag aufgrund der Beweislage in vielen Fällen als schwierig dar.

In der Fachliteratur wird daher darauf verwiesen, in Fällen, in denen der Mietvertrag z. B. noch von Baugenehmigungen abhängt, besser auf einen Mietvertrag mit aufschiebender oder auflösender Bedingung auszuweichen oder alternativ den Mietvorvertrag mindestens in Textform zu verfassen.

Auch ein Letter of Intent unterliegt **keiner gesetzlichen Formvorschrift**. Aufgrund der fehlenden Verpflichtung zum Vertragsabschluss kann er jedoch nicht durch einen Mietvertrag mit auflösender oder aufschiebender Bedingung ersetzt werden. Zweckmäßig ist daher, die Inhalte des Letter of Intent zumindest in Textform festzuhalten, um Rechtsstreitigkeiten zu vermeiden.

3 Abschluss eines Mietvertrags

SB ▶ SITUATION 48 Abschluss eines Mietvertrags

Beispiel

Stefanie Wagner hat sich entschieden: Die Physiotherapiepraxis Lisa Hapke soll die neue Mieterin der Gewerbefläche der MEWOH Musterwohn GmbH in zentraler Lage in Leipzig werden. Isabell darf beim Abschluss des Mietvertrags dabei sein. Es gibt einiges zu beachten!

Laufzeit

▶ LF 6, Kap. 4.6

Gewerbemietverträge werden häufig befristet abgeschlossen, da die Kündigungsschutzvorschriften für den Mieter aus dem Wohnraummietrecht nicht auf den Gewerbemieter anzuwenden sind. So kann ein unbefristeter Gewerbemietvertrag jederzeit nicht nur vom Mieter, sondern auch vom Vermieter ohne Angaben von Gründen mit gesetzlicher Frist gekündigt werden. Um für beide Vertragsparteien mehr Sicherheit zu gewährleisten, werden häufig befristete Mietverträge abgeschlossen, die eine ordentliche Kündigung bis zum Auslaufen der Frist für beide Seiten ausschließt.

Während der befristete Mietvertrag mit einer Frist, die länger als ein Jahr beträgt, im Wohnraummietrecht der Schriftform bedarf (§ 550 BGB), ist für die Befristung von Gewerbemietverträgen mit dem Vierten Bürokratieentlastungsgesetz seit dem 01.01.2025 nur noch die Textform gesetzlich vorgesehen (§ 578 BGB).

Viertes Bürokratieentlastungsgesetz

Ziel des Gesetzes ist es, überflüssige bürokratische Aufwände für Bürgerinnen und Bürger, die Wirtschaft sowie die Verwaltung abzubauen.

§ 550 BGB Form des Mietvertrags

Wird der Mietvertrag für längere Zeit als ein Jahr nicht in schriftlicher Form geschlossen, so gilt er für unbestimmte Zeit. Die Kündigung ist jedoch frühestens zum Ablauf eines Jahres nach Überlassung des Wohnraums zulässig.

§ 578 Abs. 1 BGB Mietverhältnisse über Grundstücke und Räume

(1) (...). § 550 ist mit der Maßgabe anzuwenden, dass ein Mietvertrag, der für längere Zeit als ein Jahr nicht in Textform geschlossen wird, für unbestimmte Zeit gilt.

Beendigung eines Gewerbemietvertrags

▶ LF 6, Kap. 5

In der Vergangenheit gab es immer wieder Fälle, in denen durch Fehler bei der Schriftformerfordernis eigentlich befristete Gewerbemietverträge zu unbefristeten Gewerbemietverträgen wurden, die von beiden Seiten ohne Angaben von Gründen gekündigt werden konnten. Das führte zu Fällen, in denen eine der Vertragsparteien vorzeitig das Mietverhältnis beenden wollte und geradezu nach Fehlern in der Schriftformerfordernis suchte bzw. Fehler provozierte, z. B. durch Vertragszusätze.

Beispiel aus der Rechtsprechung

Bei einem Gewerberaummietvertrag mit einer vereinbarten Laufzeit von 20 Jahren (= befristeter Mietvertrag) unterschrieben alle Mieter. Die Vermieterin, die im Mietvertrag genannt wurde, unterschrieb nicht, sondern ihr Ehemann, jedoch ohne einen Vertretungszusatz. Nach 12 Jahren kündigten die Mieter mit dem Hinweis auf die fehlende Schriftform. Aus ihrer Sicht bestand ein unbefristetes Mietverhältnis, das auch vor Ablauf der Frist ordentlich gekündigt werden könne, da die Schriftform nicht eingehalten wurde. Der BGH gab den Mietern Recht.

BGH, Urteil vom 07.05.2008, XII ZR 69/06

Dieses Vorgehen wird nun durch die Herabsenkung der Formvorschrift für befristete Gewerbemietverträge mit einer Laufzeit von länger als einem Jahr erschwert.

Merke!

Für bestehende Mietverhältnisse, die vor dem 01.01.2025 geschlossen wurden, gilt eine Übergangsfrist von einem Jahr. Für diese Gewerbemietverhältnisse bleibt das Schriftformerfordernis noch bis zum 31.12.2025 erhalten.

In § 126 b BGB ist die Textform geregelt.

§ 126 b BGB Textform

Ist durch Gesetz Textform vorgeschrieben, so muss eine lesbare Erklärung, in der die Person des Erklärenden genannt ist, auf einem dauerhaften Datenträger abgegeben werden. Ein dauerhafter Datenträger ist jedes Medium, das
1. es dem Empfänger ermöglicht, eine auf dem Datenträger befindliche, an ihn persönlich gerichtete Erklärung so aufzubewahren oder zu speichern, dass sie ihm während eines für ihren Zweck angemessenen Zeitraums zugänglich ist, und
2. geeignet ist, die Erklärung unverändert wiederzugeben.

Rechtsformen

▶ Band 1, LF 2, Kap. 5

Für die Textform werden demnach folgende Kriterien angelegt:
- Die Erklärung muss lesbar sein: Sprachnachrichten fallen demnach nicht unter die Textform. Denkbar sind aber Erklärungen per maschinengeschriebenen Brief, aber auch per E-Mail, WhatsApp oder anderen Messengerdiensten.
- Die Person des Erklärenden muss genannt sein: Bei juristischen Personen oder Personengesellschaften ist demnach der gesetzliche Vertreter oder ein sonst zur Abgabe der Erklärung Bevollmächtigter als Quelle der Erklärung zu benennen.
- Die Erklärung muss räumlich abgeschlossen sein: D.h., bei Verträgen muss das Ende des Vertrags erkenntlich sein. Dies wird in der Regel durch die Abbildung des Namens des Erklärenden erfüllt.
- Die Erklärung muss speicherbar und unveränderlich wiedergegeben werden können: Dies ist z.B. bei einem Vertragsformular, das über eine Website bereitgestellt wird, nicht gegeben, wenn der Empfänger nicht die Möglichkeit hat, die Inhalte herunterzuladen und zu speichern. Bei einem Versand des Vertrags per E-Mail an den Vertragspartner ist diese Voraussetzung jedoch erfüllt.

Merke!

Gewerbemietverträge werden in aller Regel befristet geschlossen. Daraus folgt, dass die Textform beim Zustandekommen des Mietvertrags unbedingt einzuhalten ist, wenn die Befristung länger als ein Jahr angesetzt ist.

Entbehrt der Mietvertrag oder ein Zusatz der Textform, liegt automatisch ein unbefristeter Mietvertrag vor, der von beiden Seiten jederzeit ordentlich gekündigt werden kann.

4 Inhalte des Mietvertrags

Beispiel

Der Mietvertrag zwischen der Physiotherapiepraxis Lisa Hapke und der MEWOH Musterwohn GmbH ist geschlossen. Nach Vertragsunterzeichnung schaut sich Isabell den Vertrag nochmal ganz genau an und erkennt einige Unterschiede zu den Wohnraummietverträgen, die sie bisher in ihrer Ausbildung kennengelernt hat.

4.1 Abgrenzung eines Gewerberaummietvertrags von anderen Vertragsverhältnissen

Die Prüfung eines bestehenden oder angestrebten Mietverhältnisses, ob es sich tatsächlich um ein rechtlich wirksames Gewerberaummietverhältnis und nicht um eine andere Vertragsart handelt, ist sehr wichtig. Gewerberaummietverhältnisse bieten im Gegensatz zu einem Wohnraummietvertrag an vielen Stellen mehr gesetzlich vorgesehene Freiheiten.

Diese können aber auch nur wirksam durchgesetzt werden, wenn tatsächlich ein Gewerberaummietvertrag vorliegt. Zur Beurteilung, ob ein Gewerberaummietvertrag oder eine andere Vertragsform vorliegt, ist es völlig unerheblich, wie der Vertrag in der Vertragsurkunde bezeichnet wird.

Einen Gewerberaummietvertrag erkennt man stattdessen an den folgenden Merkmalen:

Gewerberaummietvertrag

Ein Gewerberaummietvertrag regelt die Überlassung von Raum

1. zum Gebrauch
2. gegen Entgelt
3. zu anderen als eigenen Wohnzwecken

Sind diese Bedingungen nicht erfüllt, handelt es sich wahrscheinlich um einen

- Pachtvertrag
- Leihvertrag
- Wohnraummietvertrag

Vertragstypische Pflichten beim Pachtvertrag:
§ 581 BGB

Pachtvertrag
Überlassung zum Gebrauch und zur Fruchtziehung

Fruchtgenuss
Der Berechtigte darf die Erzeugnisse und Erträge aus dem verpachteten Objekt ziehen.

1. „zum Gebrauch“

Wird der Raum nicht nur zum Gebrauch, sondern auch zum sogenannten **Fruchtgenuss** überlassen, liegt kein Gewerberaummietvertrag, sondern ein **Pachtvertrag** vor. Dies ist vor allem der Fall, wenn speziell eingerichtete Räume gemeinsam mit dem Inventar zum bestimmungsgemäßen Gebrauch überlassen werden.

Erhaltung des Inventars:
§ 582 BGB

Die Unterscheidung ist jedoch in den meisten Fällen faktisch unwichtig, da die Mehrheit der gesetzlichen Regelungen für einen Gewerberaummietvertrag und Pachtvertrag übereinstimmen – ein entscheidender Unterschied liegt jedoch in der Regelung der **Unterhaltspflichten des Inventars**. Diese liegen im Falle eines Pachtvertrags grundsätzlich beim Pächter und nicht beim Verpächter. Zudem gibt es Unterschiede in Bezug auf die Kündigungsfristen.

2. „gegen Entgelt"
Fehlt es an der Entgeltlichkeit des Vertrags, liegt kein Miet- sondern ein Leihvertrag vor.

3. „zu anderen als eigenen Wohnzwecken"
Der Raum darf für das Vorliegen eines Gewerberaummietvertrags nicht überwiegend zu Wohnzwecken dienen. Zudem ist es für das Vorliegen eines Wohnraummietvertrages wichtig, dass es sich um **eigene** Wohnzwecke handelt. Dementsprechend kann ein Mietvertrag mit einer juristischen Person niemals ein Wohnraummietvertrag sein, da die juristische Person keine eigenen Wohnzwecke verfolgen kann. Aber auch eine Anmietung durch eine natürliche Person zum Zwecke der Weitervermietung als Wohnraum an Dritte stellt keinen eigenen Wohnzweck dar und genießt daher nicht die zahlreichen Schutzvorschriften eines Wohnraummieters.

BGH, Urteil vom 13.01.2021, VIII ZR 66/19

Beispiel aus der Rechtsprechung

Ein Vermieter hatte 8 Wohnungen in einem Anwesen in Berlin an eine GmbH & Co. KG vermietet. Im Vertrag wurde die Vermietung „zu Wohnzwecken" angegeben. Der BGH entschied, dass es sich nicht um einen Wohnraummietvertrag handeln könne, da die Räume nicht zu eigenen Wohnzwecken angemietet wurden.

Ein Mischmietverhältnis liegt vor, sofern ein Mietobjekt gleichzeitig für Wohn- und Gewerbezwecke genutzt wird.

Bei **Mischmietverhältnissen** hängt die Entscheidung, ob Schutzvorschriften des Wohnraummietrechts Anwendung finden oder nicht, davon ab, welcher Vertragszweck überwiegt. Wenn dies nicht eindeutig aus dem Vertrag hervorgeht, werden im Zweifel bei Gericht Indizien wie die Verteilung der Miete oder der Fläche herangezogen.

Beispiel

Im Mietvertrag der Physiotherapiepraxis Lisa Hapke ist als Vertragszweck „der Betrieb einer Physiotherapiepraxis" festgehalten.

SB ▶ SITUATION 49
Der Gewerbemietvertrag (1) – Mietfläche berechnen, Sicherheitsleistungen, Miethöhe

4.2 Mietfläche

Richtlinie zur Berechnung der Mietfläche für gewerblichen Raum (MFG)

www.gif-ev.de/kompetenzgruppen/show/flaechendefinition

Für die Ermittlung der Mietfläche in einem Gewerberaummietvertrag gibt es keine gesetzlichen Vorgaben. Allerdings hat sich im allgemeinen Geschäftsverkehr die **gif-Mietflächen-Richtlinie für gewerblichen Raum (MFG)** der Gesellschaft für immobilienwirtschaftliche Forschung e. V. durchgesetzt. Diese basiert aktuell auf der DIN 277.

Die Gesellschaft für immobilienwirtschaftliche Forschung e. V. kündigt allerdings auf ihrer Homepage an, gegenwärtig eine neue Richtlinie zu erarbeiten, „die nicht mehr auf der DIN 277 basiert und die Kenntnis dieser Norm voraussetzt, sondern die für die Mietfläche erforderlichen Definitionen selbst enthält."

Die **MFG** unterteilt die Flächen eines zu vermietenden Objekts wie folgt:

MFG
Mietflächen für gewerblichen Raum

Bruttogrundfläche = Gesamtheit der Grundflächen		
MFG-0	**MFG-1**	**MFG-2**
• Funktionsflächen, z. B. Technikräume, Installationsschächte • Verkehrsflächen, z. B. Treppenaufgänge, Lifte • Konstruktionsgrundflächen, z. B. Stützen, tragende Wände	dient der exklusiven Nutzung durch den Mieter und schließt die Mitbenutzung durch andere Mieter oder Eigentümer aus	dient der gemeinschaftlichen Nutzung durch mehrere Mieter oder Eigentümer eines Gebäudes
→ wird nicht zur Mietfläche gezählt	→ zählt voll zur Mietfläche	→ anteilige Anrechnung auf die Mietfläche über einen angemessenen Verteilerschlüssel (z. B. Nutzeranzahl, Flächenanteil an MFG-1)

Im folgenden Grundriss ist die Fläche, die an die Physiotherapiepraxis Lisa Hapke vermietet werden soll, dunkelorange markiert (Mieter 1). Die Berechnung der Mietfläche erfolgt nach der gif-Mietflächen-Richtlinie:

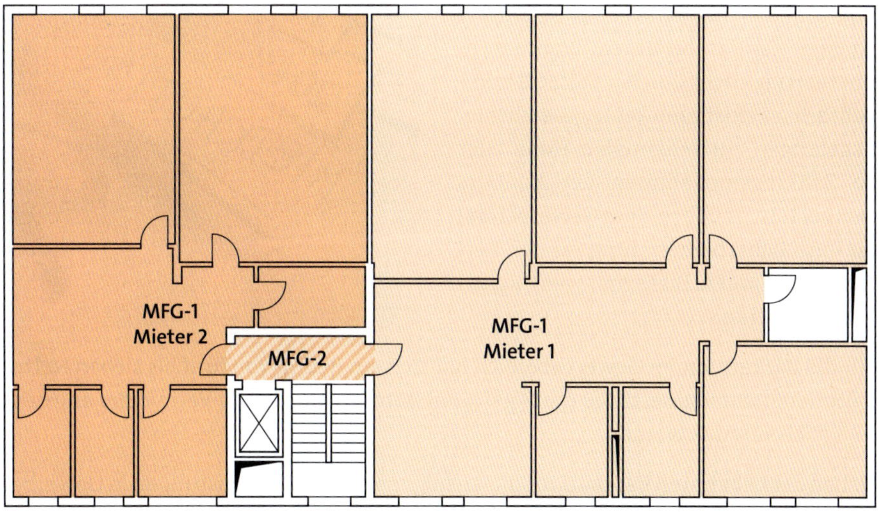

Beispiel zur Ermittlung der Mietfläche für Mieter 1 (Physiotherapiepraxis Lisa Hapke)

Bruttogrundfläche
– weiß markierte Flächen (Serverraum, tragende Wände, Treppenhaus, Aufzug) ⇨ MFG-0
– MFG-1-Flächen des Mieters 2 (dienen der exklusiven Nutzung von Mieter 2)
– Anteil des gemeinsam genutzten Eingangsbereichs von Mieter 2 (MFG-2), z. B. ½ der Fläche

= **Mietfläche für Mieter 1 (Physiotherapiepraxis Lisa Hapke)**

Wohnflächenberechnung
▶ Band 1, LF 4, Kap. 1.2.17

Wie in dem zuvor abgebildeten Grundriss deutlich wird, ist ein wesentlicher Unterschied bei der Ermittlung der Mietfläche für Gewerbemieter (im Vergleich zu der Ermittlung der Wohnfläche nach Wohnflächenverordnung), dass nicht nur die Innenfläche der Räume zur Mietfläche gezählt wird. Auch nicht tragende Wände zählen mit zur Mietfläche sowie beispielsweise der Treppenabsatz im Geschoss.

Merke!

- Die gif-Mietflächen-Richtlinie für gewerblichen Raum (MFG) der Gesellschaft für immobilienwirtschaftliche Forschung e. V. hat sich für die Ermittlung der Mietfläche im Gewerberaum durchgesetzt.
- Ausgehend von der Bruttogrundfläche werden Flächen nach MFG-0 (Funktions-, Verkehrs- und Konstruktionsgrundflächen) abgezogen. Gemeinsam genutzte Flächen MFG-2 (z. B. der Eingangsbereich und gemeinsam genutzte sanitäre Anlagen) werden anteilig angerechnet.

4.3 Sicherheitsleistungen

Auch ein Gewerbevermieter möchte seine Ansprüche gegen den Mieter absichern, wie z. B. Mietforderungen, Forderungen aus der Betriebskostenabrechnung oder Schadenersatzansprüche.

Kaution (Mietsicherheit) bei einem Wohnraummietvertrag
▶ Band 1, LF 4, Kap. 1.2.14

Eine Mietkaution bei einem Gewerberaummietvertrag ist aber im Gegensatz zu einer Kaution bei einem Wohnraummietvertrag nicht durch § 551 BGB geregelt, d. h., es existieren keine gesetzlichen Regelungen zur maximalen Höhe oder zu Zahlungsmodalitäten der Kaution. Dennoch ist es üblich, dass Gewerbemieter eine Sicherheitsleistung für den Vermieter erbringen. Diese muss vertraglich geregelt werden.

Für die **Barkaution** im Gewerbebereich hat sich ein Betrag von fünf bis sieben Nettokaltmieten durchgesetzt. Sie muss getrennt vom Vermögen des Vermieters angelegt und auch verzinst werden.

Neben der bekannten Barkaution spielen folgende Sicherheitsleistungen in Gewerberaummietverträgen eine Rolle:

- **Bürgschaft:** Ein Bürge verpflichtet sich gegenüber dem Vermieter, für die Zahlungsverpflichtungen des Mieters einzustehen. Als Bürge tritt vielmals eine Bank, ein verbundenes Unternehmen oder je nach Rechtsform, die Privatperson des Unternehmens auf. Es sollte auf eine **selbstschuldnerische Bürgschaft** geachtet werden, sodass der Vermieter direkt auf den Bürgen zugehen kann, wenn eine Forderung nicht bedient wird.
- **Zession:** Der Mieter (= Zedent) überträgt eine Forderung aus seinem Vermögen an den Vermieter (= Zessionar). Ist der Drittschuldner über diese Übertragung informiert, spricht man von einer **offenen Zession**. Wird der Drittschuldner über die Übertragung nicht informiert, ist dies eine sogenannte **stille Zession**.

Selbstschuldnerische Bürgschaft: Der Gläubiger kann sich mit seiner Forderung direkt an den Bürgen wenden. Der Bürge verzichtet auf seine Einrede der Vorausklage.

- **Sicherheitsübereignung:** Der Mieter übereignet dem Vermieter einen Gegenstand, z. B. eine Produktionsanlage. Dieser wird Eigentümer der Sache. Per **Besitzkonstitut** vereinbaren die beiden jedoch, dass der Gegenstand im Besitz des Mieters verbleibt.
- **Patronatserklärung:** In der Patronatserklärung verpflichtet sich in der Regel die Muttergesellschaft, die Tochtergesellschaft (= Mieter) mit ausreichend Mitteln auszustatten, sodass sie ihren Zahlungsverpflichtungen nachkommen kann.

Besitzkonstitut:
§ 930 BGB

Beispiel

Für die Mieterin Physiotherapiepraxis Lisa Hapke kommen einige Sicherheitsleistungen nicht infrage. Die Zession bietet sich nicht an, da die Physiotherapiepraxis keine größeren Forderungen gegenüber Dritten hat. Auch eine Sicherheitsübereignung kommt mangels verwertbarer Vermögensgegenstände nicht infrage. Die Physiotherapiepraxis arbeitet unabhängig – eine Patronatserklärung einer Muttergesellschaft ist daher nicht möglich. Im Mietvertrag der Physiotherapiepraxis Lisa Hapke ist geregelt, dass diese eine Barkaution in Höhe von fünf Monatsmieten zu zahlen hat. Fällig ist diese vollständig zu Mietvertragsbeginn.

Eine besondere Bedeutung kommt dem **Vermieterpfandrecht** im Gewerbemietverhältnis zu. Nach § 562 BGB hat der Vermieter an den in den Mieträumen eingebrachten beweglichen Sachen des Mieters ein gesetzliches Pfandrecht. Die Vermieter können nach Einholung eines entsprechenden Titels bei Gericht mit der Hilfe eines Gerichtsvollziehers die Gegenstände pfänden.

Umfang des Vermieterpfandrechts:
§ 562 BGB

Merke!

Es ist darauf zu achten, dass sich das Vermieterpfandrecht nur auf pfändbare Gegenstände bezieht. Ausgenommen sind dabei Gegenstände, die zur Lebensführung und zur Berufsausübung des Mieters notwendig sind.

Da keine gesetzliche Obergrenze für Sicherheitsleistungen im Gewerberaummietrecht existiert, kann bei der Vereinbarung von Sicherheitsleistungen entweder eines der genannten Instrumente gewählt oder auch mehrere miteinander kombiniert werden.

Die Vereinbarung möglicher Sicherheitsleistungen sollte sich daran orientieren, wie hoch das Risiko von Zahlungsausfällen bei dem jeweiligen Vertragspartner ist. Beispielsweise könnte ein Vermieter bei einem jungen Tochterunternehmen als zusätzliche Sicherheit eine Patronatserklärung durch die etablierte Muttergesellschaft verlangen, um die Risiken für sich zu minimieren.

Neben der Einschätzung der unternehmerischen Situation spielt auch die Haftung des Gewerbemieters bei der Ausgestaltung der Sicherheitsleistungen eine wesentliche Rolle. Die Tabelle auf der folgenden Seite gibt einen Überblick über die Haftung in Anhängigkeit von der Rechtsform des Gewerbemieters.

Zu beachten ist bei der Einschätzung jeweils, dass die Mindesteinlage nicht unbedingt als Barvermögen vorliegen muss.

Merke!

- Gesetzliche Beschränkungen zur Kaution im Wohnraumietvertrag nach § 556 BGB gelten nicht bei Gewerberaummietverträgen.
- Vertragliche Regelungen zu Höhe, Zahlungsweise etc. sind notwendig.
- Eine Kombination verschiedener Sicherheitsleistungen, wie Kaution, Bürgschaft, Sicherheitsübereignung etc., ist möglich.
- Die Auswahl und Gestaltung der Sicherheitsleistung sollte an den Gewerbemieter angepasst werden (Rechtsform, Haftung, Bonität/Liquidität, Erfahrung etc.).

Rechtsformen von Unternehmen

▶ Band 1, LF 2, Kap. 5

Rechtsform des Unternehmens	Kapital/Mindesteinzahlung des Unternehmens	Umfang der Haftung
Einzelunternehmen	Es ist weder ein festes Kapital noch eine Mindesteinzahlung gesetzlich vorgeschrieben.	Der Unternehmer haftet unbeschränkt mit dem Geschäfts- und Privatvermögen.
eingetragener Kaufmann (e. K.)	Es ist weder ein festes Kapital noch eine Mindesteinzahlung gesetzlich vorgeschrieben.	Der Unternehmer haftet unbeschränkt mit dem Geschäfts- und Privatvermögen.
Gesellschaft bürgerlichen Rechts (GbR)	Es ist weder ein festes Kapital noch eine Mindesteinzahlung gesetzlich vorgeschrieben.	• Die Gesellschaft haftet für Schulden. • Gesellschafter haften gemeinsam sowie unbeschränkt auch mit ihrem Privatvermögen (gesamtschuldnerische Haftung).
Offene Handelsgesellschaft (OHG)	Es ist weder ein festes Kapital noch eine Mindesteinzahlung gesetzlich vorgeschrieben.	• Die Gesellschaft haftet für Schulden. • Gesellschafter haften gemeinsam sowie unbeschränkt auch mit ihrem Privatvermögen (gesamtschuldnerische Haftung).
Kommanditgesellschaft (KG)	• Es ist weder ein festes Kapital noch eine Mindesteinzahlung gesetzlich vorgeschrieben. • Die Kommanditeinlagen der Kommanditisten sind erforderlich, wobei es keine Vorgabe hinsichtlich der Höhe gibt.	• Komplementäre haften unbeschränkt. • Kommanditisten haften in der Regel in Höhe der Einlage.
Gesellschaft mit beschränkter Haftung (GmbH)	• Das Mindeststammkapital beträgt 25.000,00 Euro. • Mindestens 50 % (12.500,00 Euro) müssen bei Gründung als Bareinlagen oder in Sachwerten eingezahlt sein.	Gegenüber Gläubigern Haftung mit dem Gesellschaftsvermögen.
Unternehmergesellschaft (haftungsbeschränkt)	• Das Mindeststammkapital beträgt 1,00 Euro. • Ein Viertel des Jahresgewinns muss angespart werden (Ansparpflicht), bis das GmbH-Mindeststammkapital (25.000,00 Euro) als Rücklage vorhanden ist. • Nur eine Bargründung ist möglich.	Gegenüber Gläubigern Haftung mit dem Gesellschaftsvermögen.
Aktiengesellschaft (AG)	• Das Mindestgrundkapital beträgt 50.000,00 Euro. • Bei Gründung müssen mindestens 25 % des Aktiennennbetrags in bar oder Sachwerten eingezahlt sein.	Gegenüber Gläubigern Haftung mit dem Gesellschaftsvermögen.
eingetragene Genossenschaft (eG)	Es ist weder ein festes Kapital noch eine Mindesteinzahlung gesetzlich vorgeschrieben.	Haftung nur mit dem Gesellschaftsvermögen
eingetragener Verein (e. V.)	Es ist weder ein festes Kapital noch eine Mindesteinzahlung gesetzlich vorgeschrieben.	Haftung nur mit dem Vereinsvermögen

4.4 Miethöhe

Beispiel

Isabell ist etwas erstaunt. Im Mietvertrag der Physiotherapiepraxis Lisa Hapke ist eine Kaltmiete von 16,00 €/m² vereinbart. Die Durchschnittsmiete im Wohnraum lag im letzten Mietspiegel in Leipzig bei 5,89 €/m². „Ist dies überhaupt zulässig?“, fragt sich Isabell.

Sittenwidriges Rechtsgeschäft; Wucher:
§ 138 BGB

Die **Wuchergrenze** ist die einzige gesetzliche Grenze, die eingehalten werden muss. Von Wucher spricht man im Zusammenhang von Gewerberaummietverträgen dann, wenn die Miete Objekte gleicher Art und gleicher Güte um 100 % überschritten wird. Zudem muss das Ausnutzen der Unerfahrenheit, Willensschwäche oder einer Zwangslage des Gewerberaummieters vorliegen.

Da kein offizieller Mietspiegel für Gewerberaummieten existiert, muss eine vergleichbare Miete ermittelt werden, indem ein Sachverständigengutachten oder vergleichbare Objekte herangezogen werden. Beim Vergleich der Objekte muss insbesondere die unterschiedliche Nutzung der Immobilien berücksichtigt werden. Unterschieden werden in der Regel

- Einzelhandels- und Verkaufsflächen,
- Büro- und Praxisflächen,
- Hallenflächen,
- Lagerplätze sowie
- Spezialimmobilien (Beherbergung/Gastronomie, Kliniken, Freizeit).

Je nach Branche entwickeln sich die Mieten nicht immer gleich, da auch die Entwicklung von Angebot und Nachfrage, der Preisdruck oder andere Marktentwicklungen sich unterschiedlich stark in den Branchen auswirken.

So hat beispielsweise die Zunahme des Onlinehandels den Einzelhandel unter Druck gesetzt, allerdings hatte dies jedoch kaum Einfluss auf den Büroimmobilienmarkt. Wie unterschiedlich sich die Mieten der letzten Jahre in den einzelnen Branchen entwickelt haben, zeigt die nebenstehende Abbildung:

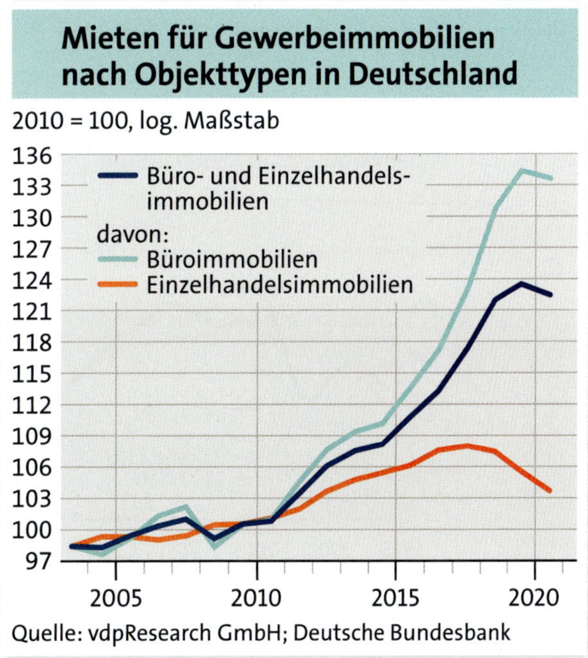

Die wichtigsten Kriterien für die Bewertung von gewerblich genutzten Objekten sind neben der Nutzungsart und dem Verhältnis von Angebot und Nachfrage auch
- die Lage des Objekts,
- die Verkehrsanbindung, Erreichbarkeit und Frequentierung,
- die Objektgröße,
- die Ausstattung und
- der bauliche Zustand.

Im Einzelhandel werden die Lagen klassifiziert:
1a-Lage = stark frequentierte Innenstadtlage
1b-Lage = weniger frequentierte Nebenstraßen

Dabei schwanken die Miethöhen deutlich stärker je Quadratmeter als bei Wohnraummietverträgen, wie folgende Darstellung exemplarisch zeigt:

	Ladenmieten – Nettokalt EUR je m² ebenerdiger Ladenfläche monatlich									Büromiete – Nettokalt EUR je m² monatlich			
	Geschäftskern				Nebenkern								
Städte	Ladenmieten GK 1a klein (ca. 60 m²)	Ladenmieten GK 1a groß (ca. 150 m²)	Ladenmieten GK 1b klein (ca. 60 m²)	Ladenmieten GK 1b groß (ca. 150 m²)	Ladenmieten NK 1a klein (ca. 60 m²)	Ladenmieten NK 1a groß (ca. 150 m²)	Ladenmieten NK 1b klein (ca. 60 m²)	Ladenmieten NK 1b groß (ca. 150 m²)	Ladenmiete Spitzen- bzw. Höchstmiete für Spitzenobjekte in Toplagen	Büromieten einfacher Nutzwert	Büromieten mittlerer Nutzwert	Büromieten guter Nutzwert	Büromieten Spitzen- bzw. Höchstmiete für Spitzenobjekte in Toplagen
Heidelberg	115,00	76,65	32,00	23,35	15,50	11,85	11,15	10,15	k. A.	9,65	11,90	15,50	k. A.
Mannheim	150,00	113,35	50,00	25,95	29,00	22,50	16,00	13,65	k. A.	9,45	12,80	17,40	k. A.

Quelle: IVD-Preisspiegel 2021/2022, IHK24 Nr. 941982

Leerstandsquote für Büroimmobilien in Deutschland

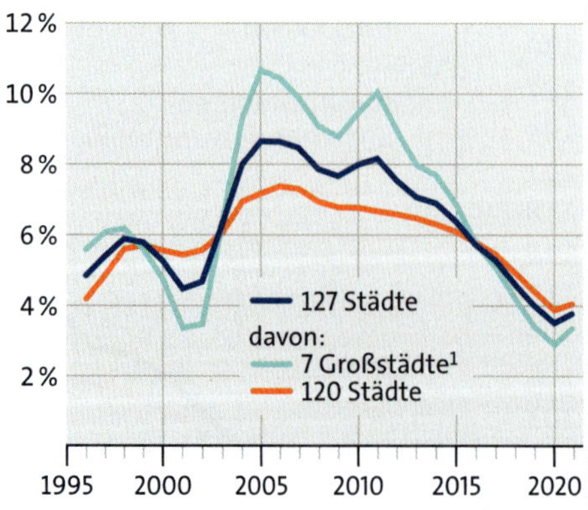

[1] Berlin, Düsseldorf, Frankfurt am Main, Hamburg, Köln, München und Stuttgart
Quelle: Berechnungen auf Basis von Angaben der bulwiengesa AG; Deutsche Bundesbank

Darüber hinaus muss bei der Festsetzung der Miethöhe und beim Vergleich mit anderen Objekten beachtet werden, dass sich die **konjunkturelle Lage** wesentlich schneller auf die Miethöhe von Gewerberäumen auswirkt, als man das bei Wohnraummieten beobachten kann. Auch die Leerstandsquote ist erheblich von der konjunkturellen Lage abhängig. Dies zeigt sich beispielhaft in der nebenstehenden Abbildung.

Deutlich ist erkennbar, dass die Leerstandsquoten für Büroimmobilien im Zuge der Corona-Krise ab 2020 und der damit verbundenen Zunahme von Homeoffice gestiegen sind.

Merke!

- Die Miethöhe kann bei Vorliegen eines Gewerberaumietvertrags frei vereinbart werden.
- Sie ist nur durch die Wuchergrenze (100 % über der Miete vergleichbarer Objekte) begrenzt.
- Die Miethöhe ist stark abhängig von der Art der Gewerbeimmobilie, der Branche, der Lage und der Marktsituation.
- Der Markt für Gewerbeimmobilien ist stärker konjunkturabhängig als der Wohnimmobilienmarkt.

Der § 556 BGB (Vereinbarungen über Betriebskosten) gilt nicht für Gewerberaummieter.

4.5 Betriebskosten

Beispiel

Im Mietvertrag der Physiotherapiepraxis Lisa Hapke ist eine Betriebskostenvorauszahlung von 3,00 €/m² vereinbart. Darunter fallen auch die in der Aufzählung im Mietvertrag aufgeführten Verwaltungskosten. Isabell erinnert sich, dass dies in einem Wohnraummietvertrag nicht möglich ist – ein weiterer Unterschied zwischen einem Gewerbe- und Wohnraummietvertrag.

Grundsätzlich sind auch in einem Gewerberaummietvertrag die Betriebskosten auf den Mieter nur umlegbar, wenn dies eindeutig vertraglich geregelt ist. Da aber der § 556 BGB für Gewerberaummieter nicht greift, kann auch die Umlage von Kosten auf den Mieter vereinbart werden, die nicht Inhalt des § 2 der Betriebskostenverordnung (BetrKV) sind, wie z.B. Verwaltungskosten. Sollte in der vertraglichen Regelung auf den § 2 der BetrKV Bezug genommen werden, können auch zusätzlich umzulegende Kosten unter Punkt 17 „Sonstige Betriebskosten" genannt werden.

Allerding muss bei der Formulierung der entsprechenden Klausel darauf geachtet werden, dass diese eindeutig und unmissverständlich ist. Einige Beispiele aus der Rechtsprechung sind in folgender Tabelle dargestellt:

Formulierung im Mietvertrag	Rechtsprechung
„Sämtliche Betriebskosten werden von dem Mieter getragen. Hierunter fallen insbesondere die Kosten der Be- und Entwässerung sowie der Heizung – einschließlich Zählermiete und Wartungskosten. (...)"	• wirksame Formulierung • Wenn der Begriff „Betriebskosten" nicht hinreichend bestimmt ist, dann greift die gesetzliche Definition. • keine Umlage der Verwaltungskosten auf Gewerbemieter → BGH, Urteil vom 8.4.2020, XII ZR 120/18
In einer Anlage zum Mietvertrag sind die Mietnebenkosten aufgeführt. Dort sind unter Nr. 17 als sonstige Betriebskosten u. a. „die Kosten der kaufmännischen und technischen Hausverwaltung der Mietsache" genannt.	• wirksame Formulierung • Umlage der Betriebskosten und der Verwaltungskosten auf den Mieter → BGH, Urteil vom 4.5.2011, XII ZR 112/09
Der Mieter trägt „sämtliche Nebenkosten des Einkaufscenters, insbesondere alle Kosten des Betriebes und der Instandhaltung der technischen Anlagen." Als Einzelpositionen sind im Mietvertrag u. a. aufgeführt: • Hausmeister, Betriebspersonal, Center-Manager und Verwaltung • Raumkosten für Büro-, Verwaltungs- und Technikräume, (....)	• teilweise wirksame Formulierung • Umlage der Verwaltungskosten; hier: Begriff hinreichend bestimmt • Umlage der Kosten für das „Center-Management" nicht wirksam; hier: Begriff nicht eindeutig bestimmt → BGH, Urteil vom 3.8.2011, XII ZR 205/09

Auch der § 556a BGB greift nicht bei Gewerberaummietverträgen.

Da auch die gesetzlichen Vorschriften zur Betriebskostenabrechnung nach § 556a BGB nicht greifen, sollten Umlageschlüssel, Abrechnungszeitraum etc. vertraglich geregelt werden.

Merke!

- Betriebskosten sind auf Gewerbemieter nur umlegbar, wenn dies vertraglich vereinbart ist.
- Schutzvorschriften des Gewerbemieters nach § 556 BGB greifen nicht. Auch Verwaltungs- und Instandsetzungskosten sind grundsätzlich umlegbar, sofern dies vertraglich vereinbart ist.

SB ▶ SITUATION 50 Der Gewerbemietvertrag (2) – Befristung des Mietvertrags

4.6 Laufzeit

Beispiel

Isabell liest zur Vertragsdauer im Mietvertrag der Physiotherapiepraxis Lisa Hapke: „Das Mietverhältnis beginnt am 01. Mai 2022 und endet am 30. April 2027. Wird es nicht spätestens sechs Monate vor Ablauf der Mietzeit gekündigt, so verlängert es sich jeweils um ein Jahr. Die Kündigung muss schriftlich erfolgen und dem anderen Vertragsteil spätestens am letzten Werktag vor Beginn der Kündigungsfrist zugegangen sein."

Merke!

In Bezug auf die Regelung der Laufzeit sind die Vertragspartner bei einem Gewerberaummietvertrag völlig frei. Auch ohne Angabe von Gründen ist eine Befristung des Gewerberaummietvertrags ohne Weiteres möglich.

Vereinbarungen zur Laufzeit eines Gewerbemietvertrags

Vereinbarungen über die Laufzeit bei einem Gewerbemietvertrag

Es ist keine Vereinbarung zur Laufzeit im Gewerberaummietvertrag vorhanden bzw. es liegt ein Mangel der Schriftform bei einem als ursprünglich befristet abgeschlossenen Mietvertrag vor.
↓
unbefristeter Mietvertrag
↓
Eine ordentliche Kündigung von beiden Seiten ist jederzeit ohne Angabe von Gründen möglich.

Es wurde eine Vereinbarung über die Laufzeit im Gewerberaumietvertrag getroffen.
↓
befristeter Mietvertrag
↓
- In der Regel ist keine ordentliche Kündigung während der Laufzeit möglich.
- Eine vertragliche Kündigungsregelung ist in bestimmten Fällen (z. B. bei Betriebsaufgabe) möglich.

Bei befristeten Mietverträgen ist eine Regelung zu einer optionalen Verlängerung bei Auslaufen der Befristung möglich. Dabei unterscheidet man die sogenannte Optionsklausel von der Verlängerungsklausel.

Optionsklausel

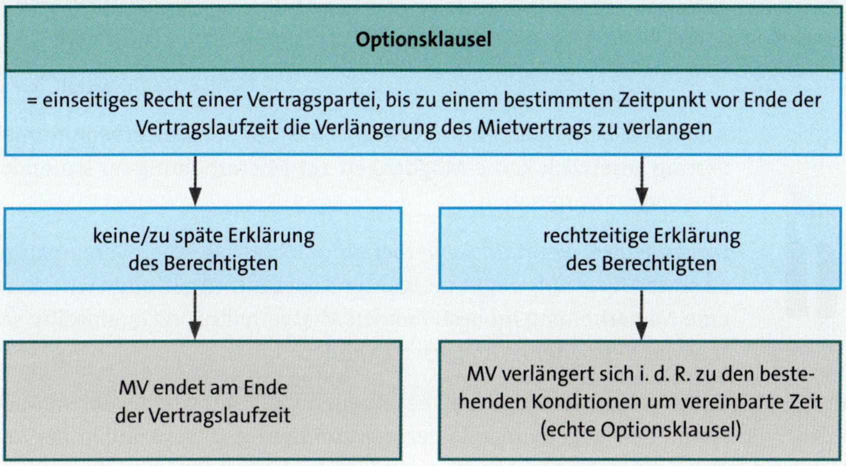

Als **unechte Optionsklausel** wird eine Regelung bezeichnet, bei der der Mietvertrag zwar verlängert werden kann, es dabei jedoch zu neuen Verhandlungen über die Vertragskonditionen kommt, z. B. über die Miethöhe.

Verlängerungsklausel

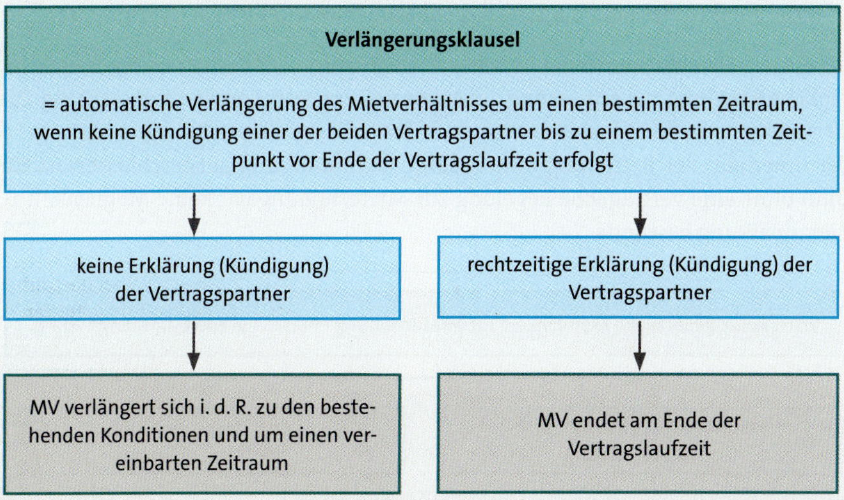

Merke!

- Aufgrund des mangelnden Kündigungsschutzes von Gewerbemietern sind Gewerbemietverträge meist befristet.
- Eine Regelung zu möglichen Verlängerungen des Mietvertrags am Ende der Laufzeit ist möglich (Optionsklausel/Verlängerungsklausel).

Beendigung eines Gewerbemietvertrags

▶ LF 6, Kap. 5

SB ▶ SITUATION 51
Der Gewerbemietvertrag (3) – Mieterhöhung und Umsatzsteueroption

4.7 Mieterhöhung

Beispiel

Im Mietvertrag der Physiotherapiepraxis Lisa Hapke ist eine Staffelmiete vereinbart. Isabell kennt ähnliche Vereinbarungen aus dem Wohnraummietvertrag. Lediglich die Zeiträume scheinen hier kürzer zu sein, da die Miete im vorliegenden Mietvertrag halbjährlich angepasst wird.

Anders als beim Wohnraummietvertrag ist für den Gewerberaummietvertrag **gesetzlich keine Möglichkeit zur Mieterhöhung** im laufenden Mietvertrag vorgesehen.

Das bedeutet, wenn im Gewerberaummietvertrag keine Vereinbarung zu einer Anpassung der Miete während der Laufzeit getroffen wird, kann eine Mieterhöhung im bestehenden Mietverhältnis nicht einseitig seitens des Vermieters durchgesetzt werden.

Einzige Möglichkeit einer Mieterhöhung bei einem unbefristet geschlossenen Mietvertrag wäre dann eine sogenannte **Änderungskündigung**. Dabei kündigt der Vermieter ordentlich und bietet gleichzeitig den neuen Vertragsabschluss mit einer neuen Miete an. Dieses Vorgehen ist im Gewerbemietrecht möglich, da der Vermieter für die Kündigung eines unbefristet abgeschlossenen Gewerberaummietvertrags keine Gründe benötigt.

Auch der Gewerbemieter hat das Recht, einen unbefristet abgeschlossenen Gewerberaummietvertrag jederzeit ohne Angabe von Gründen zu kündigen.

Allerdings trägt der Vermieter dann jeweils das Risiko, dass der Mieter dem neu angebotenen Vertrag nicht zustimmt und das Mietverhältnis beendet wird. Dies kann angesichts eines eventuell hohen Aufwands bei der Neuvermietung (z.B. durch neue Anforderungen eines neuen Mieters) nicht immer im Interesse des Vermieters liegen.

Aus diesem Grund ist auch bei unbefristet abgeschlossenen Mietverträgen eine vertragliche Regelung zur Anpassung der Miete während der Laufzeit zweckmäßig. Dies gilt selbstverständlich insbesondere auch für befristet abgeschlossene Verträge, da hier innerhalb der Befristung eine ordentliche Kündigung ausgeschlossen ist und somit ohne eine vertragliche Regelung zur Mieterhöhung gar keine Möglichkeit zur Mietanpassung bestünde.

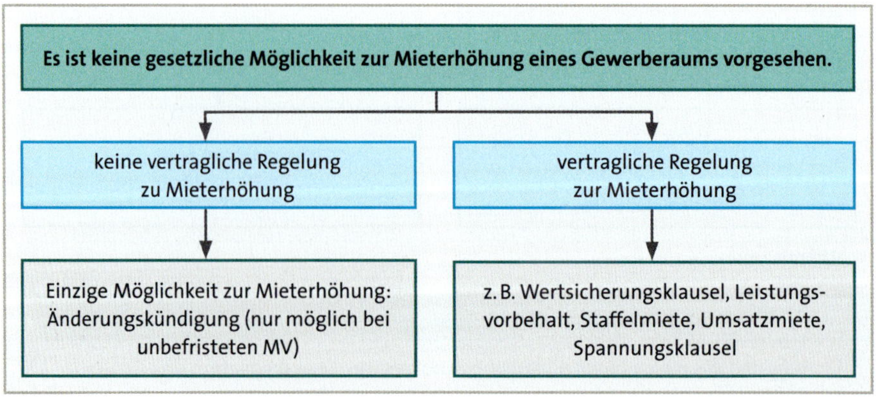

Nachfolgend gibt es einen Überblick über mögliche vertragliche Regelungen zur Anpassung der Miete.

	Staffelmiete	Umsatzmiete	Spannungsklausel
Definition	Die Miethöhe verändert sich zu fest definierten Zeitpunkten um einen bestimmten Betrag oder einen Prozentsatz.	Die Miethöhe verändert sich in Abhängigkeit vom Umsatz des Mieters.	Die Miete verändert sich im selben Verhältnis wie eine gleichartige oder vergleichbare Bezugsgröße, z. B. eine andere Gewerberaummiete.
Hinweise	Die gesetzlichen Schranken der Staffelmiete für Wohnraum (z. B. Formerfordernisse, Zeiträume zwischen den Mieterhöhungen) nach § 557a BGB gelten hier nicht.	Empfehlung: ▪ Sockelbetrag bzw. Betriebspflicht vereinbaren, um zu verhindern, dass bei Aufgabe des Geschäfts keine Miete mehr fällig ist ▪ Maximalmiete vereinbaren, um ein Überschreiten der Wuchergrenze zu verhindern	Ist in dem Vertrag, auf den Bezug genommen wird, eine automatische Wertsicherungsklausel vereinbart, muss auch der Vertrag mit Spannungsklausel den Anforderungen des Vertrags mit automatischer Wertsicherungsklausel genügen.

Staffelmiete bei einem Wohnraummietvertrag

▶ Band 1, LF 5, Kap. 5.2

	Automatische Wertsicherung = echte Gleitklausel (§ 1 Abs. 1 PrKG)	Leistungsvorbehalt = unechte Gleitklausel (§ 1 Abs. 2 PrKG)
Definition	Die Miete verändert sich, wenn sich ein bestimmter Wertmaßstab verändert, wie z. B. ein Preisindex.	▪ Die Miete verändert sich nicht unmittelbar bei Änderung der Bezugsgröße. ▪ Die Miete kann bei Veränderung einer Bezugsgröße oder nach Ablauf einer bestimmten Zeit durch weitere (zu definierende) Handlungen seitens der Vertragspartner geändert werden.
Hinweise	Echte Gleitklauseln sind nach PrKG nur **ausnahmsweise zulässig**, wenn ▪ die Miete an den Verbraucherpreisindex gebunden ist und ▪ eine ordentliche Kündigung seitens des Vermieters für mind. 10 Jahre ausgeschlossen ist (z. B. durch Kündigungsausschluss, Befristung des Vertrages) und ▪ weder Mieter noch Vermieter durch die Indexklausel unangemessen benachteiligt werden.[1]	grundsätzlich zulässig ohne weitere Voraussetzungen

PrKG

Preisklauselgesetz

Indexmiete bei einem Wohnraummietvertrag

▶ Band 1, LF 5, Kap. 5.3

[1] Dies bedeutet vor allem, dass eine Mietsenkung bei negativer Entwicklung des Verbraucherpreisindex nicht ausgeschlossen werden kann.

Die vertraglichen Regelungsmöglichkeiten bringen jeweils spezifische Vor- und Nachteile für den Vermieter mit sich, die gegeneinander abgewogen werden müssen:

Staffelmiete	
Vorteile für den Vermieter	**Nachteile für den Vermieter**
Durch die eindeutige Definition der einzelnen Staffeln hat der Vermieter eine sichere Kalkulationsbasis für die vereinbarte Laufzeit.	Eine flexible Anpassung der Staffeln an das Marktgeschehen, z. B. bei ansteigender Inflationsrate, ist im Nachhinein nicht mehr einseitig möglich.

Umsatzmiete	
Vorteile für den Vermieter	**Nachteile für den Vermieter**
Der Vermieter ist so am wirtschaftlichen Erfolg seines Mieters beteiligt. In konjunkturell guten Zeiten kann er so von der Marktentwicklung profitieren.	▪ Der Vermieter nimmt am wirtschaftlichen Risiko seines Mieters teil. Sinken die Umsätze beim Mieter, so sinken auch die Mieteinnahmen. ▪ Es kann zu Uneinigkeit kommen, welche betriebliche Datenbasis als Grundlage für die Ermittlung der Miethöhe definiert wird.

Spannungsklausel	
Vorteile für den Vermieter	**Nachteile für den Vermieter**
Bei einer passenden Bezugsgröße entsteht so kein weiterer Verwaltungsaufwand trotz laufender Anpassung der Miete.	▪ Grundsätzlich besteht die Schwierigkeit, eine geeignete vergleichbare Bezugsgröße zu finden. ▪ Bei der Wahl einer ungünstigen Bezugsgröße ist keine Mieterhöhung möglich.

Automatische Wertsicherung (= echte Gleitklausel)	
Vorteile für den Vermieter	**Nachteile für den Vermieter**
▪ Eine inflationsbedingte Wertminderung der Miete wird ausgeglichen. ▪ Durch die automatische Anpassung der Miete muss der Vermieter keine weiteren Mieterhöhungsschreiben versenden.	▪ Diese Regelung ist nur mit einer sehr langen Vertragslaufzeit möglich und bindet den Vermieter daher lange an den Mieter. ▪ Im Falle einer Deflation kann es auch zu Mietsenkungen kommen.

Leistungsvorbehalt (= unechte Gleitklausel)	
Vorteile für den Vermieter	**Nachteile für den Vermieter**
▪ Bei Kopplung an den Verbraucherpreisindex wird eine inflationsbedingte Wertminderung der Miete ausgeglichen. ▪ Eine flexible Anpassung der Miete an das Marktgeschehen zu einem vereinbarten Zeitpunkt ist möglich.	▪ Sollte die Klausel so formuliert sein, dass bei Eintreten eines bestimmten Ereignisses die Miethöhe neu verhandelt wird, ist die Gefahr von Verhandlungsschwierigkeiten und Konflikten groß. ▪ Damit sind häufig auch Folgekosten für einen Gutachter usw. verbunden. ▪ Auch die Vereinbarung von Mietsenkungen ist möglich. ▪ Die Mietanpassung geschieht nicht automatisch, sondern bedarf je nach Vereinbarung weiterer Handlungen, z. B. Versenden eines Mieterhöhungsverlangens.

Da auch eine Umlage von Modernisierungskosten nach § 559 BGB für das Gewerbemietverhältnis nicht vorgesehen ist, sollte im Mietvertrag zusätzlich ein Mieterhöhungsvorbehalt im Falle einer Modernisierung vereinbart werden.

Mieterhöhung nach Modernisierung bei einem Wohnraummietvertrag

▶ Band 1, LF 5, Kap. 5

Merke!

- Eine gesetzliche Möglichkeit zur Mieterhöhung im laufenden Mietverhältnis besteht im Gewerberaummietvertrag nicht.
- Daher ist eine vertragliche Regelung notwendig, wie z. B. Umsatzmiete, Staffelmiete, Leistungsvorbehaltsklauseln.
- Zusätzlich sollte ein Mieterhöhungsvorbehalt für eine mögliche Modernisierung zur Umlage der Modernisierungskosten vertraglich geregelt werden.

4.8 Umsatzsteueroption

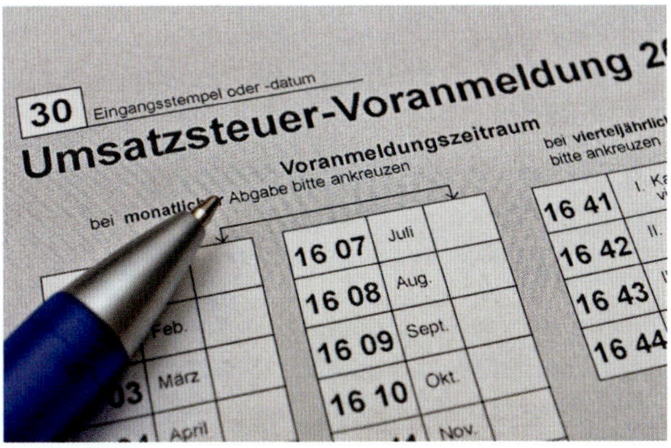

Im Grundsatz sind nach dem Umsatzsteuergesetz (UstG) Umsätze durch Vermietung **umsatzsteuerbefreit**, d. h., weder wird auf Umsätze der Vermietung eine Umsatzsteuer erhoben noch sind die vermietenden Unternehmen vorsteuerabzugsberechtigt. Sollten die Mieter jedoch selbst umsatzsteuerpflichtige Umsätze erbringen, haben Vermieter nach § 9 UStG ein Recht darauf, zur Umsatzsteuer zu optieren.

UstG
Umsatzsteuergesetz

Umsatzsteuer bei Vermietungsumsätzen
▶ Band 1, LF 3, Kap. 8.4.2

Umsatzsteuer bei Vermietung

Unternehmen vermietet

Linker Zweig:
- an natürliche Personen
- an gewerbliche Mieter, die keine umsatzsteuerpflichtigen Umsätze haben, z.B. Ärzte, Psychotherapeuten etc.

→ keine Umsatzsteuer auf Vermietungsumsätze

→ Eingangsrechnungen des Vermietungsunternehmens werden brutto an Lieferanten/Dienstleister bezahlt

→ keine Möglichkeit zum Vorsteuerabzug

Rechter Zweig:
an gewerbliche Mieter, die selbst umsatzsteuerpflichtige Umsätze haben, z. B. Restaurants, Einzelhandel, Handwerksbetriebe etc.

- ohne Option → keine Umsatzsteuer auf Vermietungsumsätze (linker Zweig)
- Option nach § 9 UStG

→ Umsatzsteuer auf Vermietungsumsätze wird erhoben

→ Eingangsrechnungen des Vermietungsunternehmens werden brutto an Lieferanten/Dienstleister bezahlt

→ gezahlte Steuer wird als Vorsteuer vom Finanzamt rückerstattet

Grundlage sind i. d. R. die in den Eingangsrechnungen ausgewiesenen Nettokosten.

Wie die Abbildung zeigt, liegt der große Vorteil für einen Vermieter, zur Umsatzsteuer zu optieren darin, dass er damit vorsteuerabzugsberechtigt wird. Somit stellen für ihn alle im Zusammenhang mit dem Objekt anfallenden Nettokosten, z. B. Leistungen von Handwerkern, Baumaterial, den Gewinn mindernde Aufwendungen dar. Die bezahlte Umsatzsteuer kann als Vorsteuer gegenüber dem Finanzamt geltend gemacht werden kann.

Der Vermieter ist allerdings nur berechtigt, zur Umsatzsteuer zu optieren, wenn der Mieter selbst eine umsatzsteuerpflichtige Tätigkeit ausübt. Dies sollte sich der Vermieter im Mietvertrag zusichern lassen.

Beispiel für eine Klausel im Mietvertrag

„Der Mieter erklärt, dass er Unternehmer i. S. des UStG ist, und er verpflichtet sich, bis auf eine Bagatellgrenze von 5 %, nur Umsätze zu tätigen, die den Vorsteuerabzug nicht ausschließen. Darüber hinaus verpflichtet er sich, dem Vermieter entsprechende Nachweise zur Vorlage beim Finanzamt jährlich zur Verfügung zu stellen."

Beispiel

Da die Physiotherapiepraxis Lisa Hapke hauptsächlich Leistungen aufgrund ärztlicher Verordnung oder als Rehabilitationsmaßnahme erbringt, sind deren Umsätze nicht umsatzsteuerpflichtig. Entsprechend hat die MEWOH Musterwohn GmbH nicht die Möglichkeit, zur Umsatzsteuer zu optieren und sie ist nicht vorsteuerabzugsberechtigt in Bezug auf dieses Mietverhältnis.

Der Gewerbemieter muss in diesem Fall vorsteuerabzugsberechtigt sein, andernfalls kann der Vermieter nicht zur Umsatzsteuer optieren.

Entscheidet sich ein Vermieter dazu, zur Umsatzsteuer zu optieren, fällt die Umsatzsteuer auch auf die Nebenkosten an. Für den Gewerbemieter stellt dies aber kein Problem dar, da er vorsteuerabzugsberechtigt sein muss. Die bezahlte Vorsteuer aus der im Mietvertrag zugesicherten umsatzsteuerpflichtigen Tätigkeit bekommt er vom Finanzamt zurückerstattet.

Ausstellung von Rechnungen:
§ 14 UStG

Damit der Mieter seine in der Miete enthaltene Vorsteuer gegenüber dem Finanzamt geltend machen kann, bedarf es einer Rechnung des Vermieters. Ein Mietvertrag kann eine solche Rechnung darstellen, wenn sie den Anforderungen gemäß § 14 UStG entspricht. Dazu zählen folgende Mindestinhalte:

Checkliste für Mietverträge, die den Anforderungen einer Rechnung genügen sollen	✓
vollständiger Name und Anschrift des Vermieters sowie des Mieters	✓
wahlweise Umsatzsteueridentifikationsnummer oder Steuernummer des Vermieters	✓
Ausstellungsdatum der Rechnung sowie fortlaufende Rechnungsnummer	✓
Art und Umfang der Leistung, d. h., der Vermietung	✓
Zeitraum der Vermietung, Hinweis auf Leistungszeitraum (Monat)	✓
Entgelt, ggf. nach Steuersätzen und -befreiungen aufgeschlüsselt	✓
im Voraus vereinbarte Minderungen des Entgelts, soweit nicht schon in der Miete berücksichtigt (z. B. Skonti, Boni, Rabatte)	✓
anzuwendender Steuersatz	✓
auf Entgelt entfallender Steuerbetrag	✓

Sollte der Mietvertrag nicht den Anforderungen einer Rechnung genügen, ist der Vermieter auf Verlangen des Mieters zur Ausstellung einer Rechnung verpflichtet. Dies ist auch als sogenannte Dauerrechnung möglich, sodass nicht monatlich, sondern z. B. nur einmal jährlich eine solche Rechnung ausgestellt werden muss.

Gemäß § 15a UStG ist der Vermieter bei der Entscheidung für die Umsatzsteueroption zehn Jahre an diese Option gebunden. Wenn der Vermieter vorher die Option aufgibt, z. B. aufgrund eines Mieterwechsels hin zu einem Mieter, der keiner umsatzsteuerpflichtigen Tätigkeit nachgeht, muss der Vermieter die bereits erhaltenen Vorsteuern an das Finanzamt zurückzahlen. Aus diesem Grund wird in der Regel auch vertraglich vereinbart, dass der sogenannte **„Vorsteuerschaden"** an den Mieter weitergereicht wird.

Berichtigung des Vorsteuerabzugs:
§ 15a UStG

Merke!

- Vermieter, die an Mieter vermieten, die einer umsatzsteuerpflichtigen Tätigkeit nachgehen, können zur Umsatzsteuer optieren.
- Im Falle der Umsatzsteueroption wird im Mietvertrag die Miete zzgl. der zu zahlenden Umsatzsteuer vereinbart.
- Der Vermieter wird im Falle der Umsatzsteueroption vorsteuerabzugsberechtigt, d. h., die bezahlte Vorsteuer aus Eingangsrechnungen von Lieferanten oder Dienstleistern kann vom Finanzamt zurückgefordert werden.

4.9 Vertragszweck

In einem Gewerberaummietvertrag sollte definiert werden, zu welchem **betrieblichen Zweck** die Gewerberäume vermietet werden. Dies bietet für beide Vertragsparteien Vorteile:

Vorteile Vermieter	Vorteile Mieter
• Der Vermieter stellt sicher, dass der Mieter die Räume nur zum vereinbarten Zweck gebrauchen kann. • Sollte der Mieter die Räume anderweitig nutzen, kann der Vermieter das Mietverhältnis aufgrund der Vertragsverletzung kündigen. • Der Vermieter kann eventuelle Untermieter mit anderen Vertragszwecken ablehnen, ohne ein Sonderkündigungsrecht für den Mieter begründen zu müssen.	• Dem Mieter wird garantiert, dass die Räume zum vertraglich vereinbarten Zweck geeignet sind. (Der Vermieter haftet nur für die Eignung der Räume, nicht für Einschränkungen der Nutzung der Räume, die ihre Ursache in der Person des Gewerbemieters oder in betrieblichen Umständen des Mieters haben.) • Dem Mieter wird für den vereinbarten Mietzweck ein Konkurrenzschutz gewährt.

Konkurrenzschutz
▶ LF 6, Kap. 4.10

Die genannten Vorteile bieten für beide Vertragsparteien nur dann einen Nutzen, wenn der Vertragszweck so konkret wie möglich formuliert wird. Es sollte daher von Formulierungen wie „Allgemeine Büronutzung" abgesehen werden.

Beispiel

Im Mietvertrag mit der Physiotherapiepraxis ist folgendes dazu geregelt:
„Das Mietobjekt wird ausschließlich zum Betrieb einer Physiotherapiepraxis vermietet."

Merke!

- Der Vertragszweck sollte so konkret wie möglich geregelt werden.
- Dies hat Auswirkungen u. a auf die Vertragsbereiche Untervermietung, Konkurrenzschutz und Mietminderung.

SB ▶ SITUATION 52
Der Gewerbemietvertrag (4) – Konkurrenzschutz, Mietminderungsrecht, Erhaltungsmaßnahmen, Schönheitsreparaturen und Untermiete

4.10 Konkurrenzschutz

Der Vermieter von Gewerberaum ist gegenüber seinen Mietern zum Konkurrenzschutz verpflichtet. Dies bedeutet, dass der Vermieter

- seinem Mieter nicht selbst Konkurrenz machen darf,
- seine Räumlichkeiten nicht an Konkurrenten des Mieters vermieten darf und
- bei einem Verhalten des Mieters, welches einem anderen Mieter Konkurrenz macht, gegebenenfalls Gegenmaßnahmen ergreifen muss.

Dazu ist der Vermieter aber nur verpflichtet, wenn der Mieter einer gewerblichen Tätigkeit nachgeht, die durch die räumliche Nähe von Konkurrenten maßgeblich beeinflusst wird. Beispiele für Unternehmen, für die Konkurrenzschutz gewährt werden muss, da ein Konkurrenzbetrieb maßgeblich den Umsatz beeinflusst, sind Friseure, Cafés und Einzelhandelsgeschäfte.

Findet sich im Mietvertrag keine Regelung zum Konkurrenzschutz, so greift der sogenannte **vertragsimmanente Konkurrenzschutz**. Dies bedeutet, dass der Vermieter auch ohne vertragliche Vereinbarung zum Schutz seiner Mieter vor Konkurrenten verpflichtet ist, da dies den vertragsgemäßen Gebrauch der Räume durch den Mieter sicherstellt. Dabei gilt der sogenannte **Prioritätsgrundsatz**, d. h., der Vermieter muss immer den Mieter vor dazukommenden Konkurrenten schützen, mit dem er zuerst ein Mietverhältnis hatte.

Beispiel

In dem Objekt der MEWOH Musterwohn GmbH war bei der Vergabe der leer stehenden Fläche im 1. Obergeschoss bereits im Erdgeschoss an einen Fachanwalt für Familienrecht vermietet. In diesem bestehenden Mietvertrag gibt es keine Regelung des Konkurrenzschutzes, sodass der vertragsimmanente Konkurrenzschutz greift. Entsprechend entschied sich die MEWOH Musterwohn GmbH gegen die Interessenten, die eine Kanzleigemeinschaft für Familienrecht im 1. OG gründen wollten, um den Konkurrenzschutz im bestehenden Mietverhältnis gemäß dem Prioritätsgrundsatz nicht zu verletzen.

Grundsätzlich orientiert sich der Konkurrenzschutz am vereinbarten oder tatsächlichen Mietzweck. Wie weit der vertragsimmanente Konkurrenzschutz reicht, muss vor allem hinsichtlich des inhaltlichen und des räumlichen Umfangs beurteilt werden.

Richtlinien zum Umfang des vertragsimmanenten Konkurrenzschutzes	
inhaltlich	**räumlich**
• grundsätzlich nur Schutz vor Wettbewerbern mit gleichen Hauptartikeln • Im gastronomischen Bereich genügt es, wenn die konkurrierenden Unternehmen dieselbe Zielgruppe ansprechen.	• nur für Räume, die im Eigentum des Vermieters stehen und • im selben Objekt oder im Einzelfall auf Grundstücken in der näheren Umgebung liegen

Der vertragsimmanente Konkurrenzschutz ist inhaltlich, zeitlich und räumlich grundsätzlich für den Einzelfall zu bestimmen.

Beispiele, in denen kein vertragsimmanenter Konkurrenzschutz gewährt werden muss, aufgrund mangelnder inhaltlicher Überschneidung

- Mieter 1: Bäckerei, Mieter 2: Lebensmittelhandel mit Backwarenabteilung
- Mieter 1: Baumarkt mit Teppichabteilung, Mieter 2: Teppichhändler
- Mieter 1: Restaurant mit Schwerpunkt Mittagstisch und Abendangebot, Mieter 2: Café mit Kuchenangebot

Um Streitigkeiten zwischen den Vertragspartnern in der Rechtsauslegung zu vermeiden, empfiehlt es sich grundsätzlich, den **Konkurrenzschutz vertraglich zu regeln**. Dabei sollte der Konkurrenzschutz klar definiert werden.

inhaltlich	räumlich	zeitlich
Der Vermieter gewährt Konkurrenzschutz für • bestimmte Produkte, • Dienstleistungen von bestimmten Konkurrenzunternehmen, • für einen bestimmten Geschäftszweck.	Der Vermieter gewährt Konkurrenzschutz in einem bestimmten Umkreis.	Vermieter gewährt Konkurrenzschutz über einen gewissen Zeitraum (auch über das Mietende hinaus möglich)

Hinweis zum inhaltlichen Konkurrenzschutz:

Wird der Konkurrenzschutz für einen bestimmten Geschäftszweck vertraglich geregelt, so umfasst der vertragliche Konkurrenzschutz auch die Nebenprodukte, soweit diese typischerweise zum Geschäftszweck gehören.

Der gesetzliche Konkurrenzschutz kann vertraglich ausgeschlossen, eingeschränkt oder erweitert werden.

Regelungen zum Konkurrenzschutz

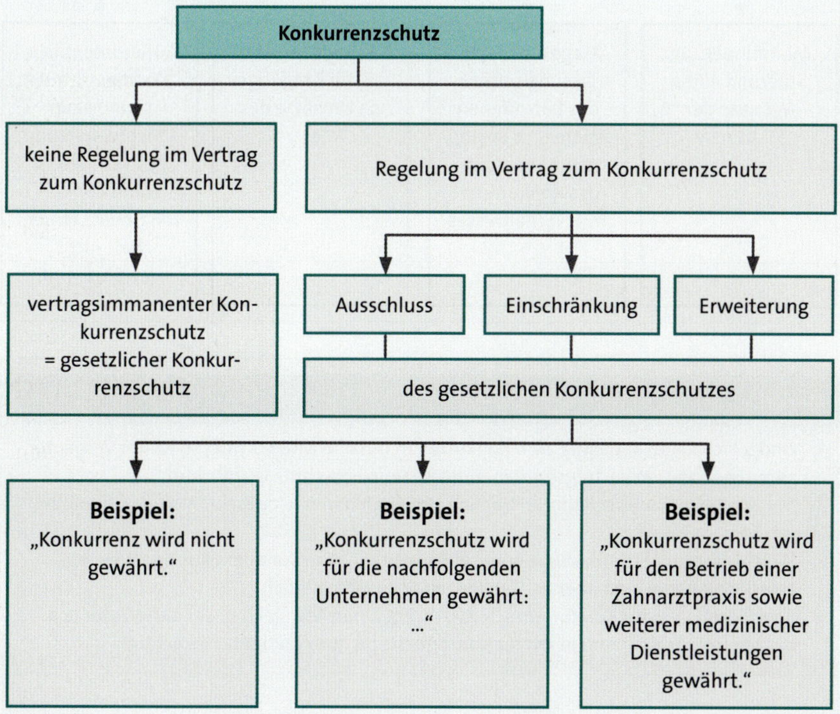

Sonderfall Einkaufszentrum

In einem Einkaufszentrum sind naturgemäß viele gewerbliche Mieter unter einem Dach, die denselben Vermieter haben. Dies ist dem Mieter bereits bei Mietvertragsabschluss bekannt. Dieses Wissen entbindet den Vermieter dennoch nicht grundsätzlich vom Konkurrenzschutz in Einkaufszentren – es muss dabei die Art des Einkaufszentrums bedacht werden.

Bei kleinen Einkaufszentren kann der Mieter davon ausgehen, dass der Vermieter eine Konkurrenzsituation vermeiden möchte – auch um die Attraktivität des Einkaufszentrums durch eine Vielfalt an Angeboten zu wahren. Daher besteht hier auch ohne Regelung ein vertragsimmanenter Konkurrenzschutz.

Bei größeren Einkaufszentren muss der Mieter dagegen hinnehmen, dass es zu Sortimentsüberschneidungen mit Geschäften des Einkaufzentrums kommt. Darin liegt nicht in jedem Fall eine Verletzung des Konkurrenzschutzes.

In vielen Fällen wird bei Mietverträgen in Einkaufszentren der Konkurrenzschutz vertraglich eingeschränkt oder gar ausgeschlossen. Dabei ist jedoch zu beachten, dass ein formularvertraglicher Ausschluss des Konkurrenzschutzes mit einer Sortimentsbindung und einer Betriebspflicht vom BGH als eine unangemessene Benachteiligung des Mieters eingestuft wurde und damit unzulässig ist.

Verletzt der Vermieter den gesetzlich vorgesehenen oder vertraglich vereinbarten Konkurrenzschutz, können einzelne oder mehrere der folgenden Konsequenzen drohen:

Konsequenzen bei Verletzung des Konkurrenzschutzes durch den Vermieter

Verletzung des Konkurrenzschutzes – mögliche Konsequenzen für den Vermieter

Mietminderung aufgrund eines Mangels der Mietsache	Klage auf Unterlassung seitens des betroffenen Mieters → Zwang zur Kündigung des Konkurrenzmietverhältnisses	Schadenersatz z. B. für entgangene Umsätze des Mieters	Außerordentliche Kündigung aufgrund einer Pflichtverletzung des Vermieters, wenn Konkurrenzschutz dauerhaft nicht gewährt wird.

Merke!

- Findet sich keine Regelung zum Konkurrenzschutz im Mietvertrag, so ist der Vermieter zum sogenannten vertragsimmanenten Konkurrenzschutz verpflichtet.
- Der Konkurrenzschutz kann vertraglich ausgeschlossen, eingeschränkt oder erweitert werden.
- Welche Mieter als Konkurrenz angesehen werden, wird vor allem aus dem Vertragszweck abgeleitet – ist aber für den Einzelfall zu entscheiden.
- Eine Verletzung des Konkurrenzschutzes stellt einen Mangel dar, der den Mieter u. a. zur Mietminderung und in letzter Konsequenz bis zur Kündigung berechtigt.

4.11 Mietminderungsrecht

§ 536 BGB Mietminderung bei Sach- und Rechtsmängeln

(1) Hat die Mietsache zur Zeit der Überlassung an den Mieter einen Mangel, der ihre Tauglichkeit zum vertragsgemäßen Gebrauch aufhebt, oder entsteht während der Mietzeit ein solcher Mangel, so ist der Mieter für die Zeit, in der die Tauglichkeit aufgehoben ist, von der Entrichtung der Miete befreit. Für die Zeit, während der die Tauglichkeit gemindert ist, hat er nur eine angemessen herabgesetzte Miete zu entrichten. Eine unerhebliche Minderung der Tauglichkeit bleibt außer Betracht.
(...)
(4) Bei einem Mietverhältnis über Wohnraum ist eine zum Nachteil des Mieters abweichende Vereinbarung unwirksam.

Der Gesetzesauszug aus dem BGB zeigt, dass auch Gewerbemieter bei einem Mangel der überlassenen Räume zur Mietminderung berechtigt sind. Dabei muss der Mangel nicht unbedingt im Verantwortungsbereich des Vermieters liegen. Relevant ist lediglich, dass der Mieter in seinem vertragsgemäßen Gebrauch der Mietsache eingeschränkt ist.

Ein Mangel muss nicht unbedingt in der Verantwortung des Vermieters liegen.

Beispiel

Durch eine Baustelle im öffentlichen Straßenbereich entstehen Schmutz und Lärm, sodass der Außenbereich eines Cafés nur eingeschränkt nutzbar ist. Dies stellt einen Mangel dar, und entsprechend kann der Mieter die Miete für diesen Mangel mindern, auch wenn der Vermieter den Mangel nicht verursacht hat und nicht beheben kann.

Laut § 536 Abs. 4 BGB sind von der gesetzlichen Regelung abweichende Vereinbarungen für Gewerberaummietverträge möglich – auch wenn diese zum Nachteil für den Mieter sind. Denkbar sind hier Regelungen zur Einschränkung des Mietminderungsrechts, z.B. indem die Mietminderung mit einer bestimmten Frist vorher angezeigt werden oder indem die geminderte Summe auf einem Treuhandkonto eingezahlt werden muss. Ein genereller Ausschluss des Mietminderungsrechts (z.B. Ausschluss des Minderungsrechts für Mängel, die der Vermieter nicht zu vertreten hat) ist laut BGH formularvertraglich unwirksam. Einzige Ausnahme ist hier nach einem älteren Urteil des BGH der Ausschluss des Minderungsrechts für Störungen der Versorgung mit Wärme, Strom, Gas, Wasser oder der Entwässerung, die nicht vom Vermieter zu vertreten sind. Dies kann auch in einem Formularmietvertrag wirksam vereinbart werden.

Merke!

- Der Ausschluss von Mietminderungen ist formularmietvertraglich nicht möglich.
- Die Minderung kann formularvertraglich lediglich eingeschränkt werden, z. B. indem bestimmte Fristen zur Anzeige der Minderung eingehalten werden müssen.

4.12 Erhaltungsmaßnahmen

Vornahmeklausel

Der Mieter führt die Maßnahmen selbst aus oder lässt sie ausführen.

Kostenklausel

Der Mieter trägt die Kosten für die Maßnahmen.

Die Pflicht zur Instandhaltung und Instandsetzung kann formularvertraglich auf den Mieter abgewälzt werden. Dabei kann geregelt werden, dass der Mieter diese selbst durchzuführen bzw. durchführen zu lassen (= **Vornahmeklausel**) oder aber die Kosten für die Instandhaltung und Instandsetzung zu tragen (= **Kostenklausel**) hat.

Für eine wirksame Übertragung der Instandhaltung und Instandsetzung im Formularvertrag muss vor allem beachtet werden, dass dem Mieter nur Maßnahmen übertragen werden können, die durch den Mietgebrauch entstehen. Daraus folgt, dass

- die Instandhaltungs- und Instandsetzungspflichten für den Mieter auf die Mietsache sowie Gemeinschaftsflächen beschränkt sein müssen.
- die pauschale Übertragung von bereits zu Mietbeginn bestehenden Mängeln nicht auf den Mieter übertragen werden kann.
- die Instandsetzung von Mängeln, die durch den Vermieter oder Dritte verursacht wurden, ausgeschlossen werden sollte.
- für Maßnahmen in Bezug auf Gemeinschaftsflächen eine angemessene Kostenobergrenze festgelegt werden sollte.

Beispielformulierung aus dem Mietvertrag mit der Physiotherapiepraxis

„Der Mieter trägt die Kosten der Instandhaltung und Instandsetzung der Mietsache, insofern sie durch gewöhnliche Abnutzung und Gebrauch der Mietsache und des Zubehörs entstanden sind, ohne dass es auf das Verschulden ankommt. Die zu übernehmenden Kosten sind pro Jahr der Höhe nach auf eine Monatsmiete begrenzt."

Darüberhinausgehende Klauseln, z. B. sogenannte „Dach- und Fachklauseln", die auch Reparaturen an Dach, Fassade etc. umfassen, sind nur individualvertraglich möglich. Einen Überblick über mögliche Klauseln zur Kostenübertragung auf den Mieter gibt folgende Tabelle:

Single-Net-Mietverträge	Double-Net-Mietverträge	Triple-Net-Mietverträge
Mieter trägt: • Betriebskosten	Mieter trägt: • Betriebskosten • Instandhaltungs- und Instandsetzungsmaßnahmen (Ausnahme: Maßnahmen an Dach und Fach)	Mieter trägt: • Betriebskosten • Instandhaltungs- und Instandsetzungsmaßnahmen an Dach und Fach
im Formularvertrag möglich	im Formularvertrag möglich	nur in Individualvereinbarungen

Merke!

Instandhaltungs- und Instandsetzungspflichten können dem Mieter nur formularvertraglich auferlegt werden, wenn diese Maßnahmen betreffen, die durch den Mietgebrauch entstehen.

4.13 Schönheitsreparaturen

Merke!

„Schönheitsreparaturen umfassen nur das Tapezieren, Anstreichen oder Kalken der Wände und Decken, das Streichen der Fußböden, Heizkörper einschließlich der Heizrohre, der Innentüren sowie der Fenster und Außentüren von innen."

§ 28 Abs. 4 Satz 4 II. Berechnungsverordnung

Die Schönheitsreparaturen können dem Mieter von Gewerberaum im Formularvertrag nur auferlegt werden, wenn er die Räume renoviert übernommen hat bzw. für die Übernahme der unrenovierten Räume einen entsprechenden Ausgleich erhalten hat, z.B. einen Mieterlass.

Da es bei Gewerberäumen üblich ist, dass der Mieter die Anfangsrenovierung übernimmt, sodass er die Räume entsprechend den eigenen Anforderungen gestalten kann, ist in diesen Fällen eine Übertragung der Endrenovierung auf den Mieter also nicht möglich.

Für den Fall, dass die Gewerberäume renoviert an den Mieter gingen, ist die formularmäßige Auferlegung starrer Fristen, nach denen durch den Mieter in bestimmten Zeitabständen renoviert werden muss, auch im Gewerberaummietvertrag unzulässig.

Merke!

- Für Schönheitsreparaturen gelten im Gewerberaum die gleichen Regeln wie im Wohnraummietvertrag.
- Der Mieter kann nicht zur Renovierung von Räumen verpflichtet werden, die er ohne Ausgleich unrenoviert übernommen hat.
- Die Vorgabe starrer Fristenpläne zur Renovierung ist unwirksam.

4.14 Untermiete

Da viele gewerbliche Mietverträge befristet sind, können diese bei Planänderungen des Mieters, z.B. bei einem privat notwendig gewordenen Umzug, nicht einfach gekündigt werden.

Damit der Mieter in einem solchen Fall die Miete nicht selbst tragen muss, kommt als Lösungsmöglichkeit ein Untermietverhältnis in Betracht. Dabei bleibt der Hauptmietvertrag zwischen dem Gewerbevermieter und seinem Mieter bestehen. Der Hauptmieter schließt jedoch mit einem weiteren Mieter – dem Untermieter – einen zweiten Mietvertrag über die Räume ab.

Untermiete bei einem Gewerbemietverhältnis

Liegt der Hauptmietvertrag als Individualvereinbarung vor, kann die Untervermietung generell ausgeschlossen werden. Ist die Untermiete vertraglich nicht ausgeschlossen, muss ein Untermietverhältnis vom Vermieter genehmigt werden. Die Genehmigungspflicht kann nur umgangen werden, wenn im Mietvertrag eine generelle Zustimmung zur Untermiete geregelt ist. Aber auch dann ist das Untermietverhältnis anzeigepflichtig.

Merke!

Schließt der Mieter ein Untermietverhältnis ohne Genehmigung des Vermieters, so handelt er vertragswidrig.

Anders als im Wohnraum hat der Mieter von Gewerberaum keine gesetzlich vorgesehene Zustimmungspflicht zur Untermiete in bestimmten Situationen, d. h., der Vermieter kann dem Untermietverhältnis ohne Begründung widersprechen.

Um die notwendige Genehmigung seitens des Vermieters einzuholen, muss der Mieter seinem Vermieter alle notwendigen Daten zum Untermieter und zum angestrebten Untermietvertrag vorlegen. Dazu gehören neben personenbezogenen Daten zum Untermieter auch vertragsbezogene Informationen, wie

- die vom Untermieter geplante Nutzung der Räume,
- die Höhe der Untermiete,
- die Laufzeit des Untermietvertrags sowie
- eventuell die Übernahme einer Betreiberpflicht, wenn dem Mieter eine solche Pflicht obliegt.

Nach Erhalt der Informationen kann der Vermieter das konkret angestrebte Untermietverhältnis genehmigen oder ablehnen. Für die Genehmigung ist **gesetzlich keine Formvorschrift** vorgesehen. Es ist auch eine stillschweigende Zustimmung denkbar, wenn der Vermieter über einen längeren Zeitraum das Untermietverhältnis geduldet hat.

Merke!

Eine einmal gegebene Genehmigung kann nicht bzw. nur aus wichtigem Grund widerrufen werden. Ein wichtiger Grund wäre z. B., wenn es durch den Untermieter zu einer Störung des Hausfriedens kommt.

Im Formularmietvertrag sind Klauseln, nach denen ein Widerruf zur Genehmigung des Untermietverhältnisses jederzeit möglich ist, unwirksam. Jedoch ist es möglich, die Genehmigung zeitlich zu befristen.

Bei Ablehnung der Untermietanfrage nach Erhalt der notwendigen Informationen bzw. einer generellen Ablehnung von Untermiete hat der Mieter ein Sonderkündigungsrecht. Dieses kann formularvertraglich nicht ausgeschlossen werden. Die Sonderkündigungsfrist entspricht der gesetzlichen Frist.

Das Sonderkündigungsrecht ist jedoch ausgeschlossen, wenn der Vermieter aus wichtigem Grund, z. B. bei einer geplanten Änderung der gewerblichen Nutzung, die vertraglich ausgeschlossen ist, die Untervermietung ablehnt.

Ablauf bei einer Untervermietung

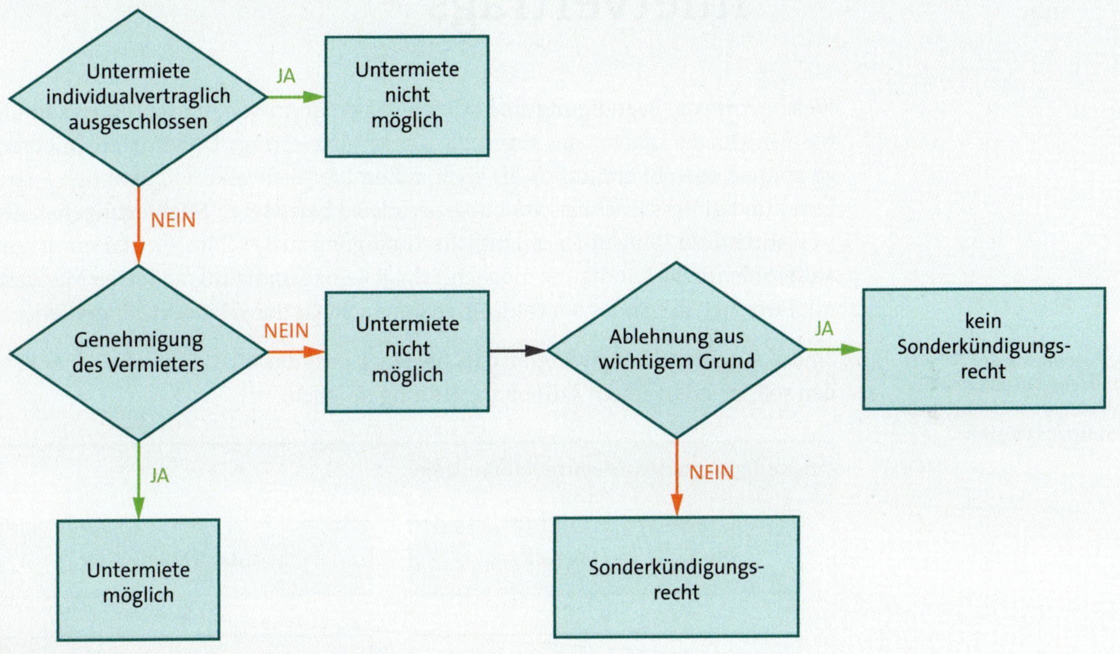

Um mögliche Streitigkeiten zu vermeiden, empfiehlt es sich, den Fall der Untervermietung bereits im Hauptmietvertrag zu klären. Dazu sollten generelle Regelungen getroffen werden zu

- dem Personenkreis, der als Untermieter infrage kommt sowie
- den finanziellen Aspekten, wie Untermietzuschlag oder Abtretung der Ansprüche des Mieters gegenüber dem Untermieter an den Vermieter.

Beispiel

Im Mietvertrag der MEWOH Musterwohn GmbH findet sich folgende Klausel, die sich im Wesentlichen mit der gesetzlichen Regelung deckt:
„Eine Untervermietung ist nur nach vorheriger schriftlicher Einwilligung des Vermieters zulässig. Eine Einwilligung darf nur aus wichtigem Grund versagt werden."

Merke!

- Die Untermiete hat aufgrund der zahlreichen befristeten Verträge im gewerblichen Mietverhältnis eine recht große Bedeutung.
- Der Gewerbemieter hat keinen gesetzlichen Anspruch auf die Möglichkeit zur Untermiete. Er kann sich diesen vertraglich sichern, er kann aber eingeschränkt und individualvertraglich auch ausgeschlossen werden.
- Ohne vertragliche Regelung muss ein mögliches Untermietverhältnis vom Vermieter genehmigt werden.
- Bei einer Ablehnung der Untervermietung seitens des Vermieters, die nicht auf wichtigen Gründen beruht, hat der Mieter ein Sonderkündigungsrecht.

SB ▶ SITUATION 53
Beendigung eines Gewerbemietvertrags

5 Beendigung eines Gewerbemietvertrags

Welche Form der Beendigung eines Mietvertrags zur Anwendung kommen kann, liegt vor allem an der Laufzeit des abgeschlossenen Mietvertrags. **Unbefristete Mietverträge** können sowohl ordentlich als auch außerordentlich gekündigt werden – soweit kein Kündigungssauschluss vereinbart wird. Bei **befristeten Mietverträgen** dagegen ist während der Laufzeit die ordentliche Kündigung ausgeschlossen und somit nur die außerordentliche Kündigung möglich. Erfolgt keine Kündigung, endet der Mietvertrag mit Erreichen des Endes der Laufzeit, sollten nicht Optionsklauseln etc. greifen.

Eine Beendigung des Mietverhältnisses ist in diesem Fall unabhängig von der Art des Mietvertrags möglich.

Sind sich beide Vertragsparteien darüber einig, dass das Mietverhältnis beendet werden soll, ist jederzeit ein Aufhebungsvertrag möglich.

Beendigung eines Gewerbemietvertrags

unbefristeter Mietvertrag	**befristeter Mietvertrag**
↓	↓
ordentliche und außerordentliche Kündigung von beiden Seiten jederzeit möglich	ordentliche Kündigung innerhalb der Frist ausgeschlossen → außerordentliche Kündigung möglich
Aufhebungsvertrag möglich	

Kündigung
nur eine Willenserklärung einer Vertragspartei möglich

Aufhebungsvertrag
zwei übereinstimmende Willenserklärungen beider Vertragsparteien notwendig

5.1 Ordentliche Kündigung

Es bedarf von keiner der Vertragsparteien eines bestimmten Grundes, um das Mietverhältnis zu beenden. Es fehlt daher für den Mieter ein Kündigungsschutz. Dies ist einer der Gründe, warum Gewerberaummietverträge in den meisten Fällen befristet abgeschlossen werden. Die Fristen zur ordentlichen Kündigung des Gewerberaummietvertrags werden im BGB geregelt:

§ 580a Abs. 2 BGB

Bei einem Mietverhältnis über Geschäftsräume ist die ordentliche Kündigung spätestens am dritten Werktag eines Kalendervierteljahres zum Ablauf des nächsten Kalendervierteljahrs zulässig.

Daraus ergeben sich folgende mögliche Ablaufdaten eines Gewerberaummietvertrags nach der ordentlichen Kündigung:

Mögliche Ablaufdaten eines Gewerberaummietvertrags

Kündigung bis zum 3. Werktag im ...	Mietvertrag endet am ...
Januar	30.06.
April	30.09.
Juli	31.12.
Oktober	31.03.

Gesetzlich ist für die Kündigung im Gewerberaum keine Formvorschrift geregelt, d. h., sie ist grundsätzlich auch formfrei möglich. In den meisten Mietverträgen wird jedoch geregelt, dass eine Kündigung in Schriftform erfolgen muss.

Eine Änderung der Kündigungsfristen ist formularvertraglich möglich. Soll diese jedoch nur für einen der Vertragspartner erfolgen, z. B. eine Verlängerung der Fristen nur für den Mieter, ist dies nur im Individualvertrag möglich.

5.2 Außerordentliche Kündigung

Kündigungsrecht	§ 544 BGB	§ 540 (1) BGB	§ 580 BGB	§ 57a ZVG
Kündigungsgrund	Mietverträge, welche länger als 30 Jahre laufen sollen	Verweigerung der Untermieterlaubnis durch den Vermieter (außer bei vertraglich ausgeschlossenen Gründen)	Tod des Mieters	Erwerb durch Zwangsversteigerung
Wer darf kündigen?	Mieter/Vermieter	Mieter	Erbe/Vermieter	Ersteher in der Zwangsversteigerung
Frist	gesetzliche Kündigungsfrist § 580 a (2) BGB			
Zusatzinformationen	• gilt nicht bei „Kettenverträgen" • gilt nicht bei Verträgen, die an die Lebenszeit des Vermieters oder Mieters gekoppelt sind	ausgeschlossen Verweigerung aus wichtigem Grund, z. B. Nutzungsänderung des Untermieters, die der Vermieter nicht hinnehmen muss	Kündigung innerhalb eines Monats nach Kenntnis vom Tod des Mieters	-

Kündigungsrecht	**§ 555e BGB**	**§ 109 (1) InsO**	**§ 543 BGB**	**§ 569 BGB**
Kündigungsgrund	angekündigte Modernisierung, wenn dieses Recht nicht individualvertraglich ausgeschlossen wurde	bei Insolvenz des Mieters	wichtige Gründe: z. B. • Nichtgewährung des Gebrauchs • erheblicher Zahlungsverzug • vertragswidriger Gebrauch	wichtige Gründe: z. B. • Gesundheitsgefährdung • nachhaltige Störung des Hausfriedens • mit Sicherheitsleistung im Verzug
Wer darf kündigen?	Mieter	Insolvenzverwalter	Mieter/Vermieter	Mieter/Vermieter
Frist	Kündigung zum Ablauf des übernächsten Monats (§ 555e BGB)	jederzeit mit 3 Monaten Kündigungsfrist; kürzere Frist, wenn vertraglich vereinbart	sofort	
Zusatzinformationen	ausgeschlossen bei nur unerheblicher Mieterhöhung bzw. unwesentlicher Einschränkung der Mieträume	Kündigung während des laufenden Insolvenzverfahrens durch den Insolvenzverwalter	• ggf. vorherige Abmahnung und ggf. Fortführung der Pflichtverletzung erforderlich • Heilung des Zahlungsverzuges nicht vorgesehen	

6 Übersicht über Gemeinsamkeiten und Unterschiede zwischen Gewerbe- und Wohnraummietverträgen

Unterschiede bzw. Gemeinsamkeiten hinsichtlich ...	Wohnraummietverträge	Gewerberaummietverträge
Betriebskosten	• Betriebskosten nur umlegbar, wenn dies vertraglich geregelt ist • umlegbare Betriebskosten werden in § 2 der Betriebskostenverordnung definiert	• Betriebskosten nur umlegbar, wenn dies vertraglich geregelt ist • auch Kosten über § 2 Betriebskostenverordnung hinaus sind umlegbar, wenn dies geregelt wurde • die Vorgaben nach § 556a BGB für die Erstellung einer Betriebskostenabrechnung gelten nicht, d. h., Fristen, Form etc. der Betriebskostenabrechnung sind frei gestaltbar
Erhaltungsmaßnahmen	• grundsätzlich Pflicht des Vermieters • Mieter können maximal über die sogenannte „Kleinreparaturklausel" an den Kosten beteiligt werden	• grundsätzlich Pflicht des Vermieters • können auf Mieter vertraglich umgelegt werden, soweit sie aufgrund des Mietgebrauch entstehen
Kaution	• maximal 3 Nettokaltmieten • zahlbar innerhalb von 3 Raten; die erste Rate wird zu Mietbeginn fällig	• Höhe und Fälligkeit frei vereinbar
Laufzeit	• i. d. R. unbefristete Mietverträge • Befristung nur mit Angabe von Gründen nach § 575 BGB möglich, z. B. geplanter Eigenbedarf des Vermieters, geplante Sanierung (Wichtig: Ein befristeter MV mit einer Laufzeit von mind. einem Jahr bedarf der Schriftform.)	• i. d. R befristete Mietverträge, da Befristung auch ohne Angabe von Gründen möglich ist und Planungssicherheit für die Vertragsparteien bietet (Wichtig: Ein befristeter MV mit einer Laufzeit von mind. einem Jahr bedarf der Textform.) • mögliche Regelungen zur Verlängerung, z. B Optionsrecht
Mieterhöhung	• gesetzliche Mieterhöhung nach § 558 BGB bis zur ortsüblichen Vergleichsmiete (OVM) bzw. nach § 559 BGB nach Modernisierungen möglich	• Mieterhöhungen müssen vertraglich geregelt werden, ansonsten gibt es keine gesetzlich vorgesehene Möglichkeit zur Mieterhöhung • Bsp.: Staffelmiete, Umsatzmiete
Miethöhe	Miethöhe begrenzt durch • Wuchergrenze: 50 % über OVM • Wesentlichkeitsgrenze: 20 % über OVM • Mietpreisbremse: 10 % über OVM	• frei verhandelbar • Wuchergrenze bei 100 % über einer vergleichbaren Miete

Mietminderung	Ein Mieter kann aufgrund eines Mangels für die Dauer des Bestehens des Mangels die Miete mindern. Dieses Recht kann nicht eingeschränkt oder ausgeschlossen werden.	• Ein Mieter kann aufgrund eines Mangels für die Dauer des Bestehens des Mangels die Miete mindern. Dieses Recht kann eingeschränkt werden z. B. durch Fristen, die der Mieter einhalten muss. • Ein genereller Ausschluss des Mietminderungsrechts ist im Formularmietvertrag unwirksam.
ordentliche Kündigung	• Frist: spätestens am dritten Werktag eines Kalendermonats zum Ablauf des übernächsten Monats • Für Vermieter zusätzlich: Die Frist verlängert sich nach fünf und acht Jahren seit der Überlassung des Wohnraums um jeweils drei Monate. • Der Vermieter kann nur mit bestimmten Gründen ordentlich kündigen, z. B. bei Eigenbedarf.	• Frist: spätestens am dritten Werktag eines Kalendervierteljahres zum Ablauf des nächsten Kalendervierteljahrs • Die Frist kann formularvertraglich verändert werden. • Eine ordentliche Kündigung von beiden Seiten ohne Angabe von Gründen ist möglich.
Schönheitsreparaturen	• grundsätzliche Pflicht des Vermieters • können auf Mieter vertraglich umgelegt werden • Starre Fristenpläne, Quotenregeln etc. sind unwirksam.	siehe Wohnraummietrecht
Untermiete	Die Untermiete ist genehmigungspflichtig und muss vom Vermieter genehmigt werden, wenn • berechtigtes Interesse des Mieters besteht. • nur ein Teil der Wohnung untervermietet werden soll. • das Interesse zur Untervermietung nach Mietvertragsabschluss entstanden ist. • keine Unzumutbarkeit für den Vermieter vorliegt. Bei nicht erteilter Genehmigung besteht für den Mieter ein Sonderkündigungsrecht. Ausnahme: Der Vermieter untersagt die Untermiete aus wichtigem Grund.	Die Untermiete ist genehmigungspflichtig. • Bei einer nicht erteilten Genehmigung besteht für den Mieter ein Sonderkündigungsrecht. • Ausnahme: Der Vermieter untersagt die Untermiete aus wichtigem Grund, z. B. bei einer Nutzungsänderung, die im Hauptmietvertrag nicht vorgesehen ist.

LERNFELD 6

Gewerbliche Objekte bewirtschaften

SITUATIONEN

Situation 47

Anbahnung eines Gewerbemietvertrags

Die MEWOH Musterwohn GmbH möchte eine freie Gewerbeeinheit vermieten. Diese befindet sich in der Breitenberger Straße 33 in 04229 Leipzig. Dazu hat die MEWOH die Gewerbeeinheit in verschiedenen Medien inseriert. Mittlerweile gibt es die folgenden drei Interessenten, unter denen eine Auswahl erfolgen soll.

Interessent 1: Immobilienprofi Swiczak – Wohnungs- und Gewerberaumvermittlung
Interessent 2: Steuerberatungsbüro Sütterlin
Interessent 3: Café Zucker und Zimt

Isabell soll entscheiden, welcher der Interessenten für ein neues Mietverhältnis infrage kommt.

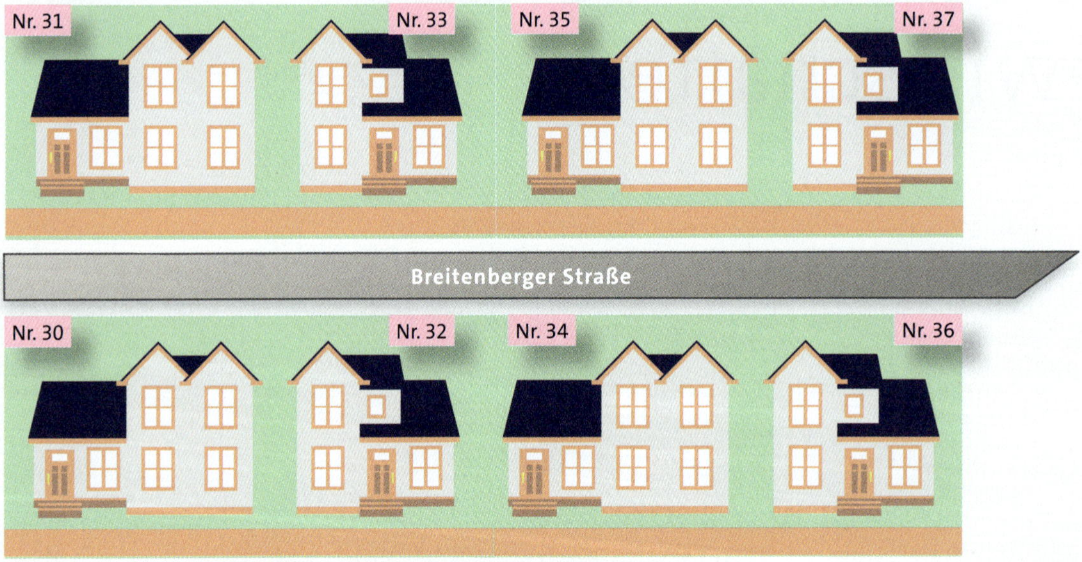

Nr.	Art der Nutzung	Nr.	Art der Nutzung
30	Wohneinheiten	34	Wohneinheiten
31	Wohneinheiten	35	eine Mietwohnung, Steuerberater Trefzger, Bäckerei und Metzgerei
32	Wohneinheiten	36	Wohneinheiten
33	Makler Heinrich, Zahnarzt Meier und eine freie Gewerbeeinheit	37	Wohneinheiten

Die freie Gewebeeinheit liegt in einem gewerblich genutzten Gebäude. Im Nachbarhaus befinden sich Wohn- und Gewerbeeinheiten. Darüber hinaus sind in der Breitenberger Straße nur noch weitere Wohngebäude zu finden. Zur Entscheidungsfindung liegen Isabell auch noch die folgenden Informationen vor:

- Das Gebäude Nr. 33 ist im Eigentum der MEWOH Musterwohn GmbH.
- Das Nachbargebäude Nr. 35 ist im Privatbesitz.
- In den Mietverträgen der MEWOH finden sich keine Regelungen zum Konkurrenzschutz.

Außerdem liegt Isabell noch ein Grundbuchauszug zum Gebäude Breitenberger Straße 33 vor. Aus diesem Grundbuchauszug kann sie die folgenden Inhalte entnehmen:

Grundbuchauszug zum Gebäude Breitenberger Straße 33, 04229 Leipzig:

Grundbuchamt Leipzig | Grundbuch von Südvorstadt | Blatt 1153 | Zweite Abteilung

Lfd. Nr. der Eintragungen	Lfd. Nr. der Grundstücke im Bestandsverzeichnis	Lasten und Beschränkungen
1	3	4
1	1	Unterlassungsdienstbarkeit zugunsten des jeweiligen Eigentümers des Grundstücks Grundbuchblatt 355 gemäß Bewilligung vom 17.03.1998 zur Unterlassung eines gastronomischen Betriebes. Eingetragen am 20.04.1998.

ARBEITSAUFTRÄGE

1 Bereiten Sie eine Kurzpräsentation vor, in der Sie entscheiden, welcher Interessent als Mietvertragspartner infrage kommt.

2 Bereiten Sie sich auf Rückfragen Ihrer Kollegen und Kolleginnen zu den Gründen Ihrer Entscheidung vor.

Folgesituation 1

Für eine weitere Gewerbeeinheit, die gerade frei geworden ist, sucht die MEWOH Musterwohn GmbH einen neuen Mieter. Durch Zufall fragt die Agentur Media Spex bei der MEWOH wegen einer Gewerbeimmobilie an. Media Spex ist eine Full Service Social Media Agentur, die Unternehmen ganzheitlich betreut. Sie berät und unterstützt Unternehmen u. a. bei

- der Entwicklung und Planung einer Social Media Marketing Strategie,
- begleitet und überwacht die Umsetzung und
- wertet die Maßnahmen aus.

Media Spex
– Social Media Agentur –

Wir beraten und unterstützen Sie bei allen Aufgaben rund um das Thema Social Media.

In einem ersten Gespräch zwischen Isabell und Frau Setin von Media Spex stellt sich nun heraus, dass die Agentur erst seit zwei Monaten existiert. Dennoch konnten schon einige Kunden akquiriert werden.

Isabell soll nun entscheiden, ob Media Spex ein geeigneter Mieter für die Gewerbeeinheit ist oder ob das Mietverhältnis mit einem Start-up womöglich eher zu Problemen führt.

ARBEITSAUFTRÄGE

1 Welche Probleme sehen Sie bei der Vermietung an ein Start-up und welche Unterlagen zur wirtschaftlichen Bewertung würden Sie sich in diesem Fall zusätzlich noch vorlegen lassen?

2 Was wäre im Hinblick auf die zu leistende Sicherheitsleistung zu überlegen?

Folgesituation 2

Nachdem der Mietvertrag mit einer Tierarztpraxis ausgelaufen ist und die Tierärztin auch sowieso den Standort wechseln wollte, steht nun die Neuvermietung der Gewerbefläche für die MEWOH Musterwohn GmbH an. Interesse an der zu vermietenden Gewerbefläche hat Frau Gangert. Sie ist Tischlerin und betreibt bereits eine Werkstatt in Leipzig. Da ihr der Standort so außerordentlich gut gefällt, möchte sie die Gewerberäume gerne anmieten und eine zweite Werkstatt eröffnen. Die Gewerbeeinheit liegt in einem Allgemeinen Wohngebiet gemäß BauNVO. Obwohl klar ist, dass eine Tischlerei in der Regel einen störenden Handwerksbetrieb darstellt, sieht Frau Gangert darin dennoch kein Problem. Sie meint, das wäre schließlich ihr Risiko und sie würde schon eine Ausnahmegenehmigung erwirken. Eine entsprechende Klausel könne man in dem Mietvertrag aufnehmen.

Aus ihrer Sicht steht also dem Abschluss des Gewerbemietvertrags nichts im Weg und die Vertragsunterzeichnung kann gleich morgen erfolgen. Doch ist es so einfach?

ARBEITSAUFTRÄGE

1 Wie bewerten Sie die Situation? Sollte mit Frau Gangert der Gewerbemietvertrag abgeschlossen werden? Schließlich ist es doch die Aufgabe von Frau Gangert, sicherzustellen, dass sie später auch die Räume für ihre Zwecke nutzen kann.

2 Welche Einflüsse können die folgenden gesetzlichen oder vertraglichen Punkte haben? Erläutern Sie diese.
- Bauplanung
- Bauordnungen der Länder
- Zweckentfremdungsverbote
- Eintragungen im Grundbuch
- Regelungen der Wohnungseigentümergemeinschaft
- gewährter Konkurrenzschutz gegenüber anderen Gewerbemietern

Nutzen Sie auch das Arbeitsblatt 6.1 „Einschränkungen bei der Nutzung von Räumen“, das den Webcodematerialien beiliegt.

Aufgaben

1 Nennen Sie drei Kriterien, die bei der Auswahl eines Gewerbemieters eine Rolle spielen.

2 Nennen Sie fünf Unterlagen, die ein Immobilienunternehmen von Gewerbemietern vor Mietvertragsabschluss anfordern sollte. Geben Sie auch an, welche Informationen Sie den jeweiligen Unterlagen entnehmen können. Nutzen Sie das Arbeitsblatt 6.2 „Unterlagen zur Auswahl eines Gewerbemieters“, das den Webcodematerialien beiliegt.

3 Auch ein Gewerbevermieter möchte sicherstellen, dass die vereinbarte Miete (oder auch andere Forderungen), durch den Vertragspartner (den Gewerbemieter) geleistet werden können. Bei einem Gewerbemieter wirft man einen Blick auf die Liquidität und Bonität.
a) Erklären Sie die beiden Begriffe.
b) Welche Unterlagen geben insbesondere Auskunft über die Liquidität und Bonität?

4 Erläutern Sie, warum Vermieter von Gewerbeimmobilien darauf achten sollten, dass das Gewerbe zum Standort passt? Welche Probleme können entstehen, wenn dem nicht so ist?

5 Erläutern Sie, welche Funktion ein Letter of Intent in den Verhandlungen um einen Gewerberaummietvertrag hat.

Situation 48

Abschluss eines Mietvertrags

Mit dem Inkrafttreten des 4. Bürokratieentlastungsgesetzes hat es im Hinblick auf den Abschluss von Gewerbemietverträgen Änderungen gegeben. Isabell wird daher damit beauftragt, die aktuelle interne Checkliste der MEWOH Musterwohn GmbH für den Abschluss von Gewerbemietverträgen zu überprüfen und ggf. anzupassen.

Checkliste zur Prüfung von Gewerbemietverträgen

1. Sind alle wesentlichen Vertragsinhalte schriftlich vereinbart, z.B. Mietgegenstand, Mietzins, Mietdauer und Mietvertragsparteien?
2. Liegt die Unterschrift im Original oder nur als Scan bzw. Fax vor?
3. Ist die Unterschrift bzw. sind die Unterschriften lesbar?
4. Sind alle Vertragsseiten unterschrieben?
5. Sind die Vertragsseiten nummeriert?
6. Gibt es Nachträge? Wie wurden diese berücksichtigt?
7. Sind die Vertragspartner/innen eindeutig benannt?

ARBEITSAUFTRÄGE

Überprüfen Sie die Checkliste gemäß der seit dem 01.01.2025 in Kraft getretenen Rechtslage.

1 Passen Sie die Punkte an die aktuelle Rechtslage an bzw. streichen Sie nicht mehr notwendige Punkte.

2 Formulieren Sie neue Punkte für die Checkliste.

3 Was ist für bestehende Gewerbemietverträge bis Ende 2025 zu beachten?

Aufgaben

1 Erläutern Sie, warum bei gewerblichen Mietverträgen auf die Textform geachtet werden sollte.

2 Erläutern Sie den Unterschied zwischen Schriftform und Textform.

3 Entscheiden Sie jeweils, wer den Mietvertrag abschließen müsste:

a) e. K.
b) GbR
c) KG
d) GmbH
e) eingetragener Verein (e. V.)

Situation 49

Der Gewerbemietvertrag (1) – Mietfläche berechnen, Sicherheitsleistungen, Miethöhe

Eine Gewerbefläche der MEWOH Musterwohn GmbH in der Dresdner Straße 25 (1. OG links) in 04155 Leipzig ist frei und soll inseriert werden. Für die Eingabe aller Daten auf der genutzten Immobilienplattform braucht Isabell auch die Angabe über die Mietfläche. Leider ist diese den Unterlagen über das Objekt nicht zu entnehmen. Allerdings ist ein Grundriss beigefügt.

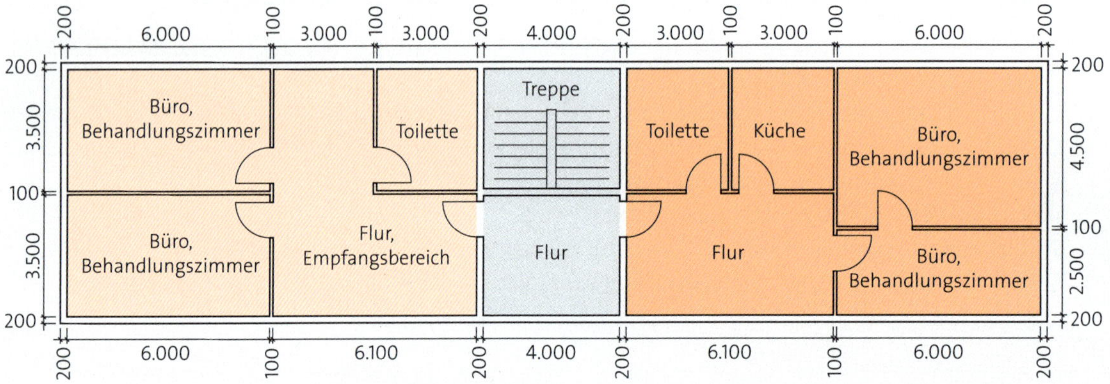

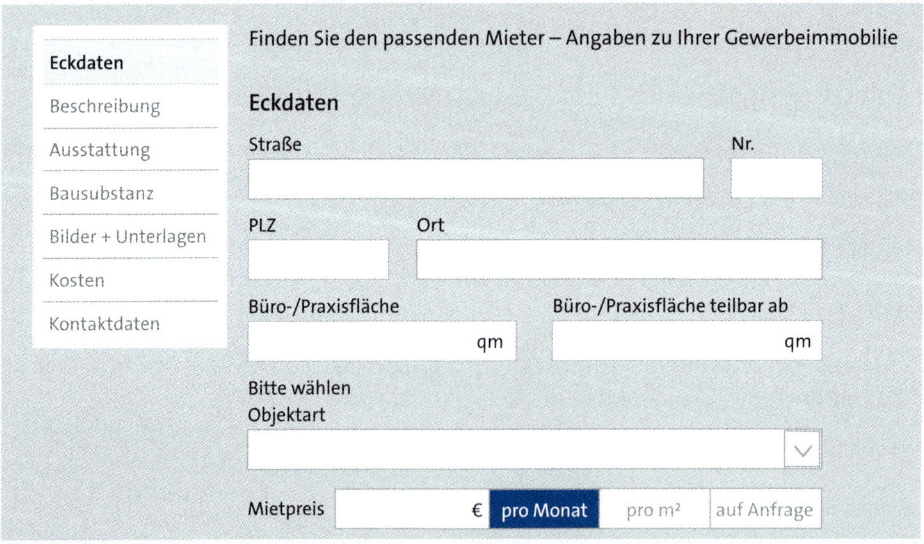

ARBEITSAUFTRAG

Füllen Sie die Eingabemaske der Immobilienplattform aus. Berechnen Sie dazu die Mietfläche mithilfe des Grundrisses nach der gif-Mietflächen-Richtlinie für gewerblichen Raum. Nutzen Sie zum Ausfüllen der Eingabemaske das Arbeitsblatt 6.3 „Eingabemaske der Immobilienplattform", das den Webcodematerialien beiliegt.

Folgesituation 1

Isabell hat einen Freund, der sich mit einer Fahrradreparaturwerkstatt selbst, ständig machen will. Mittlerweile hat er auch eine kleine Werkstatt gefunden, die seinen Vorstellungen entspricht. Einen Entwurf für den Mietvertrag hat er bereits erhalten. Eine Sache macht ihn aber stutzig: Die vermietende Gesellschaft will von ihm eine Kaution von sechs Nettokaltmieten haben. Dazu informiert er sich noch einmal und findet Folgendes im BGB:

§ 551 Begrenzung und Anlage von Mietsicherheiten
(1) Hat der Mieter dem Vermieter für die Erfüllung seiner Pflichten Sicherheit zu leisten, so darf diese vorbehaltlich des Absatzes 3 Satz 4 höchstens das Dreifache der auf einen Monat entfallenden Miete ohne die als Pauschale oder als Vorauszahlung ausgewiesenen Betriebskosten betragen. (...)

Warum will der Vermieter in sein Fall das Doppelte an Kaution haben? Geht es da mit rechten Dingen zu? Zur Sicherheit fragt er noch einmal Isabell. Vielleicht kann sie ihm sagen, ob die geforderte Kaution von sechs Nettokaltmieten vertretbar ist.

ARBEITSAUFTRÄGE

1 Erläutern Sie, warum die geforderte Mietkaution in Höhe von sechs Monatskaltmieten von den Bestimmungen des § 551 BGB abweichen kann.

2 Auf welche Art sollte eine Regelung hinsichtlich der Kaution zwischen dem Gewerbevermieter und dem -mieter erfolgen?

Folgesituation 2

In einem Gebäudekomplex, in dem sich fast ausschließlich Mietwohnungen befinden, gibt es eine Gewerbeeinheit. In dem Gewerbemietvertrag ist eine Kaltmiete in Höhe von 18,00 €/m². vereinbart. Die Durchschnittsmiete im Wohnraum lag im letzten Mietspiegel in der Region aber bei 8,00 €/m². Liegt hier evtl. ein Fehler vor?

ARBEITSAUFTRÄGE

1 Was ist unter Wucher zu verstehen? Erläutern Sie den Begriff kurz.

2 Erläutern Sie, welche gesetzlichen Schranken zur Miethöhe im Gewerbemietrecht gelten.

3 Bei Wohnraummietverträgen kann auf offizielle Mietspiegel zurückgegriffen werden.
a) Was ist unter einem Mietspiegel zu verstehen?
b) Auf welchen Mietspiegel kann im Bereich der Gewerberaumvermietung zurückgegriffen werden?

Aufgaben

1 Erläutern Sie den Unterschied zwischen einem Gewerberaummietvertrag und einem Pachtvertrag.

2 Anhand welcher Merkmale können Sie einen Gewerberaummietvertrag erkennen? Nennen Sie drei Merkmale.

3 Einem Vertrag kann auch ein Mischmietverhältnis zugrunde liegen. Erklären Sie, was unter einem Mischmietverhältnis zu verstehen ist.

4 Nennen Sie die für die Ermittlung der Mietfläche in einem Gewerberaummietvertrag häufig angewandte Richtlinie.

5 Die gif unterteilt die Flächen eines zu vermietenden Objekts wie folgt:
- MFG-0
- MFG-1
- MFG-2

a) Erläutern Sie kurz die Inhalte der einzelnen Mietflächen für gewerblichen Raum.
b) Was wird dabei zur Mietfläche gezählt?

6 Entscheiden Sie jeweils, wozu die folgenden Bestandteile nach gif-Mietflächen-Richtlinie gehören:
a) MFG-0
b) MFG-1
c) MFG-2

Bestandteile
1. Lift
2. mit anderen Mietern des Objektes gemeinsam genutzte Sanitäreinrichtungen
3. Versorgungsschacht
4. nicht tragende Wand innerhalb der gemieteten Räume

Nutzen Sie auch das Arbeitsblatt 6.4 „Zuordnung zur gif-Mietflächen-Richtlinie“, das den Webcodematerialien beiliegt.

7 Erstellen Sie ein eigenes Beispiel zur Ermittlung der Mietfäche nach der gif-Mietflächen-Richtlinie.

8 Warum ist es auch für einen Gewerberaumvermieter wichtig, eine Sicherheitsleistung (Kaution) von dem Mieter zu verlangen?

9 Nennen Sie drei Alternativen zur Barkaution im Gewerbemietrecht.

10 Eine besondere Bedeutung kommt dem Vermieterpfandrecht im Gewerbemietverhältnis zu.
a) Erklären Sie, was unter dem Vermieterpfandrecht zu verstehen ist.
b) Nennen Sie die gesetzliche Grundlage.
c) Was benötigt der Vermieter, um von seinem Pfandrecht Gebrauch zu machen?

11 Je nach Rechtsform unterscheidet sich der Umfang der Haftung. Geben Sie den Umfang der Haftung bei den folgenden Rechtsformen an.
a) Einzelunternehmen
b) OHG
c) AG
d) eingetragene Genossenschaft (eG)

12 Nennen Sie drei Einflussfaktoren, die auf die Miethöhe der Gewerbemietfläche wirken.

13 Erläutern Sie, warum eine vertragliche Regelung zur Anpassung der Miethöhe im Gewerberaummietrecht eine solch wichtige Rolle spielt.

14 Erläutern Sie, welche Unterschiede zwischen Wohnraummietrecht und Gewerbemietrecht in Bezug auf die Umlage der Betriebskosten bestehen. Nutzen Sie das Arbeitsblatt 6.5 „Umlage der Betriebskosten: Unterschiede im Wohnraummiet- und Gewerbemietrecht“, das den Webcodematerialien beiliegt.

Situation 50

Der Gewerbemietvertrag (2) – Befristung des Mietvertrags

Für eine leer stehende Gewerbefläche der MEWOH Musterwohn GmbH in Leipzig ist ein Mieter gefunden worden. Vor der Vertragsunterzeichnung ging dem zukünftigen Mieter ein Mietvertragsentwurf in Form eines Mustermietvertrags zur Prüfung zu. Der potenzielle Mieter ist aber vor allem über einen Paragrafen sehr überrascht, wie seinem Schreiben zu entnehmen ist:

Johannes Schirmer
Baude-Golz-Ring 17
04109 Leipzig

Leipzig,15.06.2022

MEWOH Musterwohn GmbH
Fangerstraße 15–20
04104 Leipzig

Gewerbefläche in der Linger Straße 158, 04209 Leipzig
Fragen zum Mustermietvertrag

Sehr geehrte Damen und Herren,

vielen Dank für den Mustermietvertrag zur Vorbereitung auf die Vertragsunterzeichnung in der kommenden Woche. Leider bin ich insbesondre über § 3 des Mietvertrags erstaunt. Hier steht:

„Die Mietzeit beginnt am 01.09.2022 und ist auf 5 Jahre befristet."

Ich bin allerdings davon ausgegangen, dass wir einen unbefristeten Mietvertrag vereinbaren. Ich habe vor, mich mit meinem Friseurgeschäft in dieser zentralen Lage zu etablieren und eine Stammkundschaft aufzubauen. Ein Ende des Mietvertrags nach 5 Jahren ist mir zu unsicher. Ich möchte Sie daher bitten, den Vertrag in einen unbefristeten Vertrag umzuwandeln.

Über eine Antwort freue ich mich.

Mit freundlichen Grüßen

Johannes Schirmer

Johannes Schirmer

ARBEITSAUFTRÄGE

1 Erläutern Sie, warum Gewerbemietverträge in der Regel befristet abgeschlossen werden.

2 Erläutern Sie den Unterschied zwischen einer Options- und einer Verlängerungsklausel.

3 Beantworten Sie das Schreiben und gehen Sie auf die Sorge von Herrn Johannes Schirmer ein.

Situation 51

Der Gewerbemietvertrag (3) – Mieterhöhung und Umsatzsteueroption

Eine Bürofläche der MEWOH Musterwohn GmbH ist seit Juni 2018 an die Beratungsgesellschaft „Flow Success" vermietet. Die Miete setzt sich wie folgt zusammen:

Nettokaltmiete	3.200,00 €
Nebenkosten	480,00 €
Umsatzsteuer (19 %)	699,20 €
Miete gesamt	**4.379,20 €**

Zudem findet sich folgende Klausel im Mietvertrag:

§ 7 Mietanpassung

Erhöht oder vermindert sich künftig der vom Statistischen Bundesamt amtlich festgesellte Verbraucherpreisindex für Deutschland gegenüber dem für den Monat des Vertragsschlusses veröffentlichten Index um mindestens 5 Prozent, ändert sich der Nettomietzins automatisch im gleichen prozentualen Verhältnis nach unten oder oben ab dem auf die Änderung folgenden Monat, ohne dass es hierzu besonderer Erklärungen auch nur einer Vertragspartei oder sonst einer Vertragsänderung bedarf.

Der Verbraucherpreisindex hat sich seit 2018 wie folgt entwickelt:

Jahr	Monat	Verbraucherpreisindex	Veränderung zum Vorjahresmonat	Veränderung zum Vormonat
		2015 = 100	**in %**	**in %**
2018	Januar	102	1,4	-0,6
	Februar	102,3	1,1	0,3
	März	102,9	1,5	0,6
	April	103,1	1,3	0,2
	Mai	103,9	2,1	0,8
	Juni	104	1,9	0,1
	Juli	104,4	1,9	0,4
	August	104,5	1,9	0,1
	September	104,7	1,9	0,2
	Oktober	104,9	2,3	0,2
	November	104,2	2,1	-0,7
	Dezember	104,2	1,6	-

2021	Januar	106,3	1	0,8
	Februar	107	1,3	0,7
	März	107,5	1,7	0,5
	April	108,2	2	0,7
	Mai	108,7	2,5	0,5
	Juni	109,1	2,3	0,4
	Juli	110,1	3,8	0,9
	August	110,1	3,9	-
	September	110,1	4,1	-
	Oktober	110,7	4,5	0,5
	November	110,5	5,2	-0,2
	Dezember	111,1	5,3	0,5
2022	Januar	111,5	4,9	0,4
	Februar	112,5	5,1	0,9
	März	115,3	7,3	2,5
	April	116,2	7,4	0,8
	Mai	117,3	7,9	0,9
	Juni	117,4	7,6	0,1
	Juli	118,4	7,5	0,9
	August	118,8	7,9	0,4
	September	121,1	10	0,4
	Oktober	122,2	10,4	0,4
	November	121,6	10	0,4

ARBEITSAUFTRÄGE

1 Überprüfen Sie, wann die erste Mieterhöhung möglich war.

2 Ermitteln Sie die Miete für diesen Zeitpunkt.

3 Nennen Sie drei gesetzliche Voraussetzungen, unter denen die zuvor genannte Klausel wirksam ist.

4 Nennen Sie je zwei Vor- und Nachteile, die die vorliegende Klausel für das Unternehmen mit sich bringt.

5 Erläutern Sie die Konsequenzen, wenn der Mietvertrag keine Klausel zur Mieterhöhung beinhaltet.

Folgesituation

Adil hat vor zwei Wochen eine Ausbildung als Immobilienkaufmann bei der MEWOH Musterwohn GmbH begonnen. Zu Beginn der Ausbildung durchläuft er die einzelnen Bereiche der MEWOH, damit er das Unternehmen kennenlernt. Isabell erzählt ihm heute ein wenig über das Team und die Aufgaben im Bereich „Gewerbeimmobilien". Dabei zeigt sie ihm auch einen Vertrag eines Gewebemieters, der erst vor einigen Tagen unterzeichnet wurde. Bei Ansicht des Vertrags fällt Adil eine Klausel im Mietvertrag auf, die ihn verwundert.

§ 11 Umsatzsteuer

Der Mieter erklärt, dass er Unternehmer i. S. des UStG ist und er verpflichtet sich, bis auf eine Bagatellgrenze von 5 %, nur Umsätze zu tätigen, die den Vorsteuerabzug nicht ausschließen. Darüber hinaus verpflichtet er sich, dem Vermieter entsprechende Nachweise zur Vorlage beim Finanzamt jährlich zur Verfügung zu stellen.

Adil fragt daraufhin Isabell: „Wieso ist hier im Vertrag etwas zur Umsatzsteuer vermerkt? Auf Mietzahlungen fällt doch keine an." Isabell gibt ihm daraufhin einen Einblick in das Thema.

ARBEITSAUFTRÄGE

1 Grundsätzlich sind Umsätze durch eine Vermietung nach dem Umsatzsteuergesetz (UStG) umsatzsteuerbefreit. Es wird also weder eine Umsatzsteuer erhoben, noch ist das vermietende Unternehmen vorsteuerabzugsberechtigt. Wann kommt die Umsatzsteuer dennoch zum Tragen?

2 Worin liegt der Vorteil für einen Vermieter, wenn Umsatzsteuer bei der Vermietung anfällt?

Aufgaben

1 Bei einem Wohnraummietvertrag gibt es gesetzliche Möglichkeiten zur Mieterhöhung im laufenden Mietvertrag. Wie sieht es bei einem Gewerberaummietvertrag aus?

2 Der Vermieter einer Gewerbeeinheit kündigt zwecks Mieterhöhung einen unbefristet geschlossenen Mietvertrag. Allerdings bietet der Vermieter seinem Mieter gleichzeitig einen neuen Vertragsabschluss mit einer neuen (höheren) Miete an.
   a) Wie nennt man diese Form der Kündigung?
   b) Benötigt der Vermieter für die Kündigung besondere Gründe, die er aufführen muss?
   c) Welche Gefahr besteht im Fall der Kündigung für den Vermieter?

3 Nennen Sie Vor- und Nachteile aus Sicht des Vermieters bei Vereinbarung einer Staffelmiete.

4 Nennen Sie zwei Möglichkeiten, wie sich der Vermieter bei der Vereinbarung einer Umsatzmiete vor Mietausfällen schützen kann.

5 Erläutern Sie den Unterschied zwischen einer automatischen Wertsicherungsklausel und einer Leistungsvorbehaltsklausel.

6 Entscheiden Sie jeweils, ob das Immobilienunternehmen bei folgenden Mietern zur Umsatzsteuer optieren kann.
   a) Restaurant
   b) Fischgeschäft
   c) Gynäkologin
   d) Hebamme
   e) Unternehmensberatung
   f) Kindertagesstätte

7 Berechnen Sie für folgende Daten die anfallende Umsatzsteuer:

Nettomiete	700,00 €
Nebenkosten	300,00 €
Umsatzsteuer	? €
Gesamtbetrag	? €

Situation 52

Der Gewerbemietvertrag (4) – Konkurrenzschutz, Mietminderungsrecht, Erhaltungsmaßnahmen, Schönheitsreparaturen und Untermiete

Bei der MEWOH Musterwohn GmbH ist heute das folgende Schreiben eingegangen. Es geht dabei um eine Anfrage für eine leer stehende Gewerbeeinheit in der Talstraße 59, 04105 Leipzig.

Abigail Williams
Kaufstr. 157
04357 Leipzig

Leipzig, 27.07.2022

MEWOH Musterwohn GmbH
Fangerstraße 15–20
04104 Leipzig

Vermietung einer Gewerbeeinheit
Talstraße 59, 04105 Leipzig

Sehr geehrte Damen und Herren,

ich wende mich an Sie, da mir Ihre leer stehende Gewerbeeinheit in der Talstraße 59 aufgefallen ist. Steht sie noch zur Vermietung? Ich habe großes Interesse, diese anzumieten und dort eine Bäckerei zu eröffnen. Ich selbst bin Bäckermeisterin und habe bereits ein Geschäft in Leipzig. Die Lage der Gewerbeeinheit halte ich für ideal. Mir ist zwar bewusst, dass Sie in Ihrem Nebengebäude bereits eine Bäckerei als Mieter haben, dennoch stelle ich mich gerne dieser Herausforderung. Ich weiß, dass ich mit meinen Brötchen, Broten und meinem Kuchen die Kunden überzeugen werde. Und Konkurrenz belebt ja bekanntlich das Geschäft.

Für weitere Fragen stehe ich Ihnen gerne zur Verfügung.
Ich freue mich über eine postive Rückmeldung.

Mit freundlichen Grüßen

Abigail Williams

Abigail Williams

ARBEITSAUFTRÄGE

1 Sollte die MEWOH Musterwohn GmbH die Gewerbeeinheit an Frau Williams vermieten? Erläutern Sie in diesem Zusammenhang, was
  a) unter dem Begriff „vertragsimmanenter Konkurrenzschutz" und
  b) dem Prioritätsgrundsatz zu verstehen ist.

2 Verfassen Sie ein Antwortschreiben für Frau Williams.

Folgesituation

Die Bäckerei in der Talstraße, Gewerbemieter der MEWOH Musterwohn GmbH, steht aktuell vor einem Problem. Es bleiben spürbar Kunden aus. Das lässt sich darauf zurückführen, dass direkt vor der Bäckerei eine große Baustelle ist. Dadurch ist es nun nicht möglich, so wie sonst Tische und Stühle im Außenbereich aufzustellen. Zudem würde sich momentan auch niemand dort gerne hinsetzen und einen Kaffee trinken wollen, während auf der Baustelle die Presslufthammer zum Einsatz kommen.

Der Inhaber der Bäckerei stellt sich jetzt die Frage, ob eine Mietminderung möglich ist. Allerdings ist er sich nicht sicher, ob er damit überhaupt Erfolg hätte. Schließlich liegt die Baustelle in einem öffentlichen Bereich, der nicht in die Zuständigkeit der MEWOH fällt.

ARBEITSAUFTRÄGE

1 Nehmen Sie Stellung zu der Situation der Bäckerei und beurteilen Sie die Situation. Ist eine Mietminderung überhaupt möglich, da es sich um einen öffentlichen Straßenbereich handelt?

2 Warum sollte der Inhaber auch einen prüfenden Blick in seinen Mietvertrag werfen?

Aufgaben

1 Nennen Sie drei Aspekte, auf die ein Vermieter, sofern der Mieter einer gewerblichen Tätigkeit nachgeht, beim Konkurrenzschutz zu achten hat.

2 Nennen Sie drei Beispiele, wie der Konkurrenzschutz im Gewerbemietvertrag geregelt werden kann.

3 Geben Sie die Richtlinien zum Umfang des vertragsimmanenten Konkurrenzschutzes an und stellen Sie diese kurz dar.

4 Der gesetzliche Konkurrenzschutz kann
- a) vertraglich ausgeschlossen,
- b) eingeschränkt oder
- c) erweitert werden.

Geben Sie jeweils ein Beispiel für eine vertragliche Regelung an.

5 Wie sieht es mit dem Konkurrenzschutz im Falle eines Einkaufszentrums aus?

6 Welche möglichen Konsequenzen können dem Vermieter bei Verletzung des Konkurrenzschutzes drohen?

7 Wann ist ein Gewerbemieter grundsätzlich berechtigt, eine Mietminderung vorzunehmen?

8 Ist ein genereller Ausschluss des Mietminderungsrechts formularvertraglich wirksam?

9 Bei der Bäckerei aus der letzten Folgesituation stehen einige Erhaltungsmaßnahmen an.
- a) Kann die Pflicht zur Instandhaltung und -setzung formularvertraglich auf den Mieter abgewälzt werden?
- b) Können dem Mieter alle relevanten Maßnahmen übertragen werden?

10 Unterscheiden Sie Single-Net-, Double-Net- und Triple-Net-Mietverträge. Was trägt der Mieter jeweils?

11 Wann können die Schönheitsreparaturen dem Mieter von Gewerberaum im Formularvertrag nur auferlegt werden?

12 Die Gewerberäume sind renoviert an den Mieter gegangen. Ist in diesem Fall die formularmäßige Auferlegung starrer Fristen zulässig?

13 Der Inhaber der Bäckerei in der Talstraße hat einen befristeten Mietvertrag. Nun möchte er aber weg aus Leipzig. Allerdings kann er den Vertrag nicht einfach kündigen. Daher will er ein Untermietverhältnis eingehen. Erklären Sie die Beziehung zwischen Vermieter, Hauptmieter und Untermieter.

14 Erläutern Sie, welches Recht der Gewerbemieter hat, wenn seine Untermietanfrage ohne wichtigen Grund abgelehnt wird.

Situation 53

Beendigung eines Gewerbemietvertrags

Als Isabell heute mit der Arbeit beginnt, ruft ihr Ausbildungsleiter Herr Ferrara sie an und bittet sie, in sein Büro zu kommen, da er eine Frage an sie hat.

Herr Ferrara: Hallo, Isabell, schön, dass du so schnell kommen konntest. Ich habe eine Frage an dich.

Isabell: Hallo, Herr Ferrara, worum geht es denn?

Herr Ferrara: Herr Aydin hat mir erzählt, dass die Auszubildenden immer wieder Probleme haben, wenn es um Fragen zur Kündigung eines Gewerbemietvertrages geht. Da gibt es wohl regelmäßig Probleme. Ist leider ein Thema, das uns schon lange begleitet. Da es hier an der Stelle aber zu richtig viel Ärger kommen kann und auch schon gekommen ist, überlegen wir nun, wie wir die Auszubildenden unterstützen können, damit sie alle Informationen im Blick haben. Das ist wichtig, da ihr ja im Tagesgeschäft auch Kündigungen bearbeitet.

Isabell: Und wie kann ich da helfen?

Herr Ferrara: Ganz einfach. Herr Aydin hat gesagt, dass du das alles schon fast im Schlaf kannst. Er hat immer absolutes Vertrauen, wenn du entsprechende Vorgänge bearbeitest. Daher wollte ich dich fragen, ob du für die Auszubildenden – für die aktuellen und die zukünftigen – nicht einige Unterlagen erstellen kannst, die alle wichtigen Informationen enthalten. Vorstellen kannst du das dann in zwei Wochen in der nächsten Azubi-Runde. Zudem wären solche Unterlagen auch für neue Mitarbeiterinnen und Mitarbeiter sehr hilfreich. Herr Aydin hat mir hier auch noch einige Infos und Übersichten gegeben, daran kannst du dich orientieren. Würdest du die Aufgabe übernehmen?

Isabell: Na klar, die Aufgabe übernehme ich gerne.

Möglichkeiten zur Beendigung eines Gewerbemietverhältnisses	
unbefristetes Mietverhältnis	befristetes Mietverhältnis
...	...

Ordentliche Kündigung	Außerordentliche Kündigung
...	...

Paragraf	Kündigungsgrund	Wer darf kündigen?	Kündigungsfrist	Wichtige Zusatzinformationen
§ 544 BGB	...	...	...	...
§ 540 Abs. 1 BGB	...	...	...	...

ARBEITSAUFTRAG

Helfen Sie Isabell bei der Erstellung der Unterlagen. Wichtig sind dabei Unterlagen bzw. Übersichten zu

- den Möglichkeiten der Beendigung eines Gewerbemietverhältnisses,
- der Unterscheidung zwischen einer ordentlichen und einer außerordentlichen Kündigung sowie
- den jeweiligen Kündigungsrechten (mit Bezug zu den Paragrafen).

Nutzen Sie für die Erstellung der Unterlagen auch das Arbeitsblatt 6.6 „Beendigung eines Gewerbemietvertrags“, welches den Webcodematerialien beiliegt.

Aufgaben

1 Die Kündigung eines Gewerbemieters geht am 2. April beim Immobilienunternehmen ein. Es gibt keine vertragliche Regelung der Kündigungsfristen. Nennen Sie den Zeitpunkt, zu dem der Mietvertrag endet.

2 Ein Gewerbemieter möchte zum Ende des Jahres das unbefristete Mietverhältnis kündigen. Nennen Sie den Zeitpunkt, zu dem das Kündigungsschreiben spätestens eingegangen sein muss.

3 Der Vermieter kündigt am 17.05. eine Modernisierung an. Nennen Sie den Zeitpunkt, bis zu dem der Mieter von seinem Sonderkündigungsrecht Gebrauch machen kann.

4 Erläutern Sie, welche gesetzlichen Möglichkeiten zur Beendigung des Mietverhältnisses im Falle einer Insolvenz bestehen.

5 Wer muss bei einer ordentlichen Kündigung einen Kündigungsgrund angeben?
a) Vermieter
b) Mieter
c) keiner

6 Erläutern Sie die Regelung des Kündigungsschutzes für gewerbliche Mieter.

7 Wo werden die Fristen einer ordentlichen Kündigung des Gewerberaummietvertrags geregelt?

8 Frau Kobayashi ist Mieterin einer Gewerbeeinheit in Leipzig. Ihr Vertrag wurde unbefristet geschlossen. Sie möchte nun aber aus persönlichen Gründen den Standort wechseln. In ihrem Mietvertrag gibt es keine Regelung zur Form der Kündigung. Um Zeit und Aufwand zu sparen, ruft sie daher bei der vermietenden Gesellschaft an und teilt ihre Kündigung auf diesem Weg mit. Sie bittet aber darum, dass ihr die Kündigung schriftlich bestätigt wird. Einige Tage später kommt ein Schreiben. Allerdings wird in dem Schreiben nun darauf hingewiesen, dass nach den gesetzlichen Regelungen die Kündigung eines Gewerberaummietvertrages immer in Schriftform zu erfolgen hat. Muss Frau Kobayashi die Gewerbeeinheit also doch noch schriftlich kündigen?

§ 568 Abs. 1 BGB (Form und Inhalt der Kündigung)

(1) Die Kündigung des Mietverhältnisses bedarf der schriftlichen Form.

9 In einem Formularvertrag sind geänderte Kündigungsfristen enthalten. Ist dies zulässig?

10 Mit einem Gewerbemieter wurde vor der Vertragsunterzeichnung vereinbart, dass die Kündigungsfristen verlängert werden sollen. Wie ist hier vorzugehen?

LERNFELD 7

Grundstücke erwerben und entwickeln

1 Grundlagen

SB ▶ SITUATION 54 Grundlagen, Liegenschaftskataster und Aufbau des Grundbuchs

Beispiel

Isabell beginnt morgen ihren Ausbildungsabschnitt in der Abteilung „Vertrieb – eigene und Fremdobjekte" im Team „Bestandsvertrieb". Aufgrund der vielen rechtlich zu beachtenden Rahmenbedingungen hat die Teamleiterin Frau Fischer eingeführt, dass die neuen Auszubildenden des 2. Ausbildungsjahres einen Tag lang zu den rechtlichen Grundlagen durch die Auszubildenden des 3. Ausbildungsjahres geschult werden.

Aus diesem Grund wirft Isabell heute einen Blick in ein Skript aus einer Fortbildung und geht dieses für den morgigen Tag noch einmal durch, um auf alle rechtlichen Fragen am Einführungstag souverän vorbereitet zu sein.

1.1 Gesetzliche Grundlagen

Für das rechtlich einwandfreie Erwerben und Entwickeln von Grundstücken sind insbesondere folgende Gesetze und Verordnungen von Bedeutung:

Das **BGB** regelt u. a.

§ 903 ff. BGB
§ 311b BGB
§ 1113 ff. BGB

- das Eigentum, die Eigentumsformen und den Besitz,
- den Erwerb und Verlust des Eigentums an Grundstücken,
- die einzuhaltenden Formvorschriften,
- die Rechte an Grundstücken oder auch
- die Hypothek, die Grundschuld und die Rentenschuld.

ErbbauRG
Erbbaurechtsgesetz

Das **ErbbauRG** regelt u. a.
- die Bestellung und den Inhalt des Erbbaurechts,
- die Beendigung des Erbbaurechts sowie
- den Erbbauzins.

WEG
Wohnungseigentumsgesetz

Das **WEG** regelt u. a.
- die rechtliche Begründung von Wohnungseigentum,
- die Wohnungseigentumsverwaltung sowie
- das Anlegen von Wohnungs- und Teileigentumsgrundbüchern.

GrEStG
Grunderwerbsteuergesetz

Das **GrEStG** regelt u. a.
- die Höhe der Grunderwerbsteuer und
- die Bemessungsgrundlage der Grunderwerbsteuer.

ZVG
Gesetz über die Zwangsversteigerung und die Zwangsverwaltung

Das **ZVG** regelt u. a.
- die Anordnung, den Versteigerungsablauf und die Erlösverteilung bei Zwangsversteigerungen sowie
- die Zwangsverwaltung von Immobilien.

Die **GBO** regelt u. a.
- die Zuständigkeit der Grundbuchämter,
- die Eintragungen in das Grundbuch sowie
- die Grundbuchführung.

GBO
Grundbuchordnung

Das **BeurkG** regelt u. a.
- die öffentlichen Beurkundungen und
- die Verwahrung durch Notare.

BeurkG
Beurkundungsgesetz

1.2 Eigentumsrechte an Grundstücksbestandteilen oder „Was gehört immer dem Grundstückseigentümer?"

Die Frage, ob etwas ein **„wesentlicher Bestandteil"** des Grundstücks bzw. des Gebäudes ist, kann entscheidend hinsichtlich der Eigentumssituation sein. Wesentliche Bestandteile gehören zur Hauptsache und **werden bei einem Verkauf Eigentum des Erwerbers, ohne dass es dazu einer gesonderten vertraglichen Vereinbarung bedarf.**

Merke!

Der Grundsatz lautet:
Der Grundstückseigentümer ist auch Eigentümer des Gebäudes.

Das auf einem Grundstück errichtete Bauwerk gehört grundsätzlich dem Grundstückseigentümer (§§ 94 und 946 BGB). Lediglich beim Erbbaurecht können Grundstückseigentümer und Bauwerkseigentümer voneinander abweichen.

Dieser Grundsatz gilt nicht beim Erbbaurecht.

Erbbaurecht
▶ LF 7, Kap. 5

Mögliche Eigentumsverhältnisse bei Grundstücken
▶ LF 7, Kap. 3.5

Der Rohbau steht im Eigentum des Grundstückseigentümers, die auf dem Grundstück liegenden Bretter sind (noch) nicht fest mit der Hauptsache verbunden.

Ob es sich bei einem Gegenstand um einen wesentlichen Bestandteil handelt, regelt § 93 BGB. Demnach handelt es sich um wesentliche Bestandteile, wenn diese nicht von der Hauptsache getrennt werden können, ohne dass andere Bestandteile zerstört oder wesentlich verändert werden.

Wesentliche Bestandteile einer Sache:
§ 93 BGB

Zu den wesentlichen Bestandteilen eines Grundstücks gehören die mit dem Grund und Boden fest verbundenen Sachen, insbesondere Gebäude. Sind Sachen nur vorübergehend mit einem Grundstück oder einem Gebäude verbunden, so werden diese nicht zu wesentlichen Bestandteilen.

Beispiel

Auf einem Baugrundstück lagern Fenster. Diese könnten ohne wesentliche Veränderungen am Grundstück bzw. am Gebäude wieder abtransportiert werden. Sie sind folglich (noch) nicht mit dem Grundstück bzw. Gebäude verbunden und damit keine wesentlichen Bestandteile.

Nach dem Einbau der Fenster werden diese zu wesentlichen Bestandteilen des Gebäudes, denn Fenster können nicht vom Bauwerk getrennt werden, ohne dass z. B. eine Wand wesentlich verändert oder gar zerstört wird. Das Gebäude ist wiederum ein wesentlicher Bestandteil des Grundstücks.

Die Fenster gehen folglich mit dem Einbau in das Eigentum des Grundstückseigentümers über, auch wenn diese noch nicht bezahlt sind. Gleiches gilt bei einem Grundstücksverkauf. Die eingebauten Fenster sind stets Eigentum des aktuellen Grundstückseigentümers.

Abgrenzung wesentlicher von nicht wesentlichen Bestandteilen

Wesentliche Bestandteile (d. h. fest verbunden mit der Hauptsache)	**Wesentliche Bestandteile eines Grundstücks ...**	**Beispiele**
	sind die mit dem Boden fest verbundenen Sachen wie Bauwerke und Erzeugnisse des Grundstücks, solange sie mit dem Boden zusammenhängen. Rechte, die mit dem Eigentum an einem Grundstück verbunden sind, gelten als wesentliche Bestandteile des herrschenden Grundstücks.	• Fundament und Gebäude • Pflanzen, die auf dem Grundstück verwurzelt sind • Wegerecht über Grundstück B zugunsten des jeweiligen Eigentümers des herrschenden Grundstücks A
	Wesentliche Bestandteile eines Gebäudes ...	**Beispiele**
	sind die mit dem Bauwerk endgültig verbundenen Sachen.	• eingebaute Fenster • installierte Heizungsanlage • verlegter Estrich

Keine wesentlichen Bestandteile	**Scheinbestandteile ...**	**Beispiele**
	sind Sachen, die lediglich vorübergehend fest mit dem Grundstück verbunden sind. Diese können unabhängig vom Grundstückseigentum veräußert werden.	• Balkonkraftwerk eines Mieters, welches vorübergehend mit dem Gebäude fest verbunden ist • eine massive Bauhütte • Versorgungsleitungen der Stadtwerke • Gebäude des Erbbauberechtigten
	Zubehör ...	**Beispiele**
	beinhaltet bewegliche Sachen, die im räumlichen und wirtschaftlichen Zusammenhang mit dem Grundstück stehen. Im Zweifelsfall wird das Zubehör über den Grundstückskaufvertrag mit verkauft.	• Rasenmäher im Geräteschuppen • Alarmanlage an einem Einfamilienhaus

2 Das Liegenschaftskataster

Beispiel

Arif als erfahrener Auszubildender soll Isabell informieren, wie die Abteilung an Geodaten gelangt. Arif wiederholt für sich, welche Informationen in den amtlichen Karten zu finden sind, wofür diese bei Bau, Verkauf, Stadtentwicklung etc. benötigt werden und sucht dafür einen Kartenausschnitt der Leipziger Innenstadt.

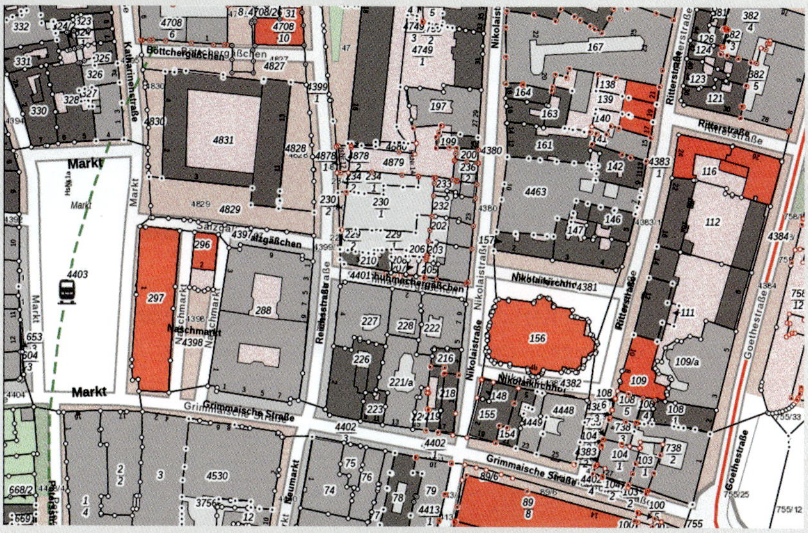

Liegenschaftskataster

Das Liegenschaftskataster ist ein aus Vermessungsdaten hervorgehendes amtliches Grundstücksverzeichnis und beinhaltet amtliche Flächenkarten. Es wird vom zuständigen Kataster- oder auch Vermessungsamt geführt. Diese gehören in Deutschland entweder zu den Landes- oder Kommunalbehörden.

Mehrere Bundesländer haben die bisherige Bezeichnung „Kataster“ geändert (z. B. das „Landesamt für Geoinformation und Landentwicklung“ in Baden-Württemberg).

Die Karten und die darin enthaltenen Informationen nutzen z. B.
- Eigentümer,
- Bauträger im Rahmen der Bebauung,
- Kaufinteressenten,
- Notare,
- Gemeinden für ihre Bauleitplanung oder auch
- Makler,

um verlässliche Angaben über ein Flurstück und insbesondere die Flurstücksgrenzen zu erlangen.

Bauleitplanung

▶ LF 8, Kap. 1.3

Ein Flurstück ist ein amtlich vermessener Teil der Erdoberfläche.

Das Liegenschaftskataster ist gegliedert in
- den darstellenden und
- den beschreibenden Teil.

Zum **darstellenden Teil** gehören die zeichnerische Darstellung der Flurstücke, Flurstücksgrenzen und Gebäude.

Zum **beschreibenden Teil** gehört das Liegenschaftsbuch. Es enthält die nicht-grafikfähigen Informationen, wie z. B.

- Größe,
- Nutzungsart,
- Hinweise auf Eintragungen im Baulastenverzeichnis (bundeslandabhängig) und
- Eigentümer.

Parzelle
Synonym für Flurstück

Gemarkung
Flächeneinheit im Liegenschaftskataster

Die kleinste Einheit im Liegenschaftskataster ist ein **Flurstück**. Flurstücke können zu Fluren zusammengefasst werden. In einigen Bundesländern wird historisch bedingt auf die Unterteilung der **Gemarkung** in Flure verzichtet (dann besteht eine Gemarkung lediglich aus der Gesamtheit der einzelnen Flurstücke).

Die Nummerierung eines Flurstücks besteht i. d. R. aus Zähler und Nenner (bspw. Flurstück 845/4). Die Angabe kann auch ohne Nenner erfolgen (bspw. Flurstück 845). Der Flurstücksnenner kann auch als Buchstabe angegeben sein (bspw. 845/i).

Innerhalb einer Flur bzw. innerhalb einer Gemarkung wird jedes Flurstück eindeutig nummeriert. Über die Angabe der Gemarkung, ggf. der Nummer der Flur und der Nummer des Flurstücks, ist ein Flurstück eindeutig zu identifizieren.

Zusammenhang von Gemarkung, Flur und Flurstück

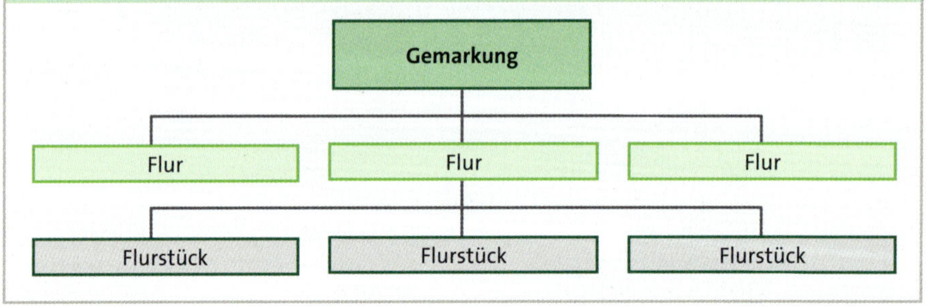

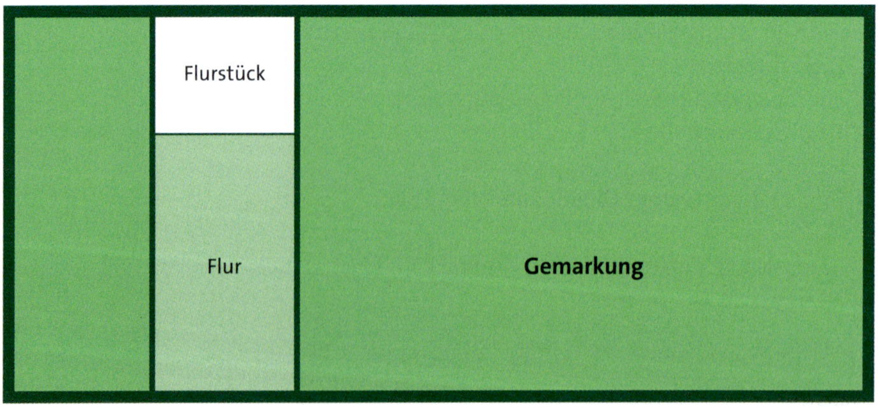

Flurkartenausschnitt (ohne Flurunterteilung)

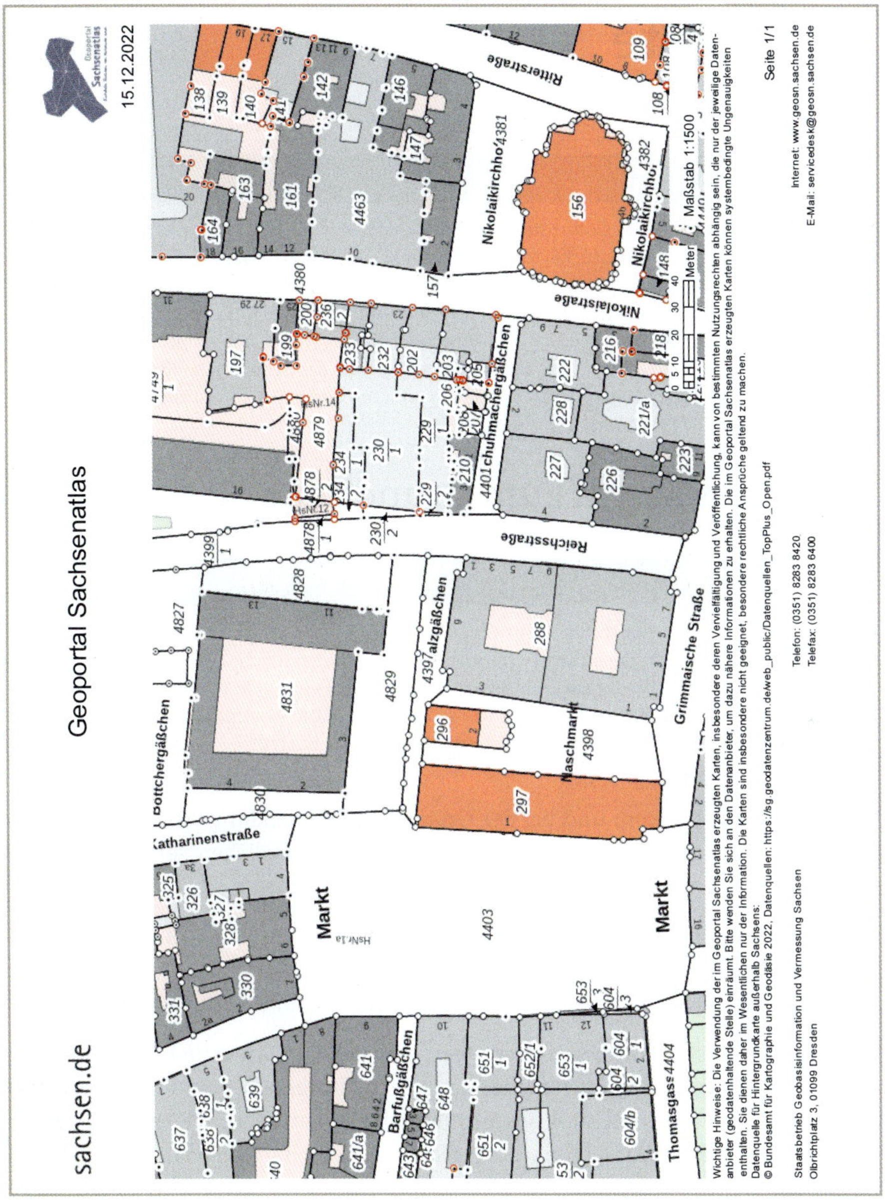

Quelle: Stadt Leipzig, Amt für Geoinformation und Bodenordnung

Merke!

Das Liegenschaftskataster stellt die tatsächlichen Verhältnisse eines Grundstücks dar.

Eine weitere wichtige Informationsquelle über ein Grundstück ist das Grundbuch, welches auf Daten des Katasters aufbaut. Im Grundbuch werden **die rechtlichen Verhältnisse** aufgeführt, wie z.B. Eigentumsverhältnisse, Wegerechte oder Grundpfandrechte, für welche das Grundstück (und ggf. zusätzlich der jeweilige Grundstückseigentümer) haftet.

Weiteres zum Thema Grundbuch finden Sie auf den folgenden Seiten.

SB ▶ SITUATION 55
Das Grundbuch und seine Inhalte

SB ▶ SITUATION 56
Lesen und Bewerten von Grundbuchauszügen

3 Das Grundbuch und seine Inhalte

Beispiel

Die MEWOH Musterwohn GmbH sucht für Projekte im Wohnungsbaubereich bei angespannter Marktlage Grundstücke. Nunmehr besteht die Chance, mehrere Grundstücke zu erwerben. Aufgrund der Marktlage erwarten die Verkäufer eine schnelle Reaktion. Die Grundbuchauszüge liegen vor und sollen eingeschätzt werden. Die Grundstücke unterscheiden sich sehr hinsichtlich der Grundbucheintragungen. Alle Mitarbeitenden der Abteilung müssen in der Lage sein, die Konsequenzen der Grundbucheintragungen für die MEWOH Musterwohn GmbH schnell zu erfassen und bewerten zu können.

3.1 Grundlagen zum Grundbuch

Grundbuch

Das Grundbuch ist ein amtlich geführtes Verzeichnis von Grundstücken. Darin werden die Eigentumsverhältnisse, die auf dem Grundstück liegenden Lasten und Beschränkungen sowie Grundpfandrechte erfasst. Alle mit dem Grundstück verbundenen Rechte (= Vorteile für den Eigentümer) können im Grundbuch zu finden sein. Die Einsicht in das Grundbuch ist lediglich dann möglich, wenn ein berechtigtes Interesse besteht.

Ein Grundpfandrecht ist das dingliche Recht eines Gläubigers, z. B. zur Absicherung eines Immobiliendarlehens.

Grundpfandrecht
▶ LF 7, Kap. 3.7

Beim Grundstückserwerb und bei der Grundstücksentwicklung sind Eintragungen im Grundbuch von großer Bedeutung, denn diese ermöglichen sehr sichere und zuverlässige Erkenntnisse über die rechtlichen Verhältnisse.

Grundbücher werden von den **Grundbuchämtern** geführt. Ein Grundbuchamt ist eine Abteilung in einem Amtsgericht. Für die Grundbuchführung ist das Grundbuchamt zuständig, in dessen Amtsgerichtsbezirk sich das Grundstück befindet.

Das Grundbuch stellt die **dinglichen Rechte** an einem Grundstück dar. Dingliche Rechte **wirken gegenüber jedermann**, also z. B. auch gegenüber dem Erwerber eines Grundstücks, der bei Entstehung des Rechts weder Eigentümer noch Vertragspartner war. In Abgrenzung dazu wirken schuldrechtliche Vereinbarungen nur zwischen den abschließenden Vertragsparteien.

Beispiel

Die Eheleute Marková haben ein Einfamilienhaus und ein sehr großes Grundstück. Das Grundstück wäre teilbar und die Tochter der Markovás könnte im hinteren Teil ein weiteres Einfamilienhaus errichten, welches jedoch nicht an das öffentliche Straßennetz angebunden wäre. Die Familie versteht sich sehr gut. Nach der Teilung müsste die Tochter über das Grundstück ihrer Eltern fahren, um auf ihr Grundstück zu gelangen.

Als Absicherung ergeben sich nun die folgenden beiden Möglichkeiten:

Schuldrechtliche Absicherung	Dingliche Absicherung
Die Eltern sagen: „Es ist doch kein Problem, dass du über unser Grundstück fahren musst, um auf dein Grundstück zu kommen. Wir geben dir das auch gern schriftlich, dass du das für immer kostenlos darfst." Dies ist eine schuldrechtliche Vereinbarung, die nur zwischen den Eltern und ihrer Tochter Bestand hat. Wenn die Eltern ihr Grundstück verkaufen, ist der neue Grundstückseigentümer nicht mehr daran gebunden. Die Tochter kann dieses Wegerecht nicht gegenüber dem neuen Eigentümer geltend machen und müsste sich um ein „Notwegerecht" kümmern.	Die Eltern vereinbaren mit ihrer Tochter ein Wegerecht und lassen dieses in das Grundbuch eintragen. Damit ist das Wegerecht dinglich gesichert. Vereinfacht gesagt „klebt" das Recht an dem Grundstück und wirkt gegenüber jedermann – egal wer der jeweilige Eigentümer ist. Wenn die Eltern ihr Grundstück verkaufen, ist der neue Grundstückseigentümer an das Wegerecht gebunden, da das Recht im Grundbuch eingetragen ist. Der neue Eigentümer muss der Tochter weiterhin das Wegerecht gewähren.

3.1.1 Öffentlicher Glaube des Grundbuchs

Für die im Grundbuch eingetragenen rechtlichen Verhältnisse gilt der **„öffentliche Glaube"**, also die (widerlegbare) Vermutung über die tatsächlich bestehende Rechtslage.

§ 892 Abs. 1 BGB Öffentlicher Glaube des Grundbuchs

(1) Zugunsten desjenigen, welcher ein Recht an einem Grundstück oder ein Recht an einem solchen Recht durch Rechtsgeschäft erwirbt, gilt der Inhalt des Grundbuchs als richtig (...).

Dies gilt allerdings nur dann, wenn ein solches Recht im guten Glauben erworben wurde.

§ 932 Abs. 2 BGB Gutgläubiger Erwerb vom Nichtberechtigten

(2) Der Erwerber ist nicht in gutem Glauben, wenn ihm bekannt oder infolge grober Fahrlässigkeit unbekannt ist, dass die Sache nicht dem Veräußerer gehört.

Im Grundbuch eingetragene Rechte gelten als bestehend. Um den **„öffentlichen Glauben"** an das Grundbuch zu zerstören, bedarf es der Eintragung eines Widerspruchs.

Folglich kann sich jeder auf die im Grundbuch eingetragenen Rechte verlassen, der gutgläubig ein Recht an einem Grundstück erwirbt.

Folgende Grundsätze sind beim Lesen von Grundbuchauszügen bzw. bei angestrebten Grundbucheintragungen zu beachten:

- Eine Eintragung erfolgt grundsätzlich nur auf **Antrag**, z. B. muss die Löschung nicht mehr bestehender Rechte beantragt werden und erfolgt nicht automatisch von Amts wegen.
- Mit dem Berechtigten (dem Rechteinhaber) muss eine Einigung herbeigeführt werden. Die Löschung eines Rechts ist nur möglich, wenn diese vom Berechtigten **bewilligt** wird. Es gibt nur wenige Ausnahmen, wonach ein Berechtigter seine im Grundbuch eingetragenen Rechte ohne vorherige Zustimmung verlieren kann (z. B. bei einer Zwangsvollstreckung).
- Erst durch eine **Eintragung ins Grundbuch** erfolgt nach außen sichtbar eine Rechtsänderung, z. B. die Eigentumsumschreibung in der Abteilung I des Grundbuchs.
- Die **Reihenfolge** der Eintragung ist entscheidend für den Rang. Ein eher eingetragenes Recht hat im Streitfall einen **höheren Rang**.

3.1.2 Relevante Formvorschriften

Notarielle Beglaubigung

Eine Beglaubigung erfolgt durch eine Behörde oder einen Notar.

Bei einer Beglaubigung wird entweder bestätigt, dass eine Zweitschrift mit dem vorgelegten Original übereinstimmt oder dass eine Unterschrift tatsächlich von der betreffenden Person abgegeben wurde.

GBO
Grundbuchordnung

Diese Formvorschrift ist für alle Eintragungsbewilligungen in § 29 GBO vorgeschrieben. Beispielsweise muss die Bewilligung der Eintragung einer Grundschuld beglaubigt sein.

Notarielle Beurkundung

Rechtliche Regelung im Beurkundungsgesetz:
§§ 8 – 14 BeurkG

Die Vertragsparteien erklären vor einem Notar ihren Willen, der nach Belehrung durch den Notar in eine Niederschrift aufgenommen, vorgelesen, genehmigt und von den Vertragspartnern sowie dem Notar eigenhändig unterschrieben wird. Für den Grundstückskaufvertrag ist in § 311b BGB eine notarielle Beurkundung zwingend vorgeschrieben.

Merke!

Bei der notariellen Beglaubigung wird lediglich die Unterschrift einer Person nach Identitätsüberprüfung bzw. das Übereinstimmen einer Zweitschrift mit dem vorgelegten Original bestätigt, bei der notariellen Beurkundung hingegen auch der Inhalt des Schriftstücks.

3.1.3 Eintragungen in das Grundbuch

§ 13 Abs. 2 GBO

Da die Reihenfolge der Eintragungen eine große Bedeutung für den Rang eines Rechts hat, ist der genaue Zeitpunkt des Antragseingangs beim Grundbuchamt zu vermerken.

Rangverhältnisse
▶ LF 7, Kap. 3.8

Findet eine Person, dass ein Grundbuch unrichtig ist (z.B. vermeintlich falsche Eigentümer eingetragen sind), müsste zuerst die Eintragung eines Widerspruchs beantragt werden. Mit diesem Antrag auf Eintragung eines Widerspruchs wird erreicht, dass die entsprechende Eintragung nicht mehr dem öffentlichen Glauben unterliegt. § 899 BGB

Ein im Grundbuch eingetragener Widerspruch weist auf ein möglicherweise nicht korrektes Grundbuch hin und bewahrt den wahren Berechtigten vor der Gefahr des Verlusts seiner Rechte durch Veräußerung an einen gutgläubigen Erwerber.

Löschungen im Grundbuch erfolgen durch Unterstreichung oder Durchstreichen. Dabei ist die Farbe der Linie im Original rot. Die gelöschte Eintragung wird daher auch als „gerötet" bezeichnet.

3.2 Aufbau und Inhalt des Grundbuchs

Das Grundbuch besteht aus den **Grundbuchblättern**. Auf ihnen sind die einzelnen Grundstücke verzeichnet. Eintragungen im Grundbuch werden sehr kurzgehalten. Daher wird das Grundbuch durch eine **Grundakte** ergänzt.

Die Grundakte wird auch Stammakte genannt.

Die Grundakte enthält alle Urkunden und Dokumente (z.B. Grundschuldbestellungsurkunde, Erbschein, notariell beurkundeter Kaufvertrag), welche die Grundlage für Eintragungen oder Löschungen waren.

In der Regel wird für jedes Grundstück ein separates Grundbuchblatt eröffnet. Es können aber auch mehrere Grundstücke eines Eigentümers auf einem Grundbuchblatt erfasst werden.

Das Grundbuch besteht aus **fünf Bestandteilen**:

	Bestandteil	**Erklärung**
1.	Aufschrift (Titelblatt oder Deckblatt)	Hier finden sich das grundbuchführende Amtsgericht, der Grundbuchbezirk sowie die Nummer des Blattes.
2.	Bestandsverzeichnis	Im Bestandsverzeichnis wird das Grundstück beschrieben. Es sind Angaben über Wirtschaftsart, Gemarkung, Flurnummer (sofern nach Fluren unterteilt wird), Flurstücksnummer und Größe zu finden.
3.	Abteilung I	In Abteilung I werden der oder die Eigentümer sowie die Grundlage des Eigentumswechsels vermerkt (z.B. Erbschein nach einem Erbfall).
4.	Abteilung II	Abteilung II stellt die eintragungsfähigen Lasten und Beschränkungen dar – mit Ausnahme der Grundpfandrechte.
5.	Abteilung III	In Abteilung III werden die Grundpfandrechte eingetragen.

In Abteilung I findet sich bei jedem Grundbuch eine Eintragung, da ein Grundstück nicht ohne Eigentümer sein kann. Abteilung II und III können ohne Eintragungen sein – das Grundstück wäre dann **„lastenfrei"**.

Die rechtlichen Rahmenbedingungen für das Grundbuch sind in der Grundbuchordnung (GBO) geregelt.

3.3 Die Aufschrift

Die Aufschrift, auch Deckblatt oder Titelblatt genannt, gibt das grundbuchführende Amtsgericht, den Grundbuchbezirk (Gemarkung) sowie die Nummer des Blattes an.

EDV
Abk. für elektronische Datenverarbeitung

Bei der eher auf alten Grundbuchauszügen zu findenden Bandnummer handelt es sich um eine Zusammenfassung von verschiedenen Grundbuchblättern innerhalb der gleichen Gemarkung (in der Zeit ohne EDV-Nutzung war das Grundbuch aus Papier irgendwann vollgeschrieben – dann wurde ein weiteres Buch begonnen und erhielt eine Bandnummer). Diese Platzproblematik ist bei EDV-basierter Grundbuchführung entfallen.

Grundbuchamt Leipzig

G r u n d b u c h

von

Südvorstadt

Blatt: 1476

Dieses Blatt ist zur Fortführung auf EDV neu gefasst worden und dabei an die Stelle des bisherigen Blattes getreten.

Freigegeben am 19.11.1997 Müller

3.4 Das Bestandsverzeichnis

Liegenschaftskataster
▶ LF 7, Kap. 2

Im Bestandsverzeichnis eines Grundbuchs wird ein Grundstück mittels der amtlichen Katasterangaben beschrieben, wie beispielsweise Grundstücksgröße und Wirtschaftsart. Zuerst wird die laufende Nummer des Grundstücks aufgeführt. Dahinter werden die Angaben aus dem Liegenschaftskataster übernommen. Das Flurstück wird jeweils nach der Gemarkung, der Flurnummer (sofern die Unterteilung in Flure erfolgt) und der Flurstücksnummer bezeichnet.

Merke!

Ein (Grundbuch-)Grundstück kann aus mehreren Flurstücken bestehen. Aber ein Flurstück kann nicht aus mehreren (Grundbuch-)Grundstücken bestehen.

Die Wirtschaftsart und die Größe des Grundstücks unterliegen nicht dem öffentlichen Glauben.

Grundbuchamt Leipzig   Grundbuch von Südvorstadt   Blatt 1476   Bestandsverzeichnis

Lfd. Nr. der Grundstücke	Bish. lfd. Nr. der Grundstücke	Bezeichnung der Grundstücke und der mit dem Eigentum verbundenen Rechte		Größe
		Gemarkung (nur bei Abweichung vom Grundbuchbezirk angeben) Flurstück	Wirtschaftsart und Lage	m²
1	2	3		4
1	-	2701	Gebäude und Freifläche, Handel und Dienstleistung, Fangerstraße 15-20	3.742

Das Bestandsverzeichnis bei Wohnungseigentum unterscheidet sich geringfügig.

Wohnungseigentum begründen und verwalten
▶ LF 9

Auch die Gründe für Bestandsveränderungen sind im Bestandsverzeichnis zu finden. So können z.B. einzelne Grundstücke geteilt oder vereinigt worden sein.

Rechte, die dem jeweiligen Eigentümer eines Grundstücks zustehen, werden auf Antrag im Bestandsverzeichnis des herrschenden Grundstücks eingetragen (z.B. ein Wegerecht).

§ 9 GBO
§ 7 Abs. 1 GBV

Ein Wegerecht bedeutet, dass der Eigentümer des Grundstücks B einen drei Meter breiten Streifen auf dem Grundstück A betreten bzw. befahren darf, um auf sein Grundstück B zu gelangen. Bei diesem Wegerecht ist Grundstück B das **herrschende** Grundstück. Grundstück A ist das **dienende** Grundstück.

Weitere Beispiele finden Sie im Kapitel 3.6.

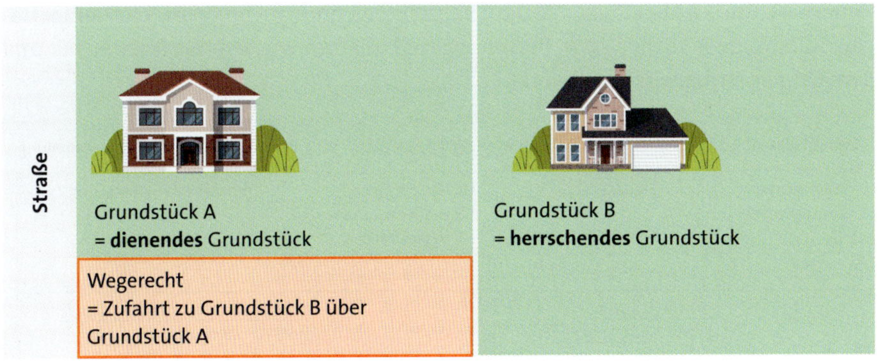

3.5 Abteilung I – Eigentumsverhältnisse

In der Abteilung I werden der oder die Eigentümer, der Grund der Eigentumseintragung sowie die Eigentumsverhältnisse vermerkt.

Die häufigsten Gründe für eine Eigentumsumschreibung sind
- die Auflassung bei einem Grundstückskauf,
- die Vorlage eines Erbscheins nach einem Erbfall oder auch
- der Zuschlagsbeschluss bei einer Zwangsversteigerung.

3.5.1 Die Auflassung

dingliche Einigung

Dingliche (also sachenrechtliche) Einigung beinhaltet die Erklärung des Verkäufers, sein Eigentum an den Käufer übertragen zu wollen und weiterhin die Erklärung des Käufers, das Eigentum erwerben zu wollen. Diese zwei Willenserklärungen müssen übereinstimmen.

Die Auflassung ist die **dingliche Einigung** zwischen Verkäufer und Käufer, dass das Eigentum am Grundstück vom Verkäufer auf den Käufer übergehen soll. Die Auflassung muss vor einem Notar erklärt werden. Der Käufer beantragt und der Verkäufer bewilligt die Eintragung zugunsten des Käufers. Die beurkundete Auflassung reicht aus, um das Eigentum umschreiben zu lassen.

Die Auflassung ist also die dingliche Einigung zwischen den Parteien zum Eigentumsübergang. Diese Einigung ist nach § 925 BGB **durch einen Notar zu beurkunden**.

Willenserklärung

▶ Band 1, LF 2, Kap. 1.6

Als Beispiele, bei denen diese Einigung über den Eigentumsübergang besteht, sind denkbar

- die Auflassung im **Kaufvertrag** selbst, bei der sich die Gegenpartei zur Zahlung eines vereinbarten Kaufpreises verpflichtet,
- die Auflassung im **Schenkungsvertrag**, bei der sich der Beschenkte zur Annahme des Geschenkes verpflichtet und
- die Auflassung im **Tauschvertrag**, bei dem sich beide Parteien jeweils zur Übertragung bzw. zur Annahme des Tauschgegenstands verpflichten.

Es wird im Grundbuch lediglich das Datum der Auflassung eingetragen. Alle Urkunden und sonstigen Dokumente, die mit den Anträgen beim Grundbuchamt eingereicht wurden, werden in den **Grundakten** archiviert (z.B. der notariell beurkundete Kaufvertrag).

3.5.2 Grundbucheintragungen bei natürlichen und juristischen Personen

Natürliche Personen werden mit ihrem Namen, ihrem Geburtsnamen und ihrem Geburtsdatum – früher auch mit ihrer Berufsbezeichnung – im Grundbuch eingetragen. Juristische Personen bzw. Personengesellschaften werden mit ihrer Firma und dem Ort des Firmensitzes vermerkt.

Grundbuchamt Leipzig | Grundbuch von Südvorstadt | Blatt 1476 | Erste Abteilung

Lfd. Nr. der Eintragungen	Eigentümer	Lfd. Nr. der Grundstücke im Bestandsverzeichnis	Grundlage der Eintragung
1	2	3	4
1	Frank Giger, geb. 17.01.1963	1	Auflassung vom 3. Juni 1996, eingetragen am 08. November 1996 Fuchs
2	MEWOH Musterwohn GmbH, Leipzig	1	Auflassung vom 02. Dezember 2002, eingetragen am 08. April 2003 Müller

3.5.3 Mögliche Eigentumsverhältnisse bei Grundstücken

Sollte ein Grundstück im Eigentum mehrerer Personen stehen, handelt es sich entweder um **Bruchteilseigentum** oder **Gesamthandseigentum**.

Beim Bruchteilseigentum kann jeder Bruchteilseigentümer über seinen Bruchteil frei verfügen, also seinen Bruchteil beispielsweise veräußern oder belasten (§§ 1008 – 1011 BGB). Beim Gesamthandeigentum hingegen können nur alle Eigentümer gemeinsam über das Eigentum am Grundstück verfügen.

Ein Bruchteilseigentum wird auch als „Miteigentum nach Bruchteilen" bezeichnet.

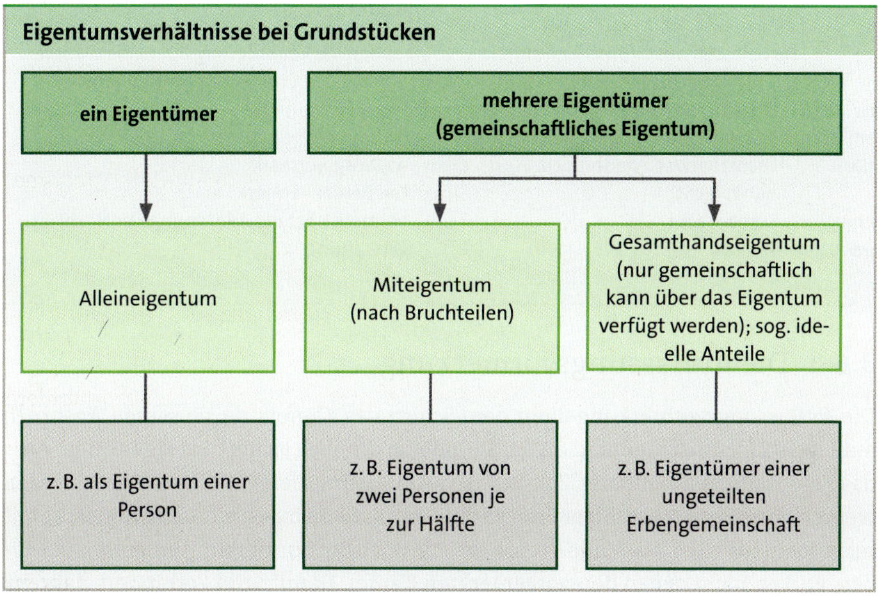

Grundbucheintrag bei Bruchteilseigentum nach Erbfall

Grundbuchamt Leipzig | Grundbuch von Probstheida | Blatt 1143 | Erste Abteilung

Lfd. Nr. der Eintragungen	Eigentümer	Lfd. Nr. der Grundstücke im Bestandsverzeichnis	Grundlage der Eintragung
1	2	3	4
1	Hermann Müller, geb. 04.10.1922	1, 2, 3	Auflassung vom 01. Juni 1996, eingetragen am 08. August 1996 Winkelmann
2	Helmut Müller, geb. 01.03.1946, zu 1/2 Lotte Winkler, geb. Müller, geb. 21.08.1947, zu 1/2	1, 2, 3	Erbschein vom 01. Dezember 2002, eingetragen am 04. Mai 2003 Winkelmann

Durch einen Erbfall können auch ungeteilte Erbengemeinschaften entstehen, z. B. bei schwierigen rechtlichen Umständen oder als Wille des Erblassers. In diesem Fall handelt es sich um Gesamthandseigentum. Statt eines Bruchteils („je zu 1/2" oder „je zu 1/3") würde hier im Grundbuch „in ungeteilter Erbengemeinschaft" vermerkt werden.

3.6 Abteilung II – Lasten und Beschränkungen

In der Abteilung II werden – mit Ausnahme der Grundpfandrechte – alle Lasten und Beschränkungen eines Grundstücks (bzw. eines Wohnungs-/Teileigentums oder Erbbaurechts) vermerkt. Widersprüche gegen Eintragungen und Löschungen in den Abteilungen I und II erfolgen in Abteilung II des Grundbuchs. Zu den möglichen Inhalten der Abteilung II gehören:

Vormerkungen und Widersprüche	Belastungen des Grundstücks	Verfügungsbeschränkungen für den Eigentümer
Sie sichern bestimmte Ansprüche oder zerstören den guten Glauben an die Richtigkeit des Grundbuchs: • Vormerkungen, die das Eigentum (Abteilung I) betreffen, z. B. Auflassungsvormerkung • Vormerkungen und Widersprüche, die ein in Abteilung II eingetragenes Recht betreffen	Sie belasten das Grundstück zugunsten von Dritten: • Dienstbarkeiten (Grunddienstbarkeit, beschränkte persönliche Dienstbarkeit, Nießbrauch, Wohnungsrecht) • Erbbaurecht • Reallast	Sie sollen die Veräußerung oder eine weitere Belastung des Grundstücks verhindern: • Insolvenzvermerk • Zwangsversteigerungs- und Zwangsverwaltungsvermerk • Nacherbenvermerk • Vermerk über die Anordnung der Nachlassverwaltung

3.6.1 Die Auflassungsvormerkung

§ 883 BGB

Die Auflassungsvormerkung dient dem Schutz des Käufers, da sie seinen Anspruch auf Eigentumsumschreibung an der Immobilie dinglich sichert. Sie signalisiert, dass das Eigentum in absehbarer Zeit auf den Auflassungsberechtigten umgeschrieben werden wird. Ein gutgläubiger Erwerb des Grundstücks durch einen Dritten ist somit nicht mehr möglich. Auch alle Rechte, welche nach der Vormerkung eingetragen werden, wirken nicht gegen den vorgemerkten Käufer. Damit wird verhindert, dass der Eigentümer das Grundstück mehrfach verkauft oder vor der Eigentumsumschreibung zusätzlich belastet.

Beispiel

In Abteilung I ist Anh Duong Pham als Eigentümer eingetragen. Bei einem Notartermin am 21. September 2021 wird ein Kaufvertrag mit der MEWOH Musterwohn GmbH geschlossen. Darin wird die Auflassung erklärt und eine Auflassungsvormerkung am 02. Oktober 2021 ins Grundbuch eingetragen. Würde nun Anh Duong Pham versuchen, das Grundstück ein zweites Mal zu verkaufen, kann ein anderer Notar den Verkaufsvorgang vom 21. September 2021 nachvollziehen. Ein weiterer Käufer kann nicht mehr Eigentümer werden.

Die Kaufpreiszahlung an den Verkäufer erfolgt i. d. R. nach Eintragung der Vormerkung. Sind alle weiteren Bedingungen erfüllt, kann der Käufer an den Verkäufer überweisen bzw. der Notar den Kaufpreis (sofern ein **Notaranderkonto** vereinbart wurde) an den Verkäufer auszahlen.

Notaranderkonto
ein treuhänderisches Konto, das vom Notar geführt wird
▶ Kap. 7.4

Merke!

Das Eigentum geht erst über, wenn der Käufer bzw. die Käuferin im Grundbuch in Abteilung I eingetragen ist.

Bei einer **Rückauflassungsvormerkung** handelt es sich um eine Eintragung im Grundbuch, welche einen Anspruch auf Rückübertragung sichert. Städte und Gemeinden nutzen diese Rückauflassungsvormerkung z.B. zur Durchsetzung von vertraglichen Bebauungsauflagen. Mit dieser Rückauflassungsvormerkung sichert sich der Verkäufer ab, sofern der Käufer eines Grundstücks die vertraglichen Bedingungen nicht einhält. Dann kann das Grundstück dem ursprünglichen (früheren) Eigentümer rückübertragen werden.

Grundbuchamt Leipzig **Grundbuch von** Südvorstadt **Blatt** 1476 **Erste Abteilung**

Lfd. Nr. der Eintragungen	Eigentümer	Lfd. Nr. der Grundstücke im Bestandsverzeichnis	Grundlage der Eintragung
1	2	3	4
1	Frank Giger, geb. 17.01.1963	1	Auflassung vom 03. Juni 1996, eingetragen am 08. November 1996 Fuchs
2	MEWOH Musterwohn GmbH, Leipzig	1	Auflassung vom 02. Dezember 2002, eingetragen am 08. April 2003 Müller

Grundbuchamt Leipzig **Grundbuch von** Südvorstadt **Blatt** 1476 **Zweite Abteilung**

Lfd. Nr. der Eintragungen	Lfd. Nr. der Grundstücke im Bestandsverzeichnis	Lasten und Beschränkungen
1	3	4
1	1	Auflassungsvormerkung für Frank Giger, geb. 17.01.1963 vom 03. Juni 1996, eingetragen am 10. Juni 1996 Fuchs
2	1	Auflassungsvormerkung für die MEWOH Musterwohn GmbH, Leipzig vom 02. Dezember 2002, eingetragen am 09. Dezember 2003 Müller
3	1	Tiefgarageneín-, -aus- und -zufahrtsrecht für den jeweiligen Eigentümer des Grundstücks Flst. 2702 - Gemarkung Südvorstadt, gemäß Bewilligung vom 17.12.2016 Notar Winkelmann in Leipzig; Urk.-Nr. 5870/16 eingetragen am 27.02.2017 Baumann

Mit der Eintragung oder Löschung des vorgemerkten Rechts wird die Vormerkung aus dem Grundbuch gelöscht. Diese gelöschten Eintragungen werden entweder rot unterstrichen („gerötet“) oder quer durchgestrichen.

§§ 1018 – 1029 BGB

3.6.2 Die Dienstbarkeiten

Dienstbarkeiten

Dienstbarkeiten sind dingliche Rechte an Immobilien, welche im Grundbuch eingetragen und dadurch abgesichert sind. Dienstbarkeiten verpflichten den Eigentümer zu einem Tun, Dulden oder Unterlassen – sie beschränken den Eigentümer eines belasteten Grundstücks in der Nutzung.

So wird beispielsweise ein Berechtigter ermächtigt, das mit der Dienstbarkeit belastete Grundstück in einem vorgegebenen Umfang zu nutzen, obwohl das Grundstück nicht in seinem Eigentum steht. Darüber hinaus kann durch eine Dienstbarkeit vereinbart und eingetragen werden, dass auf dem Grundstück konkrete Handlungen nicht vorgenommen werden, der jeweilige Grundstückseigentümer also eingeschränkt wird. Das BGB beinhaltet drei verschiedene Dienstbarkeiten.

Dienstbarkeiten		
a) Grunddienstbarkeit	b) beschränkte persönliche Dienstbarkeit mit Sonderform Wohnungsrecht	c) Nießbrauch

a) Die Grunddienstbarkeit

§ 1018 BGB

Bei der **Grunddienstbarkeit** wird stets ein Grundstück zugunsten eines anderen Grundstücks bzw. dessen jeweiligen Eigentümers belastet. Es stehen sich somit immer zwei Grundstücke gegenüber. Der Eigentümer des **„herrschenden“ Grundstücks** (dieses Grundstück hat einen Vorteil) hat demnach bestimmte Rechte, die er gegenüber dem **„dienenden“ Grundstück** (dem belasteten Grundstück) durchsetzen kann. Da das Grundstück nicht selbst dieses Recht ausführen kann, obliegt es grundsätzlich dem **jeweiligen** Grundstückseigentümer, dieses Recht wahrzunehmen bzw. zu gewähren.

§ 1021 BGB

Eine Grunddienstbarkeit kostet den Eigentümer des herrschenden Grundstücks i. d. R. ein Nutzungsentgelt. Es ist frei vereinbar, wer für Instandhaltung und -setzung aufkommt. Der Eigentümer des herrschenden Grundstücks hat darauf zu achten, dass er sein Recht schonend ausübt.

§ 873 BGB

Grunddienstbarkeiten werden durch Einigung und Eintragung bestellt. Die Einigung erfolgt i. d. R. durch eine vertragliche Vereinbarung. Der Eigentümer muss dann in notariell beglaubigter Form die Eintragung bewilligen.

Eine Grunddienstbarkeit kann nur dann aus dem Grundbuch gelöscht werden, wenn der Eigentümer des herrschenden Grundstücks einer Löschung in notariell beglaubigter Form zustimmt (**Löschungsbewilligung**).

Zu unterscheiden sind grundsätzlich folgende Formen der Grunddienstbarkeit:
- Benutzungsdienstbarkeit
- Duldungsdienstbarkeit
- Unterlassungsdienstbarkeit

Bei der **Benutzungsdienstbarkeit** kann der Eigentümer des berechtigten Grundstücks das belastete Grundstück nutzen. In der Praxis sind hier Geh-, Fahr- und Leitungsrechte denkbar.

siehe Beispiel Kap. 3.6.1

Beispiel Tiefgaragenzufahrtsrecht

Die MEWOH Musterwohn GmbH plant drei Mehrfamilienhäuser, welche eine gemeinsame große Tiefgarage haben sollen. Es ist geplant, die Wohnungen einzeln zu veräußern. Die Tiefgaragenzufahrt befindet sich auf dem Grundstück von Haus 1. Dem Eigentümer der herrschenden Grundstücke 2 und 3 (bzw. später jedem Wohnungseigentümer der Grundstücke 2 und 3) wird im Grundbuch das Recht eingeräumt, in die gemeinsame Tiefgarage zu fahren. Da sich die Tiefgaragenzufahrt auf dem Grundstück 1 befindet, gehört sie nicht zum Eigentum der Wohnungseigentümer von Haus 2 und 3.

Beispiel für eine Grunddienstbarkeit (hier in Form eines Wegerechts)

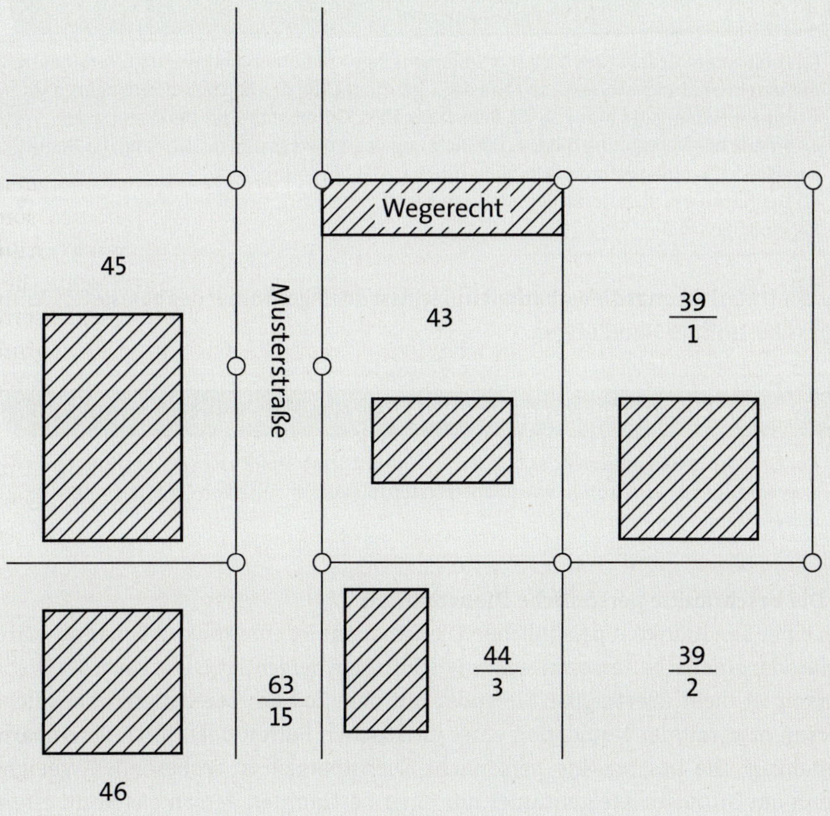

Auf dem Katasterauszug ist zu erkennen, dass das Flurstück 39/1 nur von der Musterstraße aus zu erreichen ist, wenn ein Teil von Flurstück 43 überquert wird. Das Grundstück, das zu Flurstück 43 gehört, ist bei einer Eintragung im Grundbuch das **dienende** Grundstück. Das Grundstück, welches zu Flurstück 39/1 gehört, ist das **herrschende** Grundstück.

Bei der **Duldungsdienstbarkeit** verzichtet der jeweilige Grundstückseigentümer des belasteten Grundstücks auf die Ausübung eines ihm zustehenden Rechts.

Abstandsflächen
▶ LF 8, Kap. 2.2.6

Beispiel Duldungsdienstbarkeit

Der Grundstückseigentümer des belasteten Grundstücks könnte auf sein Abwehrrecht verzichten, sodass bei einer Bebauung die Abstandsflächen des Nachbargrundstücks auf seinem Grundstück liegen. Weitere Inhalte könnten in der Duldung von Emissionen, Rauch, Lärm oder Schmutz bestehen. Auch die Duldung von Einwirkungen durch zu nahe stehende Bäume kann so geregelt werden (Verzicht auf Nachbarrechte nach § 910 BGB).

Weiterhin gibt es auch das **Notwegerecht**. Dies gilt nur bei Grundstücken, welche nicht mit einem öffentlichen Weg bzw. einer öffentlichen Straße verbunden sind. Die Grundstückseigentümer, über deren Grundstück der einzuräumende Notweg führt, sind durch eine Geldrente (= regelmäßige Geldzahlung) zu entschädigen.

§ 917 BGB Notweg

(1) Fehlt einem Grundstück die zur ordnungsmäßigen Benutzung notwendige Verbindung mit einem öffentlichen Wege, so kann der Eigentümer von den Nachbarn verlangen, dass sie bis zur Hebung des Mangels die Benutzung ihrer Grundstücke zur Herstellung der erforderlichen Verbindung dulden. Die Richtung des Notwegs und der Umfang des Benutzungsrechts werden erforderlichenfalls durch Urteil bestimmt.
(2) Die Nachbarn, über deren Grundstücke der Notweg führt, sind durch eine Geldrente zu entschädigen. (...)

Bei der **Unterlassungsdienstbarkeit** unterlässt der Eigentümer des belasteten Grundstücks bestimmte Handlungen.

Beispiel einer Unterlassungsdienstbarkeit

Der Grundstückseigentümer des belasteten Grundstücks verpflichtet sich, bestimmte Gewerbe auf seinem Grundstück zu unterlassen, obwohl er diese von Gesetzes wegen in diesem Gebiet ausüben dürfte.

b) Die beschränkte persönliche Dienstbarkeit

Bei einer beschränkten persönlichen Dienstbarkeit ist eine konkret benannte natürliche oder juristische Person zu etwas Bestimmtem berechtigt. Diese Form der Dienstbarkeit ist nicht übertragbar. Sie endet mit dem Tod der berechtigten natürlichen Person bzw. mit der Liquidation einer juristischen Person oder durch vereinbarten Zeitablauf. Die beschränkte persönliche Dienstbarkeit ist insbesondere geeignet, wenn ein Grundstückseigentümer nur einer bestimmten Person das Recht einräumen will.

Unübertragbarkeit; Überlassung der Ausübung:
§ 1092 BGB

Grundbuchamt Leipzig Grundbuch von Südvorstadt Blatt 1476 Zweite Abteilung

Lfd. Nr. der Eintragungen	Lfd. Nr. der Grundstücke im Bestandsverzeichnis	Lasten und Beschränkungen
1	3	4
1	1	Leitungsrecht für die Leipziger Straßenbahnbetriebe GmbH zur Befestigung von Oberleitungen an der Außenwand, gemäß Bewilligung vom 08.01.1997 Notar Müller-Lüders in Leipzig; Urk.-Nr. 1001/97 eingetragen am 27.03.1997 Claus

Wohnungsrecht und Dauerwohnrecht als Beispiele für beschränkte persönliche Dienstbarkeiten

Das Wohnungsrecht ist im BGB, das Dauerwohnrecht im WEG geregelt. Das Wohnungsrecht endet spätestens mit dem Tod des Berechtigten. Das Dauerwohnrecht hingegen ist veräußerlich und vererblich. Beide Rechte haben gemeinsam, dass ein Begünstigter die bezeichneten Räumlichkeiten unter Ausschluss des Eigentümers nutzen kann. Das Wohnungs- als auch das Dauerwohnrecht ermöglichen es beispielsweise, Eigentumsübertragungen vor dem Ableben zu regeln und trotzdem eine gesicherte Nutzungsmöglichkeit zu erhalten.

Wohnungsrecht:
§ 1093 BGB

Dauerwohnrecht:
§§ 31 und 33 WEG

Beispiel für ein Wohnungsrecht

Die Eheleute Maria und Sebastian Romero sind Eigentümer eines mit einem Einfamilienhaus bebauten Grundstücks. Diese Immobilie wollen sie ihrem Sohn Luca bereits zu Lebzeiten schenken. Gleichzeitig möchten sie aber abgesichert ein Leben lang das Einfamilienhaus unentgeltlich bewohnen, bspw. falls der Sohn das Grundstück später verkauft und ein neuer Eigentümer Eigenbedarf anmelden würde.

Sie bestellen dazu für beide ein Wohnungsrecht auf Lebenszeit. Anschließend wird die Immobilie verschenkt. Das Grundstück ist nach der Eintragung ins Grundbuch von dem Sohn der Eheleute Romero zu unterhalten, da er der neue Eigentümer ist. Der Sohn wird daraufhin als Eigentümer in Abteilung I eingetragen.

Wohnungsrecht-Inhaber müssen sich auch bei einem unentgeltlich bestellten dinglichen Wohnungsrecht an den Kosten beteiligen, die dem Eigentümer durch die Unterhaltung der zum gemeinschaftlichen Gebrauch bestimmten Anlagen und Einrichtungen entstehen (BGH-Urteil V ZR 57/11).

Grundbuchamt Leipzig Grundbuch von Gohlis Blatt 1121 Zweite Abteilung

Lfd. Nr. der Eintragungen	Lfd. Nr. der Grundstücke im Bestandsverzeichnis	Lasten und Beschränkungen
1	3	4
1	1	Wohnungsrecht zugunsten von Maria Romero, geb. 19.12.1962, und Sebastian Romero, geb. 03.10.1961, unter Bezugnahme auf die Bewilligung vom 12. Dezember 2011; eingetragen am 05. Februar 2012 Meier

§§ 1030 – 1067 BGB

c) Der Nießbrauch

Nießbrauch ist das Recht des Berechtigten, unter Ausschluss des Eigentümers **grundsätzlich alle Nutzungen aus einer fremden (also nicht im eigenen Eigentum stehenden) Sache zu ziehen**. Nutzungen aus einem Grundstück sind z.B. Mieteinnahmen oder Ernteerzeugnisse. Nießbrauch kann nicht nur an Grundstücken, sondern an beweglichen Sachen, an Rechten oder an Vermögen bestellt werden.

Der Nießbrauch entsteht bei Grundstücken durch eine notariell beurkundete Einigung der Vertragsparteien und Eintragung ins Grundbuch.

Der Nießbrauch ist vom Wesen her eine persönliche Dienstbarkeit. Das Nießbrauchrecht ist unveräußerlich und unvererblich. Es erlischt mit dem Tod des Nießbrauchberechtigten. Zudem kann der Nießbrauch durch die Aufgabeerklärung des Nießbrauchers (des „Nutznießers") oder durch einen vereinbarten Bedingungseintritt (z.B. Zeitablauf) beendet werden.

Der Nießbrauch ist insbesondere bei Familien- und Erbfragen eine Möglichkeit, Eigentum und Nutzungen rechtlich sicher zu regeln. Weiterhin kann ein Nießbrauch aus steuerrechtlichen Gründen attraktiv sein.

Beispiel

Die Eheleute Fatma und Emir Yılmaz sind Eigentümer eines Mehrfamilienhauses mit sechs vermieteten Wohnungen im Bertha-Benz-Weg 6. Sie möchten ihr Eigentum bereits zu Lebzeiten teilweise verschenken, um Streitigkeiten bei einem Erbfall zu vermeiden und um die Belastung durch Erbschaftssteuer zu minimieren. Dennoch möchten sie nicht auf die Mieteinnahmen verzichten, um ihren Lebensstil halten zu können. Deshalb übertragen sie bereits in der Gegenwart das Eigentum an dem Grundstück auf ihre zwei Kinder Selim und Elif, gleichzeitig wird dem Ehepaar Yılmaz ein Nießbrauchsrecht am Grundstück Bertha-Benz-Weg 6 eingeräumt. Damit stehen dem Ehepaar Yılmaz die Mieteinnahmen zu, allerdings dürfen sie das Grundstück nicht verkaufen oder es belasten. Nach dem Tod der Eltern erlischt der Nießbrauch und den Kindern stehen die Mieteinnahmen voll zu. Selbst wenn die Kinder der Eheleute Yılmaz das Grundstück verkaufen, bleiben die Eheleute Yılmaz aufgrund der dinglichen Absicherung ihr Leben lang die Nießbraucher.

Der Nießbrauch kann auf einzelne Nutzungen beschränkt werden.

Grundbuchamt Leipzig   Grundbuch von Gohlis   Blatt 1121   Zweite Abteilung

Lfd. Nr. der Eintragungen	Lfd. Nr. der Grundstücke im Bestandsverzeichnis	Lasten und Beschränkungen
1	3	4
1	1	Nießbrauch zugunsten von Fatma Yılmaz, geb. 27.11.1966, und Emir Yılmaz, geb. 24.12.1969, unter Bezugnahme auf die Bewilligung vom 12. Dezember 2021; eingetragen am 06. Februar 2022 Müller

Der Nießbraucher darf

- das Grundstück nur nach dem bestimmungsgemäßen Gebrauch nutzen. So darf beispielsweise Wohnraum nicht einfach zu Gewerbezwecken genutzt werden.

Der Nießbraucher darf

- die Immobilie nur bestimmungsgemäß nutzen (bspw. als Wohnraum und nicht als Gewerberaum),
- die Immobilie **nicht** wesentlich verändern sowie
- **keine** übermäßige Fruchtziehung betreiben.

Entstehen daraus Schäden, sind diese zu erstatten.

Umgestaltung:
§ 1037 BGB

Der Nießbraucher muss

- zur Erhaltung der wirtschaftlichen Bestimmung die „üblichen" Instandhaltungsmaßnahmen auf eigene Kosten ausführen bzw. beauftragen,
- die gewöhnlichen öffentlichen Lasten tragen, wie z. B. die Grundsteuer, sowie
- die Immobilie gegen Schäden auf seine Kosten versichern. Im § 1045 BGB sind Brandschäden und sonstige Unfälle erwähnt. Gängig sind dabei Versicherungen gegen Sturm-, Feuer- und Wasserschäden. Eine etwaige Versicherungsleistung hat im Schadensfall dem Eigentümer zuzustehen.

Versicherungspflicht des Nießbrauchers:
§ 1045 BGB

Der Eigentümer des Grundstücks

- trägt die außergewöhnlichen Lasten, wie z. B. die Erschließungskosten,
- kann bei widerrechtlicher Nutzung durch den Nießbraucher eine Unterlassungsklage veranlassen und
- tritt nach Beendigung des Nießbrauchs in alle bestehenden Pacht- und Mietverhältnisse ein. Diese werden unverändert weitergeführt, der Eigentümer tritt dann als Vertragspartner an die Stelle des Nießbrauchenden.

3.6.3 Die Reallast

Die Reallast ist gemäß § 1105 BGB das Recht einer bestimmten Person, aus einem Grundstück wiederkehrende Leistungen zu verlangen.

§§ 1105 ff. BGB

Wiederkehrende Leistungen können in diesem Zusammenhang sein

- Dienstleistungen (z. B. dauerhafte Pflege eines Menschen, Beseitigung von Schnee und Eis, Gartenarbeiten),
- Naturalien (z. B. Wasser oder Holz) oder
- wiederkehrende Geldzahlungen in Form einer Leibrente.

Rentenschuld
▶ LF 7, Kap. 3.7.3

Die Naturalien können aus dem Grundstück heraus geliefert werden. Bei Dienstleistungen oder Geld ist die Reallast so zu verstehen, dass das Grundstück für die Gegenleistung haftet.

Beispiel

Die 70-jährige Frau Baran verschenkt ihren großen Bauernhof an ihre Kinder. Im Gegenzug wird eine Reallast vereinbart, wonach Frau Baran lebenslang 1.000,00 € monatlich erhält und im Fall der Pflege- oder Hilfebedürftigkeit gepflegt wird. Erbringen die Kinder diese Leistungen nicht, dann kann Frau Baran in das Grundstück vollstrecken und so zu ihrem Recht kommen (das Grundstück haftet).

Die Reallast kann zugunsten des jeweiligen Eigentümers des berechtigten Grundstücks oder zugunsten einer anderen Person bestellt werden.

Grundbuchamt Kleindorf Grundbuch von Anger Blatt 198 Zweite Abteilung

Lfd. Nr. der Eintragungen	Lfd. Nr. der Grundstücke im Bestandsverzeichnis	Lasten und Beschränkungen
1	3	4
1	1	Reallast in Form einer monatlichen Rente in Höhe von 1.000,00 € sowie Versorgung mit Essen und Wäsche im Falle einer Pflegebedürftigkeit zugunsten der Luise Baran, geb. 01.08.1942, unter Bezugnahme auf die Bewilligung vom 12. Dezember 1984; eingetragen am 05. Februar 1985. Minkler

Ist der Berechtigte eine Person, kann die Reallast auch vererblich bestellt werden. Hierauf muss im Vertrag besonders hingewiesen werden. Der Eigentümer des belasteten Grundstücks haftet persönlich für die Erfüllung.

§ 1108 BGB

Dies bedeutet, er haftet nicht nur mit dem Grundstück, sondern auch mit seinem gesamten sonstigen Vermögen. Die Reallast kann zeitlich begrenzt werden. Sie entsteht durch Einigung und Eintragung in das Grundbuch.

Beendet wird die Reallast durch
- die Aufgabeerklärung des Berechtigten,
- einen Bedingungseintritt,
- den Tod des Berechtigten, sofern die Reallast auf dessen Lebenszeit bestellt war,
- den Untergang in einer Zwangsversteigerung oder
- wenn der Grund für die Reallast wegfällt.

3.6.4 Das dingliche Vorkaufsrecht

Ein Grundstück kann in der Weise in Abteilung II belastet werden, dass ein Vorkaufsrecht in das Grundbuch eingetragen wird. Das dingliche Vorkaufsrecht kann sowohl für den Eigentümer eines bestimmten Grundstücks als auch für eine natürliche oder juristische Person bestellt werden.

Vorkaufsberechtigt zu sein bedeutet allgemein, dass einem Verkaufsberechtigten das Recht zusteht, in einen bestehenden Kaufvertrag (zwischen dem aktuellen Grundstückseigentümer und einem Dritten) mit allen bereits ausgehandelten Bedingungen einzutreten. Das Vorkaufsrecht kann einmalig oder für mehrere Verkaufsfälle bestimmt werden.

Gesetzliches Vorkaufsrecht	Dingliches Vorkaufsrecht	Schuldrechtliches Vorkaufsrecht
Steht im Gesetz und bedarf deshalb keiner Erwähnung im Grundbuch.	Wird über das Grundbuch abgesichert und gilt gegenüber jedermann, da ein Erwerber dieses im Grundbuch erkennen könnte. Der Notar verschickt einen Kaufvertragsentwurf an den Vorkaufsberechtigen und dieser hat zwei Monate Zeit, 1:1 in den bereits mit einem Dritten beurkundeten Kaufvertrag einzutreten.	Dabei verpflichtet sich ein Verkäufer gegenüber einem Vorkaufsberechtigten, ihm einen Kaufvertrag mit einem Dritten über die entsprechende Immobilie zur Kenntnis zu geben und ihm so zu ermöglichen, über die Ausübung seines Vorkaufsrecht zu entscheiden. Gegenüber dem Erwerber wirkt ein schuldrechtlich vereinbartes Vorkaufsrecht nicht (nicht dinglich gesichert und bei Grundbucheinsicht nicht zu erkennen). Mit einem schuldrechtlichen Vorkaufsrecht würde sich der Eigentümer bei einem Verkauf verpflichten, den Vorkaufsberechtigten über den abgeschlossenen Kaufvertrag zu informieren und so die Ausübung seines Vorkaufsrechts zu ermöglichen.
Beispiele • Ein Grundstück wird verkauft, auf welchem die Gemeinde plant, in 3 Jahren eine Straße zu bauen. Sie übt das gesetzliche Vorkaufsrecht nach BauGB aus Allgemeinwohlgründen aus. • Ein Mieter zieht in eine Wohnung eines Mehrfamilienhauses. Nach seinem Einzug wird Wohnungseigentum begründet und die Wohnungen sollen verkauft werden. Der Mieter hat ein gesetzliches Vorkaufsrecht nach § 577 BGB.	**Beispiel** Die Eltern von Clara und Max Müller teilen ihr Grundstück. Beide Kinder bauen ein Einfamilienhaus für ihre Familien. Da das Grundstück sehr klein ist und sie keine Nachbarn wollen, vereinbaren sie ein gegenseitiges Vorkaufsrecht und lassen es in das Grundbuch eintragen. Damit ist es dinglich gesichert. Durch die dingliche Sicherung gilt das Vorkaufsrecht nicht mehr nur zwischen Clara und Max Müller. Wenn Clara Müller ihr Grundstück irgendwann an Frau Schulze verkaufen möchte, so wird der Notar einen bereits ausgehandelten und notariell beurkundeten Kaufvertrag zwischen Frau Schulze und Clara Müller auch dem Bruder Max Müller vorlegen. Max Müller als Vorkaufsberechtigter entscheidet dann, ob er sein Vorkaufsrecht ausübt, also 1:1 in den bestehenden Kaufvertrag eintritt. Erst nach Nichtausübung seines Vorkaufsrechts kann Frau Schulze Eigentümerin werden.	**Beispiel** Die Eltern von Clara und Max Müller teilen ihr Grundstück. Beide Kinder bauen ein Einfamilienhaus für ihre Familien. Da das Grundstück sehr klein ist und sie keine Nachbarn wollen, vereinbaren sie ein gegenseitiges Vorkaufsrecht. Clara Müller sagt: „Ich gebe es dir schriftlich. Falls ich irgendwann wegziehen möchte, frage ich dich zuerst, ob du das Grundstück eventuell kaufen willst. Ansonsten zahle ich dir eine Vertragsstrafe von 10.000,00 €.“ Dies ist eine schuldrechtliche Vereinbarung zwischen Clara und Max Müller. Wenn Clara Müller ihr Grundstück irgendwann an Frau Schulze verkauft, ohne ihrem Bruder Max vorher das Grundstück anzubieten, kann er lediglich die Vertragsstrafe gegen seine Schwester geltend machen. Frau Schulze wäre rechtswirksam Eigentümerin geworden. Das Vorkaufsrecht zugunsten von Max Müller wirkt nicht gegen Frau Schulze.

Ankaufsrecht

Alternativ könnte für das Beispiel auch ein Ankaufsrecht geeignet sein. Dabei handelt es sich um das bindende Angebot des Verkäufers an den künftigen Käufer, den Kaufgegenstand innerhalb einer Zeitspanne zu festgelegten Bedingungen kaufen zu können. Bezieht sich das Ankaufsrecht auf ein Grundstück, muss es notariell beurkundet sein.

Bauleitplanung

▶ LF 8, Kap. 1.3

Grundbuchamt Kleindorf Grundbuch von Anger Blatt 198 Zweite Abteilung

Lfd. Nr. der Eintragungen	Lfd. Nr. der Grundstücke im Bestandsverzeichnis	Lasten und Beschränkungen
1	3	4
1	1	Vorkaufsrecht zugunsten von Maximilian Müller, geb. 24.11.1992, unter Bezugnahme auf die Bewilligung vom 12. Dezember 2021; eingetragen am 05. Februar 2022 Minkler

3.6.5 Vermerke

Vermerke sind Eintragungen auf das Ersuchen von Amts wegen. Nachfolgend ein beispielhafter Überblick zu möglichen Vermerken:

städtebauliche Sanierungsmaßnahmen
▶ LF 8, Kap. 1.9.1

Veränderungssperre
▶ LF 8, Kap. 1.6.1

- Ein **Sanierungsvermerk** wird in Grundbücher für Grundstücke in Sanierungsgebieten eingetragen. Grundlage ist die Sanierungssatzung einer Gemeinde.
- Eine **Veränderungssperre** dient zur Sicherung der Bauleitplanung und sperrt das Grundstück gegen bauliche Veränderungen.
- Ein **Zwangsvollstreckungsvermerk** warnt Erwerber, dass Zwangsverwaltung oder Zwangsversteigerung angeordnet ist. Der Eigentümer kann dann nicht mehr frei über das Grundstück verfügen.
- Ein **Testamentsvollstreckungsvermerk** ermöglicht, den letzten Willen des Erblassers umzusetzen. Ein Grundstück mit einem Testamentsvollstreckungsvermerk kann ab diesem Zeitpunkt nur mit Zustimmung des Testamentsvollstreckers veräußert oder belastet werden.

Ein Nacherbe wird erst Erbe, nachdem zunächst ein anderer Erbe geworden ist.

- Aus einem **Nacherbenvermerk** kann abgelesen werden, dass ein Nacherbe Ansprüche auf das Grundstück hat.

§ 32 Insolvenzordnung

- Der **Insolvenzvermerk** zeigt an, dass ein Insolvenzverfahren über den Grundstückseigentümer eröffnet wurde. Der Eigentümer kann somit über das Grundstück nicht mehr verfügen.

Vermerke haben oftmals nur deklaratorische Wirkung. So zeigt z. B. ein Sanierungsvermerk ein Recht nur an und begründet es nicht. Ob ein Grundstück in einem festgelegten Sanierungsgebiet liegt, richtet sich nach der Sanierungssatzung der Gemeinde und nicht nach der Eintragung eines Sanierungsvermerks.

Erbbaurecht
▶ LF 7, Kap. 5

Zwangsvollstreckung
▶ LF 7, Kap. 6

Aus Gründen der Übersichtlichkeit werden zwei umfangreich geregelte und wichtige Inhalte der Abteilung II – das **Erbbaurecht** und die **Zwangsvollstreckung** – in einem separaten Kapitel in diesem Lehrbuch behandelt.

	Dienstbarkeiten			Reallast (siehe Kap. 3.6.3)
	Grunddienstbarkeit (siehe Kap. 3.6.2 a)	**Beschränkte persönliche Dienstbarkeit (siehe Kap. 3.6.2 b)**	**Nießbrauch (siehe Kap. 3.6.2 c)**	
Gesetzliche Regelungen	§§ 1018–1029 BGB	§§ 1090–1093 BGB	§§ 1030–1089 BGB	§§ 1105–1112 BGB
Inhalt	• Benutzungsdienstbarkeit: eine teilweise Nutzung des Grundstücks wird eingeräumt • Duldungsdienstbarkeit: Duldung von Einwirkungen durch Verzicht auf eigentlich zustehende Abwehrrechte • Unterlassungsdienstbarkeit: ein eigentlich erlaubtes Eigentumsrecht darf nicht ausgeübt werden		• umfassendes Nutzungsrecht (außer Verkauf und Belastung des Grundstücks) • Vermietung, Verpachtung und entgeltliche Überlassung an Dritte ist zulässig	• wiederkehrende Leistungen (Geld-, Sach- und Dienstleistungen) aus dem Grundstück • Das Grundstück haftet für die Erfüllung der Leistung.
Zu wessen Gunsten?	Recht am dienenden Grundstück zugunsten des jeweiligen Eigentümers des herrschenden Grundstücks	zugunsten einer natürlichen oder juristischen Person		zugunsten des jeweiligen Eigentümers des herrschenden Grundstücks oder einer bestimmten Person
Übertragbarkeit	geht mit dem Eigentum am herrschenden Grundstück auf den neuen Eigentümer (Rechtsnachfolger) über	• nicht übertragbar (§1059 bzw. §1095 BGB) • Nutzungsausübung durch Dritten bei Vereinbarung zulässig • erlischt mit dem Tod des Berechtigten (bzw. mit der Auflösung der juristischen Person)		grundsätzlich übertragbar und vererbbar
Pflichten des Rechteinhabers	schonende Ausübung		Nießbraucher muss öffentliche Lasten tragen, die Immobilie instandhalten und versichern	-
Beispiel	Der Eigentümer von Grundstück B darf über einen ca. 3 m breiten Streifen von Grundstück A laufen oder fahren, um zu seinem Grundstück B zu gelangen.	Es ist ein lebenslanges Wohnungsrecht für eine bestimmte Person eingetragen.	Eltern verschenken eine Immobilie mit vermieteten Wohneinheiten an ihre Kinder, gleichzeitig sollen die Mieteinnahmen rechtlich sicher noch den Eltern zustehen.	Die wiederkehrende Lieferung von Lebensmitteln aus dem Grundstück wird vereinbart und dinglich gesichert.

3.7 Abteilung III – Die Grundpfandrechte Hypothek, Grundschuld und Rentenschuld

Beispiel

Die Geschäftsführung der MEWOH Musterwohn GmbH möchte den Eigenbestand an Grundstücken erweitern. Die erworbenen Grundstücke sollen dann mit Mehrfamilienhäusern bebaut und die Wohnungen anschließend vermietet werden. In geringem Umfang soll auch versucht werden, Einfamilienhäuser zu errichten und zur Vermietung anzubieten. Aus diesem Grund sollen darlehensfinanziert Zukäufe und später eine Baufinanzierung erfolgen. Die Abteilung Kaufmännisches Bestandsmanagement soll später die Wohnungen verwalten und in den Prozess Kenntnisse der Marktlage einbringen. Die Abteilung Baubetreuung soll die Bauphase möglichst umfassend betreuen. Die Abteilung Vertrieb – eigene und Fremdobjekte wird beauftragt, die Marktsituation einzuschätzen. Alle drei Abteilungen sollen eng zusammenarbeiten. Wichtig für alle hier Mitarbeitenden sind Kompetenzen hinsichtlich der Inhalte, der Anwendung, des Ablaufs und des Nutzens von Grundpfandrechten.

Merke!

In der Abteilung III werden die Pfandrechte eines Gläubigers am Grundeigentum (also die Grundpfandrechte Hypothek, Grundschuld und Rentenschuld) eingetragen. Weiterhin sind eventuelle Widersprüche gegen Eintragungen und Löschungen in der Abteilung III vermerkt.

Darlehensarten

▶ Band 1, LF 3, Kap. 10.2.2

Die Immobilienfinanzierung

▶ Band 3, LF 11, Kap. 1

Pfand

Rechtsobjekte, die einem Gläubiger als Sicherheit für seine Forderung zur Verfügung gestellt werden

dingliche Sicherheit

bezeichnet einen Sachwert (beweglichen Sachen, Grundstücke oder grundstücksgleichen Rechte), der als Kreditsicherheit dient

Aufgrund der hohen Kosten bei einem Immobilienkauf bzw. beim Bau nehmen die meisten Käufer bzw. Bauherren ein **Darlehen** auf. Ein Darlehensgeber, im Regelfall eine Bank, möchte sich absichern, dass das vergebene Darlehen komplett zurückgezahlt wird.

Eine im Grundbuch eingetragene Hypothek oder Grundschuld haben gemeinsam, dass sie für einen Darlehensgeber dessen Forderung absichern. Die Immobilie dient also als **Pfand**, und dieses Pfandrecht wird über die Grundbucheintragung **dinglich gesichert** (deshalb auch „Grundpfandrecht“).

Falls ein Darlehensnehmer seinen Verpflichtungen nicht nachkommt, kann ein Gläubiger die Zwangsverwaltung oder Zwangsversteigerung der Immobilie veranlassen. Bei einem erstrangig eingetragenen Grundpfandrecht ist es sehr wahrscheinlich, dass ein Darlehensgeber ausstehende Ansprüche erhält (Ausnahme evtl. bei außergewöhnlichem Wertverlust der Immobilie oder Marktverwerfungen).

§ 1113 Abs. 1 BGB

Ein Grundstück kann in der Weise belastet werden, dass an denjenigen, zu dessen Gunsten die Belastung erfolgt, eine bestimmte Geldsumme zur Befriedigung wegen einer ihm zustehenden Forderung aus dem Grundstück zu zahlen ist (Hypothek).

3.7.1 Die Hypothek

Die Hypothek ist ein Grundpfandrecht und kann als Sicherungsmittel für ein Darlehen genutzt werden.

Bei der Hypothek haftet dem Gläubiger gemäß gesetzlichen Bestimmungen nicht nur das **Grundstück**, sondern auch das gesamte **Vermögen des Schuldners**.

Der Hypothekengläubiger (im Regelfall eine Bank) hat folglich zwei Ansprüche:
- einen dinglichen Anspruch aus der Hypothek und
- einen persönlichen Anspruch aus dem Darlehen.

Wenn ein Darlehen nicht vertragsgemäß zurückgezahlt wird, kann ein mit einer Hypothek abgesicherter Gläubiger die Immobilie **zwangsverwalten oder zwangsversteigern** lassen. Mit den Erlösen werden die Forderungen des Gläubigers befriedigt.

Zwangsversteigerung und Zwangsverwaltung

▶ LF 7, Kap. 6

Auch ein Wohnungseigentum, ein Teileigentum oder ein Erbbaurecht können mit einer Hypothek belastet werden.

Die Hypothek ist eine dingliche Belastung des Grundstücks, die durch Einigung und Eintragung entsteht. Die Hypothek setzt das Bestehen einer Forderung voraus (**Akzessorietät**). Solange die Forderung nicht besteht bzw. sobald sie abbezahlt ist, wird sie zu einer Eigentümergrundschuld.

Eigentümergrundschuld, Eigentümerhypothek:

§ 1177 BGB

Beispiel

Die MEWOH Musterwohn GmbH nimmt ein Darlehen für die Erweiterung des Verwaltungsgebäudes Fangerstraße 15–20 auf. In das Grundbuch wurde eine Hypothek über 1.500.000,00 € eingetragen. Über die Jahre hat die MEWOH Musterwohn GmbH bereits 500.000,00 € getilgt. Es ist somit eine Eigentümergrundschuld in Höhe von 500.000,00 € entstanden (Betrachtung ohne Zins).

Entstehung der Hypothek durch Einigung, Eintragung und Übergabe des Hypothekenbriefs

Die Bestellung einer Hypothek muss beglaubigt sein. Unterwirft sich der Schuldner einer sofortigen Zwangsvollstreckung, so wäre diese Willenserklärung beurkundungspflichtig.

Beglaubigung und Beurkundung

▶ LF 7, Kap. 3.1.2

Der Anspruch aus der Hypothek umfasst
- die eigentliche Forderung (d. h., die vereinbarte Darlehenssumme),
- die Zinsen sowie
- ggf. weitere Kosten (z. B. Kosten der Rechtsverfolgung).

Der zu sichernde Zinssatz ist i. d. R. höher als der im Darlehensvertrag vereinbarte Zinssatz. Dadurch sichert sich ein Gläubiger auch gegen Zinserhöhungen ab (z. B. nach Auslaufen der Zinsbindung).

§ 800 ZPO Vollstreckbare Urkunde gegen den jeweiligen Grundstückseigentümer

(1) Der Eigentümer kann sich [...] der sofortigen Zwangsvollstreckung in der Weise unterwerfen, dass die Zwangsvollstreckung aus der Urkunde gegen den jeweiligen Eigentümer des Grundstücks zulässig sein soll.
(...)
→ Aus dieser vollstreckbaren Urkunde kann durch den Gläubiger unmittelbar die Zwangsvollstreckung betrieben werden – ohne dass noch ein gerichtliches Verfahren erforderlich ist.

In der Urkunde formuliert der Notar i. d. R. gleich die Antragstellung und die Genehmigung an das Grundbuchamt zur Eintragung der Hypothek. Die Bestellungsurkunde wird in die Grundakte aufgenommen. In das Grundbuch wird neben den o. g. Ansprüchen noch der Gläubiger eingetragen. Ist der Schuldner der Geldforderung nicht identisch mit dem Grundstückseigentümer, ist auch der Name des Schuldners einzutragen.

Beispiel

Die Geschäftsführung der MEWOH Musterwohn GmbH überlegt, eine Tochterfirma für Hausmeisterdienstleistungen zu gründen. Diese Tochterfirma ohne Grundeigentum nimmt ein Darlehen auf und die MEWOH Musterwohn GmbH sichert dieses dinglich über ihr Grundstück.

Erwerb der Briefhypothek:
§ 1117 BGB

Bei einer **Briefhypothek** stellt das Grundbuchamt einen Hypothekenbrief aus. Der Gläubiger erwirbt diese Art der Hypothek mit Übergabe des Hypothekenbriefs.

Ist von den Vertragsparteien kein Brief gewollt, so wird im Grundbuch „ohne Brief" eingetragen. Dann handelt es sich um eine **Buchhypothek**. Soll eine Buchhypothek übertragen werden, muss der neue Gläubiger im Grundbuch eingetragen werden. Es bedarf zusätzlich – wie bei der Briefhypothek – einer schriftlichen Abtretungserklärung.

Grundbuchamt Leipzig Grundbuch von Südvorstadt Blatt 1476 Dritte Abteilung

Lfd. Nr. der Eintragungen	Lfd. Nr. der Grundstücke im Bestandsverzeichnis	Lasten und Beschränkungen
1	3	4
1	1	Hypothek ohne Brief über achthunderttausend Euro für die TopBank Leipzig AG; 15 % Zinsen jährlich nebst 10 % einmaliger Nebenleistung; vollstreckbar nach § 800 ZPO; gemäß Bewilligung vom 17.12.2016 Notar Hausmann in Leipzig; Urk.-Nr. 1871/16; eingetragen am 27.02.2017 Baumann

Löschung durch Antrag des Immobilieneigentümers
Nach Abbezahlung einer Hypothek möchte ein Immobilieneigentümer möglicherweise ein „lastenfreies" Grundbuch. Der Immobilieneigentümer selbst muss die Löschung beantragen, denn dadurch wird gleichzeitig eine mögliche Eigentümergrundschuld gelöscht.

Bei einer Buchhypothek muss die **Löschungsbewilligung** des Gläubigers **notariell beglaubigt** sein. Der Gläubiger wird der Löschung erst zustimmen, wenn die Forderung vollumfänglich beglichen ist.

Bei einer Briefhypothek wird der Darlehensgeber den **Hypothekenbrief** nach kompletter Abbezahlung an den Grundstückseigentümer übergeben. Der Eigentümer kann den Hypothekenbrief mit seinem Antrag beim Grundbuchamt einreichen und damit die Hypothek löschen lassen.

Eine Hypothek könnte auch nach dem Abbezahlen mit der Löschungsbewilligung bzw. dem Hypothekenbrief in eine **Eigentümergrundschuld** umgewandelt werden. Bei einem späteren Finanzierungsbedarf, z. B. für umfangreichere Modernisierungsarbeiten, würde eine erneute Eintragung Geld kosten. Stattdessen könnte eine bestehende (Eigentümer-)Grundschuld wiederverwendet werden.

Grundschuld
▶ LF 7, Kap. 3.7.2

3.7.2 Die Grundschuld

Wie bei der Hypothek geht es auch bei der Grundschuld um die **Absicherung eines Darlehens** mit einer Immobilie als Pfand. Die Grundschuld ist das dingliche Recht, aus einem Grundstück oder einem grundstücksgleichen Recht (z. B. Wohnungseigentum oder Erbbaurecht) die Rückzahlung eines bestimmten Geldbetrages durchzusetzen und dafür im Ernstfall die Zwangsvollstreckung zu betreiben.

Die Grundschuld wird sehr häufig als Kreditsicherheit verwendet und hat wegen ihrer Eigenschaften (Flexibilität, Wiederverwendbarkeit, Möglichkeit des Weiterverkaufs durch eine Bank) die Hypothek fast vollständig abgelöst.

§ 1191 BGB Gesetzlicher Inhalt der Grundschuld

(1) Ein Grundstück kann in der Weise belastet werden, dass an denjenigen, zu dessen Gunsten die Belastung erfolgt, eine bestimmte Geldsumme aus dem Grundstück zu zahlen ist (Grundschuld). (...)

Auf die Grundschuld finden alle Regelungen der Hypothek Anwendung, welche sich nicht auf den Zusammenhang zwischen Bestehen der Forderung und Hypothek beziehen.

Die Grundschuld unterscheidet sich von der Hypothek dadurch, dass sie **abstrakt** und nicht akzessorisch ist. Sie setzt demnach nicht das Bestehen einer Forderung voraus. Wie bei der Hypothek hat der Gläubiger hierbei das Recht, seine Forderung mittels Verwertung der Grundschuld zu befriedigen.

Sicherungsvertrag
Zusätzlich zum Darlehensvertrag wird i. d. R. zwischen Bank und Darlehensnehmer ein Sicherungsvertrag geschlossen. Dieser regelt den Sicherungszweck.

Anders als bei der Hypothek ist die Grundschuld eine **Realsicherheit**, sodass der Schuldner gemäß gesetzlicher Regelung lediglich mit dem Grundstück und nicht mit seinem Vermögen haftet.

Merke!

Die Banken bestehen i. d. R. zur Erhöhung ihrer Absicherung abweichend von den gesetzlichen Regelungen darauf, dass sich der Schuldner der Haftung mit seinem gesamten Vermögen unterwirft.

In der Praxis werden von den institutionellen Kreditgebern Grundschulden zur Besicherung von Darlehen bevorzugt. Dies liegt darin begründet, dass Grundschulden durch das Fehlen der Akzessorietät einfacher zu handhaben und **wieder verwendbar** sind. Der Gläubiger kann zudem die ihm zustehende Grundschuld relativ einfach z.B. an Finanzinvestoren veräußern.

Grundbuchamt Leipzig | Grundbuch von Südvorstadt | Blatt 1476 | Dritte Abteilung

Lfd. Nr. der Eintragungen	Lfd. Nr. der Grundstücke im Bestandsverzeichnis	Lasten und Beschränkungen
1	3	4
1	1	Grundschuld mit Brief über achthunderttausend Euro für die TopBank Leipzig AG; 15% Zinsen jährlich nebst 10% einmaliger Nebenleistung; vollstreckbar nach § 800 ZPO; gemäß Bewilligung vom 17.12.2016 Notar Hausmann in Leipzig; Urk.-Nr. 1871/16; eingetragen am 27.02.2017 Baumann

Löschung durch Antrag des Immobilieneigentümers

Eine Buchgrundschuld kann, identisch zur Buchhypothek, wie folgt aus dem Grundbuch gelöscht werden:

1. Der Immobilieneigentümer erhält vom Darlehensgeber nach vollständiger Rückzahlung eine Löschungsbewilligung.
2. Diese Löschungsbewilligung muss notariell beglaubigt sein. Sie wird zusammen mit dem Antrag auf Löschung beim Grundbuchamt eingereicht.
3. Das Grundbuchamt prüft die Unterlagen.
4. Sind die Unterlagen vollständig und entsprechend der Formvorschrift, wird die Grundschuld in Abteilung III gelöscht (d.h. die Eintragung wird unterstrichen und ein Löschungsvermerk wird eingetragen).

Bei einer Briefgrundschuld wird der Darlehensgeber nach Tilgung den Brief an den Eigentümer übergeben. Der Eigentümer kann die Grundschuld zur Löschung bringen, indem er seinem Antrag an das Grundbuchamt das Original des Grundschuldbriefs beifügt.

Muster eines Grundschuldbriefs

Gruppe 02 Nr. 163241

Deutscher Grundschuldbrief

über

**********800.000 EUR**********

Grundschuld
Eintragung erfolgt im Grundbuch von
Südvorstadt, Amtsgericht Leipzig

Blatt-Nr.: 1476
Abteilung: III, Nr. 1 (eins)

Belastungsgegenstand: Grundstück
Bestandsverzeichnis Nr.: 1

Inhalt der Eintragung:
Eintragung einer Grundschuld über einen Betrag von achthunderttausend Euro für die TopBank Leipzig AG; 15,00 % Zinsen jährlich nebst 10% einmaliger Nebenleistung; vollstreckbar nach § 800 ZPO; gemäß Bewilligung vom 17.12.2016 Notar Hausmann in Leipzig; URNr. 1871/16/; eingetragen am 27.02.2017.

Amtsgericht Musterstadt • Grundbuchamt •

Leipzig, 04.05.2021
Amtsgericht Leipzig
- Grundbuchamt -

Schandtner	Malowitsch
Rechtspfleger	Urkundsbeamter

Grundschuldzins

Dieser ist i. d. R. viel höher als der im Darlehensvertrag vereinbarte Darlehenszinssatz. Der Betrag der Grundschuld und die Grundschuldzinsen geben die Obergrenze an, bis zu der die Bank abgesichert ist. Was der Schuldner tatsächlich (zurück-) zahlen muss, ergibt sich aus dem Darlehensvertrag.

Vergleich zwischen Hypothek und Grundschuld

Eigentümergrundschuld

Vor Auszahlung bzw. nach Rückzahlung des Darlehens entsteht aus der Hypothek eine Eigentümergrundschuld, d. h., ein Grundpfandrecht für den im Grundbuch eingetragenen Eigentümer.

Hypothek	Grundschuld
Die Hypothek ist forderungsabhängig (**akzessorisch**).	Die Grundschuld ist nicht forderungsabhängig (**abstrakt**).
Die Hypothek ist nicht wieder verwendbar.	Die Grundschuld kann wieder, auch mehrfach, neu beliehen werden.
Die Höhe der Hypothek fällt mit der Verringerung der Forderung.	Die Grundschuld bleibt in voller Höhe bestehen.
Gemäß gesetzlicher Regelung haftet neben der Immobilie auch das gesamte Vermögen des Schuldners (**dingliche und persönliche Haftung**).	Gemäß gesetzlicher Regelung hat der Gläubiger ausschließlich an der Immobilie ein Pfandrecht (**dingliche Haftung**).
Wird inzwischen **seltener** verwendet.	Wird wesentlich **häufiger** als die Hypothek verwendet.

3.7.3 Die Rentenschuld

§ 1199 BGB Gesetzlicher Inhalt der Rentenschuld

(1) Eine Grundschuld kann in der Weise bestellt werden, dass in regelmäßig wiederkehrenden Terminen eine bestimmte Geldsumme aus dem Grundstück zu zahlen ist (Rentenschuld).
(2) Bei der Bestellung der Rentenschuld muss der Betrag bestimmt werden, durch dessen Zahlung die Rentenschuld abgelöst werden kann. Die Ablösungssumme muss im Grundbuch angegeben werden.

Der Begriff „Rente" steht in diesem Zusammenhang für regelmäßig wiederkehrende Zahlungen und ist nicht mit den monatlichen Zahlungen der gesetzlichen Rentenversicherung zu verwechseln.

Die Rentenschuld ist eine besondere Grundschuld und in der Praxis inzwischen sehr selten. Auch bei ihr haftet das Grundstück. Hier erhält der Gläubiger regelmäßig wiederkehrende Geldleistungen (Rente). Bei der Vereinbarung über die Rentenschuld, die auch durch Einigung und Eintragung entsteht, ist zusätzlich ein **Ablösebetrag** zu bestimmen.

Bezahlt der Schuldner den Ablösebetrag, kann die eingetragene Rentenschuld auch gegen den Willen des Gläubigers gelöscht werden. Die Höhe des Ablösebetrags muss bei Bestellung der Rentenschuld bestimmt und im Grundbuch eingetragen werden.

Grundbuchamt Kleindorf   Grundbuch von Anger   Blatt 198   Dritte Abteilung

Lfd. Nr. der Eintragungen	Lfd. Nr. der Grundstücke im Bestandsverzeichnis	Lasten und Beschränkungen
1	3	4
1	1	Monatliche Rente über zweitausend Euro für Jutta Alt, geb. Langleb, löschbar bei Todesnachweis. Die Ablösesumme beträgt dreihunderttausend Euro; gemäß Bewilligung vom 17.12.2016 Notarin Frau Dr. Allert; Urk.-Nr. 1871/16; eingetragen am 27.02.2017 Baumann

Grundpfandrechte

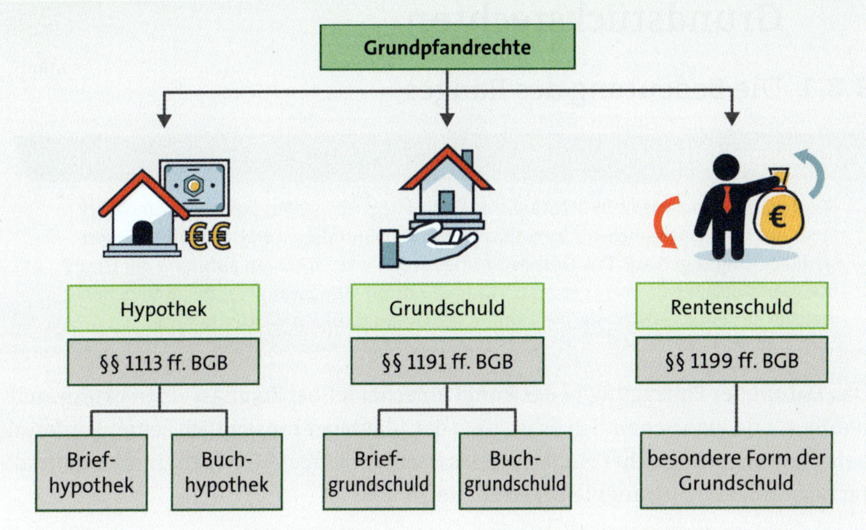

3.7.4 Übertragung eines mit Grundpfandrechten belasteten Grundstücks

Eine Immobilie mit entsprechenden Eintragungen im Grundbuch ist für einen Gläubiger eine wichtige Sicherheit. Diese Sicherheit muss dem Gläubiger auch bei einem Eigentümerwechsel erhalten bleiben. Daher wird ohne entsprechende Regelungen im Kaufvertrag das Immobilieneigentum **mit** der eingetragenen Hypothek, der eingetragenen Grundschuld oder einer eingetragenen Rentenschuld übertragen. Der neue Immobilieneigentümer verfügt dann über **kein lastenfreies Immobilieneigentum**. Dann wären Immobilieneigentümer und Schuldner verschiedene Personen – das ist möglich, i. d. R. aber nicht gewollt.

Grundstückskaufvertrag
▶ LF 7, Kap. 7

Im **Kaufvertrag** wird deshalb stets eine **Regelung** zu bestehenden Grundpfandrechten enthalten sein, da spätestens beim Beurkundungstermin der Notar auf dieses Problem hinweist und Lösungsmöglichkeiten aufzeigt.

Hinsichtlich bestehender Grundpfandrechte könnte vertraglich vereinbart werden:

- Die Löschungsbewilligung der Belastung wird als Voraussetzung zur Kaufpreisfälligkeit vereinbart.
- Der hinterlegte Kaufpreis soll unter Treuhandauflagen für den Notar zur Löschung der Grundpfandrechte verwendet werden.
- Die Grundpfandrechte bleiben bestehen. Der Käufer übernimmt die Grundpfandrechte und zieht die dadurch übernommene Restschuld von seiner Kaufpreiszahlung ab. Diese Vereinbarung bedarf der Zustimmung des Gläubigers, sofern dies für ihn einen Wechsel des Vertragspartners bedeutet.

Ähnliche Vereinbarungen wären auch bei Lasten und Beschränkungen in der Abteilung II denkbar, sofern der Rechteinhaber einer Löschung zustimmen würde.

3.8 Rangverhältnisse von dinglichen Grundstücksrechten

3.8.1 Die Bedeutung des Ranges

Beispiel

Nicht weit von der MEWOH Musterwohn GmbH liegt ein großes Gewerbegrundstück eines ehemals erfolgreichen Aluminiumwerks. Das Grundbuch weist mehrere Grundschuldeintragungen auf. Das Grundstück hat in den letzten Jahren aufgrund der Umgebungsentwicklung an Wert verloren. Nunmehr droht eine Zwangsversteigerung, bei welcher der Erlös geringer als die Summe der Grundschulden werden könnte.

Rangverhältnisse mehrerer Rechte
§ 879 BGB

Das Datum der Eintragung (= der Rang) entscheidet bei Zwangsvollstreckungsmaßnahmen, wie wahrscheinlich es ist, dass der Gläubiger hinsichtlich seiner Forderung befriedigt wird. Ein früher eingetragenes (= ranghöheres) Recht geht immer dem später eingetragenen (= rangniedrigerem) Recht vor.

Bestehen mehrere dingliche Rechte, wie z. B. Hypotheken, Grundschulden, Reallasten und Grunddienstbarkeiten, ist der Rang entscheidend. Als Rang oder Rangstelle wird das Verhältnis zwischen den einzelnen in einem Grundbuch eingetragenen Rechten bezeichnet.

Bereits bei der Beleihung von Immobilien ist der Rang bedeutend. Nachrangige Grundschulden oder Hypotheken haben schlechtere Erfolgsaussichten im Falle einer Zwangsvollstreckung. Dieses Risiko berücksichtigt ein Darlehensgeber bei der Zinshöhe.

Merke!

Je riskanter das Darlehen, desto höher der Zinssatz. Daher sind zweitrangige Finanzierungen oft teurer als Darlehen, die an erster Rangstelle besichert werden.

deklaratorisch
= rechtsbekundend

Bei der Rangbestimmung werden nur die dinglichen Rechte in Abteilung II und III berücksichtigt. Vermerke, die ihre Grundlage im Baurecht haben (Umlegungsvermerk, Sanierungsvermerk etc.) sind neutral, da sie mit der Satzung der Gemeinde entstehen und die Eintragung im Grundbuch nur **deklaratorisch** wirkt.

3.8.2 Bewegliche Rangfolge

Fällt ein Recht weg, das in der Rangfolge berücksichtigt wurde, so rücken die nachfolgenden Rechte auf.

Beispiel für eine bewegliche Rangfolge

Ein Immobilieneigentümer möchte nach Rückzahlung seines Darlehens die auf Rang 2 stehende Grundschuld löschen lassen. Dazu legt er dem Grundbuchamt eine notariell beglaubigte Löschungsbewilligung der Bank vor. Nach der Löschung rückt das Recht von Rang 3 auf Rang 2 auf sowie das Recht von Rang 4 rückt auf Rang 3 auf.

3.8.3 Rangfolge von im Grundbuch eingetragenen Rechten

Innerhalb einer Abteilung	Zwischen den Abteilungen II und III
Innerhalb einer Abteilung entscheidet die Reihenfolge der Eintragung. Um die Rangfolge zu bestimmen, müssen die Rechte einfach von oben nach unten ausgelesen werden.	Zwischen den Abteilungen entscheidet der Zeitpunkt der Eintragung. Das ältere Recht geht dem jüngeren im Range vor. Am gleichen Tag eingetragene Rechte haben den gleichen Rang.

Beispiel für eine gesetzliche Rangfolge bei mehreren Belastungen

Abteilung II	Abteilung III
1. Wegerecht, eingetragen am 14.10.2002	1. Grundschuld zugunsten der A-Bank, eingetragen am 01.10.2002
2. Reallast, eingetragen am 01.11.2022	2. Grundschuld zugunsten der B-Bank, eingetragen am 07.12.2022

Die Rangfolge bestimmt sich demnach wie folgt: III/1, II/1, II/2, III/2.

3.8.4 Veränderung des Ranges

Die zuvor aufgeführte gesetzliche Rangfolge von Rechten kann jedoch geändert werden. Dazu ist es nötig, dass sich alle davon betroffenen Rechteinhaber einigen. Beweggrund hierfür kann auch eine gesetzliche Vorgabe für einen Rang (z.B. erstrangiges Erbbaurecht) sein. Es existieren zwei Korrekturmöglichkeiten:

Erbbaurecht
▶ LF 7, Kap. 5

Rangänderung:
§ 880 BGB

Rangvorbehalt:
§ 881 BGB

Rangänderung bzw. Rangtausch	Rangvorbehalt
Eine **Rangänderung** (§ 880 BGB) bewirkt **nachträglich** eine Änderung. Dabei ist die Zustimmung der betroffenen Rechteinhaber und des Grundstückseigentümers erforderlich. Zwei bereits im Grundbuch eingetragene Rechte können **nachträglich** den Rang tauschen. Dies ist immer dann notwendig, wenn der bessere Rang benötigt wird, um ein Ziel zu erreichen.	Ein **Rangvorbehalt** (§ 881 BGB) **sichert** von vornherein einen bestimmten Rang, welchen sich der Grundstückseigentümer damit für zukünftige Belastungen offenhalten kann. Ein **später** einzutragendes, in seinem Umfang bestimmtes Recht, wird mit Vorrang eingetragen. Durch diese „Reservierung“ eines begehrten Ranges wird von der gesetzlichen Rangfolge abgewichen.
Beispiel: Eine Bank verlangt, dass ein Darlehen erstrangig gesichert wird. Der Grundstückseigentümer kann seine Oma, welche ein lebenslanges Wohnrecht hat, davon überzeugen, freiwillig im Rang zurückzutreten.	**Beispiele:** • Ein Grundstückseigentümer hält sich den ersten Rang für eine später beabsichtigte Kreditaufnahme frei. • Ein Grundstückseigentümer hält sich den ersten Rang für eine später beabsichtigte Kreditaufnahme bei einer privaten Bank frei. Die KfW (staatliche Kreditanstalt für Wiederaufbau) ist für ihren Förderkredit mit dem zweiten Rang einverstanden.

Zusammenfassung: Grundbuch und seine Inhalte

Aufschrift (Titel o. Deckblatt)	Bestandsverzeichnis	Abteilung I	Abteilung II	Abteilung III
Dort sind zu finden: • Amtsgericht • Grundbuchbezirk (Gemeinde) • Nummer des Blattes	Dort sind zu finden: • **Katastertechnische Angaben** (Gemarkung, Flur, Flurstück, Größe) • Wirtschaftsart • Lage (Adresse) • evtl. Herrschvermerke über Rechte des jeweiligen Eigentümers an anderen Grundstücken	Dort sind zu finden: • **Eigentümer** und Grund der Eigentumsübertragung (z. B. Auflassung, Zuschlag Zwangsversteigerung, Erbschein)	Dort sind zu finden: • alle **Lasten** (z. B. Wegerecht, Reallast, dingliches Vorkaufsrecht, Auflassungsvormerkung) und **Beschränkungen** (z. B. Zwangsversteigerungsvermerk)	Dort sind zu finden: • alle **Grundpfandrechte** (Hypothek, Grundschuld, Rentenschuld)

Bei mehreren Eintragungen in Abteilung II und III ist die Rangfolge zu beachten!

3.9 Nicht im Grundbuch eingetragen – und trotzdem wichtig

Das Eigentum an einem Grundstück kann nicht nur durch die bereits dargestellten Inhalte in Abteilung II und Abteilung III eingeschränkt sein. Es gibt auch Belastungen und Beschränkungen, die **nicht** im Grundbuch eingetragen werden. Dazu gehören:

- **gesetzliche Vorkaufsrechte**
  - z. B. Vorkaufsrecht der Gemeinde gemäß § 24 BauGB
  - z. B. Vorkaufsrecht des Mieters gemäß § 577 BGB
- **Baulasten**
  Eine Baulast ist eine öffentlich-rechtliche Verpflichtung des Grundstückseigentümers gegenüber der Baubehörde, bestimmte das Grundstück betreffende Dinge zu tun, zu dulden oder zu unterlassen. Eingetragen werden Baulasten im **Baulastenverzeichnis** der zuständigen Baubehörde. Baulasten sind in den Bauordnungen der Bundesländer geregelt. Das Baulastenverzeichnis genießt keinen öffentlichen Glauben.

Baulast
▶ LF 8, Kap. 2.2.7

Einige Bundesländer wie Bayern verzichten auf die Führung des Baulastenverzeichnisses und regeln die Eintragungen über Grunddienstbarkeiten zugunsten eines herrschenden Grundstücks bzw. über beschränkt persönliche Dienstbarkeiten zugunsten der öffentlichen Hand.

Beispiele für Baulasten

- **Tun:** Die gesetzlich vorgeschriebene Stellplatzanzahl für ein anderes Grundstück wird bereitgestellt.
  Beispiel: Der Eigentümer des Grundstücks müsste laut Bauordnung bei der Bebauung einen Stellplatz pro Wohnung schaffen. Eine Tiefgarage wäre aber wegen des Grundwasserspiegels sehr teuer, die Hoffläche ist zu klein, im Erdgeschoss soll eine Gewerbeeinheit sein. Stattdessen werden die Stellplätze auf einem unbebauten Grundstück in der Nähe bereitgestellt – dauerhaft verbindlich durch die Baulast geregelt.

- **Dulden:** Der Grundstückseigentümer duldet Abstandsflächen auf dem eigenen Grundstück für ein Bauvorhaben auf dem Nachbargrundstück.
  Beispiel: Jeder Eigentümer eines Grundstücks müsste laut Bebauungsplan bei der Bebauung 3 m Abstand zur Grundstücksgrenze einhalten. Das Projekt lässt aber nur 2 m zu. Per Baulast wird dauerhaft verbindlich geregelt, dass auf dem Nachbargrundstück 3 m + 1 m = 4 m Abstand einzuhalten sind.
- **Unterlassen:** Der Grundstückseigentümer kann sich verpflichten, in der Gesamtheit eine gewisse bauliche Auslastung bei mehreren Grundstücken nicht zu überschreiten.
  Beispiel: Der Eigentümer mehrerer Grundstücke dürfte in der Summe aller seiner Grundstücke 1.000 m^2 bebauen. Diese verteilen sich auf seine fünf Grundstücke mit je 200 m^2 Fläche. Will er jetzt auf einem Grundstück 700 m^2 errichten, kann er auf den anderen vier nur noch insgesamt 300 m^2 bebauen.

Abstandsflächen
▶ LF 8, Kap. 2.2.6

Bebauungsplan
▶ LF 8, Kap. 1.4

- öffentliche Lasten
  - z. B. Grundsteuer
  - z. B. Erschließungsbeiträge

Grundsteuer
▶ Band 1, LF 5, Kap. 1.10.1

Erschließung
▶ LF 8, Kap. 1.8

4 Teilung von Flurstücken

Bebauungsplan
▶ LF 8, Kap. 1.4

Beispiel

Herr Claus Joseph ist Eigentümer eines 2.672 m² großen Grundstücks in der Dorfstraße 21 der Gemeinde Kleindorf. Das Grundstück darf nach dem neuen Bebauungsplan der Gemeinde mit Einfamilienhäusern bebaut werden. Nach einem Gespräch mit einem Mitarbeiter der MEWOH Musterwohn GmbH erfährt Herr Joseph, dass Grundstücke um die 600 m² derzeit stark nachgefragt werden. Herr Joseph überlegt, selbst auch ein Einfamilienhaus zu bauen, möchte jedoch etwas mehr Grundstücksfläche haben. Herr Joseph möchte sein Grundstück nun rechtlich teilen und dann zwei Grundstücke à 600 m² an die MEWOH Musterwohn GmbH und ein Grundstück an seine Nichte veräußern.

Das Bestandsverzeichnis sieht vor der Teilung wie folgt aus:

Grundbuchamt Kleindorf   Grundbuch von Anger   Blatt 198   Bestandsverzeichnis

Lfd. Nr. der Grundstücke	Bish. lfd. Nr. der Grundstücke	Bezeichnung der Grundstücke und der mit dem Eigentum verbundenen Rechte		Größe
		Gemarkung (nur bei Abweichung vom Grundbuchbezirk angeben) **Flurstück**	**Wirtschaftsart und Lage**	**m²**
1	2	3		4
1		2701	Freifläche Dorfstraße 21	2.672

Nach der Teilung müssen rechtlich selbstständige Grundstücke möglich sein. Dafür müssen Katasteramt und Grundbuchamt tätig werden. Hierfür ist das folgende Vorgehen notwendig:

1. Beim Katasteramt wird die Teilung des Flurstücks **durch den Eigentümer beantragt**.
2. Es wird ein öffentlich bestellter Vermesser mit der **Vermessung** des Grundstücks beauftragt, die auf Basis des amtlichen Liegenschaftskatasters erfolgt. Der Vermesser erstellt einen **Teilungsentwurf**. Falls betroffen, wird ein Grenztermin mit den Eigentümern angrenzender Grundstücke vereinbart.
3. Die Vermessungsergebnisse werden dem Katasteramt eingereicht. Dieses vergibt die **neuen Flurstücksnummern**. Das alte Flurstück wird im Katasterwerk gelöscht.
4. Das Katasteramt versendet an das **Grundbuchamt** den entsprechenden **Nachweis.** Das Grundbuchamt aktualisiert das Bestandsverzeichnis mit den neu gebildeten Flurstücken.

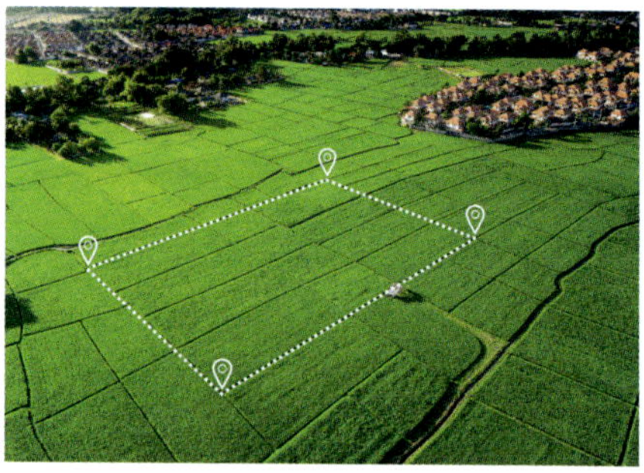

Bestandsverzeichnis nach der Teilung

Grundbuchamt Kleindorf   Grundbuch von Anger   Blatt 198   Bestandsverzeichnis

Lfd. Nr. der Grundstücke	Bish. lfd. Nr. der Grundstücke	Bezeichnung der Grundstücke und der mit dem Eigentum verbundenen Rechte		Größe
		Gemarkung (nur bei Abweichung vom Grundbuchbezirk angeben) **Flurstück**	**Wirtschaftsart und Lage**	m²
1	**2**	**3**		**4**
1		2701	Freifläche Dorfstraße 21	2.672
2	1	2701/2	Freifläche Dorfstraße 21	872
3	1	2701/3	Freifläche Dorfstraße 21	600
4	1	2701/4	Freifläche Dorfstraße 21	600
5	1	2701/5	Freifläche Dorfstraße 21	600

5. Ein Eigentümer kann nun durch Antrag und Bewilligung in beglaubigter Form beim Grundbuchamt veranlassen, dass jeweils ein **separates Grundbuch eröffnet** wird. In allen neuen Grundbüchern wird der ursprüngliche Eigentümer vermerkt. Sollte das Grundstück belastet sein, so werden diese Belastungen in **allen** neuen Grundbüchern verzeichnet.

Grundbuchamt Kleindorf   Grundbuch von Anger   Blatt 201   Bestandsverzeichnis

Lfd. Nr. der Grundstücke	Bish. lfd. Nr. der Grundstücke	Bezeichnung der Grundstücke und der mit dem Eigentum verbundenen Rechte		Größe
		Gemarkung (nur bei Abweichung vom Grundbuchbezirk angeben) **Flurstück**	**Wirtschaftsart und Lage**	m²
1	**2**	**3**		**4**
1	-	2701/3	Freifläche Dorfstraße 21	600

Bestandsverzeichnis in einem der neu eröffneten Grundbücher

SB ▶ SITUATION 57
Erbbaurecht (1)

SB ▶ SITUATION 58
Erbbaurecht (2)

5 Das Erbbaurecht

Beispiel

Die Stadt Leipzig möchte die Schaffung von Sozialwohnungen forcieren und dafür kommunale Grundstücke Investoren anbieten. Langfristig möchte die Kommune jedoch nicht ihr „Tafelsilber" verkaufen, sondern das Eigentum für künftige Generationen in öffentlicher Hand halten. Dies löst sie über Vergabe von Erbbaurechten.

Angebot an Eigenheimgrundstücken im Erbbaurecht soll weiter steigen

Die Stadt Leipzig hält auch zukünftig an ihrem Kurs fest. In den kommenden Jahren soll ein erweitertes Angebot an Grundstücken im Erbbaurecht für Einfamilienhäuser angeboten werden. Über das erweiterte Einfamilienhauskonzept hat die Stadt jetzt die Öffentlichkeit informiert. Man freue sich, den Familien auch zukünftig Möglichkeiten zu bieten, um sich auf diesem Weg Eigentum zu bilden. Wie ein Sprecher der Stadt mitteilte, ist der Verkauf dieser Grundstücke hingegen nicht geplant.

Leipzig, 25.02.2022

Quelle: Autorentext

Eigentumsrechte an Grundstücksbestandteilen
▶ LF 7, Kap. 1.2

Beim Erbbaurecht ist es möglich, dass der Eigentümer eines Gebäudes **nicht** der Grundstückseigentümer sein muss. Der Grundsatz, dass das Eigentum am Gebäude dem Eigentum am Grundstück folgt, gilt beim Erbbaurecht ausnahmsweise **nicht**.

§ 1 Abs. 1 ErbbauRG

(1) Ein Grundstück kann in der Weise belastet werden, dass demjenigen, zu dessen Gunsten die Belastung erfolgt, das veräußerliche und vererbliche Recht zusteht, auf oder unter der Oberfläche des Grundstücks ein Bauwerk zu haben (Erbbaurecht). (...)

Synonyme für Erbbaurecht: Erbbaupacht oder Erbpacht

Nachfolgend wird aufgrund der Einheitlichkeit stets der Begriff „Erbbaurecht" verwendet.

Das Erbbaurecht ist ein
- zeitlich begrenztes,
- vererbliches und
- veräußerliches

Recht, auf oder unter **fremden** Grund ein Bauwerk zu errichten und als Eigentümer zu nutzen.

Das Erbbaurecht ist ein grundstücksgleiches Recht. Das bedeutet, es kann folglich z. B. veräußert, belastet oder vererbt werden.

Der **Erbbauberechtigte** wird der **Eigentümer** des bestehenden bzw. des zu errichtenden **Gebäudes**. Der Grundstückseigentümer bleibt Eigentümer des Grundstücks. Während der Laufzeit des Erbbaurechts ist der Grundstückseigentümer von der Nutzung des Grundstücks allerdings ausgeschlossen. Die Laufzeit eines Erbbaurechts kann frei vertraglich vereinbart werden. Häufig wird ein Erbbaurechtsvertrag auf 99 Jahre abgeschlossen.

Gebäude- und Grundstückseigentümer

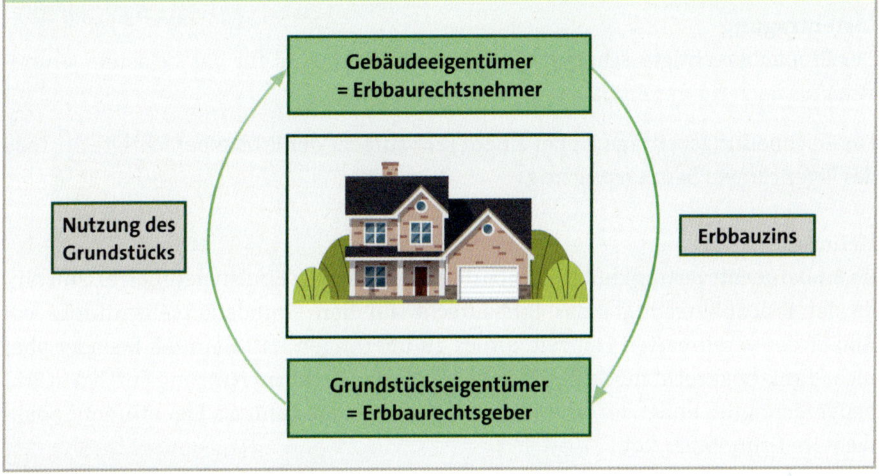

Das Erbbaurecht entsteht durch Einigung und Eintragung. Die schuldrechtlichen Verpflichtungen werden im **Erbbaurechtsvertrag** geregelt. Der Anspruch des Grundstückseigentümers auf Zahlung des Erbbauzinses kann zusätzlich dinglich über eine Reallast gesichert werden. Ein Erbbaurechtsvertrag bedarf der notariellen Beurkundung.

Vertragsmäßiger Inhalt: §§ 2-8 ErbbauRG

Die Rangstelle

Das Erbbaurecht ist gemäß § 10 ErbbauRG ausschließlich auf dem ersten Rang im Grundbuch des Grundstücks zu bestellen. Damit ist das Erbbaurecht noch sicherer. Es kann auch dann nicht wegfallen, wenn das Grundstück des Erbbaurechtsgebers zwangsversteigert würde, z.B. auf Betreiben des Gläubigers einer zweitrangigen Grundschuld.

§ 10 ErbbauRG

§ 2 ErbbauRG

Zum Inhalt des Erbbaurechts gehören auch Vereinbarungen des Grundstückseigentümers und des Erbbauberechtigten über:
1. die Errichtung, die Instandhaltung und die Verwendung des Bauwerks;
2. die Versicherung des Bauwerks und seinen Wiederaufbau im Falle der Zerstörung;
3. die Tragung der öffentlichen und privatrechtlichen Lasten und Abgaben;
4. eine Verpflichtung des Erbbauberechtigten, das Erbbaurecht beim Eintreten bestimmter Voraussetzungen auf den Grundstückseigentümer zu übertragen (Heimfall);
5. eine Verpflichtung des Erbbauberechtigten zur Zahlung von Vertragsstrafen;
6. die Einräumung eines Vorrechts für den Erbbauberechtigten auf Erneuerung des Erbbaurechts nach dessen Ablauf;
7. eine Verpflichtung des Grundstückseigentümers, das Grundstück an den jeweiligen Erbbauberechtigten zu verkaufen.

Vorgaben zum Bauwerk

Insbesondere Gemeinden als Erbbaurechtsgeber vereinbaren vertraglich die Errichtung eines bestimmten Bauwerks in einer bestimmten Zeit. Im Interesse der Gemeinden liegen hierbei bspw. die Schaffung von Sozialwohnungen oder Kindertagesstätten.

Der Erbbauberechtigte wird i. d. R. ebenso verpflichtet, das Bauwerk instand zu halten und zu versichern.

Lastentragung

Der Erbbauberechtigte schuldet die Grundsteuer sowohl für das belastete Grundstück als auch für das Erbbaurecht.

§ 134 BauGB

Für Erschließungsbeiträge ist bei einem Erbbaurecht der Erbbauberechtigte anstelle des Eigentümers beitragspflichtig.

Heimfall

Im Erbbaurechtsvertrag kann vereinbart werden, dass bei Eintritt definierter Umstände der Erbbauberechtigte das Erbbaurecht auf den Grundstückseigentümer vor Ablauf der vereinbarten Laufzeit zurück zu übertragen hat. Heimfall beendet aber nicht das Erbbaurecht im Grundbuch. Lediglich das Recht zur Nutzung durch den Erbbauberechtigten endet bei einem Heimfall. Es besteht dann als Eigentümererbbaurecht im Grundbuch fort.

Häufig werden folgende Punkte für den Heimfallanspruch vereinbart:

§ 9 ErbbauRG

- Nichtzahlung des vereinbarten Erbbauzinses (gemäß § 9 ErbbauRG mindestens in Höhe von zwei Jahresbeträgen)
- vertragswidrige Nutzung (z. B. Gewerberaum statt Wohnraum)
- Verletzung der Instandhaltungspflicht
- Nichterrichtung des vereinbarten Bauwerks in der vereinbarten Zeit

Entschädigung für das Erbbaurecht

§ 27 und § 32 ErbbauRG

Beansprucht der Grundstückseigentümer dieses Heimfallrecht, ist dem Erbbauberechtigten dafür eine angemessene Vergütung zu zahlen. Bei Erbbaurechten mit dem vereinbarten Zweck, Wohngebäude für einkommensschwächere Bevölkerungsschichten zu errichten, bedeutet angemessen entschädigen mindestens 2/3 des Verkehrswertes. Wird das Erbbaurecht nicht für die Schaffung von Wohngebäuden für einkommensschwächere Bevölkerungsschichten vertraglich vorgesehen, kann die Entschädigung vertraglich frei vereinbart werden.

Der Grundstückseigentümer kann seine Verpflichtung zur Zahlung einer Entschädigung dadurch abwenden, indem er dem Erbbauberechtigten das Erbbaurecht vor dessen Ablauf für die voraussichtliche Standdauer des Bauwerks verlängert. Wenn der Erbbauberechtigte ablehnt, so erlischt der Anspruch auf Entschädigung.

Verlängerung

Möglich ist ein Optionsrecht auf Verlängerung. Zu regeln wären hier die Frist zur Inanspruchnahme, die Konditionen und der Zeitraum, um den sich das Erbbaurecht verlängert.

Gegenseitiges dingliches Vorkaufsrecht

Häufig wird vertraglich ein gegenseitiges Vorkaufsrecht vereinbart, das dinglich gesichert wird. Dies ist sinnvoll, da beide Parteien somit bei einem Verkaufsfall die Möglichkeit haben, Grundstück und Gebäude wieder rechtlich zu vereinigen.

Vorkaufsrecht
▶ LF 7, Kap. 3.6.4

Höhe, Erhöhung und Sicherung des Erbbauzinses

Häufig wird die Höhe des Erbbauzinses als Prozentsatz des Grundstückswertes ermittelt. Bei unbebauten Grundstücken sind 2,5 % bis 6 % des Grundstückswerts üblich. Die Höhe hängt auch von den beim Vertragsabschluss marktüblichen Kapitalmarktzinsen ab.

Gemäß § 9a ErbbauRG kann der Erbbauzins für die wohnungswirtschaftliche Nutzung nur nach Ablauf von frühestens drei Jahren erhöht werden. Häufig wird die Entwicklung des Erbbauzinses vertraglich an einen Index gebunden. Damit wird eine inflationsbedingte Entwertung des zukünftigen Erbbauzinses für den Erbbaurechtsgeber ausgeglichen.

§ 9a ErbbauRG

Bei dem Index handelt es sich i. d. R. um den „Verbraucherpreisindex", ein vom Statistischen Bundesamt ermittelter und veröffentlichter Preisindex.

Grundstückseigentümer sichern ihren Anspruch auf Zahlung des Erbbauzinses üblicherweise dinglich über eine **Erbbauzins-Reallast**.

Ein **Zahlungsverzug** des Erbbauberechtigten begründet einen Heimfallanspruch nur dann, wenn der Erbbauberechtigte mit dem Erbbauzins mindestens in Höhe von zwei Jahresbeträgen im Rückstand ist.

§ 9 Abs. 4 ErbbauRG

Wie endet ein Erbbaurecht?

Regulär und am häufigsten ist der vertragsgemäße Zeitablauf.

<table>
<tr><th>Zeitablauf</th><th>Heimfall</th><th>Aufhebung</th></tr>
<tr><td>Das Erbbaurecht endet mit der vertraglichen Laufzeit.</td><td>Es ist ein vertraglicher Grund für den Heimfallanspruch eingetreten, z. B. Zahlungsverzug.</td><td>Der Erbbaurechtsnehmer möchte das Erbbaurecht nicht mehr ausüben (es also aufgeben).</td></tr>
<tr><td>Eventuell kann das Erbbaurecht verlängert werden (vertragliches Optionsrecht oder Angebot des Erbbaurechtsgebers für die voraussichtliche Standdauer des Bauwerks zur Abwendung Entschädigungsanspruch).</td><td>• Das Recht zur Nutzung durch den Erbbauberechtigten endet.
• Es besteht dann als Eigentümer-Erbbaurecht im Grundbuch fort.</td><td>Das Erbbaurecht kann nur mit Zustimmung des Grundstückseigentümers aufgehoben werden (§ 26 ErbbauRG).</td></tr>
<tr><td colspan="2">• Der Erbbaurechtsnehmer wird für sein Eigentum entschädigt.
• Die Höhe der Entschädigung beträgt bei Erbbaugrundstücken mit Wohngebäuden („zur Befriedigung des Wohnbedürfnisses minderbemittelter Bevölkerungskreise") mindestens zwei Drittel des Verkehrswerts (geregelt in ErbbauRG § 27 für Zeitablauf und § 32 für Heimfall).</td><td>Hier besteht keine gesetzliche Entschädigungsregelung. Diese kann aber vertraglich vereinbart werden.</td></tr>
</table>

Vorteile und Nachteile

Häufige Erbbaurechtsgeber sind Kirchen, Gemeinden und Stiftungen. Diese wollen ihr Grundeigentum langfristig halten und gleichzeitig in der Gegenwart Erträge erwirtschaften – den Erbbauzins.

Ein Erbbaurechtsgeber kann bei der Vergabeentscheidung die von ihm erwünschten Vorhaben unterstützen, z. B. Selbstnutzerprojekte oder den Bau von Kindertagesstätten.

Über die Erhöhung des Erbbauzinses nimmt ein Eigentümer an der Wertsteigerung des Grundstücks teil. Der Vorteil des Erbbaurechtsnehmers ist, dass zu Beginn kein hoher Gesamtbetrag für den Erwerb eines Grundstücks anfällt. Natürlich ist jede Entscheidung zwischen Erbbaurecht oder Kauf im Einzelfall zu betrachten.

Vereinfachte Beispielkalkulation für eine Entscheidung zwischen Kauf und Erbbaurecht

Das kinderlose Ehepaar Lee möchte ein Einfamilienhaus nach Architektenentwürfen bauen lassen. Die Eheleute haben 50.000,00 € Eigenkapital und prüfen nun, ob der Kauf eines Grundstücks oder ein Erbbaurecht vorteilhafter ist. Die Stadt Leipzig bietet dem Ehepaar ein Erbbaurecht für 2,5 % Erbbauzins ausgehend vom Verkehrswert an. Alternativ kann das Ehepaar Lee das Grundstück zum Verkehrswert erwerben.

- Grundstücksfläche: 700 m^2 bei 170,00 €/m^2 Bodenrichtwert
- Bauwerk: Wohnfläche 100 m^2 bei 2.800,00 €/m^2 Wohnflächenbaukosten

Der noch offene Finanzierungsbedarf wird durch ein Annuitätendarlehen abgedeckt, anfängliche Tilgung 3,00 % p. a.; Zinssatz 4,50 % p. a.

	Kauf	Erbbaurecht
Gesamtfinanzierungsbedarf zu Beginn	399.000,00 € (700 m^2 · 170,00 €/m^2) + (100 m^2 · 2.800,00 €/m^2)	280.000,00 € (100 m^2 · 2.800,00 €/m^2)
- Eigenkapital	50.000,00 €	50.000,00 €
= benötigtes Fremdkapital	349.000,00 €	230.000,00 €
Geldflüsse im 1. Jahr		
Erbbauzins	0,00 €	2.975,00 € (2,5% von 119.000,00 €)
Zins und Tilgung im 1. Jahr, vereinfacht	26.175,00 € (7,5% von 349.000,00 €)	17.250,00 € (7,5% von 230.000,00 €)
Belastung jährlich	26.175,00 €	20.225,00 €
Belastung monatlich	2.181,25 €	1.685,42 €

Nach der Tilgung des Darlehens und auch nach dem Ende der Zinsbindung ergibt sich eine abweichende Belastung. Eine kalkulatorische Verzinsung des eingesetzten Eigenkapitals erfolgte aus Vereinfachungsgründen nicht. Weiterhin wurde die Verringerung des Zinsanteils aufgrund der (monatlichen) Tilgung des Annuitätendarlehens aus Vereinfachungsgründen außen vorgelassen. Auch könnte sich aufgrund der Darlehenssumme der Zinssatz der Bank zwischen beiden Varianten unterscheiden.

Vor- und Nachteile des Erbbaurechts gegenüber einem Grundstückskauf aus Sicht von Erbbaurechtsgeber und Erbbaurechtsnehmer

	Vorteile	Nachteile
Für Erbbauberechtigten (= Erbbaurechtsnehmer)	• Der Kaufpreis für ein Grundstück entfällt, somit sinkt der Gesamtfinanzierungsbedarf des Vorhabens. • Die Höhe des Erbbauzinses liegt in der Regel unter dem Zinssatz für das Darlehen zum Grundstückskauf. Dadurch erreichen Bauherren eine geringere monatliche Belastung. • Unverkäufliche Grundstücke der Kirche oder der öffentlichen Hand können ein Leben lang rechtlich sicher genutzt und bebaut werden.	• Der Erbbaurechtsnehmer bezahlt über die Laufzeit mit dem Erbbauzins ein Vielfaches des Grundstückswertes, ohne Eigentümer des Grundstückes zu werden. • Das Gebäude des Erbbauberechtigten fällt nach Ende des Erbbaurechtes (i. d. R. gegen eine Entschädigung) an den Grundstückseigentümer. • Die Veräußerung des Erbbaurechts wird schwieriger, je kürzer die Restlaufzeit des Erbbaurechtsvertrags ist.
Für Erbbaurechtsgeber (= Grundstückseigentümer)	• Der Grundstückseigentümer kapitalisiert über den Erbbauzins den Wert seines ungenutzten Grundstücks, ohne das Eigentum am selbigen aufgeben zu müssen. • Im Erbbaurechtsvertrag können Vorgaben für die vom Erbbaurechtsgeber gewünschte Nutzung des Grundstückes festgehalten werden.	• Da das Erbbaurecht erstrangig am Grundstück bestellt wird und das Grundstück über Jahre „gebunden" ist, kann es der Grundstückseigentümer nur eingeschränkt bei einem Darlehen nutzen. • Das Grundstück ist in keiner Form durch den Eigentümer während der Laufzeit nutzbar.

Darstellung in den Grundbüchern (Erbbaugrundbuch und Grundstücksgrundbuch)

Das Grundbuchamt führt zusätzlich zum Grundstücksgrundbuch ein **Erbbaugrundbuch**. Auf dem Titelblatt wird zusätzlich die Bezeichnung Erbbaugrundbuch geführt.

Neben der katastertechnischen Beschreibung des belasteten Grundstücks sind im Bestandsverzeichnis wesentliche Inhalte aus dem Erbbaurechtsvertrag zu finden. Dies betrifft die Angabe der Laufzeit des Erbbaurechts, Erbbaurechtsgeber und vertragliche Einschränkungen des Erbbaurechts, wie z.B. die Zustimmungspflicht des Grundstückseigentümers zu Belastungen oder Veräußerungen.

Beispiel

Die nachfolgenden Grundbuchauszüge sowie ein Erbbaurechtsvertrag, der den Webcodematerialien beiliegt, bilden folgende Situation ab:

Erbbaurechtsgeberin:	Stadt Leipzig
Erbbaurechtsnehmerin:	MEWOH Musterwohn GmbH
Laufzeit:	99 Jahre ab 01.06.2022
Beleihung und Veräußerung des Erbbaurechtes:	zustimmungspflichtig
Erbbauzins – dingliche Sicherung:	mit eingetragener Reallast
Erbbauzins – Erhöhung:	2,5 % jährlich, indexiert
Grundstückswert:	250.000,00 €

Der Erbbaurechtsvertrag zu dem nebenstehenden Beispiel liegt den Webbcodematerialien bei.

Grundstücksgrundbuch Bestandsverzeichnis

Grundbuchamt Leipzig   Grundbuch von Reudnitz   Blatt 1215   Bestandsverzeichnis

Lfd. Nr. der Grundstücke	Bish. lfd. Nr. der Grundstücke	Bezeichnung der Grundstücke und der mit dem Eigentum verbundenen Rechte		Größe
		Gemarkung (nur bei Abweichung vom Grundbuchbezirk angeben) Flurstück	Wirtschaftsart und Lage	m²
1	2	3		4
1	-	1982	Gebäude und Freifläche, Schulze-Delitzsch-Straße 101	872

Erbbaugrundbuch Bestandsverzeichnis

Grundbuchamt Leipzig   Grundbuch von Reudnitz   Blatt 3117   Bestandsverzeichnis

Lfd. Nr. der Grundstücke	Bish. lfd. Nr. der Grundstücke	Bezeichnung der Grundstücke und der mit dem Eigentum verbundenen Rechte		Größe
		Gemarkung (nur bei Abweichung vom Grundbuchbezirk angeben) Flurstück	Wirtschaftsart und Lage	m²
1	2	3		4
1	-	1982	Gebäude und Freifläche, Schulze-Delitzsch-Straße 101	872
		Erbbaurecht an Grundstück Blatt 1215 Flurstück 1982 Gebäude und Freifläche Schulze-Delitzsch-Straße 101 eingetragen in Abteilung II Nr. 1 99 Jahre bis 31.05.2121 Zustimmung des Grundstückseigentümers ist erforderlich zur: Veräußerung und Belastung mit Grundpfandrechten; Eigentümer: Stadt Leipzig; gemäß Bewilligung vom 28.03.2022 (Urk.-Nr. 1011/2022, Notarin Fuchs); angelegt am 01.06.2022 Winckler		

Erbbaugrundbuch Abteilung I

Grundbuchamt Leipzig Grundbuch von Reudnitz Blatt 3117 Erste Abteilung

Lfd. Nr. der Eintragungen	Eigentümer	Lfd. Nr. der Grundstücke im Bestandsverzeichnis	Grundlage der Eintragung
1	2	3	4
1	MEWOH Musterwohn GmbH	1	Bei Bestellung des Erbbaurechts in Blatt 3117 eingetragen und hier vermerkt am 01.06.2022 Winckler

In Abteilung II stehen alle Lasten und Beschränkungen zum Erbbaurecht. Häufig ist hier eine Reallast zur Sicherung des Erbbauzinses zugunsten des jeweiligen Grundstückseigentümers vermerkt.

Erbbaugrundbuch Abteilung II

Grundbuchamt Leipzig Grundbuch von Reudnitz Blatt 3117 Zweite Abteilung

Lfd. Nr. der Eintragungen	Lfd. Nr. der Grundstücke im Bestandsverzeichnis	Lasten und Beschränkungen
1	2	3
1	1	Erbbauzins von 6.250,00 € (sechstausendzweihundertfünfzig), jährlich ab Eintragungstag mit Wertsicherungsklausel für den jeweiligen Eigentümer des Grundstücks Blatt 1215 Bestandsverzeichnis 1 eingetragenen Grundstücks, zwangsversteigerungsfest unter Rangvorbehalt; gemäß Bewilligung vom 28.03.2022 (Urk.-Nr. 1011/2022, Notarin Fuchs); eingetragen am 01.06.2012 Winckler
2	1	Vorkaufsrecht für die Stadt Leipzig; gemäß Bewilligung vom 28.03.2022 (Urk.-Nr. 1011/2022, Notarin Fuchs); eingetragen am 01.06.2012 Winckler

In Abteilung III sind, sofern vorhanden, die auf dem Erbbaurecht liegenden Grundpfandrechte verzeichnet.

Grundstücksgrundbuch Abteilung II

Grundbuchamt Leipzig Grundbuch von Reudnitz Blatt 1215 Zweite Abteilung

Lfd. Nr. der Eintragungen	Lfd. Nr. der Grundstücke im Bestandsverzeichnis	Lasten und Beschränkungen
1	2	3
1	1	Erbbaurecht zugunsten der MEWOH Musterwohn GmbH, auf 99 Jahre ab dem Tag der Eintragung bis 01.06.2121; eingetragen am 27.04.2021 Winckler
2	1	Vorkaufsrecht für die MEWOH Musterwohn GmbH Leipzig; gemäß Bewilligung vom 28.03.2022 (Urk.-Nr. 1011/2022, Notarin Fuchs); eingetragen am 01.06.2012 Winckler

Ein Mustererbbaurechtsvertrag, der den Webcodematerialien beiliegt, verdeutlicht die erläuterten Regelungsmöglichkeiten am Beispiel einer Gemeinde, die für ein Grundstück mit einem sanierungsbedürftigen Gebäude ein Erbbaurecht bestellt.

6 Zwangsvollstreckung bei Immobilien

SB ▶ SITUATION 59 Zwangsvollstreckung

Beispiel

Die MEWOH Musterwohn GmbH möchte neben dem „klassischen" Ankauf auch Zwangsversteigerungen nutzen, um den Bestand zu erweitern. Hierfür sollen Ablauf, Aufwand und Erfolgsaussichten kritisch hinterfragt werden.

Weiterhin überlegt die Geschäftsführung, die MEWOH Musterwohn GmbH auch als Zwangsverwalter beim Amtsgericht listen zu lassen.

6.1 Grundlagen der Zwangsvollstreckung

Zwangsvollstreckung

Zwangsvollstreckung ist die Summe der Verfahren, in welchen Gerichte bzw. gerichtlich bestellte Gerichtsvollzieher einen Anspruch des Gläubigers unter Anwendung gesetzlicher Zwangsmittel gegen den Schuldner durchsetzen. Die durch Zwangsvollstreckungsmaßnahmen erzielten Geldbeträge sollen den Gläubiger befriedigen.

Im Bereich der Immobilien beinhaltet die Zwangsvollstreckung:

Zwangsverwaltung	Zwangsversteigerung
Die Ansprüche der Gläubiger sollen aus den Erträgen der Immobilie befriedigt werden. Der gerichtlich bestellte Zwangsverwalter zieht etwaige Mieten und/oder Pachten ein und sichert die ordnungsgemäße und werterhaltende Bewirtschaftung des Objekts aus den Einnahmen.	**Die Ansprüche der Gläubiger sollen aus dem Versteigerungserlös der Immobilie befriedigt werden.** Die Durchführung obliegt dem örtlich zuständigen Amtsgericht.

Rechtliche Grundlagen hierfür sind:
- Gesetz über die Zwangsversteigerung und die Zwangsverwaltung (ZVG)
- Zivilprozessordnung (ZPO)
- Rechtspflegergesetz (RPflG)
- Insolvenzordnung (InsO)

An einer Zwangsvollstreckung sind die folgenden Gerichte, Ämter und Personen beteiligt.

§ 764 ZPO

Das Vollstreckungsgericht

Örtlich und sachlich zuständig ist das Amtsgericht, in dessen Bezirk die Vollstreckungsmaßnahme durchgeführt werden soll.

Der Gerichtsvollzieher

Der Gerichtsvollzieher ist zuständig für die Vollstreckungsmaßnahmen, soweit sie nicht den Gerichten zugewiesen sind. Er ist vorwiegend für die Vollstreckung in das bewegliche Vermögen eines Schuldners zuständig. Neben der Eintreibung von Geldforderungen führt er auch die Zwangsräumung von Wohnungen und Gewerbeeinheiten durch.

Geldforderungen kann ein Gerichtsvollzieher wie folgt durchsetzen:
- Pfändung
- Versteigerung der gepfändeten Sachen
- Durchsetzung von Herausgabeansprüchen, wie z. B. die Zwangsräumung

Zur Durchsetzung seiner Befugnisse gegen einen Schuldner kann er unmittelbaren Zwang bis hin zur Zwangsräumung und Verhaftung einsetzen. Dabei kann er von der Polizei Amtshilfe erhalten.

Unterstützt bzw. hilft eine Behörde einer anderen, so spricht man von Amtshilfe.

Das Grundbuchamt

Das Grundbuchamt nimmt bei den Zwangsvollstreckungsmaßnahmen auf Grundlage eines Gerichtsbeschlusses die Einträge im Grundbuch vor:

- **Zwangsverwaltungsvermerk**
  Das Grundstück ist beschlagnahmt. Das Gericht setzt einen Zwangsverwalter ein. Alle Einnahmen aus der Immobilie werden nach Abzug der Bewirtschaftungskosten an den/die Gläubiger ausgekehrt.

Grundbuchamt Leipzig — Grundbuch von Reudnitz — Blatt 271 — Zweite Abteilung

Lfd. Nr. der Eintragungen	Lfd. Nr. der Grundstücke im Bestandsverzeichnis	Lasten und Beschränkungen
1	2	3
1	1,2	Die Zwangsverwaltung ist angeordnet. (Amtsgericht Leipzig, AZ.: 123 L 720/22); eingetragen am 26.08.2022. Meier Die Zwangsversteigerung ist angeordnet. (Amtsgericht Leipzig, AZ.: 123 L 720/22); eingetragen am 26.08.2022. Meier

- **Zwangsversteigerungsvermerk**
  Diese Eintragung zeigt an, dass das Grundstück in einem öffentlichen Verfahren versteigert wird.

Beide Vermerke stellen eine Verfügungsbeschränkung für den bzw. die Eigentümer dar. Ein Kaufinteressent wird hierdurch gewarnt.

Voraussetzung zur Zwangsvollstreckung

Um eine Zwangsvollstreckung gegen einen Schuldner durchführen zu können, muss ein vollstreckbarer Titel vorliegen. Häufig werden dabei die Folgenden genutzt:

In § 794 ZPO finden sich weitere Vollstreckungstitel.

- Der Eigentümer hat sich dem Gläubiger der sofortigen **Zwangsvollstreckung unterworfen**. Eine vollstreckbare Urkunde findet typischerweise bei Kaufverträgen über Grundstücke zur Sicherung des Grundpfandrechts durch finanzierende Banken Anwendung. Der Titel wird durch eine „freiwillige" Erklärung des Schuldners geschaffen, indem dieser seine Unterwerfung in die Zwangsvollstreckung erklärt und der Notar dies beurkundet.
- Ein **vollstreckbares Endurteil** (rechtskräftig oder für vorläufig vollstreckbar erklärt) liegt vor.
- Ein **Prozessvergleich** ist geschlossen worden, d. h., ein bei Gericht anhängiger Rechtsstreit zwischen Kläger und Beklagtem wurde gütlich beigelegt. Ab dem Wirksamwerden des Vergleichs ersetzt dieser das Urteil und ist somit vollstreckbar.
- Ein **Vollstreckungsbescheid** aus dem gerichtlichen Mahnverfahren liegt vor.

gerichtliches Mahnverfahren

▶ Band 1, LF 5, Kap. 7.2

6.2 Ablauf der Zwangsversteigerung

1. Antrag des Gläubigers

Der Gläubiger stellt mit einem vollstreckbaren Titel beim zuständigen Vollstreckungsgericht (angesiedelt am Amtsgericht, in dessen Bezirk das Verfahren stattfindet) einen Antrag auf Durchführung der Zwangsversteigerung.

2. Anordnungsbeschluss

Liegen alle Voraussetzungen vor, erlässt das Vollstreckungsgericht den Anordnungsbeschluss. Dieser wird auch dem Schuldner überstellt. Er enthält zudem eine Belehrung, dass er binnen 14 Tagen die Möglichkeit hat, die einstweilige Einstellung des Verfahrens zu beantragen. Dabei kann das Verfahren bis zu sechs Monate eingestellt werden, wenn die begründete Aussicht besteht, dass durch die Einstellung die Zwangsversteigerung der damit verbundene Verlust des Eigentums am Grundstück verhindert werden.

3. Vorschussleistung durch den Gläubiger

Das Vollstreckungsgericht fordert vom betreibenden Gläubiger einer Vorschussleistung für die entstehenden Kosten.

4. Verkehrswertgutachten

Ist der Vorschuss eingegangen, wird ein öffentlich bestellter und vereidigter Sachverständiger mit der Ermittlung des Verkehrswerts beauftragt. Er ermittelt den Preis, der voraussichtlich im freien Verkauf erzielt werden könnte. Der Sachverständige setzt dafür einen Besichtigungstermin an, an dem Gläubiger und Schuldner teilnehmen können.

Unter www.zvg-portal.de finden Sie Zwangsversteigerungen und (meistens verlinkt) auch das Verkehrswertgutachten.

Verkehrswert

▶ Band 3, LF 10

Kann keine Innenbesichtigung der Immobilie erfolgen, wird der angesetzte Wert um einen Sicherheitsabschlag gemindert. Weiterhin bezieht der Sachverständige Grundbuchinhalte und Baulastenverzeichnis ein, informiert sich beim Gutachterausschuss der Gemeinde sowie beim Bauamt. Ebenso prüft er die schuldrechtlichen Vertragsverhältnisse – etwa ob Mietverträge bestehen – und berücksichtigt die (möglichen) Mieterträge in seinem Gutachten.

ZWANGSVERSTEIGERUNGEN	Amtsgericht Musterstadt
Geschäftszeichen:	29 K 0547/18
Grundstücksart:	**Eigentumswohnung**
Objekt und Lage:	Musterweg 15, 04107 Musterstadt
Grundbuch:	Amtsgericht Musterstadt, Grundbuchamt, Blatt 4872
Beschreibung des Objekts:	Versteigert wird eine Eigentumswohnung im Musterweg 15, 04107 Musterstadt. Die Wohnhausanlage wurde im Jahr 2001 fertiggestellt. Die Wohnung befindet sich im 2. Obergeschoss links ausgehend vom Treppenaustritt. Sie umfasst 3,5 Zimmer sowie Flur, Küche, Badezimmer, Gäste-WC und Wintergarten. Die Wohnfläche beläuft sich auf 115,27 m². Alle Einzelheiten können dem Gutachten entnommen werden.
Verkehrswert (in Euro):	Es wurde ein Verkehrswert von 617.000 Euro ermittelt.
Versteigerungstermin/-ort:	**Dienstag, 27. September 2022, 10:00 Uhr** Saal 157, Amtsgericht Musterstadt, Amtsgerichtsplatz 1–5, 04157 Musterstadt
Zuständiges Gericht:	Internetseite des Gerichts
Amtliche Bekanntmachung:	29_K_0547/18_amtliche_Bekanntmachung.pdf

5. Bekanntmachung des Versteigerungstermins

Das Gericht setzt den Versteigerungstermin fest und macht diesen mindestens 6 Wochen vorher öffentlich bekannt.

6. Zwangsversteigerungstermin

Die Zwangsversteigerung am zuständigen Amtsgericht wird durch einen Rechtspfleger geleitet. Zunächst erfolgt dabei der Aufruf der Sache. Nachfolgend stellt der Rechtspfleger fest, welche Parteien persönlich oder durch Vertretung anwesend sind und gibt u. a. folgendes bekannt:

- die Verfahrensbetreibenden und Gründe der Ansprüche,
- den festgesetzten Verkehrswert,
- und die Anmeldungen Dritter die Immobilie betreffend.

Anschließend weist der Rechtspfleger die Anwesenden auf folgende Aspekte hin:

- Die Versteigerung erfolgt nach dem aktuellen Grundbuchstand und das Gericht übernimmt **keinerlei Haftung** für Grundstück oder Gebäude.
- Die Beteiligten, deren Rechte sich verschlechtern, können von den Bietern eine **Sicherheit** in Höhe von 10 % des Verkehrswerts verlangen. Die Sicherheit ist sofort nachzuweisen, wird i. d. R. immer verlangt und besteht entweder aus einem Bundesbankscheck, einem inländischen Bankenscheck, einer Bankbürgschaft oder einer vorherigen Einzahlung bei der Landesjustizkasse.
- Die Eintragung des **Erstehers** im Grundbuch erfolgt erst, wenn dieser die Zahlung der Grunderwerbsteuer mittels Unbedenklichkeitsbescheinigung des zuständigen Finanzamts nachweisen kann.

Ersteher
die Person, welche durch Meistgebot in einer Zwangsversteigerung den Zuschlag erhalten hat

Nach den vorgenannten Belehrungen gibt das Gericht das **„geringste Gebot“** bekannt. Dieses setzt sich zusammen

- aus den Verfahrenskosten für die Zwangsversteigerung und
- aus den bestehen bleibenden Rechten (soweit vorhanden).

Merke!

Bestehen bleibende Rechte sind im Grundbuch eingetragene Grundstücksbelastungen, die der Ersteher je nach Ausgangslage übernehmen muss.

Zum geringsten Gebot wechselt aber kaum eine Immobilie den Eigentümer. Wird das geringste Gebot im Versteigerungstermin nicht erreicht, so hat das Gericht das zuletzt abgegebene Gebot der Bietstunde als unzulässig zurückzuweisen. Gebote werden immer nur in Höhe des an das Gericht zu zahlenden Betrags („Bargebot“) abgegeben, d.h. ein Bieter müsste den Wert eventuell bestehenbleibender Rechte/Belastungen bei der Ermittlung seines tatsächlichen Erwerbsaufwands zu seinem Bargebot addieren.

Beispiel für bestehen bleibende Rechte und Bargebot

In der Abteilung III sind eingetragen: 1. Grundschuld über 100.000,00 €
2. Grundschuld über 120.000,00 €

Der Gläubiger der zweitrangigen Grundschuld betreibt die Zwangsversteigerung. In diesem Fall bleibt eine erstrangige Grundschuld bestehen. Das geringste Gebot setzt sich dann zusammen aus den Verfahrenskosten, den öffentlichen Lasten (wenn diese angemeldet wurden) und der rangvorderen Grundschuld.

Herr Müller gibt während der Versteigerung ein Gebot von 50.000,00 € ab. Der tatsächliche Erwerbsaufwand setzt sich dann für ihn aus dem Bargebot, dem Wert der bestehen bleibenden Rechte sowie Gebühren, Grunderwerbsteuer und Zinsen zusammen (Darlegung vereinfacht ohne Zinsen).

abgegebenes Gebot („Bargebot“)	50.000,00 €
+ Wert/Betrag der bestehen bleibenden Rechte (Tilgungssituation Grundschuld wäre zu beachten)	100.000,00 €
= Meistgebot	150.000,00 €
+ Zinsen bis Verteilungstermin (4 % auf Bargebot)	150,00 €
+ Zuschlagsgebühren	200,00 €
+ Gebühren Grundbuchamt für Eintragung	354,00 €
+ Grunderwerbsteuer (auf Meistgebot, bei 3,5 % Steuersatz)	5.250,00 €
= tatsächlicher bzw. gesamter Erwerbsaufwand	155.954,00 €

Vollstreckt der Gläubiger der erstrangigen Grundschuld, so setzt sich das geringste Gebot nur aus Verfahrenskosten und öffentlichen Lasten (sofern angemeldet) zusammen.

Sollten keine Einwände von den Beteiligten gegen das geringste Gebot vorliegen, belehrt das Gericht darüber, dass das Bargebot vom Zuschlag an zu verzinsen ist. Das Bargebot ist beim Verteilungstermin zu zahlen. Die Zinspflicht endet zum Verteilungstermin mit der Zahlung des Betrags an die Gerichtskasse, wenn dieser zum Verteilungstermin zur Verfügung steht. Weiterhin wird bekannt gegeben, dass der Ersteher die Kosten des Zuschlagsbeschlusses zu tragen hat.

Bis zum Verteilungstermin hat der Ersteher das Bargebot zu zahlen. Die Setzung der Frist wird durch das Gericht festgelegt. Der Versteigerungserlös wird unter den Anspruchsberechtigten verteilt.

Ergeht die Aufforderung, dass Gebote abgegeben werden sollen, endet die Frist zur Geltendmachung von Ansprüchen. Jetzt beginnt die **Bietstunde**. Sollte während der Bietstunde kein Gebot erfolgen, wird durch die sofortige Bekanntgabe des Beschlusses das Verfahren unverzüglich einstweilig eingestellt. Es wird fortgesetzt, wenn binnen sechs Monaten ein betreibender Gläubiger einen entsprechenden Antrag stellt.

Die Mindestbietzeit beträgt 30 Minuten. Gibt danach keiner mehr ein Gebot ab, ist die Versteigerung vorbei. Wird weiter geboten, läuft die Bietzeit so lange, bis kein Gebot mehr abgegeben wird. Der Bieter mit dem höchsten Gebot (Meistgebot) erhält den Zuschlag. Dabei gelten folgende Grenzen:

- **5/10-Grenze**
  Wenn das abgegebene Meistgebot zusammen mit der Summe der bestehen bleibenden Rechte unter 5/10 des festgesetzten Verkehrswertes bleibt, so hat das Gericht nach Schluss der Bietzeit von Amts wegen den Zuschlag zu versagen.
- **7/10-Grenze**
  Bleibt das abgegebene Meistgebot zusammen mit der Summe der bestehen bleibenden Rechte unter 7/10 des festgesetzten Verkehrswerts, kann ein betroffener Gläubiger (bzw. dessen Vertreter) beantragen, dass der Zuschlag versagt werden soll.

§ 74a ZVG

Der betreibende Gläubiger könnte jederzeit die Einstellung des Verfahrens veranlassen. Versagt der Rechtspfleger den Zuschlag, weil eine der Grenzen nicht erreicht wird, gelten beide Grenzen im nächsten Termin nicht mehr. Mit Verkündung des Zuschlagsbeschlusses wird der Ersteher neuer Grundstückseigentümer.

Die folgende Übersicht fasst den beschriebenen Ablauf in einem Zwangsversteigerungstermin zusammen.

Der Zwangsversteigerungstermin

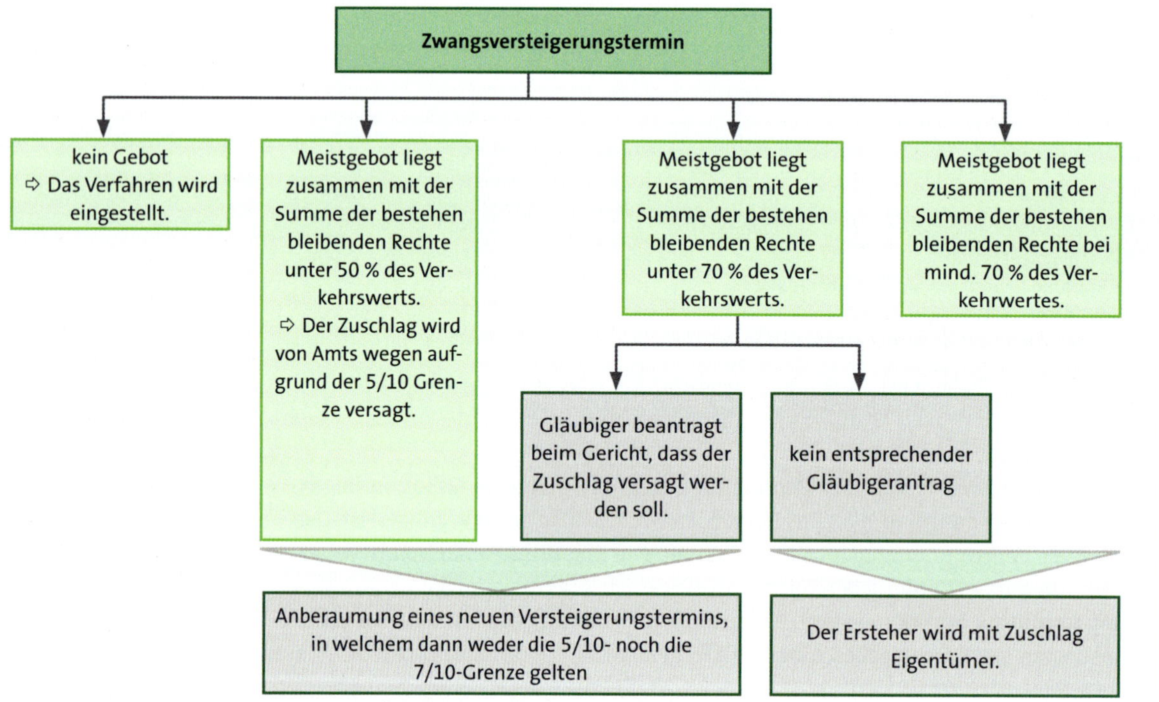

7. Verteilungstermin

Der Verteilungstermin findet ca. sechs Wochen nach dem Versteigerungstermin statt. Der Ersteher muss bis dahin das Bargebot auf ein Konto der Gerichtskasse überwiesen haben. Bei diesem nicht öffentlichen Termin bei Gericht wird der Versteigerungserlös unter Berücksichtigung der Rangordnung entsprechend eines Teilungsplans zugeteilt und die Auszahlung veranlasst. Bei der Verteilung wird die Rangordnung berücksichtigt.

Die Schuldtitel, die während des Verteilungstermins vorgelegt werden, werden abquittiert und Hypotheken sowie Grundschulden mit Löschungsvermerken versehen.

8. Umschreibung vom Eigentümer auf den Ersteher

Der Ersteher wird in das Grundbuch eingetragen, wenn er dem Grundbuchamt die Unbedenklichkeitsbescheinigung des Finanzamtes vorlegt. Der Ersteher wird bereits mit dem Zuschlag Eigentümer – unabhängig vom Zeitpunkt der Eintragung im Grundbuch. Der Zwangsversteigerungsvermerk und die erloschenen Rechte werden nun im Grundbuch gelöscht.

Unbedenklichkeitsbescheinigung
weist die Zahlung der Grunderwerbsteuer nach und wird vom Finanzamt ausgestellt

7 Aufbau, Inhalt und Abwicklung eines Grundstückskaufvertrags

SB ▶ SITUATION 60 Grundstückskaufvertrag (1)

SB ▶ SITUATION 61 Grundstückskaufvertrag (2)

SB ▶ SITUATION 62 Grundstückskaufvertrag (3)

Hinweis:
In diesem Kapitel werden die rechtlichen Aspekte zum Erwerb von Grundstücken und zu den typischen Kaufvertragsinhalten beschrieben. Die buchhalterischen Erläuterungen zum Erwerb finden Sie ab Seite 249 ff. in diesem Buch.

Beispiel

Die MEWOH Musterwohn GmbH möchte Zukäufe tätigen und aus Transparenzgründen „ihren" Musterkaufvertrag für alle Interessenten auf die Homepage stellen. Weiterhin sollen in Beratungsgesprächen verkaufswillige Eigentümer von allen Mitarbeiterinnen und Mitarbeitern sowie Auszubildenden der Abteilung Vertrieb – eigene und Fremdobjekte mit hohem Niveau beraten werden können.

7.1 Gesetzliche Formvorschrift

Grundstückskaufvertrag

Durch einen Grundstückskaufvertrag verpflichtet sich der Verkäufer gegenüber dem Käufer, ihm das Eigentum an einem Grundstück zu übertragen. Im Gegenzug verpflichtet sich der Käufer, den vereinbarten Kaufpreis an den Verkäufer zu zahlen und das Grundstück abzunehmen.

Der Kaufvertrag über ein Grundstück bedarf der **notariellen Beurkundung**. Dabei wird der Grundstückskaufvertrag gemäß den Vorgaben des Käufers und des Verkäufers von einem Notar in einer Niederschrift verfasst.

notarielle Beurkundung
▶ LF 7, Kap. 3.1.2

Diese Niederschrift liest der Notar den Vertragspartnern (bzw. den durch sie bevollmächtigten Personen) vor, nachdem er die Identität der Anwesenden kontrolliert hat (z. B. durch Personalausweis oder Reisepass). Bei natürlichen Personen werden folgende Daten aufgenommen:

Grundstückskaufvertrag:
§ 311b Abs. 1 BGB und BeurkG

- Vor- und Familienname
- Geburtsdatum
- ggf. Geburtsname
- Wohnort und Anschrift

Käufer und Verkäufer (bzw. deren Bevollmächtigte) genehmigen und unterzeichnen in Anwesenheit des Notars eigenhändig den Vertrag. Die Beurkundung ist nach deutschem Recht die strengste gesetzliche Formvorschrift. Wird diese Formvorschrift nicht eingehalten, so ist der Vertrag **nichtig**.

Sollte eine Vertragspartei vollmachtlos vertreten worden sein, kommt es zu einer notariellen Nachgenehmigung, bei welcher dann lediglich die fehlende Vertragspartei zur Nachbeurkundung anwesend ist.

Eine **notarielle Beurkundung** hat folgende **Funktionen**:

- **Warnfunktion**
  Die Parteien werden durch den Notar über die Bedeutung des Rechtsgeschäfts belehrt und sollen vor übereilten Handlungen geschützt werden. Aus diesem Grund sieht § 17 BeurkG vor, dass der zu beurkundende Text einem Verbraucher i. d. R. zwei Wochen vor dem Beurkundungstermin vorliegen soll.
- **Beweisfunktion**
  Die Form stellt beweiskräftig klar, ob und mit welchen Inhalten das Geschäft zustande gekommen ist.

§ 17 BeurkG

- **Beratungsfunktion**
  Die eventuell unerfahrenen Vertragsparteien erklären dem Notar ihren Willen zur Herbeiführung eines gewünschten rechtlichen Zustands. Er legt diesen aus und macht geeignete Vorschläge zur Formulierung und Realisierung der gewünschten Vereinbarung. Damit stellt die notarielle Beurkundung eine sachkundige Beratung und Belehrung der Beteiligten sicher. Im Notartermin kann jede Vertragspartei unverständliche Klauseln erfragen, der Notar muss dann neutral aufklären.
- **Kontrollfunktion**
  Der Grundstückskaufvertrag löst eine Grunderwerbsteuerpflicht aus. Der Notar hat eine Abschrift des Grundstückskaufvertrags unverzüglich nach Beurkundung dem Finanzamt zu übersenden.

Anzeigepflicht der Gerichte, Behörden und Notare:
GrEStG § 18

7.2 Vertragspartner

Vertragspartei eines Grundstückskaufvertrags kann sein
- jede natürliche Person sowie
- jede juristische Person des öffentlichen und privaten Rechts.

Rechtssubjekte
▶ Band 1, LF 2, Kap. 1.2

Die Legitimation des Verkäufers ergibt sich aus der Abteilung I des Grundbuchs, in dem er als Eigentümer vermerkt ist. Eine Ausnahme besteht bei einem noch nicht im Grundbuch eingetragenen Erben. Ein Nachweis wäre in diesem Fall durch einen Erbschein möglich.

Juristische Personen des privaten Rechts weisen ihre Vertretungsberechtigung durch einen aktuellen amtlichen Handelsregisterauszug nach. Der Vertretungsberechtigte hat sich analog zu den natürlichen Personen mit einem Personalausweis oder Reisepass zu legitimieren.

Lassen sich die Vertragsparteien vertreten und soll der Bevollmächtigte auch den Grundstückskaufvertrag bindend unterschreiben dürfen, muss die **Vollmacht beglaubigt** sein. Kann die Partei ihre Vertretungsbefugnis nicht überzeugend beweisen, ist es möglich, den Notartermin trotzdem wahrzunehmen. Im Grundstückskaufvertrag wird dann festgehalten, dass die entsprechende Partei **vollmachtlos vertreten** wurde – der Grundstückskaufvertrag ist bis zur Nachgenehmigung schwebend unwirksam. Die Ernsthaftigkeit des Vertretenen kann überprüft werden, indem seine Bereitschaft zur Kostentragung bei Nichteintreffen der Genehmigung des Vertrags abgefragt wird.

	Vollmacht	**Vertreter ohne Vertretungsmacht**
Verlässlichkeit	Die Vollmacht muss beglaubigt sein. Ist sie vor Abschluss des Kaufvertrags aufgesetzt, besteht Rechtssicherheit im Notartermin.	Ob Vertretungsbefugnis besteht, ist im Notartermin nicht mit Sicherheit gegeben.
Rechtsfolge	Der Grundstückskaufvertrag ist wirksam.	Der Grundstückskaufvertrag ist schwebend unwirksam und wird erst wirksam, wenn Vertretungsbefugnis vorliegt.
Beispiel	Eine pflegebedürftige kranke Frau bevollmächtigt ihre Tochter, das Haus zu verkaufen. Die Tochter nimmt den Notartermin wahr und legt die beglaubigte Vollmacht vor.	Der Mitarbeiter einer GmbH unterschreibt den Kaufvertrag beim Notar. Der Vertrag ist schwebend unwirksam. Erst nach Nachgenehmigung durch den Geschäftsführer der GmbH wird der Vertrag wirksam.

7.3 Vertragsgegenstand

Das Grundstück wird verbal und über die Wiedergabe des aktuellen Grundbuchstands beschrieben. Bei der verbalen Beschreibung wird der Zustand des Grundstücks formuliert.

Beispiel

- bebaut mit einem Einfamilienhaus, welches zurzeit noch vom Eigentümer (Verkäufer) genutzt wird
- unbebautes Grundstück
- vermietete Eigentumswohnung
- bebaut mit einem Mehrfamilienhaus, dessen Wohnungen zurzeit – gemäß Anlage zu diesem Vertrag – vermietet sind

Grundbucheinsicht, Briefvorlage:
§ 21 BeurkG

Bei der Wiedergabe des Grundbuchs ist darauf zu achten, dass der Notar das Grundbuch persönlich kurz vorher eingesehen hat. Hat sich der Notar nicht persönlich vom Grundbuchstand überzeugt, so kann der Notar beurkunden, wenn die Beteiligten trotz seiner Belehrung über die damit verbundenen Gefahren auf eine sofortige Beurkundung bestehen.

Inhalte des Grundbuchs
▶ LF 7, Kap. 3.8

Die aktuell eingetragenen Grundbuchinhalte werden aus allen Bestandteilen des Grundbuchs wiedergegeben:

- **Aufschrift:** Grundbuchamt, Bezirk, Grundbuchblatt
- **Bestandsverzeichnis:** Flurstück(e) nach Gemarkung, Flur und Nummer, Wirtschaftsart und Lage sowie Größe
- **Abteilung I:** Name des/der Eigentümer/s
- **Abteilung II:** alle Eintragungen zu Lasten und Beschränkungen mit Ausnahme der Grundpfandrechte
- **Abteilung III:** alle Eintragungen zu den Grundpfandrechten

Zubehör
▶ LF 7, Kap. 1.2

Wichtig ist, dass eine Regelung zum jeweiligen Zubehör des Grundstücks getroffen wird. Gemäß § 311c BGB gilt dieses als mit verkauft, wenn keine Vereinbarung dazu getroffen wurde. Zur Vermeidung von Unklarheiten könnten in einer Anlage zum Grundstückskaufvertrag sämtliche mitverkaufte Zubehörteile aufgeführt werden.

Ebenso ist es für die Berechnung der Grunderwerbsteuer hilfreich, auch einen Wert für das Zubehör anzugeben, damit dieser nicht in die Berechnung der Bemessungsgrundlage einfließt.

Häufig wird in Grundstückskaufverträgen vereinbart, dass sich der Käufer der sofortigen Zwangsvollstreckung in sein gesamtes Vermögen aus der Urkunde heraus unterwirft. Dadurch erspart sich der Verkäufer den Umweg der Klage und Titulierung seiner Forderung, um gegen den Käufer wegen der Kaufpreisforderung im Falle der Nichtzahlung zu vollstrecken.

7.4 Kaufpreis und Grunderwerbsteuer

Die Höhe des Kaufpreises ist das Ergebnis der vorvertraglichen Verhandlung zwischen Käufer und Verkäufer. Dieser kann selbstverständlich vom Verkehrswert eines Grundstücks abweichen. Allerdings ist die Gestaltung nicht frei. Das zuständige Finanzamt wird eine Plausibilitätsprüfung durchführen, um einen im Vertrag bewusst zu niedrig angegebenen Kaufpreis zur Umgehung der Grunderwerbsteuer zu verhindern. Die **Grunderwerbsteuer** ist eine Steuer, die beim Erwerb eines Grundstücks anfällt und dem jeweiligen Bundesland zusteht. Die Höhe der Grunderwerbsteuer ist **bundeslandabhängig**.

Bundesland	Aktueller Satz Grunderwerbsteuer	Bundesland	Aktueller Satz Grunderwerbsteuer
Baden-Württemberg	5 %	Niedersachsen	5 %
Bayern	3,5 %	Nordrhein-Westfalen	6,5 %
Berlin	6,0 %	Rheinland-Pfalz	5 %
Brandenburg	6,5 %	Saarland	6,5 %
Bremen	5 %	Sachsen	5,5 %
Hamburg	5,5 %	Sachsen-Anhalt	5 %
Hessen	6 %	Schleswig-Holstein	6,5 %
Mecklenburg-Vorpommern	6 %	Thüringen	5 %

(Stand: März 2025)

Bei den Vertragsdetails gibt es je nach Situation Gestaltungsmöglichkeiten, um die Höhe der **Bemessungsgrundlage** etwas geringer zu halten:

- Ein Erwerber kauft ein unbebautes Grundstück, der Bauvertrag wird separat danach unterschrieben.
- Scheinbestandteile und Zubehör werden separat veräußert.
- Der Verkäufer schlägt seinen Anteil an der Maklerprovision nicht auf den Kaufpreis auf.
- Bei Wohnungs- und Teileigentum wird die Erhaltungsrücklage abgezogen und folglich nicht versteuert.

Scheinbestandteile
▶ LF 7, Kap. 1.2

Provision
▶ Band 3, LF 10

Übernommene Verpflichtungen sollten mit dem Kaufpreis verrechnet werden. Diese reduzieren die Bemessungsgrundlage für die Grunderbsteuer jedoch nicht.

Beispiel

Ein Käufer ist bereit, für ein Grundstück 500.000,00 € zu zahlen. Allerdings kann der Verkäufer eine bestehende Darlehensverpflichtung in Höhe von 100.000,00 € nicht vor dem Eigentumsübergang ablösen, sodass eine Belastung in Form einer Grundschuld im Grundbuch verbleibt. In diesem Fall könnte vereinbart werden, dass lediglich 400.000,00 € an den Verkäufer zu zahlen sind und die Übernahme bzw. Ablösung der Grundschuld durch den Erwerber erfolgt. Bemessungsgrundlage für die Grunderwerbsteuer wären dennoch die 500.000,00 €.

Im Kaufvertrag wird außerdem auch vereinbart, wann und in welcher Form der Kaufpreis an den Verkäufer zu zahlen ist.

Mit Notaranderkonto	Ohne Notaranderkonto
Hierbei handelt es sich um ein Treuhandkonto, welches der Notar einrichtet und über welches er voll verfügen kann. Im Kaufvertrag sollte geregelt werden, wer die Kosten für das Anderkonto trägt. Das Notaranderkonto soll die Zahlungen für Verkäufer und Käufer sicher gestalten. Eine wirksame Pfändung des Notaranderkontos durch Dritte ist grundsätzlich nicht möglich. Ein Notaranderkonto kann bei vorzeitiger Besitzübergabe sinnvoll sein oder wenn der Kaufpreis aus mehreren Darlehen finanziert wird.	Aus Kostengründen verzichten Käufer und Verkäufer auf ein derartiges Notaranderkonto und gestalten die Vertragsabwicklung „Zug um Zug". Da insbesondere die grundbuchmäßigen Voraussetzungen durch den Notar überprüft werden können, wird in der Praxis häufig derart verfahren, dass der Notar dem Käufer eine sogenannte „Fälligkeitsmitteilung" übersendet. Diese bestätigt dem Käufer, dass die im Kaufvertrag vereinbarten Sicherungsvoraussetzungen vorliegen, wie z. B. die Eintragung einer Auflassungsvormerkung zur Verhinderung einer weiteren Veräußerung.

Die Gebühren des Notars für ein Anderkonto sind abhängig von der Höhe der Beträge und betragen mehrere hundert bis tausend Euro. Detaillierte Beträge sind in der Kostenordnung (KostO) zu finden.

Bevor der Kaufpreis durch den Notar fällig gestellt wird, vereinbaren die Parteien oft **Bedingungen für die Fälligkeit**. Bedingungen hierfür, die auch kombiniert werden können, sind z. B. die

- Bestätigung des Notars, dass alle nicht übernommenen Rechte gelöscht werden können,
- Bestätigung des Notars, dass die Gemeinde ihr gesetzliches Vorkaufsrecht nicht ausübt,
- Bestätigung des Notars, dass keine Rückübertragungsansprüche an dem Grundstück bestehen oder
- Bestätigung des Notars, dass die Auflassungsvormerkung eingetragen ist.

7.5 Besitzübergang – Übergang von Nutzen und Lasten

Der Käufer wird erst ab dem Zeitpunkt Eigentümer, wenn er in das Grundbuch Abteilung I eingetragen wird. Oft soll der Käufer schon vor diesem Zeitpunkt das Grundstück nutzen dürfen. Dieser Zeitpunkt kann und wird i. d. R. im Kaufvertrag vereinbart.

Mit **Besitzübergang** ist der Zeitpunkt gemeint, zu dem das Grundstück **wirtschaftlich** auf den Käufer übergeht (Übergang von Nutzungen und Lasten). Der Käufer darf von diesem Zeitpunkt an das Grundstück in Besitz nehmen, ihm stehen alle Erträge des Grundstücks zu (z. B. Mieteinnahmen) und er muss alle Kosten tragen (z. B. Grundsteuer, Müll- und Abwassergebühren).

Besitz meint die tatsächliche Herrschaft einer Person über eine Sache.

▶ Band 1, LF 2, Kap. 1.5

In der Regel ist in dem Kaufvertrag bestimmt, dass der wirtschaftliche Übergang mit der Kaufpreiszahlung stattfindet, meist zum folgenden Monatsersten (aus Abrechnungsgründen).

Der Verkäufer will sein Eigentum erst aufgeben, wenn der Kaufpreis bezahlt ist. Deshalb reicht der Notar den Antrag auf Umschreibung des Eigentums erst beim Grundbuchamt ein, wenn ihm ein Zahlungsnachweis vorliegt.

Gefahr- und Lastenübergang:
§ 446 BGB

Gefahrübergang

Mit der Übergabe des Grundstücks geht die Gefahr des zufälligen Untergangs und der zufälligen Verschlechterung auf den Käufer über.
Für Rechtsgeschäfte – insbesondere gegenüber Mietern – bedarf es einer zusätzlichen Vollmacht des Eigentümers. Oft wird schon im Notarvertrag eine entsprechende Vollmacht ausgestellt. Sollte keine Vollmacht erteilt werden, ist es dem Käufer vor der Grundbucheintragung **nicht** möglich

- Mietverträge abzuschließen oder zu kündigen,
- Mieterhöhungen durchzuführen oder
- Abmahnungen auszusprechen.

Außergewöhnliche Lasten am Beispiel der Erschließungskosten

Mit dem Tag der Übergabe übernimmt der Käufer alle gewöhnlichen Lasten – im Speziellen die Bewirtschaftungskosten. Daneben gibt es allerdings auch Abgaben, die der jeweilig im Grundbuch eingetragene Grundstückseigentümer zu tragen hat. Da zwischen dem Tag der Beurkundung und der Umschreibung mehrere Monate liegen können, bedarf es einer Regelung im Kaufvertrag.

Bei den Erschließungskosten fallen oft hohe Beträge an. Eine ausgeglichene Regelung wäre, wenn der Verkäufer die Kosten für alle fertiggestellten Anlagen zum Zeitpunkt der Beurkundung trägt, der Käufer alle für die im Bau befindlichen und künftigen Anlagen. Dies ist allerdings nur im Innenverhältnis zwischen den Vertragspartnern zu regeln. Im Außenverhältnis trifft die Beitragspflicht den Eigentümer, welcher bei Zustellung des Bescheids als Eigentümer im Grundbuch vermerkt ist.

Erschließung
▶ LF 8, Kap. 1.7

Zuständig für die Erschließung ist die jeweilige Gemeinde. Die Verteilung der Erschließungskosten erfolgt gemäß einer Beitragssatzung der Gemeinde.

7.6 Gewährleistung

Rechtsmängel sind in einem Kaufvertrag nicht auszuschließen. Die Vertragsparteien können jedoch die Gewährleistung für Sachmängel einschränken. Oft wird die Formulierung „gekauft, wie es steht und liegt" verwendet. Dies entspricht „gekauft wie gesehen". Der Verkäufer wird im Vertrag somit lediglich verpflichtet, den Zustand des Vertragszeitpunkts aufrechtzuerhalten. Es ist notwendig, den Zustand zu dokumentieren, um spätere Streitigkeiten zu vermeiden. Arglistig verschwiegene Mängel sind von einem vertraglichen Ausschluss nicht betroffen.

7.7 Kostentragung

Maklerprovision
▶ Band 3, LF 10

Grundsätzlich tragen beide Vertragsparteien die mit dem Vertrag verbundenen Kosten gesamtschuldnerisch. Um Streitigkeiten zu vermeiden, sollte eine Regelung hinsichtlich der genauen Aufteilung der Kosten auf die Parteien getroffen werden. Möglich wäre eine hälftige Kostenteilung. Üblich ist aber, dass ein Käufer die Notarkosten, Grunderwerbsteuer und Grundbuchkosten allein trägt.

7.8 Die Belastungsvollmacht

Beispiel

Ein Kaufinteressent muss ein Darlehen zur Finanzierung des Grundstückskaufs aufnehmen. Die Bank will dies über eine Grundschuld besichern und das Darlehen erst auszahlen, wenn die Grundschuld im Grundbuch steht. Der Interessent ist aber noch nicht Eigentümer und kann es erst nach vollständiger Kaufpreiszahlung werden.

Eine Belastungsvollmacht ist also eventuell notwendig bei Veräußerungsvorgängen, bei welchen der Käufer über ein Darlehen finanziert. Dabei wird im Grundstückskaufvertrag der Käufer bevollmächtigt, das Grundstück unter gewissen Voraussetzungen zu belasten, **bevor** er Eigentümer des Grundstücks wird. Diese Voraussetzungen sind, dass der Gläubiger sich verpflichtet, Rechte aus dem Grundpfandrecht nur dann geltend zu machen, wenn der Darlehensbetrag direkt an den Verkäufer gezahlt wurde.

7.9 Nach der Beurkundung

Nach der Beurkundung des Kaufvertrags fertigt der Notar mehrere beglaubigte Abschriften des Vertrags an. Er versendet je eine Abschrift des Vertrags an die folgenden Institutionen bzw. Personen.

1. Gemeinde

Die Gemeinde hat zum Wohl der Allgemeinheit ein **gesetzliches Vorkaufsrecht** an Grundstücken.

Vorkaufsrecht nach § 24 BauGB, z. B. öffentliche Flächen nach Bebauungsplan, Hochwasserschutz

▶ LF 8, Kap. 1.6.2

Damit die Gemeinde ihr gesetzliches Vorkaufsrecht wahrnehmen kann, muss der Notar ein Exemplar des beurkundeten Kaufvertrags an die Gemeinde übersenden. Sie hat innerhalb von zwei Monaten ab Kenntnis der Eintrittsmöglichkeit durch Verwaltungsakt zu erklären, ob sie in den Kaufvertrag eintritt. Wenn die Gemeinde dies nicht beabsichtigt, erteilt sie ein **Negativattest** (Vorkaufsrechtsverzichtserklärung).

2. Gutachtachterausschuss der Gemeinde

Gutachterausschuss: § 192 BauGB

Jede Gemeinde ist verpflichtet, einen Gutachterausschuss für die Beurteilung von Grundstückswerten einzurichten, der die Kaufpreissammlung führt. Anhand der verzeichneten Werte ist es dem Gutachterausschuss möglich, einen Bodenwert für vergleichbare Grundstücke (Bodenrichtwertkarte) zu ermitteln.

3. Finanzamt (zur Erhebung der Grunderwerbsteuer)

Der Steuersatz beträgt in Deutschland je nach Bundesland zwischen 3,5 % und 6,5 % der Bemessungsgrundlage. Die Eintragung des neuen Eigentümers in das Grundbuch ist erst nach Zahlung der Grunderwerbsteuer möglich. Dazu verlangt das Grundbuchamt eine **Unbedenklichkeitsbescheinigung** des Finanzamts, welches die Steuerzahlung bestätigt. Erst wenn die **Unbedenklichkeitsbescheinigung** vorliegt, darf das Grundbuchamt die Eigentumsumschreibung vornehmen.

Unbedenklichkeitsbescheinigung: § 22 GrEStG

Als Steuerschuldner gelten beide Vertragsparteien. Eine vertragliche Vereinbarung zur Zahlung der Grunderwerbsteuer wirkt nicht gegenüber dem Finanzamt, sondern nur im Innenverhältnis.

Steuerschuldner: § 13 GrEStG

Ist die Grunderwerbsteuer eingezahlt, sichergestellt oder gestundet, so hat das Finanzamt die **Unbedenklichkeitsbescheinigung** auszustellen. Diese ist Voraussetzung, um im Grundbuch die Umschreibung des Eigentums auf den Käufer vornehmen zu können.

4. Verkäufer
Der Verkäufer erhält nach der Beurkundung vom Notar eine beglaubigte Abschrift des Kaufvertrags.

5. Käufer
Der Käufer erhält bis zur Kaufpreishinterlegung eine Ausfertigung ohne beurkundete Auflassung, damit dieser nicht vor Zahlung an den Verkäufer die Umschreibung des Eigentums veranlassen kann.

Sind alle Verpflichtungen aus dem Kaufvertrag erfüllt, wird der Notar die Umschreibung des Eigentums auf den Käufer beim Grundbuchamt veranlassen. Dazu muss er dem Grundbuchamt folgende Unterlagen vorlegen:
- beurkundete Auflassung – meist Bestandteil des Vertrags
- Unbedenklichkeitsbescheinigung des Finanzamts
- Negativattest der Gemeinde (Vorkaufsrechtsverzichtserklärung)

Mit der Eintragung des Erwerbers in Abteilung I ist der Käufer Eigentümer des Grundstücks. Oft liegen zwischen der Beurkundung und der Eintragung des Eigentums mehrere Monate.

Beachten Sie auch das Beispiel für einen Grundstückskaufvertrag, das den Webcodematerialien beiliegt.

Wie ein Grundstückskaufvertrag aussehen kann, zeigt das (teilweise kommentierte) Beispiel, welches den Webcodematerialien beiliegt. Dieses Beispiel orientiert sich an einem Grundstück, welches von der MEWOH Musterwohn GmbH erworben wird.

LERNFELD 7

Grundstücke erwerben und entwickeln

SITUATIONEN

Situation 54

Grundlagen, Liegenschaftskataster und Aufbau des Grundbuchs

Löschen | Antworten | An alle | Weiterleiten

Von: Luigi.Ferrara@mewoh-musterwohn.dex
An: Isabell.Ahrens@mewoh-musterwohn.dex
Datum: 10.10.2022
Betreff: Betriebsinterne Fortbildung Grundlagen Grundstücksrecht

Hallo Isabell,

ich hoffe, dass die ersten beiden Wochen in der Abteilung „Vertrieb – eigene und Fremdobjekte" erfahrungsreich waren und du schon einiges lernen konntest.

Bevor du in dieser sensiblen Abteilung in den Kundenkontakt darfst, musst du unseren betriebsinternen Grundlagentest absolvieren. Dies ist sowohl für Auszubildende als auch für neue Mitarbeiterinnen und Mitarbeiter der Abteilung verpflichtend.

Ich bin überzeugt, dass dies nach der Behandlung der Inhalte in der Berufsschule und der Unterweisung in der Abteilung für dich gut lösbar ist.

Löse die angehangenen Testaufgaben zu den Grundlagen. Reflektiere nach der Auswertung unbedingt, in welchen Kompetenzbereichen eventuelle Lücken bestehen sollten und arbeite sie dort selbstständig nach. Solltest du Unterstützung benötigen, wende dich zuerst an Frau Fischer, unsere Ausbildungsverantwortliche der Abteilung.

Viele Grüße

Luigi Ferrara
Teamleiter Aus- und Weiterbildung

ARBEITSAUFTRÄGE

Zu folgenden Testfragen soll Isabell eine Antwort geben:

1 Was ist der Unterschied zwischen einer Gemarkung, einer Flur und einem Flurstück?

2 Geben Sie bei den folgenden Sachen an, ob es sich um einen wesentlichen Bestandteil, einen Scheinbestandteil oder um Zubehör handelt. Welche eigentumsrechtliche Konsequenz ergibt sich aus dieser Zuordnung?

- **a)** Sträucher (im Boden verwurzelt)
- **b)** große Blumenkübel, die auf dem Grundstück im Sommer draußen stehen
- **c)** Einbauküche des Mieters, vom Mieter montiert
- **d)** fest montierte Außenjalousien
- **e)** Heizöl im Tank
- **f)** Rasenmäher in der Garage

Hinweis: Nutzen Sie zur Beantwortung der Testfragen 1 bis 6 auch das Arbeitsblatt 7.1 „Testfragen: Grundlagen, Liegenschaftskataster und Aufbau des Grundbuchs", das den Webcodematerialien beiliegt.

g) fest einbetonierter Ständer für ein Sonnensegel
h) eingehangenes Sonnensegel für die Terrasse
i) Sitzmöbel auf der Terrasse

3 Ein Bauträger beauftragt einen Handwerksbetrieb mit dem Einbau von Fenstern und dem Verlegen von Parkett. Der Handwerksbetrieb führt die Arbeiten ordnungsgemäß durch, wird allerdings vom Bauträger nicht bezahlt. Zwischenzeitlich verkauft der Bauträger das bebaute Grundstück. Begründen Sie, wer Eigentümer der Fenster und des Parkettfußbodens ist bzw. wird.

4 Ordnen Sie zu, wo die entsprechenden Sachverhalte im Grundbuch zu finden wären.
a) Aufschrift/Deckblatt
b) Bestandsverzeichnis
c) Abteilung I
d) Abteilung II
e) Abteilung III
f) keine Eintragung im Grundbuch

Sachverhalt

1. Auflassung vom 12. Januar 2022, eingetragen am 28. März 2022
2. Abtretung der für die TopBank Leipzig AG eingetragenen Grundschuld an die Sächsische Bank AG
3. Grundstückseigentümer verstirbt und wird von X, Y und Z zu je einem Drittel beerbt, Nachweis durch Erbschein
4. Dem jeweiligen Grundstückseigentümer ist es untersagt, auf dem Grundstück ein Gewerbe auszuüben.
5. Recht für die Stadtwerke Leipzig GmbH zum Verlegen und Unterhalten von Stromversorgungsleitungen
6. Auflassungsvormerkung
7. Grundschuld gelöscht am 13. Januar 2012
8. Gebäude und Freifläche Crednerstraße 13
9. Nießbrauch für Frederic Steuer
10. Den Eheleuten Langleb steht im gesamten ersten Geschoss des Gebäudes ein lebenslanges Wohnrecht zu.
11. Baulast
12. Eigentumsverhältnisse
13. Recht an einem anderen Grundstück
14. Eigentümerwechsel auf Grundlage des Erbscheins
15. Die Zwangsverwaltung ist angeordnet.
16. gesetzliches Vorkaufsrecht der Gemeinde
17. Wohnfläche des Gebäudes
18. Laufzeit des Erbbaurechts im Grundstücksgrundbuch
19. Name der Mieter des Einfamilienhauses auf dem Grundstück
20. Grundschuld mit Brief oder ohne Brief
21. Reallast

5 Sind die folgenden Sachverhalte
a) richtig oder
b) falsch?

Korrigieren Sie falsch dargestellte Sachverhalte.

1. Die Auflassung ist die Einigung zwischen den Parteien zum Besitzwechsel.
2. Die Auflassung muss zwingend in Schriftform aufgesetzt werden.
3. Die Grunddienstbarkeit erlischt mit dem Tod des Berechtigten.
4. Ein Grundstück kann aus mehreren Flurstücken bestehen – aber nicht umgekehrt.
5. Das gesetzliche Vorkaufsrecht des Mieters wird in Abteilung II eingetragen.
6. Besonders wichtige Eintragungen im Grundbuch werden unterstrichen.
7. Das Grundbuch besteht aus fünf Abteilungen.
8. Die Größe ist Bestandteil der Aufschrift.
9. Grundbücher werden in Deutschland von den Notaren geführt.
10. Notarielle Beurkundungen erfolgen durch Notare.
11. Anderkonten sind durch einen Notar eingerichtete Treuhandkonten.
12. Zur Begründung und Löschung eines dinglichen Rechts an einem Grundstück ist die Eintragung ins Grundbuch erforderlich – dies regelt das BGB.
13. Das Erbbaurecht ist streng persönlich und nicht veräußerbar.
14. Allen Eintragungen im Grundbuch muss der Eigentümer zustimmen.

6 Rechnen Sie folgende Grundstücksgrößen in ha, a bzw. m² um.
a) 23.456 m² = ... a = ... ha
b) 123,65 a = ... ha = ... m²
c) 0,1234 ha = ... a = ... m²

Aufgaben

1 Der rechtlich einwandfreie Erwerb sowie das Entwickeln von Grundstücken richten sich nach verschiedenen Gesetzen und Verordnungen. Nennen Sie vier und geben Sie kurz an, was darin geregelt ist.

2 Erklären Sie, was unter dem Liegenschaftskataster zu verstehen ist. Welche Informationen enthält es und wer nutzt diese wofür?

3 Das Liegenschaftskataster folgt einer Gliederung.
a) Geben Sie an, in welche Bestandteile sich das Liegenschaftskataster gliedert.
b) Was gehört zu den jeweiligen Bestandteilen?

4 Welche Funktionen hat das Grundbuch?

5 Wer darf Einsicht in das Grundbuch nehmen?

6 Geben Sie einen kurzen Überblick über den Aufbau des Grundbuchs.

7 Wo werden Grundbücher geführt?

8 Was sind dingliche Rechte und gegenüber wem wirken sie?

9 Für alle im Grundbuch eingetragenen rechtlichen Verhältnisse gilt der „öffentliche Glaube“. Was ist damit gemeint?

Situation 55

Das Grundbuch und seine Inhalte

Die MEWOH Musterwohn GmbH ist weiterhin auf der Suche nach Grundstücken zwischen 400 m² und 1 000 m² im Stadtgebiet von Leipzig mit dem Ziel einer Bebauung. Von Frau Paula Schmidt wird der MEWOH das Grundstück Südoststraße 1 in Leipzig-Reudnitz zum Kauf angeboten. Frau Schmidt legt den folgenden Grundbuchauszug des Bestandsverzeichnisses sowie Auszüge der Abteilungen I und II vor.

Grundbuchamt Leipzig **Grundbuch von** Reudnitz **Blatt** 271 **Bestandsverzeichnis**

Lfd. Nr. der Grundstücke	Bish. lfd. Nr. der Grundstücke	Bezeichnung der Grundstücke und der mit dem Eigentum verbundenen Rechte		Größe
		Gemarkung (nur bei Abweichung vom Grundbuchbezirk angeben) Flurstück	Wirtschaftsart und Lage	m²
1	2	3		4
1		89	Gebäude und Freifläche, Wohnen, Südoststraße 1	742
2		100	Gebäude und Freifläche, Wohnen, Lindenstraße 3	800

Grundbuchamt Leipzig **Grundbuch von** Reudnitz **Blatt** 271 **Erste Abteilung**

Lfd. Nr. der Eintragungen	Eigentümer	Lfd. Nr. der Grundstücke im Bestandsverzeichnis	Grundlage der Eintragung
1	2	3	4
1	Hans-Peter Schmidt, geb. 03. Oktober 1941	1; 2	Auflassung vom 01. Dezember 2004; eingetragen am 05. Mai 2005. Winkelmann
2	Paula Schmidt, geb. 01. Januar 1982	1; 2	Aufgrund Erbscheins des Amtsgerichts Leipzig vom 01. Februar 2022 - 12 VI 4597/22 - eingetragen am 04. August 2022. Baumann

Grundbuchamt Leipzig **Grundbuch von** Reudnitz **Blatt** 271 **Zweite Abteilung**

Lfd. Nr. der Eintragungen	Lfd. Nr. der Grundstücke im Bestandsverzeichnis	Lasten und Beschränkungen
1	3	4
1	1	Bau, Betrieb und Unterhaltung einer Fernwärmeleitung für die Stadtwerke Leipzig GmbH. Gemäß Bewilligung vom 12. Dezember 1992 Notar Winkelmann in Leipzig; Urk.-Nr. 992/92, eingetragen am 5. Februar 1993. Minkler
2	1	Wegerecht zugunsten des jeweiligen Eigentümers des Grundstücks Oststraße 1 in 04317 Leipzig, Flurstück 250/3 in der Gemarkung Reudnitz. Gemäß Bewilligung vom 17. Juli 1996 Notar Lüdenscheid in Leipzig; Urk.-Nr. 172/96, eingetragen am 05. Oktober 1996. Minkler
3	1; 2	Das Grundstück ist für alle Verkaufsfälle zunächst Elsa Groß, geb. 12.12.1948, anzubieten. Gemäß Bewilligung vom 12. Juni 2000 Notarin Fuchs in Leipzig; Urk.-Nr. 1050/00, eingetragen am 05. April 2000. Baumann
4	1; 2	Die Zwangsverwaltung ist angeordnet gemäß Beschluss Amtsgericht Leipzig, AZ.: 123 L 720/22; eingetragen am 26.08.2022. Baumann
5	1; 2	Die Zwangsversteigerung ist angeordnet gemäß Beschluss Amtsgericht Leipzig, AZ.: 123 L 720/22; eingetragen am 26.08.2022. Baumann

ARBEITSAUFTRÄGE

1 Entspricht das angebotene Grundstück hinsichtlich der Größe den gewünschten Kriterien der MEWOH Musterwohn GmbH? Begründen Sie Ihre Antwort.

2 Wer ist aktuell der Eigentümer des Grundstücks? Begründen Sie Ihre Antwort.

3 Nennen Sie drei relevante Gesetze bzw. Verordnungen, die für den Grundstückserwerb wichtig sind und erläutern Sie kurz deren Inhalt.

4 Was ist der Unterschied zwischen einem Grundstück und einem Flurstück? Beziehen Sie sich auch beispielhaft auf die zuvor gezeigten Grundbuchauszüge.

5 Entscheiden Sie bei allen in der Abteilung II eingetragenen Sachverhalten, um welche Lasten und Beschränkungen es sich handelt. Geben Sie den rechtlich korrekten Fachbegriff an und beschreiben Sie die Auswirkungen für die MEWOH Musterwohn GmbH bei einem Erwerb des Grundstücks. Nutzen Sie zur Bearbeitung auch das Arbeitsblatt 7.2 „Grundbuch: Lasten und Beschränkungen", das den Webcodematerialien beiliegt.

Lfd. Nr.	Grundbuchrechtlicher Fachbegriff der Eintragung	Konsequenzen für die MEWOH Musterwohn GmbH bei einem Erwerb
1	...	...

6 Schätzen Sie ein, ob das Grundstück gekauft werden sollte. Begründen Sie Ihre Einschätzung bzw. geben Sie Bedingungen für den Kauf an, welche im Kaufvertrag festgehalten werden sollten.

Aufgaben

1 Erklären Sie kurz, was unter der Aufschrift des Grundbuches zu verstehen ist.

2 Welche Informationen können Sie dem Bestandsverzeichnis entnehmen?

3 Erklären Sie die Begriffe „Auflassung" und „Auflassungsvormerkung". Gehen Sie auf die Inhalte, die rechtliche Wirkung und auf die entsprechende Abteilung im Grundbuch ein.

4 Was ist unter einem Wegerecht zu verstehen? Gehen Sie dabei auf die Begriffe „herrschendes" und „dienendes" Grundstück ein.

5 Herr Müller will als Wirt eines Gasthauses das benachbarte Grundstück für Gästeparkplätze nutzen. Sein Nachbar ist grundsätzlich dazu bereit, dies zu gestatten und verlangt dafür ein wiederkehrendes Entgelt. Wie können Herr Müller und sein Nachbar ihre Ansprüche schuldrechtlich und wie dinglich sichern? Zu welcher Variante würden Sie raten? Begründen Sie Ihren Rat.

6 Grenzen Sie voneinander ab:
- Abteilung I
- Abteilung II
- Abteilung III

7 Unterscheiden Sie Bruchteilseigentum und Gesamthandseigentum voneinander.

8 Grenzen Sie die drei Dienstbarkeiten voneinander ab. Gehen Sie dabei auf Inhalte, Begünstige/r und Übertragbarkeit ein.

9 Was ist unter einer Reallast zu verstehen?

10 Grenzen Sie Hypothek und Grundschuld voneinander ab. Gehen Sie dabei auf mindestens drei Unterschiede ein.

Situation 56

Lesen und Bewerten von Grundbuchauszügen

Isabells Tante Andrea Ahrens und deren Ehemann Patrick haben endlich ein schönes und finanzierbares Grundstück für den Bau eines Einfamilienhauses in Leipzig gefunden. Der aktuelle Eigentümer Paul Dammer drängt sie zu einem zeitnahen Grundstückskaufvertragsabschluss und verlangt, dass Andrea und Patrick einen Notartermin vereinbaren sollen.

Heute haben Andrea und Patrick von Paul Dammer den aktuellen Grundbuchauszug per Post erhalten und verstehen diesen nicht. Deshalb wird Isabell als angehende Immobilienkauffrau von den beiden um Hilfe gebeten.

ARBEITSAUFTRÄGE

1 Wer ist momentan Eigentümer des Grundstücks? Erklären Sie Tante Andrea und ihrem Mann Patrick, woran dies zu erkennen ist.

2 Welche Konsequenzen haben die Eintragungen in Abteilung II für die Kaufinteressenten? Gehen Sie bei Ihren Erläuterungen auf alle Eintragungen ein, die sie abgedruckt vorfinden.

3 Müssen die Eintragungen in Abteilung II übernommen werden bzw. wie könnten diese gelöscht werden? Wozu raten Sie Andrea und Patrick?

4 Welche Bedeutung haben die Eintragungen in Abteilung III für die Kaufinteressenten? Müssen diese übernommen werden bzw. wie könnten diese gelöscht werden?

Grundbuchamt Leipzig | Grundbuch von Probstheida | Blatt 1143 | Bestandsverzeichnis

Lfd. Nr. der Grundstücke	Bish. lfd. Nr. der Grundstücke	Bezeichnung der Grundstücke und der mit dem Eigentum verbundenen Rechte		Größe
		Gemarkung (nur bei Abweichung vom Grundbuchbezirk angeben) Flurstück	Wirtschaftsart und Lage	m²
1	2	3		4
1		203	Gebäude und Freifläche, Wohnen, Sommerlindenstraße 27	800

Grundbuchamt Leipzig **Grundbuch von** Probstheida **Blatt** 1143 **Erste Abteilung**

Lfd. Nr. der Eintragungen	Eigentümer	Lfd. Nr. der Grundstücke im Bestandsverzeichnis	Grundlage der Eintragung
1	2	3	4
1	Günther Dammer, geb. 03. Oktober 1952	1	Auflassung vom 01. Juni 1996; eingetragen am 08. August 1996.
2	Paul Dammer, geb. 01.März 1988	1	Auflassung vom 01. Dezember 2012; eingetragen am 04. Mai 2013.

Grundbuchamt Leipzig **Grundbuch von** Probstheida **Blatt** 1143 **Zweite Abteilung**

Lfd. Nr. der Eintragungen	Lfd. Nr. der Grundstücke im Bestandsverzeichnis	Lasten und Beschränkungen
1	3	4
1	1	Grunddienstbarkeit (Wegerecht) für den jeweiligen Eigentümer von Flurstück 204 (Sommerlindenstraße 28) unter Bezugnahme auf die Bewilligung vom 12. Dezember 1992; eingetragen am 05. Februar 1993. Winkelmann
2	1	Vorkaufsrecht für Erna Dammer, geb. 01.Januar 1962, bewilligt am 27. Februar 2000; eingetragen am 08. Juni 2000. Winkelmann
3	1	Beschränkte persönliche Dienstbarkeit (Recht auf Verlegung und Unterhaltung einer Gasleitung) für die Stadtwerke Leipzig GmbH, bewilligt am 01. März 2001; eingetragen am 31. März 2001. Claußen
4	1	Auflassungsvormerkung mit Bezug auf die Bewilligung vom 01. Dezember 2012 für Paul Dammer, geb. 01. März 1988; eingetragen am 14. Dezember 2013. Kramer
5	1	Auflassungsvormerkung mit Bezug auf die Bewilligung vom 18. September 2023 für Josef Robbe, geb. 02. Januar 1972; eingetragen am 02. Oktober 2023. Kramer

Grundbuchamt Leipzig | Grundbuch von Probstheida | Blatt 1143 | Dritte Abteilung

Lfd. Nr. der Eintragungen	lfd. Nr. der belasteten Grundstücke im Bestandsverzeichnis	Betrag	Hypotheken, Grundschulden, Rentenschulden
1	2	3	4
1	1	400.000 Euro	Grundschuld über vierhunderttausend Euro mit 15 Prozent verzinslich für die TopBank Leipzig AG nebst 10 Prozent einmaliger Nebenleistung – Bezugnahme auf die Eintragungsbewilligung vom 03 Juni 2001; eingetragen am 06. Juli 2001. Claußen
2	1	160.000 Euro	Grundschuld über einhundertsechzigtausend Euro mit 15 Prozent verzinslich für die Förderbank Mitteldeutschland GmbH nebst 10 Prozent einmaliger Nebenleistung – Bezugnahme auf die Eintragungsbewilligung vom 06. Mai 2013; eingetragen am 06. Juni 2013. Kramer

Situation 57

Erbbaurecht (1)

Für das zentral gelegene Grundstück Mustergasse 7 – 17 in 04101 Leipzig soll für 99 Jahre ein Erbbaurecht vergeben werden.

Sie sind Mitarbeiter/in der MEWOH Musterwohn GmbH und für die Wahrnehmung des Notartermins von der Geschäftsführung in notariell beglaubigter Form bevollmächtigt. Die beauftragte Notarin hat den folgenden Vertragsentwurf für die Bestellung eines Erbbaurechts erstellt.

§ 1 Erbbaurecht

1. Die Notarin hat das Grundbuch für die Mustermanngasse 7 – 17 in 04101 Leipzig am 13.01.2022 eingesehen und folgenden Stand festgestellt:

   Im Grundbuch des Amtsgerichtes Leipzig, Gemarkung Zentrum, Blatt 124, Flurstück-Nr.: 178, Größe 1 940 m² ist in Abteilung I als Alleineigentümer eingetragen: Stadt Leipzig.

   Die Abteilungen II und III des Grundbuches sind lastenfrei.
2. Die Grundstückseigentümerin bestellt hiermit der MEWOH Musterwohn GmbH Leipzig an ihrem in Absatz 1 genannten Grundstück gemäß dem Gesetz über das Erbbaurecht (ErbbauRG) ein Erbbaurecht.

§ 2 Zweck des Erbbaurechts/Bauwerkserrichtung

1. Der Erbbaurechtsvertrag wird mit dem Zweck und dem Inhalt geschlossen, dass der Erbbauberechtigte berechtigt und verpflichtet ist, ab Vertragsschluss in Übereinstimmung mit den baurechtlichen Vorschriften und den anerkannten Regeln der Baukunst eine öffentlich zugängliche Tiefgarage zu errichten und instand zu halten. Der Erbbauberechtigte hat dabei bis zum 31.12.2027 mindestens 150 Pkw-Stellplätze in einem nutzbaren Zustand nach den anerkannten Regeln der Baukunst und unter Einhaltung sämtlicher rechtlicher Vorgaben zu Maßen und Ausstattung zu schaffen. Weiterhin hat er alle Stellplätze täglich 24 Stunden öffentlich nutzbar zu halten. Die Tiefgarage muss täglich, insbesondere auch Sonntag und an allen gesetzlichen Feiertagen, geöffnet sein. Der Erbbaurechtsnehmer ist berechtigt, die üblichen Parkgebühren zu vereinnahmen.
2. Von der gemäß § 2 Absatz 1 geschaffenen Anzahl an Pkw-Stellplätzen müssen 10 % über eine elektrische Ladeinfrastruktur verfügen, welche öffentlich zugänglich ist und ein elektrisches Aufladen elektrisch betriebener Fahrzeuge ermöglicht. Sofern die Ermittlung der gemäß diesem Absatz zu schaffenden Anzahl eine nicht gerade Anzahl ergibt, wird aufgerundet.
3. Von der gemäß § 2 Absatz 1 geschaffenen Anzahl an Pkw-Stellplätzen müssen 5 % kostenfrei für Anbieter von sogenannten Carsharing-Angeboten zur Verfügung gestellt werden. Sofern die Ermittlung der gemäß diesem Absatz zu schaffenden Anzahl eine nicht gerade Anzahl ergibt, wird aufgerundet.
4. Auf dem Grundstück muss im Vergleich zu den geschaffenen Pkw-Stellplätzen eine identische Anzahl von öffentlichen Fahrradstellplätzen bereitgestellt werden. Es bleibt dem Erbbauberechtigten überlassen, ob diese zusammenhängend errichtet werden und wo auf dem Grundstück diese errichtet werden. Die Ausführung hat mit Anlehnparker oder mit Anlehnbügel zu erfolgen.

§ 3 Erbbauzins

1. Der Erbbauzins beträgt jährlich 103.300,00 € (in Worten: einhundertdreitausend-dreihundert Euro) und beruht auf einer Verzinsung von 5 % des Grundstückswertes von 2.066.000,00 € (in Worten: zwei Millionen sechsundsechzigtausend Euro).
2. Der Erbbauzins ändert sich im gleichen Verhältnis wie der Verbraucherpreisindex (VPI) des Statistischen Bundesamtes Deutschland für die Lebenshaltung aller privaten Haushalte sich ändert.

ARBEITSAUFTRÄGE

1 Erklären Sie dem Praktikanten der Abteilung einfach und verständlich, was unter einem Erbbaurecht zu verstehen ist.

2 Wer ist hier im vorliegenden Fall der Erbbaurechtsgeber, wer ist der Erbbaurechtsnehmer?

3 Nennen und erklären Sie kurz für die hier vorliegende Situation einen Vorteil für den Erbbaurechtsgeber und einen Vorteil für den Erbbaurechtsnehmer.

4 Der Verbraucherpreisindex steigt im ersten Jahr des Vertragsverhältnisses von 104,67 auf 108,27 Punkte. Berechnen Sie den neuen Erbbauzins pro Jahr. Geben Sie kurz einen nachvollziehbaren Rechenweg an.

5 Geben Sie drei Gründe an, weshalb die Gemeinde ein Erbbaurecht bestellen möchte, anstatt das Grundstück an die MEWOH Musterwohn GmbH zu verkaufen.

6 Geben Sie an, wer Eigentümer des Parkhauses wird.

7 Welche Folgen hat es, wenn die MEWOH Musterwohn GmbH durch einen Vertreter mit notariell beglaubigter Vollmacht der Geschäftsführung im Notartermin vertreten wird?

8 Kann die MEWOH Musterwohn GmbH Grundschulden zur Finanzierung der Tiefgarage aufnehmen? Falls ja, in welchem Grundbuch und in welcher Abteilung stünden diese?

Situation 58

Erbbaurecht (2)

Für das ruhig gelegene Grundstück Ruth-Pfau-Straße 1 in 04134 Leipzig soll für 99 Jahre ein Erbbaurecht vergeben werden. Dazu hat die zuständige Notarin alle notwendigen Vorarbeiten erledigt und den folgenden Vertrag aufgesetzt.

§ 1 Erbbaurecht

1. Die Notarin hat das Grundbuch für die Ruth-Pfau-Straße 1 in 04134 Leipzig am 11.08.2021 eingesehen und folgenden Stand festgestellt:

   Im Grundbuch des Amtsgerichtes Leipzig, Gemarkung Schönau, Blatt 414, Flurstück-Nr.: 178, Größe 3 481 m^2 ist in Abteilung I als Alleineigentümer eingetragen: Stadt Leipzig:

   Die Abteilungen II und III des Grundbuches sind lastenfrei.
2. Die Grundstückseigentümerin bestellt hiermit der Alle Kinder fördern gGmbH an ihrem in Absatz 1 genannten Grundstück gemäß dem Gesetz über das Erbbaurecht (ErbbauRG) ein Erbbaurecht.

§ 2 Zweck des Erbbaurechts/Bauwerkserrichtung

Der Erbbaurechtsvertrag wird mit dem Zweck und dem Inhalt geschlossen, dass der Erbbauberechtigte berechtigt und verpflichtet ist, ab Vertragsschluss in Übereinstimmung mit den baurechtlichen Vorschriften und den anerkannten Regeln der Baukunst eine Kindertagesstätte für mindestens 120 Kinder zu errichten und zu betreiben.

(…)

§ 4 Erbbauzins und Sicherung

1. Der Erbbauzins beträgt jährlich 21.650,00 € (in Worten: einundzwanzigtausendsechshundertfünfzig Euro) und beruht auf einer Verzinsung von 2,5 % des Grundstückswertes von 866.000,00 € (in Worten: achthundertsechsundsechzigtausend Euro).
2. Der Erbbauzins ändert sich im gleichen Verhältnis wie der Verbraucherpreisindex (VPI) des Statistischen Bundesamtes Deutschland für die Lebenshaltung aller privaten Haushalte sich ändert.
3. Die Sicherung des Erbbauzinses erfolgt über eine Erbbauzinsreallast. Der Erbbaurechtsgeber beantragt und der Erbbaurechtsnehmer bewilligt die Eintragung in Abteilung II des noch vom Grundbuchamt Leipzig anzulegenden Erbbaugrundbuches.

ARBEITSAUFTRÄGE

1 Wer ist hier im vorliegenden Fall der Erbbaurechtsgeber, wer ist der Erbbaurechtsnehmer?

2 Wie könnte sich die Stadt Leipzig den Erbbauzins dinglich sichern? In welchem Grundbuch und in welcher Abteilung ist die dingliche Sicherung zu finden? Was könnte die Stadt Leipzig zur Durchsetzung ihrer Rechte tun, sofern der Erbbauzins nicht gezahlt würde?

3 Nennen und erklären Sie für den hier konkret vorliegenden Fall je drei Vorteile für den Erbbaurechtsgeber und für den Erbbaurechtsnehmer.

4 Geben Sie an, wie das Erbbaurecht zu bestellen ist. Gehen Sie dabei auf Formvorschriften, Beteiligte und Behörden ein. Erklären Sie hierbei auch den Aufbau der Grundbücher vor und nach der Bestellung des Erbbaurechts.

5 Welche Regelungen zum Heimfall wären hier für die Grundstückseigentümerin sinnvoll? Nennen Sie drei und begründen Sie Ihre Nennungen.

Aufgaben

1 Geben Sie an, ob die folgenden Aussagen richtig oder falsch sind. Berichtigen Sie falsche Aussagen zum Erbbaurecht. Nutzen Sie zur Bearbeitung der Aufgabe auch das Arbeitsblatt 7.3 „Aussagen zum Erbbaurecht", das den Webcodematerialien beiliegt.

Aussagen

1. Ein Erbbauberechtigter kann Grundpfandrechte auf sein Erbbaurecht aufnehmen.
2. Ein Erbbauberechtigter kann Grundpfandrechte auf das Grundstück des Erbbaurechtsgebers aufnehmen.
3. Ein Erbbaurechtsgeber kann Grundpfandrechte auf das Gebäude des Erbbaurechtsnehmers aufnehmen.
4. Beim Erbbaurecht können weder Eigentümer noch Erbbaurechtsgeber Grundpfandrechte ins Grundbuch eintragen lassen, da dies beim Erbbaurecht prinzipiell nicht vorgesehen ist.
5. Der Ausgeber des Erbbaurechts bleibt Eigentümer des Grundstücks; der Erbbauberechtigte erwirbt das Recht, auf dem Grundstück ein Gebäude zu errichten. Eigentümer des Gebäudes (da wesentlicher Bestandteil des Grundstücks) ist der Ausgeber des Erbbaurechts.

2 Wie kann ein Erbbaurecht enden? Erklären Sie kurz die Möglichkeiten.

3 Wie wird ein Erbbaurecht im Grundbuch dargestellt?

4 Kann es beim Erbbaurecht möglich sein, dass der Eigentümer eines Gebäudes nicht der Grundstückseigentümer ist?

5 Bedarf es bei einem Erbbaurechtsvertrag – genau wie bei einem Grundstückskaufvertrag – der notariellen Beurkundung?

6 Auf welchem Rang ist das Erbbaurecht ausschließlich zu bestellen? In welcher Rechtsquelle ist dies geregelt? Was ist der Sinn dieser Regelung?

7 Welche Gründe werden in der Regel für den Heimfallanspruch vereinbart?

8 Ein Erbbaurecht läuft nach 99 Jahren aus. Auf dem Grundstück worden Sozialwohnungen errichtet. Die Restnutzungsdauer des Gebäudes beträgt nach dem Zeitablauf des Erbbaurechts noch 10 Jahre.

Stellen Sie die im ErbbauRG vorgeschriebene Entschädigungshöhe für das Gebäude dar. Gehen Sie weiterhin darauf ein, wie der Grundstückseigentümer seine Verpflichtung zur Zahlung einer Entschädigung abwenden könnte.

Situation 59

Zwangsvollstreckung

Die MEWOH Musterwohn GmbH prüft, zukünftig auch eine Tätigkeit als Zwangsverwalter beim Amtsgericht Leipzig anzubieten.

Weiterhin ist die MEWOH Musterwohn GmbH auch auf der Suche nach Grundstücken zwischen 400 und 1 000 m² im Stadtgebiet mit dem Ziel einer Bebauung. Daher wird zudem nun auch versucht, jede Zwangsversteigerung wahrzunehmen, in welcher entsprechende Grundstücke versteigert werden.

ARBEITSAUFTRÄGE

1 Recherchieren Sie, wie ein Mitarbeiter der MEWOH Musterwohn GmbH bei einem Versteigerungstermin für die GmbH eine Immobilie ersteigern könnte.

Wählen Sie einen der folgenden Arbeitsaufträge (Arbeitsauftrag 2 oder 3).

2 Suchen Sie unter www.zvg-portal.de in Ihrer Heimatgemeinde ein **Grundstück**.

a) Vollziehen Sie die Verkehrswertermittlung grob nach.

b) Besuchen Sie nach Rücksprache mit Ihrer Fachlehrkraft und ordnungsgemäßer Genehmigung durch die Schulleitung der Berufsschule mit Ihrer Lehrkraft und Klasse einen Zwangsversteigerungstermin und ermitteln Sie den Prozentsatz vom Verkehrswert, zu dem das Grundstück tatsächlich erstanden wird.

c) Welche Gründe kann es haben, wenn vom Verkehrswert abgewichen wird?

d) Reflektieren Sie im Klassenverband das Verhalten der Bietinteressenten, welches Sie im Gericht erlebt haben.

oder

3 Recherchieren Sie unter www.zvg-portal.de in Ihrer Heimatgemeinde Zwangsversteigerungstermine.

a) Fertigen Sie eine Übersicht an, bei wie vielen Zwangsversteigerungen die Wertgrenzen 5/10 und 7/10 nicht mehr gelten.

b) Besuchen Sie zwei Versteigerungstermine als Zuschauer. Beschreiben Sie die dort herrschende Atmosphäre und achten Sie auf das Verhalten/die Biettaktik der Bietenden.

Hinweis zu Arbeitsauftrag 3:
Beziehen Sie in Ihre Untersuchung sowohl Eigentumswohnungen sowie bebaute und unbebaute Grundstücke mit ein.

Aufgaben

1 Erklären Sie den Unterschied zwischen Zwangsverwaltung und Zwangsversteigerung.

2 Bringen Sie die Zwischenschritte bei einem Zwangsversteigerungsverfahren in eine sinnvolle Reihenfolge. Notieren Sie dazu die Buchstaben chronologisch.
   a) Das Finanzamt schickt an den Ersteher den Grunderwerbsteuerbescheid.
   b) Es erfolgt der „Aufruf“ der Sache während des Zwangsversteigerungstermins.
   c) Von einem Bieter wird 80 % des Verkehrswertes geboten, sodass der Zuschlag nicht versagt wird.
   d) Die Bietstunde beginnt und dauert mindestens 30 Minuten.
   e) Der Ersteher zahlt ordnungsgemäß die Grunderwerbsteuer an das Finanzamt.
   f) Das „geringste Gebot“ wird vom Rechtspfleger verlesen (mündlich bekannt gegeben).
   g) Der Versteigerungstermin wird öffentlich bekannt gegeben.
   h) In Abteilung I des Grundbuchs wird der Ersteher eingetragen, sobald die Unbedenklichkeitsbescheinigung vorliegt.

3 In Abteilung III eines Grundbuchs finden sich die folgenden Eintragungen:

> Grundschuld 100.000,00 € zugunsten der TopBank Leipzig, eingetragen am 24.08.2011;
> Grundschuld 60.000,00 € zugunsten der Bausparkasse Ost AG, eingetragen am 25.08.2011

   a) Bestimmen Sie die Rangfolge der Rechte.
   b) Die Zwangsversteigerung des Grundstücks erbringt 110.000,00 €. Welcher Gläubiger erhält wie viel? Gehen Sie vereinfacht davon aus, dass die Grundschulden noch in voller Höhe bestehen und vernachlässigen Sie Zinsen und Kosten der Zwangsvollstreckung.

4 In einem Grundbuch finden Sie die folgenden Eintragungen:

Abteilung II
Wegerecht, eingetragen am 07.07.1978
Beschränkt persönliche Dienstbarkeit, eingetragen am 11.11.2010
Grunddienstbarkeit, eingetragen am 10.11.2011

Abteilung III
Grundschuld, eingetragen am 10.11.2011
Hypothek, eingetragen am 18.03.2012

   a) Ermitteln Sie die Rangfolge.
   b) Erklären Sie Ihre Zuordnung.

5 Auf welchen rechtlichen Grundlagen basiert eine Zwangsvollstreckung? Nennen Sie drei.

6 Wer ist an einer Zwangsversteigerung beteiligt?

7 Unterscheiden Sie Zwangsverwaltungs- und Zwangsversteigerungsvermerk.

8 Welche Aufgaben übernimmt ein Gerichtsvollzieher im Rahmen einer Vollstreckungsmaßnahme?

9 Welche Aufgaben fallen dem Grundbuchamt bei einer Zwangsvollstreckungsmaßnahme zu?

10 Bei einer Zwangsversteigerung erhält der Bieter mit dem höchsten Gebot (Meistgebot) den Zuschlag. Dabei sind die 5/10-Grenze und die 7/10-Grenze zu beachten. Erklären Sie beide Grenzen.

Situation 60

Grundstückskaufvertrag (1)

Löschen Antworten An alle Weiterleiten

Von: Sophie.Fischer@mewoh-musterwohn.dex
An: Isabell.Ahrens@mewoh-musterwohn.dex
Datum: 12.09.2022, 06:59
Betreff: Fwd: AW: Fragen zum Grundstück und Bitte um Termin

Hallo Frau Ahrens,

ich bin heute leider krank, bitte übernehmen Sie doch bitte heute den Beratungstermin mit den Eheleuten Schmidt um 14 Uhr. Sie haben nach eigener Angabe ein Grundstück geerbt und waren beim letzten Termin einem Verkauf an uns nicht abgeneigt. Das Grundstück ist sehr interessant für uns. Untenstehend weitergeleitet deren E-Mail mit ihren Fragen. Sie kennen den Vorgang ja schon sehr gut und sind in das Gebiet gut eingearbeitet.

Danke und bis hoffentlich bald wieder persönlich.

Viele Grüße
Sophie Fischer

Von: andrea.und.paul.schmidt1960@gnz.dex
An: Sophie.Fischer@mewoh-musterwohn.dex
Datum: 12.09.2022, 04:32
Betreff: AW: Fragen zum Grundstück und Bitte um Termin

Sehr geehrte Frau Fischer,

wir hatten ganz vergessen, Ihnen den heutigen Termin zu bestätigen. Mein Mann kommt nachher aus der Frühschicht, das passt. Um 14 Uhr dann bei Ihnen, danke.

Viele Grüße
Familie Schmidt

Sehr geehrte Frau Schmidt, sehr geehrter Herr Schmidt,

ich schlage Ihnen zur Beantwortung Ihrer Fragen folgenden Termin vor:

Mittwoch, 12.09.2022 um 14 Uhr

Wir treffen uns in meinem Büro bei der MEWOH in der Fangerstraße 15–20. Würde Ihnen das passen?

Mit freundlichen Grüßen

Sophie Fischer
Teamleiterin Bestandsvertrieb
MEWOH Musterwohn GmbH

Sehr geehrte Frau Fischer,

danke für Ihre Mail. Wir vermuten, dass wir Alleinerben sind und würden das Kaufangebot der MEWOH Musterwohn GmbH annehmen. Inzwischen haben wir im Nachlass unserer Tante einen Grundbuchauszug gefunden (siehe Anhang). Dazu bräuchten wir bitte eine Beratung von Ihnen.

1. Verstehen wir das richtig, unsere Tante schuldet der TopBank Leipzig AG noch 200.000,00 Deutsche Mark und 300.000,00 Euro?
2. Müssen wir jetzt 14 % bzw. 15 % Zinsen zahlen? Das ist doch viel zu viel und total unüblich?
3. Was ist denn der Unterschied zwischen einer „Hypothek" und einer „Grundschuld"?
4. Uns sorgt die Formulierung „vollstreckbar nach § 800 ZPO". Können Sie bitte erklären, was das für Konsequenzen für uns hat?
5. Wenn wir dann den Erbschein erhalten, müssen wir was tun? An welche Behörde müssen wir uns wenden? Wie läuft das ab?

Danke für Ihre Hilfe bei der Abwicklung!

Freundlichst
Familie Schmidt

Grundbuchamt Leipzig **Grundbuch von** Nordvorstadt **Blatt** 2467 **Dritte Abteilung**

Lfd. Nr. der Eintragungen	Lfd. Nr. der Grundstücke im Bestandsverzeichnis	Lasten und Beschränkungen
1	3	4
1	1	Hypothek mit Brief über zweihunderttausend Deutsche Mark für die TopBank Leipzig AG; 14 % Zinsen jährlich nebst 10 % einmaliger Nebenleistung; vollstreckbar nach § 800 ZPO; gemäß Bewilligung vom 17.12.1996 Notar Winkelmann in Leipzig; Urk.-Nr. 1871/96 eingetragen am 21.02.1997. Müller
1	1	Grundschuld ohne Brief über dreihunderttausend Euro für die TopBank Leipzig AG; 15 % Zinsen jährlich nebst 10 % einmaliger Nebenleistung; vollstreckbar nach § 800 ZPO; gemäß Bewilligung vom 17.09.2020 Notar Schade in Leipzig; Urk.-Nr. 1871/20 eingetragen am 27.11.2020. Baumann

ARBEITSAUFTRÄGE

1 Beantworten Sie alle Fragen der E-Mail von Familie Schmidt stichpunktartig.

2 Bereiten Sie sich auf ein kundenorientiertes Gespräch vor. Simulieren Sie dies mit einem/einer Mitschüler/in. Beachten Sie kommunikative Grundlagen (vgl. Band 1, Kap. 6) und geben Sie sich nach dem Beratungsgespräch ein Feedback nach den Feedbackregeln (vgl. Band 1, Kap. 11.6.2).

Situation 61

Grundstückskaufvertrag (2)

Isabell hat einen Kaufvertragsentwurf von der Notarin Frau Dr. Franziska Fuchs vorliegen. Zur Vorbereitung des Notartermins, den die Geschäftsführung wahrnehmen muss, soll Isabell den Vertragsentwurf der Notarin gewissenhaft prüfen und im Anschluss Frau Bernle aus dem Sekretariat eine Rückmeldung geben. Folgende Checklistenfragen soll Isabell durchgehen:

Checkliste zum Grundstückskaufvertrag

- Ist das korrekte Grundstück angegeben (Dorfstraße 21 in 04005 Kleindorf)?
- Ist eine natürliche Person angegeben, die das Grundstück verkauft?
- Sind konkret Lasten, Beschränkungen und Grundpfandrechte angegeben, die der Käufer übernehmen muss?
- Ist der Besitzübergang vereinbart? Wann findet er statt?
- Gibt es Garantien des Verkäufers im Hinblick auf die Bausubstanz?
- Ist vereinbart, wer die Grunderwerbsteuer trägt? Wer trägt sie und wie hoch wird diese sein?
- Ist eine Belastungsvollmacht angegeben? Welchen Zweck hat sie?

Sofern sich eine der Fragen nicht beantworten lässt, soll Isabell auch gleich eine entsprechende Korrektur vermerken.

ARBEITSAUFTRAG

Helfen Sie Isabell, die Checkliste zu prüfen und ggf. zu korrigieren.

Den Grundstückskaufvertragsentwurf finden Sie in den Webcodematerialien. Nutzen Sie zur Bearbeitung der Checkliste auch das Arbeitsblatt 7.4 „Checkliste: Grundstückskaufvertrag Dorfstraße 21, 04005 Kleindorf", das den Webcodematerialien beiliegt.

Urkundenrolle Nr. 0208/2022

Grundstückskaufvertrag

Heute, am 03.08.2022

erschienen vor mir, **Notarin Franziska Fuchs in Leipzig**,

in meinen Amtsräumen in 04103 Leipzig, Schneiderstr. 11,

1. Als Veräußerer

Herr Claus Joseph,
geboren am 04.10.1951,
wohnhaft Bergstraße 2 in 04838 Eilenburg,

im eigenen Namen handelnd

– nachstehend „Veräußerer" genannt –

Situation 62

Grundstückskaufvertrag (3)

Die MEWOH Musterwohn GmbH möchte das Grundstück Robinienstraße 27 in 04275 Leipzig, bebaut mit einem Einfamilienhaus, für 800.000,00 Euro veräußern. Momentan ist das Objekt an Familie Kaiman vermietet, die jedoch nicht selber kaufen wollen. Das Team Bestandsvertrieb hat das Objekt auf der Firmenhomepage und auf zwei Portalen angeboten. Die Eheleute Schneider möchten es kaufen und haben als Erste von allen Interessenten eine Finanzierungszusage ihrer Bank eingereicht.

Wie üblich, hat die Notarin Franziska Fuchs einen Kaufvertragsentwurf erstellt und diesen fristgerecht (Zwei-Wochen-Frist nach BeurkG § 17 Abs. 2a) an die Eheleute Schneider geschickt. Der Kaufvertragsentwurf ging diesen 16 Tage vor dem geplanten Notartermin per Einwurf-Einschreiben zu.

Die Eheleute kaufen zum ersten Mal in ihrem Leben eine Immobilie und sind verständlicherweise etwas angespannt.

Heute, am 04.11.2022

erschienen vor mir, Notarin Franziska Fuchs in Leipzig,

in meinen Amtsräumen in 04103 Leipzig, Schneiderstr. 11,

1. **Als Erwerber**

   Matteo Pansini-Schneider und André Schneider, verheiratet und nach eigener Angabe im Güterstand der Zugewinngemeinschaft lebend, wohnhaft Karl-Liebknecht-Straße 117 in 04123 Leipzig – im eigenen Namen handelnd.

– nachstehend „Erwerber" genannt –

2. **Als Veräußerer**

   MEWOH Musterwohn GmbH
   Fangerstraße 15 – 20 in 04104 Leipzig
   vollmachtlos vertreten durch Frau Sophie Fischer, geboren am 17.09.1983 in Leipzig, geschäftsansässig in 04104 Leipzig, Fangerstraße 15 – 20

– nachstehend „der Veräußerer" genannt –

Alle zu 1. und 2. Erschienenen haben sich ausgewiesen durch Vorlage ihrer amtlichen und gültigen Ausweispapiere mit Lichtbildern.

§ 1 Kaufgegenstand

Der Veräußerer veräußert an die Erwerber – je zu ½ – sein im Grundbuch des Amtsgerichtes Leipzig, Band 1, Blatt 1122, Gemarkung Anger, Flurstück 821, Hof- und Gebäudefläche, Robinienstraße 27, 704 m² eingetragenes Grundstück. Das Grundstück ist mit einem Einfamilienhaus bebaut.

§ 3 Auflassungsvormerkung

Die Vertragsparteien bewilligen, für die Erwerber eine Auflassungsvormerkung – je zu ½ - im Grundbuch einzutragen und weisen die Notarin an, dies beim Grundbuchamt Leipzig zu beantragen.

§ 4 Besitzübergang

Der Veräußerer hat den Vertragsgegenstand dem Erwerber zu übergeben mit Wirkung ab dem auf die Zahlung des geschuldeten Kaufpreises folgenden Monatsersten, 0:00 Uhr (Übergabestichtag). Am Übergabestichtag gehen sodann die den Eigentümer treffenden Verkehrssicherungspflichten und das Haftpflichtrisiko, die Gefahr des zufälligen Unterganges und der zufälligen Verschlechterung auf den Erwerber über.

§ 5 Gewährleistung

Der Kaufgegenstand wird veräußert, wie er steht und liegt. Der Veräußerer erklärt, dass ihm keine Mängel bekannt sind.

§ 17 Belehrung

Die Notarin belehrte die Vertragsparteien darüber, dass
- (…)
- es zur Eigentumsumschreibung der Unbedenklichkeitsbescheinigung des zuständigen Finanzamts bedarf, die erst nach Zahlung der Grunderwerbsteuer erteilt wird,
- der Stadt Leipzig ein gesetzliches Vorkaufsrecht zusteht und die Eigentumsumschreibung erst erfolgen kann, wenn dieses Vorkaufsrecht nachgewiesenermaßen nicht ausgeübt wird,
- (…)
- die Notarin vor der Beurkundung das Baulastenverzeichnis nicht eingesehen hat; die Beteiligten wurden auf die Möglichkeit hingewiesen, das Baulastenverzeichnis selbst einzusehen.

(…)

ARBEITSAUFTRAG

Erläutern Sie Herrn Pansini-Schneider und Herrn Schneider alle in dem Grundstückskaufvertrag markierten Punkte ausführlich. Orientieren Sie sich dabei an dem vorgefertigten E-Mail-Text auf der nächsten Seite. Nutzen Sie dazu das Arbeitsblatt 7.5 „Grundstückskaufvertrag Schneider", das den Webcodematerialien beiliegt.

Löschen Antworten An alle Weiterleiten

Von: Isabell.Ahrens@mewoh-musterwohn.dex
An: schneider@online-web.dex
Datum: 10.11.2022
Betreff: Re: Fragen zum Kauf

Sehr geehrter Herr Pansini-Schneider, sehr geehrter Herr Schneider,

danke für Ihre Mail. Gern beantworten wir Ihre Fragen zum Kaufvertragsentwurf wie folgt.

1. Sie haben die „vollmachtlose Vertretung" markiert. Das bedeutet, dass …

2. In § 1 steht, dass Sie „je zu 1/2" Eigentümer werden. Bei Eheleuten ist dies üblich und …

3. Die Auflassungsvormerkung gemäß § 3 Kaufvertragsentwurf schützt Sie vor …

4. Weiterhin hatten Sie den „Besitzübergang" markiert. Besitzübergang bedeutet, dass …

   Im hier vorliegenden Fall würde der Besitzübergang … erfolgen.

   Die Verkehrssicherungspflicht beinhaltet …

   Zufälliger Untergang bedeutet …

   Verschlechterung hieße …

5. Die Gewährleistung haben wir üblicherweise mit „wird veräußert, wie er steht und liegt" geregelt.
   Das heißt, dass …

6. Damit Sie ins Grundbuch eingetragen werden können, müssen Unbedenklichkeitsbescheinigung und Negativattest vorliegen. Diese stellt … aus, sobald …

7. Ein Baulastenverzeichnis ist …
   Baulasten liegen nicht vor. Wir werden eine Auskunft aus dem Baulastenverzeichnis beantragen und Ihnen diese zum Notartermin vorlegen.

Bei weiteren Fragen kontaktieren Sie uns gerne.

Mit freundlichen Grüßen

Isabell Ahrens
MEWOH Musterwohn GmbH

Aufgaben

1 Bringen Sie die folgenden Begriffe in eine sinnvolle Reihenfolge, um das Zustandekommen eines Grundstückkaufes zwischen einem Unternehmen und einem Verbraucher zu beschreiben. Erklären Sie zudem jeden Begriff kurz. (*Hinweis:* Einige Abläufe können parallel erfolgen.)
   a) Zahlung des Kaufpreises
   b) Auflassungsvormerkung wird gelöscht
   c) Abschluss Darlehensvertrag
   d) Besichtigung des Objekts
   e) Finanzierungszusage einer oder mehrerer Banken
   f) Auflassung wird beim Beurkundungstermin erklärt
   g) Unbedenklichkeitsbescheinigung durch das Finanzamt wird ausgestellt
   h) Zahlung Grunderwerbsteuer
   i) Grundbuchumschreibung
   j) Auszahlung Darlehen
   k) Eintrag einer Grundschuld in das Grundbuch
   l) Auflassung wird im Grundbuch eingetragen
   m) Auflassungsvormerkung wird eingetragen
   n) Finanzierungsanfrage bei einer oder mehreren Banken
   o) Kaufvertragsunterzeichnung in einem Notariat (Der Käufer hat zwei Wochen vor dem Beurkundungstermin den beabsichtigten Text des Kaufvertrages vom Notar erhalten.)

2 Nach der gemeinsamen Ausbildung treffen sich Ricarda, Melanie und Philipp bei einem Klassentreffen wieder. Alle drei haben sich in diesem Jahr an ihrem jetzigen Wohnsitz eine Immobilie im Wert von 350.000,00 € gekauft. Ricarda wohnt in Dresden, Melanie in Kiel und Philipp in Saarbrücken.
   a) Berechnen Sie, um welchen Betrag sich die Grunderwerbsteuerbelastung bei den drei Immobilienkaufleuten unterscheidet. Nutzen Sie dazu die tabellarische Übersicht zur Grunderwerbsteuer der einzelnen Bundesländer in Lernfeld 7, Kap. 7.4.
   b) Grundsätzlich ist der Kaufpreis bei einem Grundstücksverkauf frei verhandelbar zwischen Käufer und Verkäufer. Aus welchem Grund kann das zuständige Finanzamt aber eine Plausibilitätsprüfung vornehmen?

3 In einem Grundstückskaufvertrag sollen folgende Regelungen getroffen werden. Nehmen Sie zu jedem Punkt Stellung und schildern Sie die jeweiligen Rechtsfolgen.
   - Der Verkäufer soll vollmachtlos vertreten werden.
   - Der Notar soll aufgrund der Kürze der Zeit keinen Einblick in das Grundbuch nehmen.
   - Das vermietete Mehrfamilienhaus mit acht Wohnungen soll unbewohnt übergeben werden.
   - Die Gewährleistung soll sowohl für Sach- als auch für Rechtsmängel ausgeschlossen werden.

4 Unterscheiden Sie die Abwicklung eines Grundstückskaufes mit und ohne Notaranderkonto und zeigen Sie jeweils einen Vor- und Nachteil auf.

5 Wo erhalten Sie folgende Dokumente und welche Bedeutung haben diese?
   - Unbedenklichkeitsbescheinigung
   - Negativattest
   - Erbschein
   - Auskunft Baulastenverzeichnis

6 Bevor der Kaufpreis durch den Notar fällig gestellt wird, vereinbaren die Parteien oft einige Bedingungen für die Fälligkeit, die auch kombiniert werden können. Nennen Sie zwei dieser möglichen Bedingungen.

7 Ab welchem Zeitpunkt wird der Käufer eines Grundstücks auch der Eigentümer?

8 Was ist zu beachten, wenn ein Käufer das Grundstück schon nutzen möchte, bevor er Eigentümer geworden ist?

9 Unterscheiden Sie die Fachbegriffe „Besitz“ und „Eigentum“. Geben Sie je ein Beispiel aus der Immobilienwirtschaft an.

10 Was steht einem Käufer nach dem erfolgten Besitzübergang zu und was hat er ab diesem Zeitpunkt an zu tragen?

11 In der Regel reicht der Notar den Antrag auf Umschreibung des Eigentums erst beim Grundbuchamt ein, wenn ihm ein Zahlungsnachweis vorliegt. Warum ist das so?

12 Was ist mit dem Gefahrübergang gemeint und wo findet sich dazu die gesetzliche Regelung?

13 Grundsätzlich übernimmt der Käufer mit dem Tag der Übergabe alle gewöhnlichen Lasten – im Speziellen die Bewirtschaftungskosten. Darüber hinaus gibt es allerdings auch Abgaben (außergewöhnliche Lasten), die der jeweilig im Grundbuch eingetragene Grundstückseigentümer zu tragen hat. Was sollte in diesem Zusammenhang berücksichtigt werden? Geben Sie dazu ein Beispiel.

14 Auch in einem Grundstückskaufvertrag sind Rechtsmängel nicht auszuschließen. Allerdings ist es für die beteiligten Vertragsparteien möglich, die Gewährleistung für Sachmängel einzuschränken. Daher findet sich in Verträgen oft die Formulierung „gekauft, wie es steht und liegt". Was sollte in diesem Fall erfolgen, um spätere Streitigkeiten zu vermeiden?

15 Die Kosten, die mit dem Grundstückskaufvertrag verbunden sind, tragen beide Vertragsparteien grundsätzlich gesamtschuldnerisch. Um aber mögliche Streitigkeiten zu vermeiden, treffen die Vertragsparteien häufig eine Regelung hinsichtlich der genauen Kostenaufteilung. Geben Sie zwei Möglichkeiten an, wie die Kosten aufgeteilt werden können.

16 Frau Kusumi möchte für sich und ihren Lebensgefährten ein Einfamilienhaus kaufen. Das richtige Objekt hat sie bereits gefunden. Allerdings benötigt sie ein Darlehen zur Finanzierung. Zwar hat ihr ihre Hausbank bereits eine positive Rückmeldung zur Bewilligung des Darlehens gegeben, allerdings will die Bank das Darlehen über eine Grundschuld besichern und es erst auszahlen, wenn die Grundschuld im Grundbuch steht. Frau Kusumi ist aber noch nicht Eigentümerin des Hauses und kann es auch erst nach vollständiger Kaufpreiszahlung werden. Welche Möglichkeit gibt es in diesem Fall?

17 Nach erfolgter Beurkundung des Kaufvertrags fertigt der Notar immer mehrere beglaubigte Abschriften des Vertrags an. Er versendet je eine Abschrift des Vertrags an verschiedene Institutionen bzw. Personen. Benennen Sie diese und erklären Sie, weshalb sie eine Abschrift erhalten.

LERNFELD 8

Bauprojekte entwickeln und begleiten

1 Rechtliche Grundlagen

Bei den hier aufgeführten Gesetzen und Verordnungen handelt es sich um die wichtigsten. Die Übersicht ist somit nicht vollständig.

1.1 Gesetze und Verordnungen

- Grundgesetz (GG)
- Bürgerliches Gesetzbuch (BGB)
- Baugesetzbuch (BauGB)
- Raumordnungsgesetz (ROG)
- Baunutzungsverordnung (BauNVO)
- Bundesnaturschutzgesetz (BNATSchG)
- Bundes-Immissionsschutzgesetz (BlmSchG)
- Gesetz über die Umweltverträglichkeitsprüfung (UVBG)
- Planzeichenverordnung (PlanZV)
- Landesbauordnungen (LBO) der einzelnen Bundesländer
- Energieeinspargesetze
- Vergabe- und Vertragsordnung für Bauleistungen Teil A, B und C (VOB/A, VOB/B, VOB/C)
- Verordnung über die Vergabe öffentlicher Aufträge (VgV)
- Vergabe- und Vertragsordnung für Leistungen (VOL)
- Verordnung über die Honorare für Architekten- und Ingenieurleistungen (HOAI)
- Normen der Deutschen Industrie – DIN
- Musterbauordnung (MBO)
- weitere Fachgesetze

1.1.1 Grundgesetz (Art. 14 und 74 GG)

Art. 14 GG
Art. 74 GG

Das Grundgesetz beinhaltet das Recht zur baulichen Nutzung des Bodens, schließt aber eine „generelle Baufreiheit" aus. Somit wird erst durch das Baurecht die Bebaubarkeit eines einzelnen Grundstücks geregelt. In Ausnahmefällen kann auf Artikel 14 des Grundgesetzes (Schutz des Eigentums) zurückgegriffen werde. Im Artikel 74 Abs. 1 Nr. 18 GG ist das sog. Bodenrecht geregelt.

1.1.2 Europarecht

Europäische Gesetze und Verordnungen wirken sich auf das Baurecht der einzelnen EU-Mitgliedsstaaten aus, so zum Beispiel im Bereich der Energieeinsparung und Umweltverträglichkeitsprüfungen. Der EU fehlen aber bauplanungsrechtliche Kompetenzen.

1.1.3 Bürgerliches Gesetzbuch (BGB)

Im BGB sind verschiedene Möglichkeiten der Vertragsgestaltung im Bauprozess, unter anderem in den §§ 631 ff. BGB (Werkvertragsrecht), geregelt. Weitere Regelungen sind in den §§ 854 ff. BGB im Bereich des Sachenrechts zu finden.

1.2 Das Baurecht

Das Baurecht regelt das generelle Recht einer Person, ihr Grundstück bebauen zu dürfen. Das Baurecht wird unterteilt in das öffentliche und private Baurecht.

Allgemeine Unterteilung des Baurechts

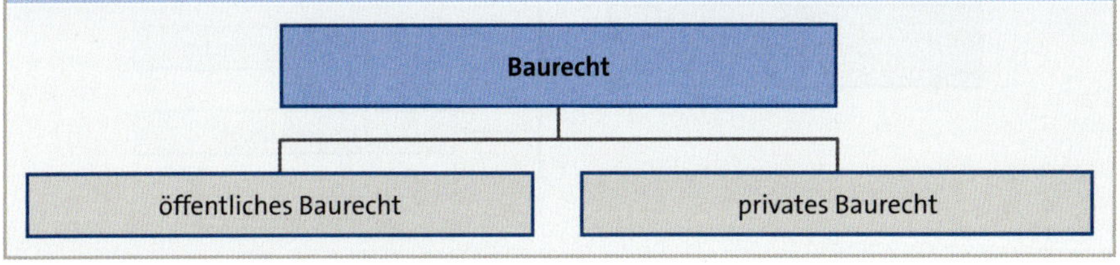

Das private Baurecht bezieht sich in erster Linie auf die rechtlichen (vertraglichen) Beziehungen derer, die an einem Bauvorhaben beteiligt sind.

1.2.1 Öffentliches Baurecht

SB ▶ SITUATION 63 Öffentliches Baurecht

Das öffentliche Baurecht umfasst alle Normen des Bauplanungsrechts, die Regelungen des Bauordnungsrechts und das Baunebenrecht. Dabei wird unterteilt in Bundes- und in Landesrecht.

Unterteilung des öffentlichen Baurechts

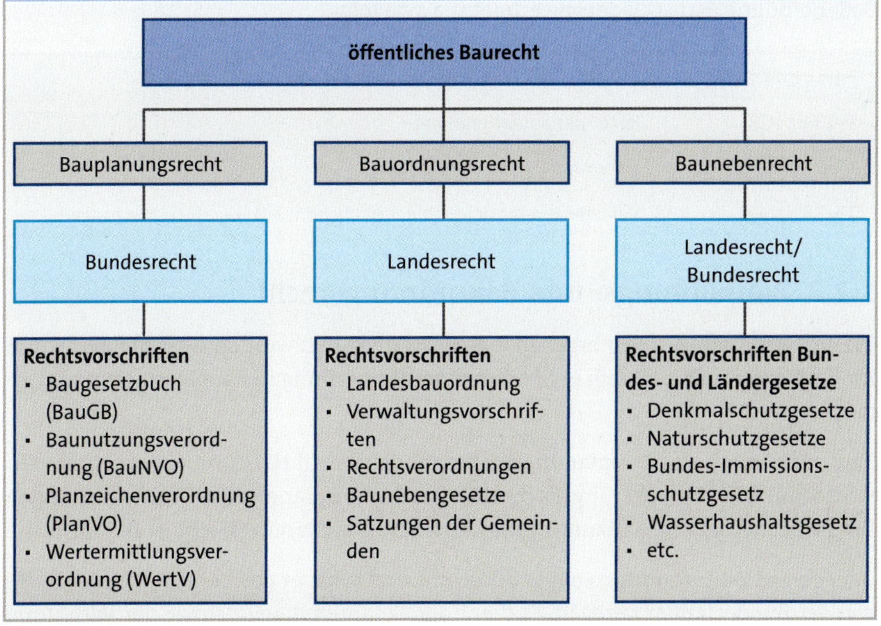

Baunebenrecht

Das Baunebenrecht beinhaltet verschiedene Vorschriften zur baulichen Nutzung von Grundstücken, insbesondere zur Errichtung, Veränderung und Beseitigung von Gebäuden. Die einzelnen Bereiche des Baunebenrechts umfassen Bundes- und Länderrecht.

Bestandteile des Baunebenrechts

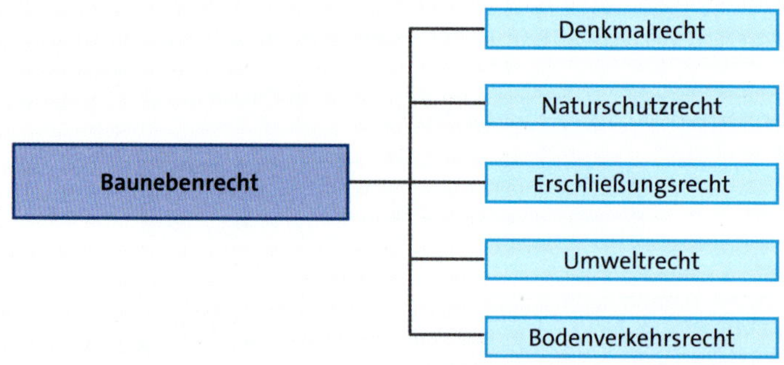

Man spricht hier auch von einem dreipoligen Rechtsverhältnis.

Das öffentliche Baurecht ist nicht nur auf das Rechtsverhältnis zwischen Baubehörde und Bauherrn beschränkt, sondern bezieht sich auch auf Nachbarn bzw. Gemeinden.

1.2.2 Das Baugesetzbuch (BauGB) als Rahmengesetz

Das Baugesetzbuch beinhaltet Regelungen zum allgemeinen Städtebaurecht, wie z. B. zur Bauleitplanung, zum Flächennutzungsplan, zum Bebauungsplan sowie zur Bodenordnung. Eine Gliederung erfolgt u. a. wie folgt:

Paragrafen	Inhalt
1–13 BauGB	Recht der Bauleitplanung
14–28 BauGB	Sicherung der Bauleitplanung
29–38 BauGB	Vorschriften hinsichtlich der baulichen und sonstigen Nutzungen

1.2.3 Bauplanungs- und Bauordnungsrecht

Die sich aus dem Baurecht ergebenden Zuständigkeiten werden zwischen Bund und Ländern aufgeteilt. Dadurch ergibt sich eine Unterteilung in Bauplanungs- und Bauordnungsrecht.

Sinn und Zweck des **Bauplanungsrechts** ist die Gewährleistung einer geordneten städtebaulichen Entwicklung. Es bestimmt dabei die planerischen Voraussetzungen für die Bebauung und Nutzung der Grundstücke. Bauplanungsrecht ist Bundesrecht.

LBauO
Landesbauordnung

Dagegen ist **Bauordnungsrecht** Landesrecht und wird in den 16 Landesbauordnungen der Bundesländer geregelt. Es dient der Gefahrenabwehr sowie der Verhütung von Verunstaltungen. Zudem werden wohlfahrts- und sozialpflegerische Belange sowie die Absicherung der Einhaltung ökologischer Standards berücksichtigt.

Die Landesbauordnungen enthalten u. a. auch Vorschriften zu:
- Baugenehmigungsverfahren
- baulichen Gestaltungsvorschriften
- Instandhaltungspflichten
- Änderungen oder Abbruch baulicher Anlagen

Das Bauordnungsrecht ist objektbezogen und betrifft somit die einzelne Anlage.

Bei der Erteilung von Baugenehmigungen sind Bauplanungsrecht- und Bauordnungsrecht **immer gemeinsam** zu betrachten.

Bauvorhaben

Ein Bauvorhaben ist rechtmäßig, wenn es nicht gegen die jeweilige LBauO, das BauGB, die BauNVO und den Bebauungsplan (BPlan) verstößt.

1.2.4 Baunutzungsverordnung (BauNVO) – Verordnung über die bauliche Nutzung von Grundstücken

In der BauNVO sind die Vorschriften enthalten, die sich auf das Maß und die Art der baulichen Nutzung eines Grundstücks beziehen. Ihre Darstellung und Festsetzung kann den Bauleitplänen entnommen werden. Wie das Bauplanungsrecht gehört auch die Baunutzungsverordnung zum Bundesrecht.

Über die BauNVO wird geregelt
- die Art der baulichen Nutzung,
- das Maß der baulichen Nutzung,
- die Bauweise und die überbaubaren Grundstücksflächen sowie die
- Überleitungs- und Schlussvorschriften.

Flächennutzungsplan
▶ LF 8, Kap. 131

1.2.5 Raumordnungsgesetz (ROG)

Das Raumordnungsgesetz definiert Aufgaben und Leitvorstellungen der Raumordnung im gesamten Bundesgebiet. Es legt Grundsätze der Raumordnung fest und enthält Vorgaben für die Gesetzgebung der Länder zu den Raumordnungsplänen und den Instrumenten zur Sicherung und Verwirklichung der Erfordernisse der Raumordnung.

Die Raumordnung befasst sich mit einer nachhaltigen Entwicklung – auch vor dem Hintergrund städtebaulicher Maßnahmen. Dabei wird versucht, wirtschaftliche, soziale und ökologische Ansprüche in Einklang zu bringen.

Im Rahmen der Föderalismusreform wurde für die Länder die Gesetzgebungskompetenz – ausgehend von der Rahmengesetzgebung – in die sogenannte konkurrierende Gesetzgebung mit Abweichungsbefugnis überführt.

Art. 74 Abs. 1 Nr. 31 GG
Art. 72 Abs. 3 Nr. 4 GG

Das Raumordnungsgesetz enthält Regelungen
- zu den Zielen der Raumordnung,
- den Grundsätzen der Raumordnung,
- den sonstigen Erfordernissen der Raumordnung,
- den öffentlichen Stellen,
- den raumbedeutsamen Planungen und Maßnahmen sowie
- den Raumordnungsplänen.

1.2.6 Gesetz über die Umweltverträglichkeitsprüfung (UVPG)

Eine Prüfung der Umweltverträglichkeit ist bei allen Flächennutzungsplänen (FPlan) und Bebauungsplänen (BPlan) durchzuführen. Es handelt sich um ein sogenanntes **Regelverfahren**.

Gegenstand der Prüfung sind dabei ausdrücklich die Belange des Umweltschutzes, d. h., es werden Eingriffe in die Natur und Landschaft sowie die Auswirkungen auf das Fauna-Flora-Habitat (FFH) und die Vogelschutzgebiete geprüft. Auch eventuelle Ausgleichs- oder Ersatzmaßnahmen werden berücksichtigt.

FFH-Richtlinie

Ziel dieser Richtlinie ist der Schutz wild lebender Arten und deren Lebensräume. Zudem soll die europaweite Vernetzung dieser Lebensräume geschützt und gesichert werden.

Grundlegend für eine Umweltverträglichkeitsprüfung sind z. B. die Fauna-Flora-Habitat-Richtlinie (FFH-Richtlinie) – eine Naturschutzrichtlinie der EU – und das Bundesnaturschutzgesetz (BNatSchG).

§ 4 UVPG Umweltverträglichkeitsprüfung

Die Umweltverträglichkeitsprüfung ist unselbstständiger Teil verwaltungsbehördlicher Verfahren, die Zulassungsentscheidungen dienen.

1.2.7 Bundes-Immissionsschutzgesetz (BImSchG)

Das Bundes-Immissionsschutzgesetz (BImSchG) soll Menschen, Tiere, Pflanzen und Güter vor schädlichen Umwelteinwirkungen schützen. Es regelt unter anderem die Rechte und Pflichten der Betreiber von Anlagen, die ihre Umgebung etwa durch Luftverunreinigungen, Geräusche, Wärme oder Ähnliches belasten und schädigen.

1.3 Die Bauleitplanung

Art. 28 Abs. 2 Satz 2 GG

Die Planungshoheit üben die Gemeinden aus, indem sie für ihr Gemeindegebiet den Flächennutzungsplan (FPlan) erstellen sowie Bebauungspläne (BPlan) für verschiedene Gemeindegebiete erlassen (§ 10 BauGB).

Beschluss, Genehmigung und Inkrafttreten des Bebauungsplans:

§ 10 BauGB

1.3.1 Flächennutzungsplan (FNP)

§§ 5 ff. BauGB

Der Flächennutzungsplan enthält in Grundzügen die Planung für ein gesamtes Gebiet, i. d. R. für ein gesamtes Gemeindegebiet. Es handelt sich dabei um einen **vorbereitenden Bauleitplan** (sog. vorbereitender Bebauungsplan). Dabei wird der Flächenbedarf für einzelne Nutzungen geregelt, z. B.:

- Wohnflächen
- Arbeitsflächen
- Erholungsflächen, z. B. Grün- und Freiflächen
- Verkehrsflächen (örtlicher und überörtlicher Verkehr)
- Landwirtschafts- und Waldflächen
- Flächen für den Gemeinbedarf, z. B. Schulen, Kindergärten, Krankenhäuser, Versorgung
- Flächen für Ver- und Entsorgungsanlagen

Der Flächennutzungsplan besteht aus

- einem Kartenteil mit Planinhalt (gemäß Planzeichenverordnung [PlanzVO]),
- der Begründung (Erläuterung zum Ziel, Zweck sowie den Auswirkungen des Plans) sowie
- dem Umweltbericht.

Der Flächennutzungsplan (FPlan) ist keine Rechtsnorm, sondern vielmehr eine **verwaltungsinterne Maßnahme**.

Der Flächennutzungsplan ist **nur behördenverbindlich** und hat keine direkten Auswirkungen für den einzelnen Bürger. Er bildet den Entwicklungsrahmen, den sich die Kommune/Gemeinde selbst gesetzt hat. Der einzelne Bürger kann sich nicht unmittelbar darauf berufen.

Der Flächennutzungsplan muss durch die **höhere Verwaltungsbehörde genehmigt** werden, dabei wird auch überprüft, ob sich dieser mit den Flächennutzungsplänen angrenzender Gemeinden deckt.

Genehmigung des Flächennutzungsplans:
§ 6 Abs. 1 BauGB

Die Aufstellung eines Flächennutzungsplans erstreckt sich in der Regel über mehrere Jahre. Parallel zum Flächennutzungsplan kann bereits bei Bedarf ein Bebauungsplan erarbeitet werden.

§ 5 Abs. 2 Bau GB

(2) Im Flächennutzungsplan können insbesondere dargestellt werden:
1. die für die Bebauung vorgesehenen Flächen nach der allgemeinen Art ihrer baulichen Nutzung (Bauflächen), nach der besonderen Art ihrer baulichen Nutzung (Baugebiete) sowie nach dem allgemeinen Maß der baulichen Nutzung; Bauflächen, für die eine zentrale Abwasserbeseitigung nicht vorgesehen ist, sind zu kennzeichnen;
2. die Ausstattung des Gemeindegebiets
   a) mit Anlagen und Einrichtungen zur Versorgung mit Gütern und Dienstleistungen des öffentlichen und privaten Bereichs, insbesondere mit der Allgemeinheit dienenden baulichen Anlagen und Einrichtungen des Gemeinbedarfs, wie mit Schulen und Kirchen sowie mit sonstigen kirchlichen, sozialen, gesundheitlichen und kulturellen Zwecken dienenden Gebäuden und Einrichtungen, sowie mit Flächen für Sport- und Spielanlagen,
   b) mit Anlagen, Einrichtungen und sonstigen Maßnahmen, die dem Klimawandel entgegenwirken, insbesondere zur dezentralen und zentralen Erzeugung, Verteilung, Nutzung oder Speicherung von Strom, Wärme oder Kälte aus erneuerbaren Energien oder Kraft-Wärme-Kopplung,
   c) mit Anlagen, Einrichtungen und sonstigen Maßnahmen, die der Anpassung an den Klimawandel dienen,
   d) mit zentralen Versorgungsbereichen;
3. die Flächen für den überörtlichen Verkehr und für die örtlichen Hauptverkehrszüge;
4. die Flächen für Versorgungsanlagen, für die Abfallentsorgung und Abwasserbeseitigung, für Ablagerungen sowie für Hauptversorgungs- und Hauptabwasserleitungen;
5. die Grünflächen, wie Parkanlagen, Dauerkleingärten, Sport-, Spiel-, Zelt- und Badeplätze, Friedhöfe;
6. die Flächen für Nutzungsbeschränkungen oder für Vorkehrungen zum Schutz gegen schädliche Umwelteinwirkungen im Sinne des Bundes-Immissionsschutzgesetzes;
7. die Wasserflächen, Häfen und die für die Wasserwirtschaft vorgesehenen Flächen sowie die Flächen, die im Interesse des Hochwasserschutzes und der Regelung des Wasserabflusses freizuhalten sind;
8. die Flächen für Aufschüttungen, Abgrabungen oder für die Gewinnung von Steinen, Erden und anderen Bodenschätzen;
9. a) die Flächen für die Landwirtschaft und
   b) Wald;
10. die Flächen für Maßnahmen zum Schutz, zur Pflege und zur Entwicklung von Boden, Natur und Landschaft.

Werkzeuge der Bauleitplanung sind die **Baunutzungsverordnung** (BauNVO) und die **Planzeichenverordnung** (PlanVO).

Allgemeine Vorschriften für Bauflächen und Baugebiete:
§ 1 BauNVO

Im Flächennutzungsplan erfolgt die Darstellung der für die Bebauung vorgesehenen Flächen nach der allgemeinen Art der baulichen Nutzung gemäß § 1 BauNVO.

1.3.2 Das Verfahren der Bauleitplanung

Übersicht zum Bauleitplanungsverfahren

Aufstellung
(§ 2 Abs. 1 BauGB)
- Beschluss
- Bekanntmachung

Frühzeitige Bürgerbeteiligung
(§ 3 Abs. 1 BauGB)
- schon vor Fertigstellung der planerischen Grundlagen möglich
- schon vor Planaufstellungsbeschluss möglich

Öffentliche Auslegung
(§ 3 Abs. 2 BauGB)
- Beschluss
- öffentliche Bekanntmachung
- Planauslage

Frühzeitige Bürgerbeteiligung
(§ 3 Abs. 1 BauGB)
- schon vor Fertigstellung der planerischen Grundlagen möglich
- schon vor Planaufstellungsbeschluss möglich

Abwägung bezüglich der Anregungen und Stellungnahmen
- ggf. Änderungen im Bebauungsplan
- erneute Auslegung

Beschluss über den Bebauungsplan (§ 10 BauGB)

Prüfung, ob der Bebauungsplan aus einem wirksamen Flächennutzungsplan entwickelt ist (§ 10 Abs. 3 BauGB)

Ja
Wirksamkeit:
ortsübliche Bekanntmachung des Beschlusses

Nein
Wirksamkeit:
ortsübliche Bekanntmachung der Genehmigung

1.3.3 Beteiligung der Träger öffentlicher Belange (§ 4 BauGB)

Beteiligung der Behörden:
§ 4 BauGB

Träger öffentlicher Belange (TöB) sind zum Beispiel:
- Nachbargemeinden
- Naturschutz- und Straßenbehörden
- Industrie- und Handelskammern (IHK)
- Versorgungsunternehmen (Energieversorger, Wasserwerke)
- Landwirtschafts- und Forstwirtschaftsbehörden
- ggf. auch Kirchen und soziale Stellen

TöB
Träger öffentlicher Belange

Die Beteiligung einzelner Behörden und Träger öffentlicher Belange im Bauleitverfahren wird durch die jeweilige Landesbauordnung geregelt und nicht im Baugesetzbuch. Eine behördeninterne Koordination einzelner Fachämter (Umweltamt, Denkmalschutzamt usw.) einer Gemeinde stellt keine Trägerbeteiligung dar.

1.3.4 Satzungsbeschluss (§ 10 BauGB)

Beschluss, Genehmigung und Inkrafttreten des Bebauungsplans:
§ 10 BauGB

Einen Bebauungsplan (BPlan) beschließt die Gemeinde in Form eines Satzungsbeschlusses. Grundlage dafür sind die allgemeinen kommunalrechtlichen Vorschriften eines jeden Landes.

Ein Satzungsbeschluss darf erst gefasst werden, wenn das Auslegungsverfahren nach § 3 Abs. 2 bzw. Abs. 3 BauGB beendet sowie über die eingebrachten Anregungen und Bedenken entschieden worden ist.

Das Auslegungsverfahren stellt die Beteiligung der Bürgerinnen und Bürger am Bauleitplanungsverfahren dar.

Der Satzungsbeschluss muss grundsätzlich dem aufsichtlichen Verfahren nach § 11 BauBG vorangehen. Mit dem Satzungsbeschluss wird der Entwurf des Bebauungsplans (BPlan) zum Gemeindegesetz.

Städtebaulicher Vertrag:
§ 11 BauGB

Der Satzungsbeschluss erstreckt sich inhaltlich
- auf die in der Planzeichnung enthaltenen Festsetzungen zeichnerischer Art,
- die textlichen Festsetzungen sowie
- den von der Planzeichnung getrennten Satzungstext.

Im Einzelnen gehören dazu
- die Abgrenzung des Geltungsbereichs gemäß § 9 Abs. 7 BauGB,
- die materiellen Festsetzungen nach § 9 Abs. 1, 2 und 3 BauGB,
- die Festsetzungen zur Sicherung von Gebieten mit Fremdenverkehrsfunktionen nach § 22 BauGB,
- die Bezeichnung von Erhaltungsgebieten,
- Fachplanungen durch Bebauungsplan und
- die Bestimmung des Inkrafttretens in den Fällen des § 215 Abs. 3 Satz 2 BauGB.

Inhalt des Bebauungsplans:
§ 9 BauGB

Sicherung von Gebieten mit Fremdenverkehrsfunktionen:
§ 22 BauGB

Frist für die Geltendmachung der Verletzung von Vorschriften:
§ 215 BauGB

Der Satzungsbeschluss nach § 10 BauBG beendet das Planverfahren der Gemeinde und ist somit der abschließende Beschluss über den Bebauungsplan.

1.3.5 Aufsichtsbehördliche Kontrolle (§ 6 BauGB)

Genehmigung des Flächennutzungsplans:
§ 6 BauGB

Die aufsichtsbehördliche Kontrolle umfasst die Genehmigung des Flächennutzungsplans (FPlan) durch die nächsthöhere Verwaltungsbehörde.

1.4 Der Bebauungsplan (BPlan)

§ § 8 ff. BauGB

Erst der Bebauungsplan enthält alle **verbindlichen Festsetzungen** für ein Bauvorhaben im Planbereich. Ein Bebauungsplan kann nur aus dem Flächennutzungsplan entwickelt werden. Soll ein Bebauungsplan vom Flächennutzungsplan abweichen, muss ein Änderungsverfahren zum Flächennutzungsplan durchgeführt werden.

Merke!

Eine Änderung eines bestehenden Flächennutzungsplans ist nur mit Genehmigung der übergeordneten Behörde möglich.

Ein Bebauungsplan muss nicht ein gesamtes Gemeindegebiet abdecken, sondern kann für einzelne Stadtteile oder Baugebiete aufgestellt werden.

Bebauungsplan

Sinn und Zweck eines Bebauungsplans ist es, die städtebauliche Entwicklung und Ordnung im Gemeindegebiet zu steuern. Ziel ist es, einen einheitlichen Siedlungscharakter beizubehalten.

§ 10 Abs. 1 BauGB
§ 1 Abs. 2 BauGB

Der Bebauungsplan wird durch die jeweilige Stadt oder Gemeinde aufgestellt und als kommunale Satzung beschlossen. Es handelt sich dabei um eine Rechtsnorm gegenüber „Jedermann". Enthalten sind darin insbesondere:

a) Im Flächennutzungsplan können die für die Bebauung vorgesehenen Flächen nach der **allgemeinen Art** ihrer baulichen Nutzung (Bauflächen) dargestellt werden als:

Die Erläuterungen zu den einzelnen Bauflächen und Baugebieten sind in den §§ 2 bis 11 der BauNVO ausgewiesen.

Die §§ 12 bis 15 der BauNVO erläutern die Regelungen zu Garagenstellplätzen und Nebenanlagen.

Bauliche Nutzung als	Abkürzung
1. Wohnbauflächen	W
2. gemischte Bauflächen	M
3. gewerbliche Bauflächen	G
4. Sonderbauflächen	S

b) Die für die Bebauung vorgesehenen Flächen können nach der **besonderen Art** ihrer baulichen Nutzung (Baugebiete) dargestellt werden als:

Bauliche Nutzung als	Abkürzung	Bauliche Nutzung als	Abkürzung
1. Kleinsiedlungsgebiete	WS	7. Mischgebiete	MI
2. reine Wohngebiete	WR	8. urbane Gebiete	MU
3. allgemeine Wohngebiete	WA	9. Kerngebiete	MK
4. besondere Wohngebiete	WB	10. Gewerbegebiete	GE
5. Dorfgebiete	MD	11. Industriegebiete	GI
6. dörfliche Wohngebiete	MDW	12. Sondergebiete	SO

Maß der baulichen Nutzung

Um das Maß der baulichen Nutzung zu bestimmen, werden folgende Begriffe zu den einzelnen Verhältniskennzahlen verwendet:

Begriff	Paragraf	Erklärung
Grundflächenzahl (GRZ)	§ 19 BauNVO	Die Grundflächenzahl ist das Verhältnis von Quadratmeter der baulichen Nutzung zu der Quadratmeterzahl des Grundstücks.
Geschossflächenzahl (GFZ)	§ 20 BauNVO	Die Geschossflächenzahl ist das Verhältnis von Quadratmeter aller Geschossflächen (ab Bodenniveau) zu der Quadratmeterzahl der Grundstücksfläche.
Baumassezahl (BMZ)	§ 21 BauNVO	Das Verhältnis der Kubikmeter der Gesamtbaumasse (Kubus) zu der Quadratmeterzahl des Grundstücks.
Anzahl der Vollgeschosse oder die Höhe der baulichen Anlage	§ 20 BauNVO § 18 BauNVO	Die Obergrenzen für die Maße der baulichen Nutzung einzelner Baugebiete sind im §17 BauNVO aufgeführt.

Orientierungswerte für die Bestimmung des Maßes der baulichen Nutzung können dem § 17 BauNVO entnommen werden.

Beispiel für einen Auszug aus einem Bebauungsplan

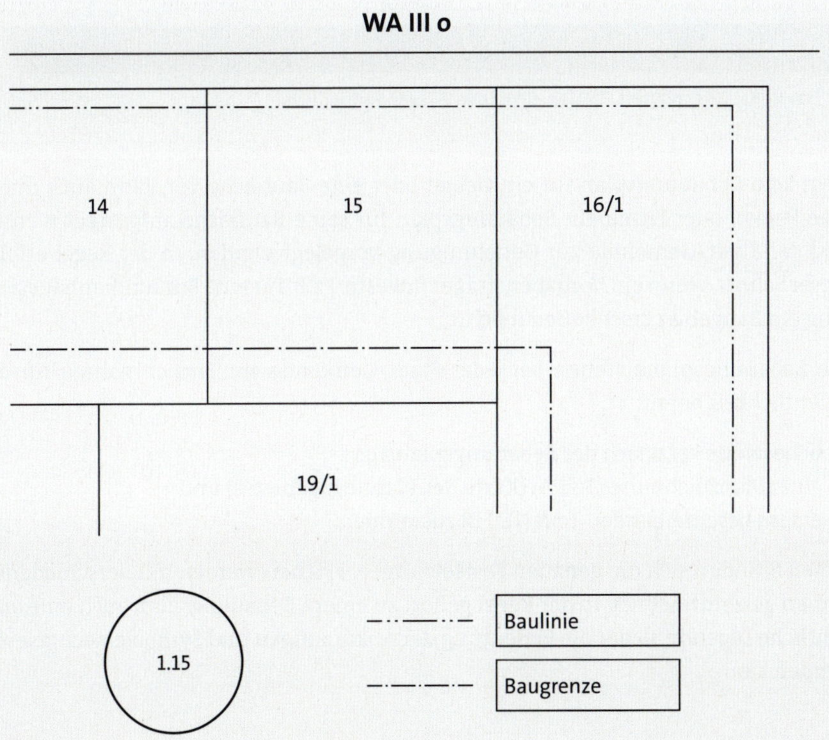

1,15	
WA	III
0,4	o
E, D	

Erläuterung (Planzeichenerklärung)
1,15 = Geschossflächenzahl (GFZ)
WA = allgemeines Wohngebiet
III = 3 Vollgeschosse
0,4 = Grundflächenzahl (GRZ)
o = offene Bauweise
E, D = Einzel- oder Doppelhaus

Die überbaubaren Grundstücksflächen nach § 23 BauNVO

- **Baulinie:** Auf diese Linie muss gebaut werden.
- **Baugrenze:** Diese Linie darf bei der Bebauung nicht überschritten werden.
- **Bebauungstiefe:** Die Bautiefe wird von der tatsächlichen Straßengrenze aus festgesetzt und ist einzuhalten.

In vielen Gemeinden besteht dazu noch ein Grünordnungsplan (GOP), welcher die Landschaftsplanung zum Bebauungsplan konkretisiert.

Hinsichtlich einer Aufstellung, Änderung, Ergänzung oder Aufhebung eines Bebauungsplans besteht kein Rechtsanspruch. Hält ein Bauvorhaben die Festsetzungen des Bebauungsplans ein, besteht bauplanungsrechtlich ein Rechtsanspruch auf die Erteilung einer Baugenehmigung.

Merke!

Der Bebauungsplan ist für den einzelnen Bürger verbindlich.

Liegt kein Bebauungsplan für ein Gebiet oder eine Baufläche vor, kann auch durch eine Person oder Firma ein Bebauungsplan für seine Baufläche aufgestellt werden und der Stadt/Gemeinde zur Genehmigung vorgelegt werden. In der Regel erfolgt dieser Schritt, wenn ein Vorhabensträger (Investor) z. B. für eine Einfamilienhaussiedlung ein Baugebiet erschließen möchte.

Die Bebauungspläne stehen bei jeder Stadt/Gemeinde zur Einsichtnahme für die Öffentlichkeit bereit.

Üblicherweise setzt sich der Bebauungsplan aus

- einer Planzeichnung (Teil A) (Karte des Planungsgebietes) und
- einem beschreibenden Text (Teil B) zusammen.

Bei dem beschreibenden Text handelt es sich um eine textliche Begründung.

In Teil B finden sich die genauen Festsetzungen. Flächen werden mit verschiedenen Farben gekennzeichnet. In der Regel gehört zu einem Bebauungsplan auch eine ausführliche Legende, in der die Bedeutung der Abkürzungen und Symbole nachgelesen werden kann.

Auch eine **Nutzungsschablone** gehört zum Bebauungsplan. Hierbei handelt es sich um eine Tabelle mit Angaben zu Art und Maß der Bebauung und darüber hinausgehende Angaben, wie beispielsweise zur Dachform oder dem Haustyp. Auch hier hilft eine Legende beim Entschlüsseln der Abkürzungen und Symbole. Diese basieren auf der Planzeichenverordnung (PlanzV).

Nachfolgend werden drei Arten von Bebauungsplänen erläutert:
- qualifizierter Bebauungsplan (§ 30 Abs. 1 BauGB)
- einfacher Bebauungsplan (§ 30 Abs. 3. BauGB)
- vorhabenbezogener Bebauungsplan (§ 30 Abs. 2 BauGB)

Zulässigkeit von Vorhaben im Geltungsbereich eines Bebauungsplans:

§ 30 BauGB

1.4.1 Qualifizierter Bebauungsplan (§ 30 Abs. 1 BauGB)

Bei einem qualifizierten Bebauungsplan müssen mindestens die folgenden drei Festsetzungen enthalten sein:
- Festsetzung der örtlichen Verkehrsflächen
- Festsetzung über die Art und das Maß der baulichen Nutzung
- Festsetzung der überbaubaren Grundstücksflächen

Merke!

Neben den zuvor genannten drei Mindestfestsetzungen können darüber hinaus noch weitere Festsetzungen getroffen werden.

Wenn auch nur eine der genannten drei Mindestfestsetzungen nicht im Bebauungsplan enthalten ist, handelt es sich nicht um einen qualifizierten, sondern um einen einfachen Bebauungsplan. Die rechtliche Grundlage für den qualifizierten Bebauungsplan findet sich in § 30 BauGB.

einfacher Bebauungsplan

▶ LF 8, Kap. 1.4.2

Die Zulässigkeit eines Vorhabens ist schon dann zu bejahen, wenn die Festsetzungen des Bebauungsplans dem Vorhaben nicht widersprechen.

Ist die Vereinbarkeit mit den Festsetzungen des Bebauungsplans gegeben, erfolgt die Prüfung hinsichtlich
- der Einhaltung des Gebots der Gebietsverträglichkeit und
- des Gebots der Rücksichtnahme gemäß § 15 BauNVO.

Allgemeine Voraussetzungen für die Zulässigkeit baulicher und sonstiger Anlagen:

§ 15 BauNVO

Außerdem wird im Anschluss geprüft, ob
- die gesicherte Erschließung (Anbindung an das öffentl. Straßennetz, Stromnetz, Wasser-/Abwassernetz usw.) gegeben ist und
- ob Ausnahmen und Befreiungen nach § 31 BauGB möglich sind.

Ausnahmen und Befreiungen:

§ 31 BauGB

Merke!

In der heutigen Zeit wird bei einem Bebauungsplan ein besonderes Augenmerk auf die Belange des Umweltschutzes gerichtet.

Darüber hinaus ist zu berücksichtigen, dass zukünftig auch die Nutzung erneuerbarer Energien umfassend mit einbezogen wird.

1.4.2 Einfacher Bebauungsplan (§ 30 Abs. 3 BauGB)

Einfacher Bebauungsplan

Ein einfacher Bebauungsplan liegt dann vor, wenn auch nur eine für einen qualifizierten Bebauungsplan notwendige Voraussetzung fehlt, also wenn keinerlei Festsetzungen über die örtlichen Verkehrsflächen, die Art und das Maß der Nutzung oder die überbaubaren Grundstücksflächen vorhanden sind (vgl. § 30 Abs. 1 und 3 BauGB).

Auch wenn ein Bebauungsplan einfacher Art mancherorts ausreichend ist, gibt es dennoch **Mindestanforderungen**, die einzuhalten sind. Hierzu gehört zum Beispiel, dass bereits bei der Planung zu berücksichtigen ist, ob sich seine Ausführung in das bestehende Landschaftsbild der Gegend einfügt und

- zwar bezüglich der Kategorie der baulichen Benutzung,
- der Bauweise sowie
- der Grundstücksfläche.

Zulässigkeit von Vorhaben innerhalb der im Zusammenhang bebauten Ortsteile:
§ 34 BauGB

Das Bauvorhaben muss den Eindruck der **Geschlossenheit** und **Zusammengehörigkeit** im Baugebiet vermitteln. Die §§ 30 Abs. 3 und 34 Abs. 2 BauGB geben näheren Aufschluss darüber, was sich nach Art und Ausmaß der baulichen Verwendung in die nähere Umgebung einfügt.

Darüber hinaus müssen natürliche Begebenheiten, wie z.B Straßen, Wasserläufe oder Böschungen, berücksichtigt werden.

Auch die Erschließung des Grundstückes muss gesichert sein.

Städtebauliche Zulässigkeit eines Bauvorhabens

Ein Bauvorhaben ist städtebaulich zulässig, wenn es den Festsetzungen des Bebauungsplans nicht widerspricht und den Anforderungen der §§ 34 bzw. 35 BauGB genügt.

Bauen im Außenbereich:
§ 35 BauGB

Vorhaben- und Erschließungsplan:
§ 12 BauGB

1.4.3 Vorhabenbezogener Bebauungsplan (§ 12 Abs. 2 BauGB)

Der vorhabenbezogene Bebauungsplan besteht aus drei Elementen:

- dem vom Vorhabenträger (Investor) ausgearbeiteten **Vorhaben- und Erschließungsplan** (sogenannter V- und E-Plan)
- dem **Durchführungsvertrag** zwischen Gemeinde und Vorhabenträger
- dem **Beschluss der Bebauungsplansatzung** durch die Gemeinde (§ 10 BauGB)

Beschluss, Genehmigung und Inkrafttreten des Bebauungsplans:
§ 10 BauGB

Gegenstand des Verfahrens zur Aufstellung eines vorhabenbezogenen Bebauungsplans sind grundsätzlich zwei Pläne: Der Vorhaben- und Erschließungsplan sowie der Bebauungsplan.

- Zu beachten ist, dass der Vorhaben- und Erschließungsplan, der Bebauungsplan und der Durchführungsvertrag aufeinander abgestimmt sein müssen und sich nicht widersprechen dürfen.
- Spätestens zum Zeitpunkt des Satzungsbeschlusses muss ein wirksamer Durchführungsvertrag (hierbei handelt es sich um einen öffentlich-rechtlichen Vertrag) sowie ein Vorhaben- und Erschließungsplan vorliegen.

Bei einem öffentlich-rechtlichen Vertrag kommt es zu einem Rechtsverhältnis zwischen Bürger und Behörde.

Der Durchführungsvertrag beinhaltet

- alle Einzelheiten des geplanten Vorhabens,
- die verbindlichen Regelungen der Erschließung und der Kostentragung zwischen der Gemeinde und dem Vorhabenträger sowie
- einen Nachweis des Vorhabenträgers zur Finanzierbarkeit des Projekts.

Der vorhabenbezogene Bebauungsplan kann entschädigungslos aufgehoben werden, wenn das Vorhaben nicht innerhalb einer vereinbarten Frist umgesetzt wird.

1.5 Bauen ohne Bebauungsplan

1.5.1 Bauen im unbeplanten Innenbereich (§ 34 BauGB)

Zulässigkeit von Vorhaben innerhalb der im Zusammenhang bebauten Ortsteile:

§ 34 BauGB

Liegt kein Bebauungsplan für ein Gebiet vor, muss sich der Bauherr an **der Nachbarschaft orientieren**, d. h., die tatsächlich vorhandene benachbarte Bebauung gibt den Rahmen vor. Damit soll eine geordnete und homogene Entwicklung eines Gebiets, z. B. eines Straßenzugs, gewährleistet werden.

Zu beachten sind somit

- die Einfügung in die Eigenart der näheren Bebauung sowie
- die Sicherung der Erschließung.

1.5.2 Bauen im Außenbereich (§ 35 BauGB)

Grundsätzlich dient § 35 BauGB der Freihaltung von der Bebauung bestimmter Bereiche. Diese Bereiche sollen überwiegend zur Nutzung durch Land- und Forstwirtschaft sowie der Erholung dienen.

Merke!

Eine Bebauung soll nur dann erfolgen, wenn diese zwingend auf eine Lage außerhalb eines besiedelten Gebietes angewiesen ist. Hier gelten Einzelregelungen.

Beispiel

Beispiele für eine entsprechende Bebauung können sein:

- privilegierte Vorhaben der Landwirtschaft, z. B. Ställe, Betriebsgebäude
- sonstige privilegierte Vorhaben, z. B. Poolanlagen in bereits bestehenden Touristikanlagen (Hotels oder Pensionen), Bauernhöfen
- die Erweiterung eines landwirtschaftlichen Wohngebäudes um eine Wohnung
- örtliche Versorgungsanlagen, z. B. Mobilfunkanlagen, Windkrafträder

Zulässigkeit von Vorhaben im Geltungsbereich eines Bebauungsplans:

§ 30 BauGB

Voraussetzung für die Bebauung ist, dass kein Bebauungsplan besteht (einzige Ausnahme ist ein einfacher Bebauungsplan nach § 30 Abs. 3 BGB).

Außerdem darf es sich nicht um einen Innenbereich handeln, es dürfen keine öffentlichen Belange (§ 35 Abs. 3 BauGB) entgegenstehen und eine entsprechende Erschließung muss gesichert sein. Ggf. ist eine Rückbauabsicherung nach §35 Abs. 3 BauGB notwendig.

1.6 Plansicherung

Um eine Sicherung der Bauleitplanung zu gewährleisten und somit sicherzustellen, dass durch einen Bauherrn nicht die Pläne einer Gemeinde durchkreuzt werden, hat der Gesetzgeber verschiedene Instrumente zur Plansicherung bereitgestellt.

Instrumente zur Plansicherung

Es handelt sich um
- die Veränderungssperre (§§ 14 ff. BauGB) sowie
- das Vorkaufsrecht (§§ 24 ff. BauGB).

1.6.1 Veränderungssperre (§ 14 BauGB)

Beschluss über die Veränderungssperre:
§ 16 BauGB

Geltungsdauer der Veränderungssperre:
§ 17 BauGB

Entspricht ein beantragtes Bauvorhaben nicht dem Planungsstand eines Gebiets, kann die Gemeinde bis zur abschließenden Planung eine Veränderungssperre als Satzung (§ 16 Abs. 1 BauGB) beschließen.

Die Folge ist, dass das beantragte Bauvorhaben für eine Geltungsdauer von bis zu zwei Jahren (§ 17 Bau GB) unzulässig ist. Ggf. muss ein Bauantrag dann endgültig durch die zuständige Behörde abgelehnt werden.

Nicht genehmigungsbedürftige Bauvorhaben können während dieser Planungsphase untersagt werden.

Grund ist, dass ein Bauvorhaben nicht die noch in Arbeit befindliche Planung der Gemeinde durkreuzen darf.

Übergangsweise kann ein Bauantrag bzw. dessen Genehmigung gemäß § 15 BauGB zurückgestellt werden.

1.6.2 Vorkaufsrecht (§ 24 BauGB)

Eine Gemeinde kann bei Flächen, die für öffentliche Zwecke vorgesehen sind, von ihrem Vorkaufsrecht Gebrauch machen. Voraussetzung dafür ist, dass die Gemeinde bereits bestimmte Planungsvorstellungen hat.

Beispiel

Eine Gemeinde nutzt ihr Vorkaufsrecht und sichert sich eine Baufläche. Aufgrund der aktuell geburtenreichen Jahrgänge und der damit verbundenen steigenden Bevölkerungszahlen ist in nächster Zeit mit einem Mehr an schulpflichtigen Kindern zu rechnen.

Daher plant die Gemeinde, auf der Baufläche eine Schule zu errichten.

Merke!

Eine reine Bevorratung mit Grundstücken durch die Gemeinde ist nicht zulässig.

1.7 Erschließung (§§ 123–135 Baugesetzbuch)

Ein Vorhaben ist nur bauplanungsrechtlich zulässig, wenn seine **Erschließung** gesichert ist. Unter einer Erschließung ist im Wesentlichen der Anschluss an die Straße, die Abwasserbeseitigung sowie die Wasserversorgung zu verstehen.

§§ 30 ff. BauGB

Von einer gesicherten **wegemäßigen** Erschließung wird ausgegangen, wenn das Bauvorhaben mit öffentlichen Fahrzeugen, z. B. Feuerwehr oder Müllabfuhr, erreicht werden kann. Eine ordentliche Abwasserbeseitigung ist in der Regel nur durch den Anschluss an die öffentliche Kanalisation gegeben. Ausnahmen, z. B. die Zulässigkeit von biologischen Kleinkläranlagen auf Grundstücken, sind oftmals in den Gemeindesatzungen geregelt.

Erschließung

Die Erschließung ist die Gesamtheit der Maßnahmen, die es ermöglichen, ein Grundstück baulich zu nutzen (§ 127 BauGB i. V. m. § 132 BauGB).

Erhebung des Erschließungsbeitrags:

§ 127 BauGB

Regelung durch Satzung:

§ 132 BauGB

Zu den Erschließungsarten gehören:

Art	Gesetz/Verordnung
Wasser	Verordnung über Allgemeine Bedingungen für die Versorgung mit Wasser (AVB-WasserV)
Abwasser	Kommunalabgabengesetze (KAGs)
Strom	Verordnung über Allgemeine Bedingungen für die Elektrizitätsversorgung von Tarifkunden (AVBEltV)
Gas	Landesbauordnung (LBO)
Fernwärme	Verordnung über Allgemeine Bedingungen für die Versorgung mit Fernwärme (AVBFernwärmeV)
Telefon	Landesbauordnung, Telekommunikationsgesetz (TKG)
Müllentsorgung	Abfallbeseitigungsgesetz (AbfG), Bundesimmissionsschutzgesetz (BImSchG)
Zuwege	Landesbauordnung (LBO), z. B. Rettungswegeregelung

1.8 Besonderes Städtebaurecht

Durch das besondere Stadtbaurecht wird den Gemeinden ein Instrument in die Hand gegeben, städtebauliche Missstände abzuschaffen. Dabei handelt es sich um **Sanierungs- und Entwicklungsmaßnahmen**.

1.8.1 Städtebauliche Sanierungsmaßnahmen

Städtebauliche Sanierungsmaßnahmen zielen darauf ab, zeitnah den Abbau von Missständen im Rahmen der §§ 136 ff. BauGB zu gewährleisten. Entsprechende Missstände liegen vor, wenn

1. das Gebiet nach seiner vorhandenen Bebauung oder nach seiner sonstigen Beschaffenheit den allgemeinen Anforderungen an gesunde Wohn- und Arbeitsverhältnisse oder an die Sicherheit der in ihm wohnenden oder arbeitenden Menschen auch unter Berücksichtigung der Belange des Klimaschutzes und der Klimaanpassung nicht entspricht oder
2. das Gebiet in der Erfüllung der Aufgaben erheblich beeinträchtigt ist, die ihm nach seiner Lage und Funktion obliegen.

Beispiele

a) fehlende Kindergarten- oder Schulplätze: Erwerb von Grundstücken durch die Gemeinde für den Bau von Kindergärten bzw. Schulen
b) Verringerung von Immissionen in Wohngebieten durch die Umlagerung von Industrie oder Handwerksbetrieben: Umsiedlung eine Gießereibetriebes aus einen Wohngebiet
c) fehlende oder unzureichende Erschließung eines Gebietes: Anschluss an eine öffentliches Abwassersystem in einem Gebiet mit einzelnen Klärgruben auf den Grundstücken

1.8.2 Städtebauliche Entwicklungsmaßnahmen

Gemäß der §§ 165 ff. BauGB dienen diese Maßnahmen der erstmaligen Entwicklung eines Gebiets bzw. der Neuordnung eines bereits bestehenden Gebiets.

Weitere Gemeindesatzungen im Zuge des besonderen Stadtbaurechts sind zum Beispiel:

Satzung	Inhalt
Stellplatzsatzung	Die Regelung über die Anzahl von zu erbringenden Stellflächen und deren Ablösezahlungen, wobei Stellplätze grundsätzlich als Flächen definiert werden, die dem Abstellen von Kraftfahrzeugen außerhalb der öffentlichen Verkehrsflächen dienen.
Straßenbausatzung	Satzung zum Anlegen und Ausbau von bestimmten öffentlichen Straßen, Wegen und Plätzen (Fahrbahnen, Radwege und Gehwege); darin wird auch der finanzielle Beitrag der Anleger geregelt.
Baumschutzsatzung	Untersagt z. B. das Entfernen bestimmter Bäume oder sieht Ersatzpflanzungen in Art und Umfang vor.
Erhaltungssatzung	Durch eine Erhaltungssatzung können Gebiete bezeichnet werden, in denen zur Erhaltung von Eigenarten des Gebietes aufgrund seiner städtebaulichen Gestalt, zur Erhaltung der Zusammensetzung der Wohnbevölkerung oder bei städtebaulichen Umstrukturierungen der Abbruch, die Änderung oder die Nutzungsänderung baulicher Anlagen der Genehmigung bedürfen. Genehmigungen zur Errichtung von baulichen Anlagen dürfen nur versagt werden, wenn die städtebauliche Gestalt des Gebietes durch die neue bauliche Anlage beeinträchtigt wird.
Gestaltungssatzung	Eine örtliche Bauvorschrift mit räumlich begrenztem Geltungsbereich. Im Gegensatz zur Erhaltungssatzung handelt es sich um ein aktives Instrument sowohl zur Bewahrung eines schutzwürdigen städtebaulichen Bereiches vor unerwünschten Veränderungen als auch zur vorgreifenden gestalterischen Einflussnahme auf die Entwicklung völlig neuer Bereiche. Die Satzung kann als selbstständige bauordnungsrechtliche Vorschrift erstellt oder in ein städtebauliches Planungsinstrument (Bebauungsplan) integriert werden.
Sonstige Satzungen	• Abgrenzungssatzung (Innenbereichssatzung) • Abrundungssatzung (Innenbereichssatzung)

1.8.3 Erhaltungssatzung (§ 172 BauGB)

Erhaltung baulicher Anlagen und der Eigenart von Gebieten (Erhaltungssatzung):
§ 172 BauGB

Städte und Gemeinden können zum Schutz einer **erhaltungswürdigen Bausubstanz** in einer Erhaltungssatzung bestimmte Regelungen treffen. So kann auch eine Bausubstanz erhalten werden, die nicht dem Denkmalschutz unterliegt.

Es gibt drei Typen von Erhaltungssatzungen:
- die Satzung zur Erhaltung der städtebaulichen Eigenarten aufgrund der städtebaulichen Gestaltung des Gebiets
- die Satzung zur Erhaltung der Zusammensetzung der Wohnbevölkerung – sogenannter Milieuschutz
- die Satzung bei städtebaulichen Umstrukturierungen

1.8.4 Städtebauliche Gebote

Zusätzlich zu den zuvor genannten Maßnahmen verfügt eine Gemeinde noch über weitere Instrumente, die es ermöglichen, einen Bebauungsplan gegenüber einzelnen Grundstückseigentümern bzw. Bauherren durchzusetzen.

	Paragraf	Inhalt
Baugebot	§ 176 BauGB	Im Geltungsbereich eines Bebauungsplans kann die Gemeinde den Eigentümer durch Bescheid verpflichten, innerhalb einer zu bestimmenden angemessenen Frist 1. sein Grundstück entsprechend den Festsetzungen des Bebauungsplans zu bebauen, 2. ein vorhandenes Gebäude oder eine vorhandene sonstige bauliche Anlage den Festsetzungen des Bebauungsplans anzupassen oder 3. sein Grundstück mit einer oder mehreren Wohneinheiten zu bebauen, wenn in dem Bebauungsplan Wohnnutzungen zugelassen sind und wenn es sich um ein nach § 201a bestimmtes Gebiet mit einem angespannten Wohnungsmarkt handelt. Dabei kann die Gemeinde auch ein den Festsetzungen des Bebauungsplans entsprechendes Maß der Nutzung anordnen.
Modernisierungs- und Instandsetzungsgebot	§ 177 BauGB	Weist eine bauliche Anlage nach ihrer inneren oder äußeren Beschaffenheit Missstände oder Mängel auf, deren Beseitigung oder Behebung durch Modernisierung oder Instandsetzung möglich ist, kann die Gemeinde die Beseitigung der Missstände durch ein Modernisierungsgebot und die Behebung der Mängel durch ein Instandsetzungsgebot anordnen.
Pflanzgebot	§ 178 BauGB	Die Gemeinde kann den Eigentümer durch Bescheid verpflichten, sein Grundstück innerhalb einer zu bestimmenden angemessenen Frist entsprechend den nach § 9 Abs. 1 Nr. 25 BauGB getroffenen Festsetzungen des Bebauungsplans zu bepflanzen.
Rückbau- und Entsiegelungsgebot	§ 179 BauGB	Die Gemeinde kann den Eigentümer verpflichten zu dulden, dass eine bauliche Anlage ganz oder teilweise beseitigt wird, wenn sie 1. den Festsetzungen eines Bebauungsplans nicht entspricht und ihnen nicht angepasst werden kann oder 2. Missstände oder Mängel im Sinne des § 177 Abs. 2 und 3 Satz 1 aufweist, die auch durch eine Modernisierung oder Instandsetzung nicht behoben werden können.

SB ▶ SITUATION 64
Bauantrag und Baugenehmigung

2 Bauantrag, Baugenehmigung und Baubeginn

2.1 Grundsätzliches

Das **Baugesetzbuch** ist in Verbindung mit den jeweiligen **Landesbauordnungen** (LBOs) der Bundesländer und den damit verbundenen **Bauvorlageverordnungen** die Rechtsgrundlage für einen Bauantrag.

Bauantrag

Bei einem Bauantrag handelt es sich um einen Antrag eines Bauherrn auf die Genehmigung eines Bauvorhabens (Baugenehmigungsverfahren).

Ein Bauantrag kann die Errichtung, die Änderung oder auch den (Teil-)Abbruch einer baulichen Anlage umfassen. Aber auch die Nutzungsänderung einer baulichen Anlage, z. B. von Gewerbe zu Wohnraum oder umgekehrt, kann einer Genehmigung bedürfen.

Für das Erstellen eines Bauantrags ist ein bauvorlageberechtigter Entwurfsverfasser notwendig, wie z. B. ein Architekt oder Bauingenieur.

Dieser erstellt die Pläne, die Berechnungen, holt die weiteren Unterlagen (z. B. Statiken, Brandschutznachweise) ein und unterzeichnet das Bauantragsformular gemeinsam mit dem Bauherrn.

Der Bauantrag ist bei der Gemeinde einzureichen (häufig in dreifacher Ausfertigung). Bauantragsmappen sind dabei in einigen Bundesländern nicht mehr notwendig. Sollten sie benötigt werden, so sind drei Ausfertigungen einzureichen:
1. Grün: Ausfertigung für die Bauaufsichtsbehörde
2. Rot: Ausfertigung für den Bauherrn
3. Gelb: Ausfertigung für die Gemeinde

Bauvoranfrage

▶ LF 8, Kap. 2.4

Bauvoranfrage

Über eine Bauvoranfrage kann schon im Vorfeld geklärt werden, ob ein Bauvorhaben umgesetzt werden kann, es gegen geltendes Baurecht bzw. Bebauungspläne verstößt oder auch Einschränkungen berücksichtigt werden müssen.

Dabei geht es in der Bauvoranfrage nicht um die Bebauung eines Grundstücks an sich, sondern um die rechtssichere Klärung der Genehmigungsfähigkeit, bevor es in die detaillierte Bauplanung geht. Die Bauvoranfrage ist bei der Gemeinde bzw. der zuständigen Baubehörde zu stellen.

Merke!

Zur Klärung von (wichtigen) Einzelfragen kann vor einem Bauantrag zunächst eine Bauvoranfrage gestellt werden.

Ablaufschema zur Einreichung eines Bauantrags

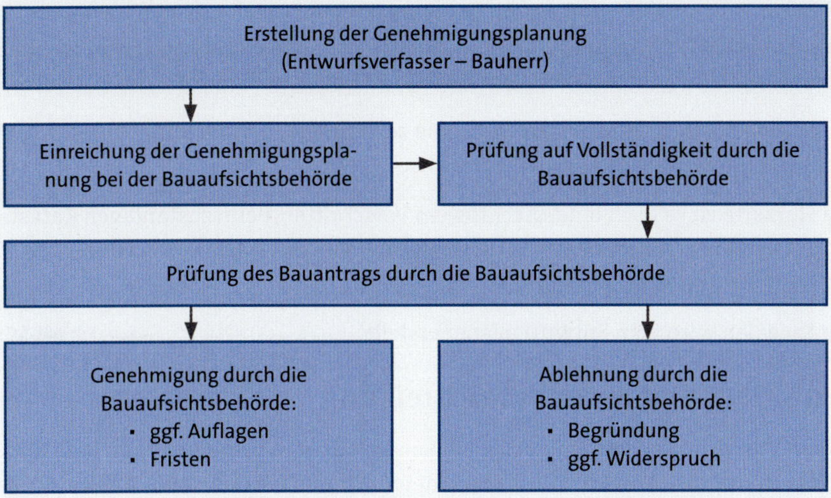

2.2 Der Bauantrag

Bei Antragsstellung eines Bauantrags sind verschiedene Unterlagen einzureichen. Grundlegend ist der ausgefüllte Bauantrag mit dem statistischem Erhebungsbogen.

Für den Bauantrag ist das entsprechende Formular zu nutzen, sofern die zuständige Bauaufsichtsbehörde eines veröffentlicht hat.

Außerdem sind die folgenden Unterlagen dem Bauantrag beizufügen:
- Bauzeichnungen
- Flurkarte und Lageplan
- Bau-/Betriebsbeschreibung
- Berechnungen
- technische Nachweise (Standsicherheit, Brandschutz, Wärmeschutz, Schallschutz usw.)
- Zustimmungserklärung der Nachbarn
- ggf. eine Baulastenerklärung und eine denkmalrechtliche Genehmigung
- Bodengutachten, sofern bei der Maßnahme notwendig
- Kampfmittelräumschein (nachzuweisen nur in einigen Gebieten)

2.2.1 Bauzeichnungen

Bei den Bauzeichnungen handelt es sich um Entwurfszeichnungen. Der Inhalt muss sich nach den Bauvorlageverordnungen (BauVorlVOs) der Länder richten. Das Bauwerk wird dabei in verschiedenen Ansichten, Grundrissen und Schnitten nach vorgegebenen Maßstäben erfasst.

BauVorlVO
Bauvorlageverordnung

Genaue Angaben sind stets bei der zuständigen Gemeindestelle zu beziehen, in der Regel beim Bauamt der Gemeinde bzw. der Stadt.

2.2.2 Flurkarte und Lageplan

Liegenschaftskataster und Flurkarte
▶ LF 7, Kap. 2

Der amtliche Lageplan ist nicht mit der Flurkarte gleichzusetzen. **Flurkarten** des Liegenschaftskatasters enthalten nur die **Flurstücke** sowie **Flurstücknummern** und in grober Darstellung die auf dem Grundstück befindlichen Baulichkeiten.

Ein Lageplan ist im Unterschied dazu eine **zeichnerische Darstellung** eines Objekts, nicht eines gesamten Grundstücksbereichs.

Die Flurkarte ist, je nach landesrechtlichen Vorschriften, beim zuständigen Katasteramt, bei öffentlich bestellten Vermessungsingenieuren oder Sachverständigen für das Vermessungswesen erhältlich.

Der Lageplan wird vom Entwurfsplaner erstellt.

2.2.3 Bau- und Betriebsbeschreibung

Anhand der Baubeschreibung wird das Bauvorhaben in seinen technischen Einzelheiten durch die Angabe von verwendeten Baumaterialien und Ausstattungen beschrieben und die Nutzung erläutert.

Eine Betriebsbeschreibung kommt bei gewerblichen Maßnahmen zum Einsatz.

Bei gewerblichen Bauvorhaben sind außerdem Beschreibung und Darstellung der Tätigkeit des Betriebs, der Betriebsablauf, die Anzahl der Beschäftigten usw. enthalten. Die meisten Baubehörden geben dafür Formulare vor.

Wesentlicher Inhalt einer Baubeschreibung ist:
- Gebäudeklasse
- Angaben zum Baugrund
- Konstruktion und Feuerwiderstand
- Bauprodukte, Bauarten
- Angaben zu den Feuerstätten, Brennstoffart
- Erschließung
- Stellplätze, ggf. Ladestationen
- Barrierefreiheit (DIN 18040)
- Angaben zur Energieeinsparung
- Nutzflächen und Bruttorauminhalt

2.2.4 Berechnungen

Zu den Berechnungen gehören die Ermittlung der bebauten Fläche, des umbauten Raumes, der Grundflächenzahl (GRZ), der Geschossflächenzahl (GFZ), der Wohnfläche oder Nutzfläche, Angabe der Rohbau- und Gesamtkosten.

2.2.5 Technische Nachweise

Zu den technischen Nachweisen gehören u. a.:
- Standsicherheitsnachweis (Statik)
- Brandschutznachweis
- Wärmeschutznachweis
- Schallschutznachweis

Diese Nachweise können zumeist auch im Laufe des Genehmigungsverfahrens nachgereicht werden bzw. sind bei bestimmten Baumaßnahmen nicht erforderlich.

Standsicherheitsnachweis (Statik)

Dabei handelt es sich um die **statische Fachplanung**, auch **Tragwerksplanung** genannt, bei der die Belastung einzelner Bauteile berechnet wird.

> **Tragwerk**
>
> Das Tragwerk ist das statische Gesamtsystem der miteinander verbundenen, lastenabtragenden Konstruktionen, die für die Standsicherheit eines Bauwerks notwendig sind.

Der Fachplaner berechnet dabei die Dimension bzw. macht die Materialvorgabe (z.B. Stahlträger, Wandstärken) für die einzelnen Bauteile.

Brandschutznachweis

Der Brandschutznachweis ist die grafisch-deskriptive Dokumentation zur Absicherung des baulichen Brandschutzes.

deskriptiv
beschreibend

Der gemäß der jeweiligen Landesbauordnung zu erbringende Brandschutznachweis umfasst folgende Punkte bei der Betrachtung der Brandschutzmaßnahmen:

1. Dokumentation
   - Einleitung und Überblick
   - Einsatz der Feuerwehr
   - baulicher Brandschutz des Gebäudes
   - Brandschutz im Bereich der Haus- und Anlagentechnik
   - Brandschutz im Bereich der Gebäudenutzung
2. Planteil (grafische Darstellung der Dokumentation)
   - Rettungs- und Fluchtwege
   - bauliche Anforderungen an Bauteile
   - anlagentechnischer Brandschutz

Wärmeschutznachweis

Mit ihm wird der Nachweis zu den Aufwendungen für den baulichen Wärmeschutz (Dämmung der Wände, Fenster usw.) erbracht. Ausschlaggebend sind dabei die Vorgaben zu den einzelnen Gebäudearten.

Schallschutzgutachten

Bauvorhaben wirken sich häufig auf die Lärmbelastung in der angrenzenden Wohnnachbarschaft aus. Sie müssen deshalb nach der Bundeslärmschutzverordnung und anderen Regelwerken akustisch bewertet werden.

BlmSchV
Bundeslärmschutzverordnung

2.2.6 Beteiligung der Nachbarn (Zustimmungserklärung der Nachbarn)

Es bedarf der Zustimmung der Baugenehmigungsbehörde und des betroffenen Nachbarn.

In den meisten Fällen sind auch die Nachbarn am Baugenehmigungsverfahren zu beteiligen, da ihr Interesse nachhaltig berührt ist, z.B. beim Anbau von Balkonen. Nachbarn sind die Eigentümer, deren Grundstücke unmittelbar an das vom Bauantrag betroffene Grundstück angrenzen.

Dabei geht es insbesondere um das Einhalten von Abstandsflächen von Gebäuden. Das ist notwendig, um die ausreichende Belichtung, Belüftung, Begrenzung von Einsichtsmöglichkeiten oder den Brandschutz einzuhalten.

Ein weiterer Punkt ist auch die Wahrung des sozialen Friedens unter den unmittelbar betroffenen Nachbarn. Die Abstandsflächen sind länderspezifisch geregelt.

Um Zeit zu sparen, kann auch die Genehmigung durch die Nachbarn direkt vom Bauherrn eingeholt und dem Bauantrag beigefügt werden. Ansonsten werden alle Nachbarn von der zuständigen Baubehörde mit einer Fristsetzung auf Antwort angeschrieben.

2.2.7 Baulastenerklärung

Die Baulastenerklärung erfolgt durch den Bauherrn gegenüber der Baubehörde und wirkt zugunsten eines Dritten, i. d. R. eines Grundstücksnachbars.

Baulast

Als Baulast wird allgemein die öffentlich-rechtliche Verpflichtung eines Grundstückseigentümers bezeichnet, bestimmte Dinge auf seinem Grundstück zu dulden, zu tun und/oder zu unterlassen.

Beispiel

Bei einem Bauvorhaben können Abstandsflächen (auf dem zu bebauenden Grundstück zur Grundstücksgrenze) nicht eingehalten werden, z.B. beim Neubau einer Balkonanlage ist der Abstand zwischen Balkonanlage und Grundstücksgrenze zu gering.

2.2.8 Denkmalrechtliche Genehmigung

Je nach geplanter Maßnahme am Bauwerk, Außen- oder Innenbereich ist es notwendig, eine denkmalrechtliche Genehmigung einzuholen. Dabei müssen auch hier die unterschiedlichen Denkmalschutzgesetze der Länder beachtete werden.

Ein **Denkmal** kann die Eigenschaften eines Bauwerks bzw. des Grund und Bodens darstellen. Es wird unterschieden zwischen:

- Einzeldenkmal, z.B. Gebäude, Kirche, Denkmal, Brunnenanlage
- Bodendenkmal, z.B. Reste historischer Bauwerke, Gräber
- Gartendenkmal, z.B. Parkanlagen
- Denkmalbereiche
- Denkmalzonen
- Ensembles

Dabei können Auflagen zu einzelnen Gebäudeteilen (z.B. Fassadengestaltung, Fenster, Wohnungstüren) aber auch zum ganzen Gebäude erteilt werden. Auch die unmittelbare Nähe zu einem Denkmal kann ausschlaggebend sein.

2.2.9 Bodengutachten

In bestimmten Baugebieten besteht die Notwendigkeit, ein Bodengutachten einzuholen, zum Beispiel beim Neubau bzw. bei der Erweiterung von Gebäuden.

Dabei wird die Bodenbeschaffenheit hinsichtlich der Tragfähigkeit sowie der Zusammensetzung des Bodens untersucht. Auch die Lage einzelner Bodenarten bzw. Wasserschichten wird ausgewiesen.

Durch die Bodenmerkmale können bestimmte bauliche Auflagen erforderlich werden, wie beispielsweise
- das Bauen ohne Keller,
- das Bauen mit wasserabhaltenden Kellern, z.B. Wanne oder
- die Notwendigkeit von Pfahlgründungen.

2.2.10 Kampfmittelräumschein

In Gebieten in denen Kampfmittelverdachtsflächen (z.B. Bombenabwurfgebiete des 2. Weltkriegs, ehemalige Truppenübungsplätze) ausgewiesen sind, dürfen Baugenehmigungen nur bei Vorlage einer **Kampfmittelfreiheitsbescheinigung** erteilt werden. Ersatzweise kann unter bestimmten Umständen auch eine kampfmitteltechnische Baubegleitung zulässig sein.

2.3 Teilbaugenehmigung

Für einen **Bauabschnitt** oder nur für **ein bestimmtes Bauteil** kann eine Teilbaugenehmigung erlassen werden. Die Teilbaugenehmigung kann unterschiedlich befristet werden.

Typengenehmigung

> **Typenbau**
>
> Bei einem Typenbau (Typenhaus) handelt es sich um ein Gebäude mit typisiertem, standardisiertem Grundriss in gleicher Bauweise.

Dabei wird in der Regel einmal für ein Gebäude die Genehmigung bezüglich der baulichen und technischen Daten/Nachweise eingeholt. Ist das Bauwerk mit diesen Nachweisen einmal genehmigt, kann diese Genehmigung auch auf andere Standorte übertragen werden, d. h., dass nicht alle Nachweise und Baubeschreibungen jedes Mal neu berechnet bzw. formuliert werden müssen. Das Genehmigungsverfahren bezieht sich dann nur noch auf die unterschiedlichen Standorte (Baugrundstücke). Das typische Beispiel sind Fertigbauhäuser oder Reihenhaussiedlungen einer Firma.

2.4 Bauvoranfrage

Bestehen Zweifel oder Unklarheiten beim Bauherrn, ob er auf seinem Grundstück überhaupt und in welcher Art und Weise ein Bauwerk errichten kann, besteht die Möglichkeit, eine allgemeine Anfrage, ohne die im Baugenehmigungsverfahren vorgeschriebenen Anlagen, an die zuständige Baubehörde zu stellen. Im Anschluss kann ein Bauvorbescheid erlassen werden.

Beispiel

Ein Bauherr möchte auf seinem Grundstück ein Einfamilienhaus über zwei Vollgeschosse und ein ausgebautes Dachgeschoss mit Satteldach, Terrasse und Poolanlage bauen. Nach Anfrage beim Bauamt wird ihm mitgeteilt, dass er nur ein Gebäude über zwei Vollgeschosse mit Flachdach errichten darf.
Diese Information kann er nun gleich in seiner Bauplanung berücksichtigen.

2.5 Bauvorbescheid

Aufgrund der Bauvoranfrage kann ein Bauvorbescheid erteilt werden. Dabei ist zu beachten, dass die Baubehörde im späteren Baugenehmigungsverfahren an die Vorgaben aus dem Bauvorbescheid gebunden ist.

2.6 Baugenehmigung

Baugenehmigung

Eine Baugenehmigung ist der positive Abschluss des bauaufsichtlichen Genehmigungsverfahrens.

Steht das beantragte Bauvorhaben in Einklang mit den jeweils bestehenden Vorschriften, besteht für den Bauherrn ein Rechtsanspruch auf die Erteilung der Baugenehmigung. Darüber hinaus kann eine Baugenehmigung mit Auflagen und Bedingungen verbunden werden (sog. Nebenbestimmungen).

Wird der Antrag abgelehnt, kann der Bauherr innerhalb der Rechtsbehelfsfrist in Widerspruch gehen oder eine verwaltungsgerichtliche Klage einreichen.

Hat der Bauherr eine Baugenehmigung erhalten, so ist durch die jeweilige Landesbauordnung geregelt, bis zu welchem Zeitpunkt (Frist) mit der Baumaßnahme begonnen werden muss bzw. wie lange eine Baumaßnahe unterbrochen werden darf. Ansonsten kann eine Baugenehmigung auch erlöschen.

Merke!

Es ist unbedingt darauf zu achten, dass erst nach Erteilung der Baugenehmigung mit dem baulichen Vorhaben begonnen werden darf.

3 Die Architektin/der Architekt

SB ▶ SITUATION 65
Beauftragung eines Architekten

Wer in Deutschland als Architekt/in gelten will, muss **Mitglied der Architektenkammer** sein. Dafür braucht man ein abgeschlossenes Studium der Architektur.

Die Aufgabe eines Architekten/einer Architektin ist es, Bauwerke und Gebäude auf gestalterischer, wirtschaftlicher und funktionaler Ebene zu planen. Das kann z. B. den Entwurf eines Bauwerks oder Gebäudes, die Bauleitung und die Überwachung des Baufortschritts bzw. der Baukosten umfassen.

Artikel 10: Gesetz zur Verbesserung des Mietrechts und zur Begrenzung des Mietanstiegs sowie zur Regelung von Ingenieur- und Architektenleistungen (sog. Artikelgesetz)

Gesetz vom 4. November 1971 (BGBl. I S. 1745), zuletzt geändert am 12. November 2020 (BGBl. I S. 2392)
In Art. 10 dieses Gesetzes wird die Bundesregierung dazu ermächtigt, eine Honorarordnung für Ingenieur- und Architektenleistungen zu erlassen. Dabei sind gemäß Art. 10 § 1 folgende Punkte zu regeln:

1. die Grundlagen und Maßstäbe zur Berechnung von Honoraren
2. Honorartafeln zur Honorarorientierung für Grundleistungen, auch in Abgrenzung zu besonderen Leistungen
3. eine Regelung, wonach bestimmte in den Honorartafeln angegebene Honorarsätze für Grundleistungen für den Fall als vereinbart gelten, dass keine wirksame Honorarvereinbarung getroffen wurde
4. die bei der Honorarvereinbarung einzuhaltende Form und die zu beachtenden Hinweise

Im § 2 wird geregelt, dass sogenannte Kopplungsgeschäfte nicht zulässig sind. Das bedeutet, dass der Erwerber eines Grundstücks nicht dazu verpflichtet werden kann, bei der Planung oder Ausführung eines Bauwerks die Leistungen eines bestimmten Ingenieurs oder Architekten in Anspruch nehmen zu müssen.

3.1 Der Architektenvertrag gemäß BGB

Ab 2018 wurde der Architekten- und Ingenieurvertrag als **eigenständiger Vertragstyp im BGB** aufgenommen. Die entsprechenden Regelungen sind in den folgenden Paragrafen abgebildet.

Architekten- und Ingenieurvertrag

Paragraf	Inhalt
§ 650p	Vertragstypische Pflichten aus Architekten- und Ingenieursverträgen
§ 650q	Anwendbare Vorschriften
§ 650r	Sonderkündigungsrechte
§ 650s	Teilabnahme
§ 650t	Gesamtschuldnerische Haftung mit dem bauausführenden Unternehmer

Auf den Plattformen der Architektenkammern werden Orientierungshilfen für den Abschluss eines Architektenvertrages gegeben. Wichtig sind die Regelungen bei Verträgen mit Verbrauchern (Verbraucherschutz).

Merke!

Verbraucher sind vom Architekten vor Vertragsabschluss darauf hinzuweisen, dass auch höhere oder niedrige Honorare als in der HOAI in den Honorartafeln enthaltenen Werte vereinbart werden können. Fehlt dieser Hinweis, kann der Architekt (bei höheren Honoraren) nur den Basishonorarsatz in Rechnung stellen.

3.2 Die HOAI 2021

HOAI

Honorarverordnung für Architekten und Ingenieure

Bei der aktuell gültigen HOAI 2021 handelt es sich um die Honorarverordnung für Architekten und Ingenieure vom 10. Juli 2013 (BGBl. I S. 2276), zuletzt geändert am 02. Dezember 2020 (BGB. I S. 2636).

In § 2 der HOAI sind die notwendigen Begriffe definiert, u. a. Neubau, Wiederaufbau, Modernisierung, Instandsetzung und Instandhaltung. Auch der Begriff der Kostenschätzung findet sich dort:

§ 2 HOAI Begriffsbestimmungen

(...)

(10) Kostenschätzung ist die überschlägige Ermittlung der Kosten auf der Grundlage der Vorplanung. Die Kostenschätzung ist die vorläufige Grundlage für Finanzierungsüberlegungen. Der Kostenschätzung liegen zugrunde:
1. Vorplanungsergebnisse,
2. Mengenschätzungen,
3. erläuternde Angaben zu den planerischen Zusammenhängen, Vorgängen sowie Bedingungen und
4. Angaben zum Baugrundstück und zu dessen Erschließung.

Wird die Kostenschätzung nach § 4 Absatz 1 Satz 3 auf der Grundlage der DIN 276 in der Fassung vom Dezember 2008 (DIN 276-1: 2008-12) erstellt, müssen die Gesamtkosten nach Kostengruppen mindestens bis zur ersten Ebene der Kostengliederung ermittelt werden.

(11) Kostenberechnung ist die Ermittlung der Kosten auf der Grundlage der Entwurfsplanung. Der Kostenberechnung liegen zugrunde:
1. durchgearbeitete Entwurfszeichnungen oder Detailzeichnungen wiederkehrender Raumgruppen,
2. Mengenberechnungen und
3. für die Berechnung und Beurteilung der Kosten relevante Erläuterungen.

Wird die Kostenberechnung nach § 4 Absatz 1 Satz 3 auf der Grundlage der DIN 276 erstellt, müssen die Gesamtkosten nach Kostengruppen mindestens bis zur zweiten Ebene der Kostengliederung ermittelt werden.

3.3 Berechnung des Architektenhonorars

Mit der aktuellen HOAI erfolgte die Neuregelung der Honorare. Aufgrund einer Entscheidung des Europäischen Gerichtshofs aus dem Jahr 2019 wurden die bisherigen Honorarregelungen mit Mindest- und Höchstsätzen als nicht mehr zulässig betrachtet.

Honorare können also für **alle in der HOAI erfassten Leistungen frei vereinbart** werden.

Merke!

Durch die in der HOAI enthaltenen Honorartafeln werden nur noch „Orientierungswerte" ausgewiesen.

Die Honorartafeln enthalten für jeden Leistungsbereich Honorarspannen vom Basishonorar bis zum oberen Honorarsatz. Gegliedert sind diese weiterhin nach Honorarzonen.

Grundlagen des Honorars sind gemäß § 6 HOAI
- die Leistungsbilder (§ 3 HOAI),
- die Honorarzone (§ 5 HOAI),
- die jeweiligen Honorartafein zur Honorarorientierung (§ 2a HOAI) und
- ggf. Zuschläge.

Grundlagen des Honorars:
§ 6 HOAI

Leistungen und Leistungsbilder:
§ 3 HOAI

Honorarzonen:
§ 5 HOAI

Honorartafeln und Basishonorarsatz:
§ 2a Hoai

Merke!

Grundsätzlich gilt, dass die vertraglichen Vereinbarungen der Parteien ausschlaggebend sind.

Hinsichtlich der vertraglichen Vereinbarungen ist zu beachten:
- Die Vereinbarung hat in Textform zu erfolgen.
- Besteht keine Vereinbarung über die Höhe des Honorars in Textform, gilt die Berechnung gemäß § 6 HOAI, d. h., für die Grundleistung gilt der jeweilige Basishonorarsatz als vereinbart.
- Es besteht zum Beispiel auch die Möglichkeit der Honorarvereinbarung über eine Stundensatzvereinbarung oder über eine Pauschale.

Der ehemalige Mindesthonorarsatz ist jetzt der Basishonorarsatz. Der Architekt ist gefordert, sein Honorar zu verhandeln.

3.4 Leistungen und Leistungsbilder (§ 3 HOAI)

Bei den Leistungen wird zwischen Grundleistungen und besonderen Leistungen unterschieden. Die Grundleistungen sind teilweise noch unterteilt und in weitere verschiedene Leistungsphasen (LPH) aufgesplittet.

Grundleistungen im Leistungsbild	Unterteilung	LPH	Anlage
Weitere Fach- und Beratungsleistungen	Umweltverträglichkeitsstudie	1–4	Anlage 1 zu § 3 Abs. 1
	Bauphysik	1–9	-
	Geotechnik	1–4	-
	Ingenieurvermessung	1–5	-
Flächennutzungsplan	-	1–3	Anlage 2 zu § 18 Abs. 2
Bebauungsplan	-	1–3	Anlage 3 zu § 19 Abs. 2
Landschaftsplan	-	1–4	Anlage 4 zu § 23 Abs. 2
Grünordnungsplan	-	1–4	Anlage 5 zu § 24 Abs. 2
Landschaftsrahmenplan	-	1–4	Anlage 6 zu § 25 Abs. 2
Landschaftspflegerischer Begleitplan	-	1–4	Anlage 7 zu § 26 Abs. 2
Pflege- und Entwicklungsplan	-	1–4	Anlage 8 zu § 27 Abs. 2
Besondere Leistungen zur Flächenplanung	(Unterteilt in 6 verschiedene Leistungsbereiche)		Anlage 9 zu §§ 18, 19, 23, 24, 25, 26 und 27, jeweils Abs. 2
Gebäude und Innenräume	+ Objektlisten	1–9	Anlage 10 zu §§34 Abs. 4, § 35 Abs. 7
Freianlagen	+ Objektliste	1–9	Anlage 11 zu § 39 Abs. 4, § 40 Abs. 5
Ingenieurbauwerke	+ Objektliste	1–9	Anlage 12 zu § 43 Abs. 4, § 48 Abs. 5
Verkehrsanlagen	+ Objektliste		Anlage 13 zu § 47 Abs. 2, § 48 Abs. 5
Tragwerksplanung	+ Objektliste	1–9	Anlage 14 zu § 51 Abs. 5, § 52 Abs. 2
Technische Ausrüstung	+ Objektliste	1–9	Anlage 15 zu § 55 Abs. 3, § 56 Abs. 3

Hinweis

Nachfolgend soll sich hier überwiegend auf die Leistungen bei der Errichtung bzw. der Sanierung und Modernisierung von Gebäuden (Objekt -und Tragwerksplanung) konzentriert werden. Weitere Grundleistungen z. B. Flächenplanung und Landschaftsplanung können der HOAI entnommen werden.

Die Leistungsbilder gliedern sich in Leistungsphasen, z.B. bei Gebäuden und Innenräumen in die Leistungsphasen 1 bis 9.

Eine genaue Übersicht zu den einzelnen Leistungsphasen liefern die Übersichten auf den folgenden Seiten.

HOAI – Anlage 10 (zu § 34 Absatz 4, § 35 Absatz 7)
Grundleistungen im Leistungsbild Gebäude und Innenräume, Besondere Leistungen, Objektlisten

Leistungsbild Gebäude und Innenräume (Anlage 10.1)

LPH
Leistungsphase

LPH 1 – Grundlagenermittlung	
Grundleistungen	**Besondere Leistungen**
a) Klären der Aufgabenstellung auf Grundlage der Vorgaben oder der Bedarfsplanung des Auftraggebers b) Ortsbesichtigung c) Beraten zum gesamten Leistungs- und Untersuchungsbedarf d) Formulieren der Entscheidungshilfen für die Auswahl anderer an der Planung fachlich Beteiligter e) Zusammenfassen, Erläutern und Dokumentieren der Ergebnisse	▪ Bedarfsplanung ▪ Bedarfsermittlung ▪ Aufstellen eines Funktionsprogramms ▪ Aufstellen eines Raumprogramms ▪ Standortanalyse ▪ Mitwirken bei Grundstücks- und Objektauswahl, -beschaffung und -übertragung ▪ Beschaffen von Unterlagen, die für das Vorhaben erheblich sind ▪ Bestandsaufnahme ▪ technische Substanzerkundung ▪ Betriebsplanung ▪ Prüfen der Umwelterheblichkeit ▪ Prüfen der Umweltverträglichkeit ▪ Machbarkeitsstudie ▪ Wirtschaftlichkeitsuntersuchung ▪ Projektstrukturplanung ▪ Zusammenstellen der Anforderungen aus Zertifizierungssystemen ▪ Verfahrensbetreuung, Mitwirken bei der Vergabe von Planungs- und Gutachterleistungen

LPH 2 – Vorplanung (Projekt- und Planungsvorbereitung)	
Grundleistungen	**Besondere Leistungen**
a) Analysieren der Grundlagen, Abstimmen der Leistungen mit den fachlich an der Planung Beteiligten b) Abstimmen der Zielvorstellungen, Hinweisen auf Zielkonflikte c) Erarbeiten der Vorplanung, Untersuchen, Darstellen und Bewerten von Varianten nach gleichen Anforderungen, Zeichnungen im Maßstab nach Art und Größe des Objekts d) Klären und Erläutern der wesentlichen Zusammenhänge, Vorgaben und Bedingungen (z. B. städtebauliche, gestalterische, funktionale, technische, wirtschaftliche, ökologische, bauphysikalische, energiewirtschaftliche, soziale, öffentlich-rechtliche)	▪ Aufstellen eines Katalogs für die Planung und Abwicklung der Programmziele ▪ Untersuchen alternativer Lösungsansätze nach verschiedenen Anforderungen einschließlich Kostenbewertung ▪ Beachten der Anforderungen des vereinbarten Zertifizierungssystems ▪ Durchführen des Zertifizierungssystems ▪ Ergänzen der Vorplanungsunterlagen aufgrund besonderer Anforderungen ▪ Aufstellen eines Finanzierungsplanes ▪ Mitwirken bei der Kredit- und Fördermittelbeschaffung ▪ Durchführen von Wirtschaftlichkeitsuntersuchungen ▪ Durchführen der Voranfrage (Bauanfrage)

e) Bereitstellen der Arbeitsergebnisse als Grundlage für die anderen an der Planung fachlich Beteiligten sowie Koordination und Integration von deren Leistungen f) Vorverhandlungen über die Genehmigungsfähigkeit g) Kostenschätzung nach DIN 276, Vergleich mit den finanziellen Rahmenbedingungen h) Erstellen eines Terminplans mit den wesentlichen Vorgängen des Planungs- und Bauablaufs i) Zusammenfassen, Erläutern und Dokumentieren der Ergebnisse	• Anfertigen von besonderen Präsentationshilfen, die für die Klärung im Vorentwurfsprozess nicht notwendig sind, z. B.: – Präsentationsmodelle – perspektivische Darstellungen – bewegte Darstellung/Animation – Farb- und Materialcollagen – digitales Geländemodell • 3-D oder 4-D Gebäudemodellbearbeitung (Building Information Modelling BIM) • Aufstellen einer vertieften Kostenschätzung nach Positionen einzelner Gewerke • Fortschreiben des Projektstrukturplanes • Aufstellen von Raumbüchern • Erarbeiten und Erstellen von besonderen bauordnungsrechtlichen Nachweisen für den vorbeugenden und organisatorischen Brandschutz bei baulichen Anlagen besonderer Art und Nutzung, Bestandsbauten oder im Falle von Abweichungen von der Bauordnung

LPH 3 – Entwurfsplanung (System- und Integrationsplanung)	
Grundleistungen	**Besondere Leistungen**
a) Erarbeiten der Entwurfsplanung, unter weiterer Berücksichtigung der wesentlichen Zusammenhänge, Vorgaben und Bedingungen (z. B. städtebauliche, gestalterische, funktionale, technische, wirtschaftliche, ökologische, soziale, öffentlich-rechtliche) auf der Grundlage der Vorplanung und als Grundlage für die weiteren Leistungsphasen und die erforderlichen öffentlich-rechtlichen Genehmigungen unter Verwendung der Beiträge anderer an der Planung fachlich Beteiligter. Zeichnungen nach Art und Größe des Objekts im erforderlichen Umfang und Detaillierungsgrad unter Berücksichtigung aller fachspezifischen Anforderungen, z. B. bei Gebäuden im Maßstab 1:100, z. B. bei Innenräumen im Maßstab 1:50 bis 1:20 b) Bereitstellen der Arbeitsergebnisse als Grundlage für die anderen an der Planung fachlich Beteiligten sowie Koordination und Integration von deren Leistungen c) Objektbeschreibung d) Verhandlungen über die Genehmigungsfähigkeit e) Kostenberechnung nach DIN 276 und Vergleich mit der Kostenschätzung f) Fortschreiben des Terminplans g) Zusammenfassen, Erläutern und Dokumentieren der Ergebnisse	• Analyse der Alternativen/Varianten und deren Wertung mit Kostenuntersuchung (Optimierung) • Wirtschaftlichkeitsberechnung • Aufstellen und Fortschreiben einer vertieften Kostenberechnung • Fortschreiben von Raumbüchern

LPH 4 – Genehmigungsplanung	
Grundleistungen	**Besondere Leistungen**
a) Erarbeiten und Zusammenstellen der Vorlagen und Nachweise für öffentlich-rechtliche Genehmigungen oder Zustimmungen einschließlich der Anträge auf Ausnahmen und Befreiungen, sowie notwendiger Verhandlungen mit Behörden unter Verwendung der Beiträge anderer an der Planung fachlich Beteiligter b) Einreichen der Vorlagen c) Ergänzen und Anpassen der Planungsunterlagen, Beschreibungen und Berechnungen	• Mitwirken bei der Beschaffung der nachbarlichen Zustimmung • Nachweise, insbesondere technischer, konstruktiver und bauphysikalischer Art, für die Erlangung behördlicher Zustimmungen im Einzelfall • Fachliche und organisatorische Unterstützung des Bauherrn im Widerspruchsverfahren, Klageverfahren oder ähnlichen Verfahren

LPH 5 – Ausführungsplanung	
Grundleistungen	**Besondere Leistungen**
a) Erarbeiten der Ausführungsplanung mit allen für die Ausführung notwendigen Einzelangaben (zeichnerisch und textlich) auf der Grundlage der Entwurfs- und Genehmigungsplanung bis zur ausführungsreifen Lösung, als Grundlage für die weiteren Leistungsphasen b) Ausführungs-, Detail- und Konstruktionszeichnungen nach Art und Größe des Objekts im erforderlichen Umfang und Detaillierungsgrad unter Berücksichtigung aller fachspezifischen Anforderungen, z. B. bei Gebäuden im Maßstab 1:50 bis 1:1, z. B. bei Innenräumen im Maßstab 1:20 bis 1:1 c) Bereitstellen der Arbeitsergebnisse als Grundlage für die anderen an der Planung fachlich Beteiligten, sowie Koordination und Integration von deren Leistungen d) Fortschreiben des Terminplans e) Fortschreiben der Ausführungsplanung aufgrund der gewerkeorientierten Bearbeitung während der Objektausführung f) Überprüfen erforderlicher Montagepläne der vom Objektplaner geplanten Baukonstruktionen und baukonstruktiven Einbauten auf Übereinstimmung mit der Ausführungsplanung	• Aufstellen einer detaillierten Objektbeschreibung als Grundlage der Leistungsbeschreibung mit Leistungsprogramm* • Prüfen der vom bauausführenden Unternehmen aufgrund der Leistungsbeschreibung mit Leistungsprogramm ausgearbeiteten Ausführungspläne auf Übereinstimmung mit der Entwurfsplanung* • Fortschreiben von Raumbüchern in detaillierter Form • Mitwirken beim Anlagenkennzeichnungssystem (AKS) • Prüfen und Anerkennen von Plänen Dritter, nicht an der Planung fachlich Beteiligter auf Übereinstimmung mit den Ausführungsplänen (z. B. Werkstattzeichnungen von Unternehmen, Aufstellungs- und Fundamentpläne nutzungsspezifischer oder betriebstechnischer Anlagen), soweit die Leistungen Anlagen betreffen, die in den anrechenbaren Kosten nicht erfasst sind * *Diese Besondere Leistung wird bei Leistungsbeschreibung mit Leistungsprogramm ganz oder teilweise Grundleistung. In diesem Fall entfallen die entsprechenden Grundleistungen dieser Leistungsphase.*

LPH 6 – Vorbereitung der Vergabe	
Grundleistungen	**Besondere Leistungen**
a) Aufstellen eines Vergabeterminplans b) Aufstellen von Leistungsbeschreibungen mit Leistungsverzeichnissen nach Leistungsbereichen, Ermitteln und Zusammenstellen von Mengen auf der Grundlage der Ausführungsplanung unter Verwendung der Beiträge anderer an der Planung fachlich Beteiligter c) Abstimmen und Koordinieren der Schnittstellen zu den Leistungsbeschreibungen der an der Planung fachlich Beteiligten d) Ermitteln der Kosten auf der Grundlage vom Planer bepreister Leistungsverzeichnisse e) Kostenkontrolle durch Vergleich der vom Planer bepreisten Leistungsverzeichnisse mit der Kostenberechnung f) Zusammenstellen der Vergabeunterlagen für alle Leistungsbereiche	• Aufstellen der Leistungsbeschreibungen mit Leistungsprogramm auf der Grundlage der detaillierten Objektbeschreibung* • Aufstellen von alternativen Leistungsbeschreibungen für geschlossene Leistungsbereiche • Aufstellen von vergleichenden Kostenübersichten unter Auswertung der Beiträge anderer an der Planung fachlich Beteiligter * *Diese Besondere Leistung wird bei einer Leistungsbeschreibung mit Leistungsprogramm ganz oder teilweise zur Grundleistung. In diesem Fall entfallen die entsprechenden Grundleistungen dieser Leistungsphase.*

LPH 7 – Mitwirkung bei der Vergabe	
Grundleistungen	**Besondere Leistungen**
a) Koordinieren der Vergaben der Fachplaner b) Einholen von Angeboten c) Prüfen und Werten der Angebote einschließlich Aufstellen eines Preisspiegels nach Einzelpositionen oder Teilleistungen, Prüfen und Werten der Angebote zusätzlicher und geänderter Leistungen der ausführenden Unternehmen und der Angemessenheit der Preise d) Führen von Bietergesprächen e) Erstellen der Vergabevorschläge, Dokumentation des Vergabeverfahrens f) Zusammenstellen der Vertragsunterlagen für alle Leistungsbereiche g) Vergleichen der Ausschreibungsergebnisse mit den vom Planer bepreisten Leistungsverzeichnissen oder der Kostenberechnung h) Mitwirken bei der Auftragserteilung	• Prüfen und Werten von Nebenangeboten mit Auswirkungen auf die abgestimmte Planung • Mitwirken bei der Mittelabflussplanung • Fachliche Vorbereitung und Mitwirken bei Nachprüfungsverfahren • Mitwirken bei der Prüfung von bauwirtschaftlich begründeten Nachtragsangeboten • Prüfen und Werten der Angebote aus Leistungsbeschreibung mit Leistungsprogramm einschließlich Preisspiegel* • Aufstellen, Prüfen und Werten von Preisspiegeln nach besonderen Anforderungen * *Diese Besondere Leistung wird bei Leistungsbeschreibung mit Leistungsprogramm ganz oder teilweise Grundleistung. In diesem Fall entfallen die entsprechenden Grundleistungen dieser Leistungsphase.*

LPH 8 – Objektüberwachung (Bauüberwachung) und Dokumentation	
Grundleistungen	**Besondere Leistungen**
a) Überwachen der Ausführung des Objektes auf Übereinstimmung mit der öffentlich-rechtlichen Genehmigung oder Zustimmung, den Verträgen mit ausführenden Unternehmen, den Ausführungsunterlagen, den einschlägigen Vorschriften sowie mit den allgemein anerkannten Regeln der Technik b) Überwachen der Ausführung von Tragwerken mit sehr geringen und geringen Planungsanforderungen auf Übereinstimmung mit dem Standsicherheitsnachweis c) Koordinieren der an der Objektüberwachung fachlich Beteiligten d) Aufstellen, Fortschreiben und Überwachen eines Terminplans (Balkendiagramm) e) Dokumentation des Bauablaufs (z. B. Bautagebuch) f) Gemeinsames Aufmaß mit den ausführenden Unternehmen g) Rechnungsprüfung einschließlich Prüfen der Aufmaße der bauausführenden Unternehmen h) Vergleich der Ergebnisse der Rechnungsprüfungen mit den Auftragssummen einschließlich Nachträgen i) Kostenkontrolle durch Überprüfen der Leistungsabrechnung der bauausführenden Unternehmen im Vergleich zu den Vertragspreisen j) Kostenfeststellung, zum Beispiel nach DIN 276 k) Organisation der Abnahme der Bauleistungen unter Mitwirkung anderer an der Planung und Objektüberwachung fachlich Beteiligter, Feststellung von Mängeln, Abnahmeempfehlung für den Auftraggeber l) Antrag auf öffentlich-rechtliche Abnahmen und Teilnahme daran m) Systematische Zusammenstellung der Dokumentation, zeichnerischen Darstellungen und rechnerischen Ergebnisse des Objekts n) Übergabe des Objekts o) Auflisten der Verjährungsfristen für Mängelansprüche p) Überwachen der Beseitigung der bei der Abnahme festgestellten Mängel	▪ Aufstellen, Überwachen und Fortschreiben eines Zahlungsplanes ▪ Aufstellen, Überwachen und Fortschreiben von differenzierten Zeit-, Kosten- oder Kapazitätsplänen ▪ Tätigkeit als verantwortlicher Bauleiter, soweit diese Tätigkeit nach jeweiligem Landesrecht über die Grundleistungen der LPH 8 hinausgeht

LPH 9 – Objektbetreuung	
Grundleistungen	**Besondere Leistungen**
a) Fachliche Bewertung der innerhalb der Verjährungsfristen für Gewährleistungsansprüche festgestellten Mängel, längstens jedoch bis zum Ablauf von fünf Jahren seit Abnahme der Leistung, einschließlich notwendiger Begehungen b) Objektbegehung zur Mängelfeststellung vor Ablauf der Verjährungsfristen für Mängelansprüche gegenüber den ausführenden Unternehmen c) Mitwirken bei der Freigabe von Sicherheitsleistungen	• Überwachen der Mängelbeseitigung innerhalb der Verjährungsfrist • Erstellen einer Gebäudebestandsdokumentation • Aufstellen von Ausrüstungs- und Inventarverzeichnissen • Erstellen von Wartungs- und Pflegeanweisungen • Erstellen eines Instandhaltungskonzepts • Objektbeobachtung • Objektverwaltung • Baubegehungen nach Übergabe • Aufbereiten der Planungs- und Kostendaten für eine Objektdatei oder Kostenrichtwerte • Evaluieren von Wirtschaftlichkeitsberechnungen

Objektliste Gebäude (Anlage 10.2)

Nachstehende Gebäude werden in der Regel folgenden Honorarzonen zugerechnet.

Objektliste Gebäude	**Honorarzone**				
	I	**II**	**III**	**IV**	**V**
Wohnen					
• Einfache Behelfsbauten für vorübergehende Nutzung	x				
• Einfache Wohnbauten mit gemeinschaftlichen Sanitär- und Kücheneinrichtungen		x			
• Einfamilienhäuser, Wohnhäuser oder Hausgruppen in verdichteter Bauweise			x	x	
• Wohnheime, Gemeinschaftsunterkünfte, Jugendherbergen, -freizeitzentren, -stätten			x	x	
Ausbildung/Wissenschaft/Forschung					
• Offene Pausen-, Spielhallen	x				
• Studentenhäuser			x	x	
• Schulen mit durchschnittlichen Planungsanforderungen, zum Beispiel Grundschulen, weiterführende Schulen und Berufsschulen			x		
• Schulen mit hohen Planungsanforderungen, Bildungszentren, Hochschulen, Universitäten, Akademien				x	
• Hörsaal-, Kongresszentren				x	
• Labor- oder Institutsgebäude				x	x

Objektliste Gebäude	Honorarzone				
	I	II	III	IV	V
Büro/Verwaltung/Staat/Kommune					
• Büro-, Verwaltungsgebäude			x	x	
• Wirtschaftsgebäude, Bauhöfe			x	x	
• Parlaments-, Gerichtsgebäude				x	
• Bauten für den Strafvollzug				x	x
• Feuerwachen, Rettungsstationen			x	x	
• Sparkassen- oder Bankfilialen			x	x	
• Büchereien, Bibliotheken, Archive			x	x	
Gesundheit/Betreuung					
• Liege- oder Wandelhallen	x				
• Kindergärten, Kinderhorte			x		
• Jugendzentren, Jugendfreizeitstätten			x		
• Betreuungseinrichtungen, Altentagesstätten			x		
• Pflegeheime oder Bettenhäuser, ohne oder mit medizinisch-technischen Einrichtungen			x	x	
• Unfall-, Sanitätswachen, Ambulatorien		x	x		
• Therapie- oder Rehabilitations-Einrichtungen, Gebäude für Erholung, Kur oder Genesung			x	x	
• Hilfskrankenhäuser			x		
• Krankenhäuser der Versorgungsstufe I oder II, Krankenhäuser besonderer Zweckbestimmung				x	
• Krankenhäuser der Versorgungsstufe III, Universitätskliniken					x
Handel und Verkauf/Gastgewerbe					
• Einfache Verkaufslager, Verkaufsstände, Kioske		x			
• Ladenbauten, Discounter, Einkaufszentren, Märkte, Messehallen			x	x	
• Gebäude für Gastronomie, Kantinen oder Mensen			x	x	
• Großküchen, mit oder ohne Speiseräume				x	
• Pensionen, Hotels			x	x	
Freizeit/Sport					
• Einfache Tribünenbauten		x			
• Bootshäuser		x			
• Turn- oder Sportgebäude			x	x	
• Mehrzweckhallen, Hallenschwimmbäder, Großsportstätten				x	x

Objektliste Gebäude	Honorarzone				
	I	II	III	IV	V
Gewerbe/Industrie/Landwirtschaft					
• Einfache Landwirtschaftliche Gebäude, zum Beispiel Feldscheunen, Einstellhallen	x				
• Landwirtschaftliche Betriebsgebäude, Stallanlagen		x	x	x	
• Gewächshäuser für die Produktion		x			
• Einfache geschlossene, eingeschossige Hallen, Werkstätten		x			
• Spezielle Lagergebäude, zum Beispiel Kühlhäuser			x		
• Werkstätten, Fertigungsgebäude des Handwerks oder der Industrie		x	x	x	
• Produktionsgebäude der Industrie			x	x	x
Infrastruktur					
• Offene Verbindungsgänge, Überdachungen, zum Beispiel Wetterschutzhäuser, Carports	x				
• Einfache Garagenbauten		x			
• Parkhäuser, -garagen, Tiefgaragen, jeweils mit integrierten weiteren Nutzungsarten		x	x		
• Bahnhöfe oder Stationen verschiedener öffentlicher Verkehrsmittel				x	
• Flughäfen				x	x
• Energieversorgungszentralen, Kraftwerksgebäude, Großkraftwerke				x	x
Kultur-/Sakralbauten					
• Pavillons für kulturelle Zwecke		x	x		
• Bürger-, Gemeindezentren, Kultur-/Sakralbauten, Kirchen				x	
• Mehrzweckhallen für religiöse oder kulturelle Zwecke				x	
• Ausstellungsgebäude, Lichtspielhäuser			x	x	
• Museen				x	x
• Theater-, Opern-, Konzertgebäude				x	x
• Studiogebäude für Rundfunk oder Fernsehen				x	x

3.5 Honorarzonen (§ 5 HOAI)

In den Honorarzonen spiegeln sich die Schwierigkeitsgrade eines Objekts oder einer Flächenplanung wider.

Nach der HOAI werden bei der Objekt- und Tragwerksplanung fünf Honorarzonen und bei der Flächenplanung drei Honorarzonen definiert.

1. **Honorarzonen bei der Planung von Gebäuden (Anlage 10.2 HOAI)**

Objektliste Gebäude:
Anlage 10.2 HOAI

Honorarzone	Planungsanforderung	Beispiele aus den Objektlisten
I	sehr gering	einfache landwirtschaftliche Gebäude, Carports
II	gering	Garagen, einfache Verkaufslager
III	durchschnittlich	Wohnhäuser, Einfamilienhäuser, Kitas
IV	überdurchschnittlich	Schulen, Universitäten
V	sehr hoch	Krankenhäuser, Theater

2. **Honorarzonen bei der Planung der technischen Ausrüstung (Anlage 15.2 HOAI)**

Objektliste:
Anlage 15.2 HOAI

Honorarzone	Planungsanforderung	Beispiel
I	gering	Standardaufzüge, Abwurfanlagen für Abfall
II	durchschnittlich	Wasser-/Abwasseranlagen, Gebäudeheizungsanlagen
III	hoch	Lüftungsanlagen, Hoch- und Mittelspannungsanlagen

3.6 Beispiel für die Berechnung des Architektenhonorars

Wie bereits in Kapitel 3.3 erwähnt, können Honorare für alle in der HOAI erfassten Leistungen frei vereinbart werden. Durch die in der HOAI enthaltenen Honorartafeln werden nur noch „Orientierungswerte" ausgewiesen.

Sehen wir uns dazu nun ein Beispiel an. Grundlegend für das Beispiel sind die folgenden Angaben:

Beispiel für ein Einfamilienhaus

Anrechenbare Kosten: 250.000 EUR, Honorarzone III

Anrechenbare Kosten	Honorarzone	Prozent über Basishonorarsatz	Honorar
250.000,00 €	III	0 %	33.922,00 €

	Anrechenbare Kosten	Honorarzone I		Honorarzone II		Honorarzone III	
		von	bis	von	bis	von	bis
$Honorar_{min}$	200.000,00 €	20.037,00 €	23.480,00 €	23.480,00 €	27.863,00 €	27.863,00 €	34.751,00 €
$Honorar_{max}$	300.000,00 €	28.750,00 €	33.692,00 €	33.692,00 €	39.981,00 €	39.981,00 €	49.864,00 €

Anrechenbare Kosten	Honorarzone I		Honorarzone II	
	von	bis	von	bis
25.000,00 €	3.120,00 €	3.657,00 €	3.657,00 €	4.339,00 €
35.000,00 €	4.217,00 €	4.942,00 €	4.942,00 €	5.865,00 €
50.000,00 €	5.804,00 €	6.801,00 €	6.801,00 €	8.071,00 €
75.000,00 €	8.342,00 €	9.776,00 €	9.776,00 €	11.601,00 €
100.000,00 €	10.790,00 €	12.644,00 €	12.644,00 €	15.005,00 €
150.000,00 €	15.500,00 €	18.164,00 €	18.164,00 €	21.555,00 €
200.000,00 €	20.037,00 €	23.480,00 €	23.480,00 €	27.863,00 €
300.000,00 €	28.750,00 €	33.692,00 €	33.692,00 €	39.981,00 €
500.000,00 €	45.232,00 €	53.006,00 €	53.006,00 €	62.900,00 €
750.000,00 €	64.666,00 €	75.781,00 €	75.781,00 €	89.927,00 €
1.000.000,00 €	83.182,00 €	97.479,00 €	97.479,00 €	115.675,00 €
1.500.000,00 €	119.307,00 €	139.813,00 €	139.813,00 €	165.911,00 €
2.000.000,00 €	153.965,00 €	180.428,00 €	180.428,00 €	214.108,00 €
3.000.000,00 €	220.161,00 €	258.002,00 €	258.002,00 €	306.162,00 €
5.000.000,00 €	343.879,00 €	402.984,00 €	402.984,00 €	478.207,00 €
7.500.000,00 €	493.923,00 €	578.816,00 €	578.816,00 €	686.862,00 €
10.000.000,00 €	638.277,00 €	747.981,00 €	747.981,00 €	887.604,00 €
15.000.000,00 €	915.129,00 €	1.072.416,00 €	1.072.416,00 €	1.272.601,00 €
20.000.000,00 €	1.180.414,00 €	1.383.298,00 €	1.383.298,00 €	1.641.513,00 €
25.000.000,00 €	1.436.874,00 €	1.683.837,00 €	1.683.837,00 €	1.998.153,00 €

Anrechenbare Kosten	Honorarzone III		Honorarzone IV		Honorarzone V	
	von	bis	von	bis	von	bis
25.000,00€	4.339,00€	5.412,00€	5.412,00€	6.094,00€	6.094,00€	6.631,00€
35.000,00€	5.865,00€	7.315,00€	7.315,00€	8.237,00€	8.237,00€	8.962,00€
50.000,00€	8.071,00€	10.066,00€	10.066,00€	11.336,00€	11.336,00€	12.333,00€
75.000,00€	11.601,00€	14.469,00€	14.469,00€	16.293,00€	16.293,00€	17.727,00€
100.000,00€	15.005,00€	18.713,00€	18.713,00€	21.074,00€	21.074,00€	22.928,00€
150.000,00€	21.555,00€	26.883,00€	26.883,00€	30.274,00€	30.274,00€	32.938,00€
200.000,00€	27.863,00€	34.751,00€	34.751,00€	39.134,00€	39.134,00€	42.578,00€
300.000,00€	39.981,00€	49.864,00€	49.864,00€	56.153,00€	56.153,00€	61.095,00€
500.000,00€	62.900,00€	78.449,00€	78.449,00€	88.343,00€	88.343,00€	96.118,00€
750.000,00€	89.927,00€	112.156,00€	112.156,00€	126.301,00€	126.301,00€	137.416,00€
1.000.000,00€	115.675,00€	144.268,00€	144.268,00€	162.464,00€	162.464,00€	176.761,00€
1.500.000,00€	165.911,00€	206.923,00€	206.923,00€	233.022,00€	233.022,00€	253.527,00€
2.000.000,00€	214.108,00€	267.034,00€	267.034,00€	300.714,00€	300.714,00€	327.177,00€
3.000.000,00€	306.162,00€	381.843,00€	381.843,00€	430.003,00€	430.003,00€	467.843,00€
5.000.000,00€	478.207,00€	596.416,00€	596.416,00€	671.640,00€	671.640,00€	730.744,00€
7.500.000,00€	686.862,00€	856.648,00€	856.648,00€	964.694,00€	964.694,00€	1.049.587,00€
10.000.000,00€	887.604,00€	1.107.012,00€	1.107.012,00€	1.246.635,00€	1.246.635,00€	1.356.339,00€
15.000.000,00€	1.272.601,00€	1.587.176,00€	1.587.176,00€	1.787.360,00€	1.787.360,00€	1.944.648,00€
20.000.000,00€	1.641.513,00€	2.047.281,00€	2.047.281,00€	2.305.496,00€	2.305.496,00€	2.508.380,00€
25.000.000,00€	1.998.153,00€	2.492.079,00€	2.492.079,00€	2.806.395,00€	2.806.395,00€	3.053.358,00€

3.6.1 Berechnung durch Interpolation (§ 13 HOAI)

Interpolation:
§ 13 HOAI

Gemäß § 13 HOAI sind die Honorarsätze für Zwischenstufen der in den Honorartafeln enthaltenen anrechenbaren Kosten, Werte und Verrechnungseinheiten durch lineare Interpolation zu ermitteln. Diese Interpolation sollte in jeder Honorarschlussrechnung dargestellt werden, um eine lückenlose Prüffähigkeit der Rechnung zu erreichen.

Regelung zur Interpolation laut HOAI

Die Mindest- und Höchstsätze für Zwischenstufen der in den Honorartafeln angegebenen anrechenbaren Kosten und Flächen sind durch lineare Interpolation zu ermitteln. Die Formel zu § 13 HOAI lautet:

$$a + \frac{b \cdot c}{d} = 100\,\%\ \text{Honorar}$$

Bei einer Honorartafel mit Baukosten bedeuten:

a = Tabellenhonorar bei unteren Tabellenbaukosten
b = Differenz zwischen den tatsächlichen anrechenbaren Kosten und den unteren Tabellenbaukosten
c = Differenz zwischen den Tabellenhonoraren
d = Differenz zwischen den Tabellenbaukosten

Für unser Beispiel ergibt sich somit:
a = 27.863,00 €
b = 250.000,00 € – 200.000,00 € = 50.000,00 €
c = 39.981,00 € – 27.863,00 € = 12.118,00 €
d = 100.000,00 €

$$27.863{,}00\,€ + \frac{50.000{,}00\,€ \cdot 12.118{,}00\,€}{100.000{,}00\,€} = 33.922{,}00\,€$$

Das Honorar beläuft sich auf 33.922,00 €.

Bei der Berechnung handelt es sich um alle Leistungsphasen (LP 1 bis 9). Eine Berücksichtigung der Umsatzsteuer erfolgt nicht. Es handelt sich also um den Nettobetrag.

Werden nur einzelne Leistungsphasen ausgeführt, muss eine Gewichtung durchgeführt werden.

3.6.2 Gewichtung nach Leistungsphasen

Bewertung der Grundleistungen der Honorare (am Beispiel Gebäude und Innenräume)

Gebäude und Innenräume (§ 34 und § 35 HOAI)				
Leistungsphase	**Leistungsart**	**Gebäude (%)**	**Innenräume (%)**	**Freianlagen**
1	Grundlagenermittlung	2	2	
2	Vorplanung	7	7	
3	Entwurfsplanung	15	15	
4	Genehmigungsplanung	3	2	
5	Ausführungsplanung	25	30	
6	Vorbereitung der Vergabe	10	7	
7	Mitwirkung bei der Vergabe	4	3	
8	Objektüberwachung – Bauüberwachung und Dokumentation	32	32	
9	Objektbetreuung	2	2	
Summe		100	100	

Beauftragung mehrerer Objekte (Typenplanung oder Serienbau)
Werden mehrere im Wesentlichen gleiche Bauwerke zeitnah zusammen errichtet, z. B. eine Einfamilienhausiedlung, ist wie folgt zu mindern:

	Leistungsphase 1 bis 6	**Minderung um**
Haus 1	---	0 %
Haus 2 bis 5	1. bis 4. Wiederholung	50 %
Haus 6 bis 8	5. bis 7. Wiederholung	60 %
ab Haus 9	ab der 8. Wiederholung	90 %

Haus 1	Haus 2	Haus 3	Haus 4	Haus 5	Haus 6	Haus 7	Haus 8	Haus 9	Haus 10
0. Wdhlg.	1. Wdhlg.	2. Wdhlg.	3. Wdhlg.	4. Wdhlg.	5. Wdhlg.	6. Wdhlg.	7. Wdhlg.	8. Wdhlg.	9. Wdhlg.

Je Haus ergeben sich 250.000,00 € anrechenbare Kosten in der Honorarzone III (siehe auch ausgewiesenes Einfamilienhaus im Beispiel in Kap. 3.6).

Haus	Wiederholung	Leistungsphase 1 bis 6	Leistungsphase 7 bis 9
Haus 1	0.	100 %	100 %
Haus 2 bis 5	1. bis 4.	50 %	100 %
Haus 6 bis 8	ab 5. bis 7.	40 %	100 %
Haus 9 und 10	ab 8.	10 %	100 %

Beispiel für Einfamilienhäuser (Fortführung des Beispiels aus Kap. 3.6)

Für Haus 1 ergibt sich: Honorarzone III, anrechenbare Kosten 250.000,00 €, Grundhonorar 33.922,00 € (§ 35 HOAI – Gebäude und Innenräume)
Aufteilung LPH 1 bis 6 = 62 % (21.031,64 EUR)
Aufteilung LPH 7 bis 9 = 38 % (12.890,36 EUR)

	Leistungsphase 1 bis 6		Leistungsphase 7 bis 9		Gesamt in €
	62 % der Gesamtkosten in €	davon anrechenbar in %/€	38 % der Gesamtkosten in €	davon anrechenbar in %/€	
Spalte	1	2	3	4	2 + 3
Haus 1	21.031,64	100 % = 21.031,64	12.890,36	100 % = 12.890,36	33.922,00
Haus 2	21.031,64	50 % = 10.515,82	12.890,36	100 % = 12.890,36	23.406,18
Haus 3	21.031,64	50 % = 10.515,82	12.890,36	100 % = 12.890,36	23.406,18
Haus 4	21.031,64	50 % = 10.515,82	12.890,36	100 % = 12.890,36	23.406,18
Haus 5	21.031,64	50 % = 10.515,82	12.890,36	100 % = 12.890,36	23.406,18
Haus 6	21.031,64	40 % = 8.412,66	12.890,36	100 % = 12.890,36	21.303,02
Haus 7	21.031,64	40 % = 8.412,66	12.890,36	100 % = 12.890,36	21.303,02
Haus 8	21.031,64	40 % = 8.412,66	12.890,36	100 % = 12.890,36	21.303,02
Haus 9	21.031,64	10 % = 2.103,16	12.890,36	100 % = 12.890,36	14.993,52
Haus 10	21.031,64	10 % = 2.103,16	12.890,36	100 % = 12.890,36	14.993,52
			Summe		**221.442,82**

Insgesamt ergibt sich ein Honorar (Haus 1 bis 10) in Höhe von 221.442,82 € netto.

3.6.3 Honorarzuschläge

Für bestimmte Leistungsbilder bzw. Schwierigkeitsgrade können Honorarzuschläge vereinbart werden. Honorarzuschläge sind **grundsätzlich in Textform** zu vereinbaren.

Berechnung des Honorars in besonderen Fällen:
§ 8 HOAI

Instandsetzungen und Instandhaltungen:
§ 12 HOAI

Beispiel

- Vergütung eines zusätzlichen Koordinierungs- oder Einarbeitungsaufwands (§ 8 Abs. 3 HOAI)
- Objektüberwachung oder Bauoberleitung bei Instandhaltung und Instandsetzung (§ 12 Abs. 2 HOAI)

Nebenkosten:
§ 14 HOAI

3.6.4 Nebenkosten

Neben dem Honorar kann gemäß § 14 HOAI die Übernahme der Nebenkosten vereinbart werden.

Merke!

Auch hier gilt, dass die Vereinbarung in Textform zu erfolgen hat. Die Abrechnung kann je nach Vereinbarung pauschal oder nach Einzelnachweisen erfolgen.

Folgende Nebenkosten können weiterberechnet werden:

1. Versandkosten, Kosten für Datenübertragungen
2. Kosten für Vervielfältigungen von Zeichnungen und schriftlichen Unterlagen sowie für die Anfertigung von Filmen und Fotos
3. Kosten für ein Baustellenbüro einschließlich der Einrichtung, Beleuchtung und Beheizung
4. Fahrtkosten für Reisen, die über einen Umkreis von 15 Kilometern um den Geschäftssitz des Auftragnehmers hinausgehen, in Höhe der steuerlich zulässigen Pauschalsätze, sofern nicht höhere Aufwendungen nachgewiesen werden
5. Trennungsentschädigungen und Kosten für Familienheimfahrten in Höhe der steuerlich zulässigen Pauschalsätze, sofern nicht höhere Aufwendungen an Mitarbeiter oder Mitarbeiterinnen des Auftragnehmers aufgrund von tariflichen Vereinbarungen bezahlt werden
6. Entschädigungen für den sonstigen Aufwand bei längeren Reisen nach Nummer 4, sofern die Entschädigungen vor der Geschäftsreise in Textform vereinbart worden sind
7. Entgelte für nicht dem Auftragnehmer obliegende Leistungen, die von ihm im Einvernehmen mit dem Auftraggeber Dritten übertragen worden sind

Die Umsatzsteuer
▶ Band 1, LF 3, Kap. 8

Besteuerung der Kleinunternehmer:
§ 19 UStG

3.6.5 Umsatzsteuer

Grundsätzlich ist die gesetzliche Umsatzsteuer anzusetzen, es sei denn, es ist die Kleinunternehmerregelung nach § 19 Umsatzsteuergesetz anzuwenden.

3.6.6 Fälligkeit von Honoraren

Für die Fälligkeit der Honorare gilt § 650g Abs. 4 des BGB.

§ 650g Zustandsfeststellung bei Verweigerung der Abnahme; Schlussrechnung

(...)
(4) Die Vergütung ist zu entrichten, wenn
1. der Besteller das Werk abgenommen hat oder die Abnahme nach § 641 Absatz 2 entbehrlich ist und
2. der Unternehmer dem Besteller eine prüffähige Schlussrechnung erteilt hat.

Die Schlussrechnung ist prüffähig, wenn sie eine übersichtliche Aufstellung der erbrachten Leistungen enthält und für den Besteller nachvollziehbar ist. Sie gilt als prüffähig, wenn der Besteller nicht innerhalb von 30 Tagen nach Zugang der Schlussrechnung begründete Einwendungen gegen ihre Prüffähigkeit erhoben hat.

Abschlagszahlung können gemäß § 632a BGB verlangt werden.

Abschlagszahlungen:
§ 632a BGB

3.6.7 Verjährung von Honorar- und Gewährleistungsansprüchen

Der Honoraranspruch des Architekten unterliegt der regelmäßigen Verjährung von drei Jahren (§ 195 BGB), die Gewährleistungsansprüche des Bauherren gemäß § 634a Abs. 1 Ziffer 2 BGB unterliegen der regelmäßigen Verjährung von fünf Jahren.

Regelmäßige Verjährungsfrist:
§ 195 BGB

Verjährung der Mängelansprüche:
§ 634a BGB

SB ▶ SITUATION 66
Ausschreibung einer Bauleistung und Abschluss eines Bauvertrags

4 Der Bauvertrag

4.1 Gesetzliche Grundlagen

Grundsätzlich ist das Bürgerliche Gesetzbuch (BGB) die Vertragsgrundlage eines jeden Bauvertrags. Eine gesonderte Vereinbarung ist nicht notwendig. Mit der Reform des Bauvertragsrechts im Jahr 2018 hat der Gesetzgeber ergänzende Regelungen im BGB aufgenommen.

Im BGB sind zum Beispiel folgende Regelungen für Bauverträge enthalten:
- Allgemeiner Teil des BGB (§§ 1 ff. BGB)
- Werkvertragsrecht (§§ 631 ff. BGB)
  - Pflichten des Auftraggebers, die Vergütung zu entrichten (§ 631 Abs. 1 BGB)
  - Recht auf Abschlagszahlungen (§ 632a BGB)
  - Definition eines Mangels (§ 633 BGB)
  - Rechte des Auftraggebers bei Mängeln (§§ 634 ff. BGB)
  - Abnahme (§ 640 BGB)
  - Fälligkeit der Vergütung (§ 641 BGB)
  - Mitwirkung des Auftraggebers (§§ 642 ff. BGB)
  - Gefahrtragung (§§ 644 ff. BGB)
- Bauvertragsrecht (§§ 650a ff. BGB)
  - Definition des Bauvertrags (§ 650a BGB)
  - Anordnungsrechte des Auftraggebers (§ 650b BGB)
  - Nachtragsvergütung bei Anordnungen (§ 650c BGB)
  - Sicherheiten für den Auftragnehmer (§§ 650e ff. BGB
  - Zustandsfeststellung bei Abnahmeverweigerung (§ 650g BGB)
  - Schriftform bei Kündigung (§ 650h BGB)
- Verbraucherbauverträge (§§ 650i ff. BGB)
  - Definition des Verbraucherbauvertrags (§ 650i BGB)
  - Pflicht zur Übergabe einer Baubeschreibung (§ 650j BGB)
  - Inhalt des Vertrags (§ 650k BGB)
  - Widerrufsrecht (§ 650l BGB)
  - Abschlagszahlung und Sicherheiten (§650m BGB)
  - Dokumentationsunterlagen (§ 650n BGB)

Sowie weitere Regelungen, unter anderem zum:
- Architekten- und Ingenieurvertrag (§§ 650p ff. BGB)
- Bauträgervertrag (§§ 650u ff. BGB)

Weitere Regelungen für Bauverträge sind enthalten in
- der Vergabeverordnung (VgV)
- VOB Teil A: Allgemeine Bestimmungen für die Vergabe von Bauleistungen,
- VOB Teil B: Allgemeine Vertragsbedingungen für die Ausführung von Bauleistungen sowie
- VOB Teil C: Allgemeine technische Vertragsbedingungen für Bauleistungen (ATV).

Merke!

Es besteht allgemeine Vertragsfreiheit. Die Vertragspartner können die Regelungen des BGB durch weiter Vertragsbedingungen ergänzen, z. B durch die Einbeziehung der VOB/B (VOB Teil B: Allgemeine Vertragsbedingungen für die Ausführung von Bauleistungen). Bei der VOB/B handelt es sich um Allgemeine Geschäftsbedingungen (AGB).

Aus rechtlicher Sicht handelt es sich bei den Vorschriften des VOB/B um Allgemeine Geschäftsbedingungen (§ 305 Abs. 1 BGB).

Für den Fall, dass der Vertrag gegen zwingendes Recht verstößt, greift an seiner statt das BGB.

4.2 Vergabe und Vertragsverordnung der Bauleistungen (VOB)

Wie bereits erwähnt wurde, haben die öffentliche Hand und die Bauwirtschaft, aufbauend auf dem Werkvertragsrecht, durch den Deutschen Vergabe- und Vertragsausschuss für Bauleistungen (DVG) die VOB entwickeln lassen.

Deutscher Vergabe- und Vertragsausschuss für Bauleistungen (DVG)

Der DVG hat die Aufgabe, Grundsätze für die fachgerechte Vergabe und Abwicklung von öffentlichen Bauaufträgen zu erarbeiten und weiterzuentwickeln. Ein weiteres Aufgabenfeld des DVG liegt in der Erstellung von Regelwerken zur Rationalisierung im Bauwesen mittels der elektronischen Datenverarbeitung.

Zum 14. April 2016 trat die Sechste Verordnung zur Änderung der Verordnung über die Vergabe von öffentlichen Aufträgen (Vergabeverordnung [VgV]) in Kraft. Verschiedene EU-Richtlinien wurden darin umgesetzt bzw. eingearbeitet.

Neufassung der VOB/A

In der Neufassung der VOB/A (01.03.2019 in Kraft getreten) wurden die Beschlüsse des Wohngipfels vom 21. September 2018 berücksichtigt. Damit soll die Schaffung von mehr bezahlbarem Wohnraum sichergestellt werden.

Da die VOB weder ein Gesetz noch eine Rechtsverordnung darstellt, muss sie ausdrücklich vertraglich zum Bestandteil gemacht werden. Die öffentlichen Bauherrn haben die VOB in ihrem Haushaltsrecht festgeschrieben. Auch private Bauherren vereinbaren in der Regel die VOB für die Abwicklung ihrer Bauvorhaben.

Die VOB selbst ist untergliedert in drei Teile:

VOB Teil A	In Teil A finden sich die „Allgemeinen Bestimmungen für die Vergabe von Bauleistungen" (VOB/A, i. d. F. 2019).
VOB Teil B	In Teil B sind die „Allgemeinen Vertragsbedingungen für die Ausführung von Bauleistungen" festgeschrieben (VOB/B, i. d. F. 2016).
VOB Teil C	In Teil C sind die „Allgemeinen technischen Vertragsbedingungen für Bauleistungen (ATV) – DIN 18299 bis DIN 18459f." erfasst (VOB/C, i. d. F. 2016).

Die VOB Teil B und Teil C wurden in der Fassung von 2016 weitergeführt. Ist im Vertrag die VOB/B vereinbart, gilt automatische auch die VOB/C.

Werkvertrag
▶ Band 1, LF 2, Kap. 1.9

Besteht aber ein Werkvertrag nach BGB (§§ 631 ff. BGB), muss die VOB/C ausdrücklich vereinbart werden, um zu gelten.

Die VOB/C ist insofern wichtig, da sie Regelungen
- zur Aufstellung des Leistungsverzeichnisses,
- zur Abgrenzung der besonderen Leistungen
- und der Nebenleistungen enthält.

4.3 Die VOB/A

VOB/A
Vergabe- und Vertragsordnung für Bauleistungen – Teil A: Allgemeine Bestimmungen für die Vergabe von Bauleistungen

Die VOB/A ist in zwei Abschnitte untergliedert.

Abschnitt 1	Basisparagrafen
Abschnitt 2	Vergabebestimmungen im Anwendungsbereich der EU-Richtlinien 2014/24/EU (VOB/A – EU)

Sektorenbereiche
sind bestimmte Bereiche, wie z. B. die Trinkwasser- und Energieversorgung und der Verkehr.

Der Abschnitt 1 der VOB/A regelt die Bereiche der bundesweiten Vergaben und Abschnitt 2 die Bereiche der EU-weiten Vergabe. Dabei geht es ausschließlich um die Vergabe öffentlicher Bauaufträge **außerhalb der Sektorenbereiche**.

Die VOB baut auf folgenden Grundprinzipien auf:
- leistungsbezogener Wettbewerb
- Transparenzgebot
- Gleichbehandlung
- Diskriminierungsverbot
- Auftragsvergabe unabhängig von Ausführungs- und Lieferinteressen
- Berücksichtigung mittelständischer Interessen durch angemessene Beteiligung kleiner Büroorganisationen und Berufsanfänger

In die aktuelle Fassung der VOB/A sind folgende Änderungen eingeflossen:
- flexiblere Vergabeverfahren und Anhebung der Wertgrenzen
- freie Wahl zwischen zwei Vergabearten; die öffentliche Ausschreibung wird nicht mehr bevorzugt behandelt (§ 3a Abs. 1 Satz 1 VOB/A)
- Nachweis der Eignung wird erleichtert (§ 6a Abs. 5 und § 6b Abs. 3 VOB/A)
- Berücksichtigung von Selbstreinigungsmaßnahmen (§ 6a Abs. 1 Satz 2 VOB/A)
- Einführung des Direktauftrags für einen Auftragswert bis zu 3.000 €; ohne Umsatzsteuer (§ 3a Abs. 4 VOB/A)
- Zulassung mehrerer Hauptangebote (§ 8 Abs. 2 Nr. 4, § 13 Abs. 3 Satz 3 und 4 sowie § 16 Abs. 1 Nr. 7 VOB/A)
- Neufassung der Nachforderungsregelungen (§ 16a VOB/A)
- Klarstellung zu den Zuschlagskriterien und zur Zuschlagsentscheidung (§ 16d Abs. 1 Nr. 4, 5, 6 und 7 VOB/A)
- Einführung abschließender Listen mit den vorzulegenden Unterlagen an zentraler Stelle in den Vergabeunterlagen (§ 8 Abs. 2 Nr. 5 VOB/A)

4.3.1 Bauleistungen (§ 1 VOB/A)

Im § 1 der VOB/A wird definiert, welche Arbeiten unter dem Begriff der Bauleistungen zu verstehen sind.

Bauleistungen

Bauleistungen sind Arbeiten jeder Art, durch die eine bauliche Anlage hergestellt, instand gehalten, geändert oder beseitigt wird.

4.3.2 Grundsätze der Vergabe (§ 2 VOB/A)

Bei der Vergabe stehen folgende Schwerpunkte im Vordergrund:
- Wettbewerb und Transparenz
- Verbot von Diskriminierung von Unternehmen
- Zusammenarbeit mit fachkundigen, leistungsfähigen und zuverlässigen Unternehmen

4.3.3 Arten der Vergabe (§§ 3 und 3a VOB/A)

Arten der Vergabe:
§ 3 VOB/A

Zulässigkeitsvoraussetzungen:
§ 3a VOB/A

Die VOB beschreibt im § 3 folgende Ausschreibungsverfahren:
- die öffentliche Ausschreibung
- die beschränkte Ausschreibung mit Teilnahmewettbewerb
- die beschränkte Ausschreibung ohne Teilnahmewettbewerb
- die freihändige Vergabe in einem vereinfachten Verfahren

Nachfolgend sollen diese Ausschreibungsverfahren erläutert werden.

Bei den Ausschreibungs- bzw. Vergabearten sind die in § 3a VOB/A vorgegebenen Zulässigkeitsvoraussetzungen, z. B. Auftragswerte, zu beachten.

Die öffentliche Ausschreibung
Nach der Veröffentlichung kann eine unbeschränkte Anzahl an Unternehmen, die im jeweiligen Fachgebiet tätig sind, am **Ausschreibungswettbewerb** teilnehmen. Wie die Ausschreibungen veröffentlicht werden müssen, z. B. in Tageszeitungen, amtlichen Veröffentlichungsblättern oder im Internet, regelt die VOB bzw. VOL. Öffentliche Ausschreibungen sind der Regelfall.

VOL
Vergabe- und Vertragsordnung für Leistungen

Die beschränkte Ausschreibung mit Teilnahmewettbewerb
Bei diesem Verfahren werden die Ausschreibungsunterlagen nur einem beschränkten Teilnehmerkreis übermittelt. Bedingungen für die Teilnahme sind z. B., dass Leistungen nur von bestimmten Unternehmen erbracht werden können, eine öffentliche Ausschreibung aus Gründen der Geheimhaltung oder Dringlichkeit nicht zweckmäßig ist oder der Wert unter einer bestimmten Grenze liegt.

Die beschränkte Ausschreibung mit einem Teilnehmerwettbewerb beinhaltet zudem, dass der Auftraggeber u. a. die fachliche Qualifikation und Leistungsfähigkeit der Bewerber überprüft. Es sind mindestens drei geeignete Bewerber zur Abgabe eines Angebotes aufzufordern.

Die beschränkte Ausschreibung ohne Teilnahmewettbewerb
Für die beschränkte Ausschreibung ohne Teilnahmewettbewerb muss eine geeignete Anzahl von potenziellen Bietern vorhanden sein. Die danach ausgewählten Unternehmen werden zur Abgabe eines Angebots aufgefordert. Ein Anspruch von nicht berücksichtigten Bewerbern zur Teilnahme an der beschränkten Ausschreibung besteht nicht.

Unabhängig davon sind die Zulässigkeitsvoraussetzungen nach § 3a Abs. 2 im Abschnitt 1 der VOB/A zu beachten.

Demnach kann die beschränkte Ausschreibung ohne Teilnahmewettbewerb nur erfolgen, wenn eine öffentliche Ausschreibung oder eine beschränkte Ausschreibung mit Teilnahmewettbewerb zu keinem annehmbaren Ergebnis geführt hat oder aus anderen Gründen (z.B. Dringlichkeit, Geheimhaltung) unzweckmäßig ist.

Weiterhin ist diese Form der Ausschreibung nur bis zu einem vorgeschriebenen Grenzwert zulässig, und zwar bis zu einem Auftragswert der Bauleistung (netto) von
a) 50.000,00 € für Ausbaugewerke (ohne Energie- und Gebäudetechnik), Landschaftsbau und Straßenausstattung,
b) 150.000,00 € für Tief-, Verkehrswege- und Ingenieurbau,
c) 100.000,00 € für alle übrigen Gewerke.

Die freihändige Vergabe
Auch die freihändige Vergabe kann durchgeführt werden, wenn die anderen vorab genannten Verfahren unzweckmäßig sind, wenn z.B. eine Leistung nur von einem Unternehmen angeboten wird oder Gründe der Geheimhaltung vorliegen. Es ist das formell am einfachsten durchzuführende Vergabeverfahren, kann unterhalb eines festgelegten Wertes genutzt werden und erlaubt auch Verhandlungen. Bei VOB-Aufträgen vom Bund sind freihändige Vergaben bei Aufträgen bis zu 10.000,00 € möglich (**Direktauftrag**).

Kommt mehr als ein Bieter in Betracht, müssen unter Umständen mehrere Angebote eingeholt werden.

4.3.4 Vertragsarten – Vertragstyp/Vergütungsregelung (§ 4 VOB)

In der Regel sollte eine **Vergütung nach Leistung** erfolgen (**Leistungsvertrag**). Folgende Formen des Vertrags sind möglich:

a) **Einheitspreisvertrag**
Es wird eine Vereinbarung von Einheitspreisen nach Maß, Gewicht oder Stückzahl getroffen, z.B. pro m² Bodenbelag liegt der Preis bei 35,00 €. Hier wird nach den tatsächlich angefallenen Leistungen abgerechnet.

b) **Pauschalvertrag**
Beim Pauschalvertrag wird davon ausgegangen, dass die ausgeschriebenen Leistungen in ihrer Ausführungsart und im Umfang sich nicht mehr ändern.

c) **Stundenlohnvertrag**
Weiterhin besteht auch noch die Möglichkeit, einen Stundenlohnvertrag zu vereinbaren. Diese Art des Vertrags wird angewandt, wenn z.B. überwiegend Arbeitsleistung und nicht Material benötigt wird.

Weitere Vertragsarten sind:

a) **Selbstkostenerstattungsvertrag**
Spielt in der Praxis keine Rolle, da dem Auftragnehmer nur die bei der Auftragsdurchführung entstandenen Selbstkosten gezahlt werden. Auftragnehmer machen somit keinen Gewinn.

b) **Festpreisvertrag**
Ein sogenannter „Festpreisvertrag" ist dagegen kein eigenständiger Vertragstyp. Er darf nicht mit dem Pauschalvertrag verwechselt werden. Ein fest vereinbarter Betrag wird bezahlt.

4.3.5 Teilnehmer am Wettbewerb (§§ 6 und 6a VOB/A)

Teilnehmer am Wettbewerb:
§ 6 VOB/A

Eignungsnachweise:
§ 6a VOB/A

Am Bieterwettbewerb teilnehmen können uneingeschränkt alle Unternehmen als Einzelbieter oder Bietergemeinschaften, die fachlich in der Lage sind, die ausgeschriebenen Leistungen auszuführen.

Merke!

Die fachliche Eignung, die Leistungsfähigkeit und Zuverlässigkeit der Bieter ist zu prüfen.

Welche Nachweise im Einzelnen vorliegen müssen, ist im § 6a VOB/A aufgelistet.

4.4 Ablauf der Vergabe am Beispiel einer öffentlichen Ausschreibung (§ 3b VOB/A)

Ablauf der Verfahren:
§ 3b VOB/A

4.4.1 Vorbereitung

Die Vergabeunterlagen (§ 8 VOB/A) bestehen aus
- dem Anschreiben (§ 8 Abs. 2 Nr. 1–3),
- den Teilnehmerbedingungen (§ 8 Abs. 2 Nr. 6 VOB/A) und
- den Vertragsunterlagen (§§ 7 bis 7c und 8a VOB/A).

§§ 7 ff. VOB/A

Die Vertragsunterlagen bestehen wiederum aus
- der Beschreibung der Leistung (§§ 7–7 c VOB/A) sowie
- den Vertragsbedingungen und Fristen (§ 9 VOB/A).

In den Vertragsbedingungen werden folgende Regelungen getroffen:
- Ausführungsfristen, Einzelfristen und Verzug (§ 9 VOB/A)
- Vertragsstrafen und Beschleunigungsvergütungen (§ 9a VOB/A)
- Verjährung der Mängelansprüche (§ 9b VOB/A)
- Sicherheitsleistungen (§ 9c VOB/A)
- Änderungen der Vergütung (§ 9d VOB/A)
- Angebots-, Bewerbungs- und Bindefristen (§ 10 VOB/A)

§§ 9 ff. VOB/A

Die Leistungsbeschreibungen sollen so ausführlich und vollständig formuliert werden, dass die zu erbringenden Leistungen eindeutig sowie verständlich für jeden Bieter sind. Ziel ist es, dass es möglichst zu keinen bzw. nur geringen Nachträgen kommt. Das gilt ebenso für Baubeschreibungen.

Nachträge
Unter Nachträgen werden Vertragsänderungen verstanden, die nach Vertragsschluss vorgenommen werden.

Grundsätze der Informationsübermittlung:
§ 11 VOB/A

Anforderungen an elektronische Mittel:
§ 11a VOB/A

Auftragsbekanntmachung:
§ 12 VOB/A

Versand der Vergabeunterlagen:
§ 12 a VOB/A

4.4.2 Öffentliche Auftragsbekanntmachung und Versand der Vergabeunterlagen (§§ 11, 11a, 12 und 12aVOB/A)

Die öffentliche Bekanntmachung setzt voraus, dass sich solcher Medien bedient wird, die üblicherweise dafür verwendet werden. Hier bieten sich folgende Medien an:

- Tageszeitungen (insbesondere jene, die auch die Bekanntmachungen der Register veröffentlichen)
- Fachzeitschriften
- Amtsblatt, welches auch für die öffentliche Hand gilt
- Bundesanzeiger
- spezielle Portale im Internet (unentgeltlich nutzbare bzw. direkt zugängliche Internetportale) oder www.bund.de

In der Anzeige sind folgende Angaben zu machen (§ 12 Abs. 1 Nr. 2 VOB/A):

- Name, Anschrift, Telefon- und Faxnummer sowie E-Mail-Adresse des Auftraggebers (Vergabestelle)
- gewähltes Verfahren
- Art des Auftrags und Ort der Ausführung (Bauplatz)
- Kontaktdaten, bis wann und wo die **Verdingungsunterlagen** abgefordert werden können
- Abgabefristen
- Ort, Datum und Uhrzeit für den Submissionstermin (Eröffnungstermin) sowie Benennung der Personen, die an diesem teilnehmen können
- Zeitraum für die Ausführung der Leistung
- ggf. Angaben zur Nichtzulassung mehrerer Hauptangebote (§ 8 Abs. 2 Nr. 4 VOB/A)

Form und Inhalt der Angebote:
§ 13 VOB/A

In welcher Form die Angebotsabgabe zu erfolgen hat und welchen Inhalt diese enthalten muss, ist in § 13 der VOB/A geregelt.

4.4.3 Fristen – Angebots-, Bewerbungs- und Bindefrist (§ 10 VOB)

Fristen nach § 10 VOB (Angebots-, Bewerbungs- und Bindefrist)

Angebotsfrist
Für die Bearbeitung und Einreichung der Angebote ist eine ausreichende Angebotsfrist vorzusehen, auch bei Dringlichkeit nicht unter zehn Kalendertagen.

Bewerbungsfrist
Für die Einreichung von Teilnahmeanträgen bei Beschränkter Ausschreibung mit Teilnahmewettbewerb ist eine ausreichende Bewerbungsfrist vorzusehen.

Bindefrist
Der Auftraggeber bestimmt eine angemessene Frist, innerhalb der die Bieter an ihre Angebote gebunden sind – max. 30 Kalendertage.

Dem Bieter sind für den Umfang des Bauvorhabens angemessene Fristen einzuräumen.

4.4.4 Öffnung der Angebote und Eröffnungstermin bei Zulassung (§§ 14 und 14a VOB/A)

Die Abgabe der Angebote kann sowohl in elektronischer (§ 14 VOB/A) als auch schriftlicher (§ 14b VOB/A) Form erfolgen.

In beiden Fällen sind die Angebote bis zum Eröffnungstermin geheim (z. B. elektronisch verschlüsselt) bzw. geschlossen aufzubewahren. Alle Bietereingänge sind mit einem Eingangsvermerk zu versehen.

Zum Eröffnungstermin werden die Angebote geöffnet, auf Vollständigkeit durchgesehen und dokumentiert. Werden Proben oder Muster gefordert, müssen diese ebenfalls zum Termin vorliegen.

Über das komplette Öffnungsverfahren muss durch einen Verhandlungsleiter/eine Verhandlungsleiterin eine Niederschrift in Schriftform geführt werden. In der Niederschrift muss auch gesondert aufgenommen werden, ob Angebote verspätet oder unvollständig eingegangen sind.

Alle Unterlagen, auch die Umschläge, sind zur Beweissicherung, aufzubewahren und geheim zu halten. Die Niederschrift darf nicht veröffentlicht werden. Jeder Bieter bzw. sein Bevollmächtigter hat aber das Recht, die Niederschrift einzusehen.

Alle Angebote werden verlesen.

Merke!

Bis zum Ablauf der Angebotsfrist können Bieter ihre Angebote noch zurückziehen.

4.4.5 Zuschlag (§§ 16 bis 18 VOB/A)

Im § 16 VOB/A ist geregelt, wie mit Bietern umzugehen ist, die ihr Angebot nicht in der vorgeschriebenen Form abgegeben haben. Das betrifft die folgenden Tatbestände:

- nicht fristgerechte Abgabe
- fehlende Unterlagen, Erklärungen und Nachweise
- falsche Angaben in Bezug auf die Fachkunde, Leistungsfähigkeit und Zuverlässigkeit
- Bieter, die sich im Insolvenzverfahren, Liquidationsverfahren oder ähnlichen Verfahren befinden
- Steuerschuldner
- Unternehmen, die sich nicht bei der Berufsgenossenschaft angemeldet haben

In Einzelfällen können Unterlagen, außer Preisangaben, nachgefordert werden (§ 16a VOB/A).

4.5 Zustandekommen des Bauvertrags

Ein Vertrag kommt immer dann zustande, wenn folgende Voraussetzungen vorliegen.

Prüfschema bei **Bauverträgen:**

Fragen:	ja	nein
Liegt ein verbindliches Angebot vor?	☐	☐
Hat der Adressat des Angebots die Annahme des Angebots erklärt?	☐	☐
Sind Angebot und Annahme inhaltlich deckungsgleich, z. B. Auftragssumme?	☐	☐
Ist die Annahme innerhalb der Bindefrist erklärt worden?*	☐	☐
Vertrag zustande gekommen?	☐	☐

** Zum Beispiel kann auf einem Kostenangebot stehen, dass sich die Firma sechs Wochen an das Angebot gebunden hält. In dem Zeitraum muss die Auftragserteilung erfolgen. So lange hält sich der Auftragnehmer an den Inhalt des Angebotes bzw. an den Preis gebunden. Danach könnten sich die Preise ändern.*

§ 650a Abs. 1 BGB Bauvertrag

Ein Bauvertrag liegt immer dann vor, wenn der geschuldete Erfolg die Herstellung, Wiederherstellung, die Beseitigung oder den Umbau eines Bauwerks, einer Außenanlage oder eines Teils davon ist.

4.6 Verbraucherbauverträge (§§ 650i ff. BGB)

Verbraucherbauverträge sind Verträge zwischen Unternehmern und Verbrauchern. Die sich daraus ergebenden Sonderrechte wurden mit der Baurechtsreform 2018 eingeführt.

Verbraucher:
§ 13 BGB

Als Verbraucher zählt jede natürliche Person, die ein Rechtsgeschäft zu Zwecken abschließt, die überwiegend weder ihrer gewerblichen noch ihrer selbstständigen beruflichen Tätigkeit zugerechnet werden kann (§ 13 BGB).

Verbraucherverträge

Verbraucherbauverträge sind Verträge, durch die ein Unternehmer von einem Verbraucher zum Bau eines neuen Gebäudes oder zu erheblichen Umbaumaßnahmen beauftragt wird.

Prüfschema bei **Verbraucherbauverträgen**:

Fragen:	ja	nein
Ist der Auftraggeber Verbraucher gemäß § 13 BGB?	☐	☐
Wurde eine Baubeschreibung durch den Unternehmer vorab übergeben?	☐	☐
Umfasst der Vertrag die Errichtung eines gesamten Gebäudes?	☐	☐
Wurde der Verbraucher über sein Widerrufsrecht belehrt?	☐	☐
Vertrag zustande gekommen?	☐	☐

Verbraucherbauverträge bedürfen der **Textform**. Das gilt auch für **Vertragsänderungen** und **Vertragsergänzungen**.

Vorvertraglich hat der Unternehmer dem Verbraucher eine ausführliche Baubeschreibung zu übergeben.

Ebenso ist der Verbraucher über sein Widerrufsrecht zu belehren.

4.7 BGB oder VOB?

Durch die Neuregelung des Baurechts haben sich auch einige Unterschiede bzw. Gemeinsamkeiten zwischen BGB und VOB/B neu ergeben. Nachfolgend sollen einige genannt werden.

AG = Auftraggeber
AN = Auftragnehmer

	BGB	VOB
Anordnungsrecht	• Änderung des Werkerfolgs (§ 650 BGB) • die Erbringung der Änderung durch den AN muss **zumutbar** sein	Leistungserweiterungen oder Änderung der Leistung durch Anordnungen des AG (§ 1 VOB/B) möglich
Änderung des Leistungsumfangs	kann der AN ggf. nicht verweigern, nur bei Unzumutbarkeit	• zusätzliche Leistungen • Änderungen können in der Regel nur verweigert werden, wenn der AN die Leistungen nicht ausführen kann
Vergütungsanspruch	Vergütungsanspruch für den AN ergibt sich aus § 650c BGB	Die Vergütung für die zusätzliche Leistung muss vom AN vorab angekündigt werden.
gerichtliche Durchsetzung des Vergütungsanspruchs	Durchsetzung eines gerichtlichen Eilverfahrens (sog. Einstweilige Verfügung) erheblich vereinfacht (§ 650d BGB)	VOB/B enthält dazu keine Regelungen, nur ordentliches Gerichtsverfahren möglich
Abschlagszahlungen	Abschlagszahlung in Höhe der erbrachten und vertraglich geschuldeten Leistung (§ 632a BGB)	Abschlagszahlung in Höhe der erbrachten Leistung möglich (§16 VOB/B)
Leistungsverweigerungsrecht	Verweigerung eines angemessenen Teils der Abschlagszahlung bei vorliegenden Mängeln	AG darf grundsätzlich Gegenforderungen einbehalten, insbesondere Ansprüche aus Mängelbeseitigungen
Abnahme	Die fiktive Abnahme tritt ein, wenn der AG auf ein Abnahmeverlangen des AN nicht reagiert, auch wenn auf einen Mangel verwiesen wird (§ 640 BGB); Mitwirkungspflicht des Bauherrn.	• fiktive Abnahme durch Inbenutzungnahme nach 6 Tagen nur, wenn vertraglich nichts anderes vereinbart ist oder • 12 Tage nach schriftlicher Anzeige der Fertigstellung vergangen sind (§12 VOB/B)
Fälligkeit der Vergütung (identische Regelungen)	Zahlung nach 30 Tagen Prüffrist (§ 650g BGB)	Zahlung nach 30 Tagen Prüffrist (§ 16 VOB/B)

Fazit

Eine Vertragsgestaltung nach VOB/B ist für den Bauherren (AG) wesentlich günstiger.
Die VOB/B sollte aber im Ganzen vereinbart werden.

4.8 Vertragspartner

Um die vorab genannten Punkte richtig interpretieren bzw. anwenden zu können, ist es notwendig, die Vertragspartner in einem Bauvertrag zu kennen.

Rechtsformen von Unternehmen

▶ Band 1, LF 2, Kap. 5

Wichtig für den Fall der Haftungsfrage ist es, zu wissen, welche Unternehmensart in den Bauvertrag involviert ist. Die Rechtsformen der Unternehmen und die jeweilige Haftung können Sie im Lernfeld 2 noch einmal nachlesen.

Im Einzelnen sprechen wir vom: **Besteller** und **Unternehmer**. Umgangssprachlich oft vom: **Auftraggeber (AG)** und **Auftragnehmer (AN)**, z. B. auch in der VOB/B.

4.9 Vertragsinhalte und Durchführungen

Im Bauvertrag soll die reibungslose Zusammenarbeit der Vertragsparteien geregelt werden. Somit sollten möglichst alle auftretenden Probleme im Vertrag geregelt sein, z. B. was bei Nichteinhaltung des Fertigstellungstermins passiert.

Ein Bauvertrag kann individuell ausgehandelt werden. In der Regel wird aber auf Vertragsmuster zurückgegriffen.

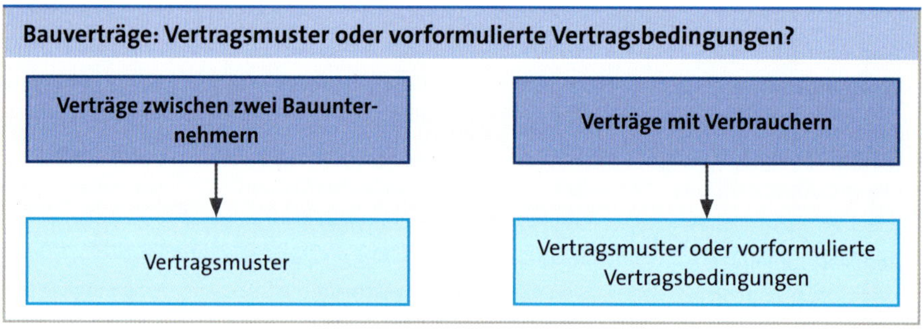

Auf welche Basis zurückgegriffen wird ist Verhandlungssache.

Der Vertrag sollte folgende Regelungen enthalten:

Regelungen	Beispiel
der ausdrückliche Verweis auf die Vertragsbestandteile	VOB/B und VOB/C, sonstige Vertragsbestandteile
die Festlegung der Leistungen, die der Auftragnehmer zu erbringen hat	Leistungsbeschreibung, Leistungsverzeichnis
Einzelheiten zur Ausführung der Leistung	u. a. Führung eines Bautagebuchs, wer das Wasser und den Baustrom zur Verfügung stellt
Ausführungsfristen	in Verbindung mit Vertragsstrafen bei Nichteinhaltung
Voraussetzungen für Nachträge	-
Abrechnung und Zahlung der Vergütung	-
Regelungen zur Abnahme	-
Gewährleistungsfristen	-
Sicherungsleistungen	u. a. Bürgschaften
Fertigung und Übergabe von Dokumentationen	-

Nachfolgend sollen die Regelungen der VOB/B näher betrachtet werden. Dabei wird der Auftraggeber (Bauherr) mit AG bezeichnet und der Auftragnehmer (Unternehmer) mit AN.

4.10 Die VOB/B

4.10.1 Art und Umfang der Leistung (§ 1 VOB/B)

Hier wird geregelt, welche Leistung der AN zu erbringen hat und in welchem Umfang. Ebenso wird festgelegt, unter welchen Bedingungen der AG Änderungen des Leistungssolls vorgeben kann. Das gibt dem AG ein Änderungsrecht in Bezug auf den Bauentwurf (§ 1 Abs. 3 VOB/B). Die sonstigen Vertragsinhalte dürfen hingegen nicht geändert werden.

Die möglichen Preisanpassungsansprüche des AN sind im § 2 Nr. 5 VOB/B, ggf. erforderliche Anpassungen der Ausführungsfristen durch die Mehrleistungen sind im § 6 Nr. 2 VOB/B geregelt.

Behinderung und Unterbrechung der Ausführung:
§ 6 VOB/B

Im Einzelnen gelten die Vertragsbestandteile in der folgenden Reihenfolge:
1. die Leistungsbeschreibung
2. die Besonderen Vertragsbedingungen
3. etwaige Zusätzliche Vertragsbedingungen
4. etwaige Zusätzliche Technische Vertragsbedingungen
5. die Allgemeinen Technischen Vertragsbedingungen für Bauleistungen (VOB/C)
6. die Allgemeinen Vertragsbedingungen für die Ausführung von Bauleistungen

4.10.2 Vergütung (§ 2 VOB/B)

Mit den vereinbarten Preisen werden die vereinbarten Leistungen abgegolten. Wenn nichts anderes vereinbart ist, wird nach Einheitspreisen und den tatsächlich ausgeführten Leistungen abgerechnet.

Zu berücksichtigen sind Mehr- oder Minderkosten. Preisänderungen durch eine Änderung des Bauentwurfs nach § 1 VOB/B sind neu zu vereinbaren. Leistungen, die der AN ohne Auftrag durchführt, müssen i. d. R. nicht vergütet werden, außer der AG erkennt die Leistungen nachträglich an.

Regelungen zu Pauschalverträgen und Stundenlohnverträgen sind gesondert zu betrachten.

Der AN sollte sich zusätzliche Aufträge oder Auftragserweiterungen aus Beweisgründen immer schriftlich bestätigen lassen.

4.10.3 Ausführungsunterlagen (§ 3 VOB/B)

Die zur Durchführung des Auftrags notwendigen Unterlagen, z. B. Genehmigungen oder Planungsunterlagen, hat der AG dem AN rechtzeitig zu übergeben. Der AN muss die Möglichkeit haben, die Unterlagen zu prüfen, um beispielsweise Mängel rechtzeitig zu erkennen und bekannt zu geben.

4.10.4 Ausführung (§ 4 VOB/B)

Grundsätzlich ist der AG für die Situation auf einer Baustelle zuständig (Ordnung, Sicherheit, Zusammenarbeit der Unternehmen). Er hat das Recht, den Bau zu überwachen und Anordnungen zu erteilen, die mit den vertraglich vereinbarten Leistungen zusammenhängen.

Der AG hat dabei die anerkannten Regeln der Technik und die Bestimmungen der vorliegenden Genehmigungen zu beachten. Unberechtigte Änderungen durch den AG hat der AN ggf. zurückzuweisen.

4.10.5 Ausführungsfristen (§ 5 VOB/B)

Fristen müssen im Vertrag festgehalten werden. Können Fristen nicht eingehalten werden oder verzögern sich, kann der AG Schadensersatz verlangen. Fristen können aber auch verlängert werden, z. B. bei Lieferengpässen des Materials.

Unter Umständen kann der AG den Vertrag kündigen, wenn nach Ablauf der Frist die Leistung nicht erbracht wurde.

4.10.6 Behinderung und Unterbrechung der Ausführung (§ 6 VOB/B)

Wird die Durchführung des Auftrags behindert oder unterbrochen, ist der AN verpflichtet, dies dem AG sofort zu melden. Gegebenenfalls ist damit eine Fristverlängerung nach § 5 VOB/B verbunden. Ist der Grund der Hinderung weggefallen oder beseitigt, muss der AN die Arbeiten unverzüglich wieder aufnehmen.

4.10.7 Verteilung der Gefahr (§ 7 VOB/B)

Wird die Leistung vor Abnahme durch höhere Gewalt, Krieg etc. beschädigt oder zerstört, bekommt der AN die ausgeführte Leistung abgegolten. Für andere Schäden besteht keine gegenseitige Ersatzpflicht. Um diese Risiken abzumindern, sollten entsprechende **Bauversicherungen** abgeschlossen werden.

Versicherungen in der Immobilienwirtschaft
▶ LF 8, Kap. 7

4.10.8 Kündigung durch den Auftraggeber (§ 8 VOB/B)

Der AG hat während der gesamten Leistungszeit (Bauzeit) unter bestimmten Bedingungen das Kündigungsrecht. Die Kündigung muss schriftlich und innerhalb von 12 Werktagen erfolgen.

4.10.9 Kündigung durch den Auftragnehmer (§ 9 VOB/B)

Auch der AN hat das Recht, unter bestimmten Bedingungen zu kündigen, wenn z. B.:
- Der AG verhindert, dass die Leistungen durch den AN erbracht werden können.
- Der AG leistet seine Zahlungen nicht.

Die Kündigung hat schriftlich zu erfolgen. Vorab muss dem AG aber eine Frist gesetzt werden. Erst wenn diese fruchtlos verstreicht, kann die Kündigung erfolgen.

4.10.10 Haftung der Vertragsparteien (§ 10 VOB/B)

Grundsätzlich haften die Vertragsparteien, AG und AN, für ihr eigenes Verschulden und für das Verschulden ihrer gesetzlichen oder nicht gesetzlichen Vertreter.

§§ 276, 278 und §§ 823 ff. BGB

4.10.11 Vertragsstrafe (§ 11 VOB/B)

Strafen müssen grundsätzlich im Vertrag vereinbart sein. Ist keine Vertragsstrafe vereinbart, entfällt diese unter Umständen.

§§ 339 bis 345 BGB

In der Regel werden Vertragstrafen nach Werktagen (eine Woche = 6 Werktage) vereinbart.

4.10.12 Abnahme (§ 12 VOB/B)

Die Abnahme bzw. auch die Teilabnahme muss innerhalb von 12 Werktagen erfolgen. Gibt es wesentliche Mängel, kann die Abnahme bis zur Beseitigung verweigert werden. Es hat eine förmliche Abnahme zu erfolgen.

Ist keine Abnahme vereinbart, kann diese auch durch Inbenutzungnahme durch den AG erfolgen.

4.10.13 Mängelansprüche (§ 13 VOB/B)

Hier sind die Mängelansprüche und Gewährleistungsfrist geregelt. Die Leistung muss sachmängelfrei abgenommen werden, d. h., wenn sie sich, wie vertraglich vereinbart, für die vorausgesetzte oder gewöhnliche Verwendung eignet. Die Gewährleistungsfrist beträgt je nach Leistung 2–4 Jahre und beginnt mit der Gesamt- bzw. Teilabnahme der Leistung. Hier ist zu beachten, ob abweichende Fristen im Vertrag vereinbart wurden. In der vereinbarten Frist können Mängel und deren Beseitigung bzw. Erstattung vom Auftraggeber beanstandet werden.

Eine Ausnahme ist, wenn die Beseitigung des Mangels für den AG unzumutbar ist. In diesem Fall besteht die Möglichkeit, die Vergütung zu verringern.

Minderung:
§ 638 BGB

4.10.14 Abrechnung (§ 14 VOB/B)

Die Leistung des AN muss durch eine prüfbare Rechnung abgerechnet werden. Als Anlagen sind Belege, Berechnungen, Zeichnungen etc. beizufügen. Die Einreichung soll bei einem max. dreimonatigen Auftrag 12 Werktage nach Fertigstellung erfolgen. Für alle weiteren 3 Monate der Ausführung verlängert sich die Frist um 6 Tage.

4.10.15 Stundenlohnarbeiten (§ 15 VOB/B)

Sollte eine Stundenlohnabrechnung vertraglich vereinbart sein, ist auch danach abzurechnen. Der AN hat den Nachweis für die erbrachten Stunden zu führen (z.B. Bautagebuch, Stundenzettel). Eine Abrechnung der Stundenlohnarbeiten ist bis max. 4 Wochen nach Abschluss der jeweiligen Arbeiten einzureichen.

4.10.16 Zahlung (§ 16 VOB/B)

Die Abschlagszahlungen haben binnen 21 Tage nach Zugang der Rechnung zu folgen. Hier wird nur über die tatsächlich erbrachten Teilleistungen abgerechnet. Die Schlusszahlung muss innerhalb von 30 Tagen erfolgen. Gegenforderungen können einbehalten werden. Voraussetzung ist immer eine prüfbare Rechnung.

Bei der Schlussrechnung hat der AG die Möglichkeit, innerhalb von 28 Tagen Vorbehalte gegen die Schlussrechnung zu erklären.

4.10.17 Sicherheitsleistungen (§ 17 VOB/B)

Arten von Sicherheitsleistungen:
§ 232 BGB

Ergänzungspflicht:
§ 240 BGB

Sind Sicherheitsleistung vereinbart, gelten die §§ 232 und 240 BGB. Damit sollen die vertragsmäßige Ausführung der Leistung und die Mängelansprüche sichergestellt werden.

Beispiele für Sicherheitsleistungen

Der AN hat die Wahl zwischen verschiedenen Arten der Sicherheitsleistung. Zum Beispiel kann als Sicherheit Geld oder die Bürgschaft von Kreditinstituten/Versicherer angewendet werden.

Eine Bürgschaft darf nicht auf eine Zeit begrenzt sein und muss nach Vorschrift des AG ausgestellt werden. Spätestens 18 Tage nach Vertragsabschluss muss die Sicherheit dem AG vorliegen. Der AG kann max. 10 % der Abschlagszahlungen als Sicherheit einbehalten.

Sicherheitsleistungen für die Vertragserfüllung müssen nach Abnahme zurückgezahlt werden, sofern im Vertrag nichts anderes vereinbart wurde, spätestens aber nach Ablauf von zwei Jahren.

4.10.18 Streitigkeiten (§ 18 VOB/B)

Bei einer Streitbeilegung handelt es sich um ein Schlichtungsverfahren, wie z. B. die Mediation.

Streitigkeiten zwischen AG und AN sind vor dem zuständigen Gericht zu klären. Es besteht auch die Möglichkeit, dass ein **Verfahren zur Streitbeilegung** durchgeführt wird. Diese Möglichkeit muss aber vertraglich vereinbart werden.

4.11 Vertragsstörungen bei einem Bauvorhaben

Ausführungsfristen (§ 5 VOB/B)
▶ LF 8, Kap. 4.10.5

Behinderung und Unterbrechung der Ausführung (§ 6 VOB/B)
▶ LF 8, Kap. 4.10.6

Kündigung durch den Auftraggeber (§ 8 VOB/B)
▶ LF 8, Kap. 4.10.8

Im Laufe eines Bauvorhabens kann es zu verschiedenen Vertragsstörungen kommen. Einige davon sollen nachfolgend erläutert werden. Dabei sollte auch bedacht werden, dass die Probleme, die sich aus den Vertragsstörungen ergeben, oftmals bei den Gerichten landen. Eine **Einzelfallprüfung** unter Heranziehung von entsprechenden Sachverständigen ist dann die Regel. Eine außergerichtliche Einigung unter den Vertragsparteien, sofern nicht sittenwidrig, ist aber immer möglich.

1. Fristüberschreitungen (§§ 271, 286 BGB und §§ 5, 6 und 8 VOB/B)

Verzug bei Baubeginn
Voraussetzung ist, dass ein **Baubeginn im Vertrag vereinbart** wurde. Wurde keiner vereinbart, muss der Abruf der Leistungen durch den Auftraggeber erfolgen.

Wurde ein Baubeginn vereinbart, bleibt noch zu klären, ob die Verzögerung durch die jeweiligen Vertragsparteien verschuldet wurde.

Überschreitung der Zwischenfristen
Sind **Zwischenfristen vereinbart worden**, muss wieder die Verursachung der Verzögerung festgestellt werden.

Verzug bei Fertigstellung
Auch hier muss jeweils als Erstes geprüft werden, ob ein **Fertigstellungstermin vertraglich vereinbart** wurde. Wurde keine Fertigstellungsfrist vereinbart, besteht auch kein Verzug.

Liegt eine Vereinbarung vor, ist wiederum zu prüfen, wer die Verzögerung zu vertreten hat. Ist z. B. der Verzug durch den Bauunternehmer nicht verursacht worden, liegt auch kein Verzug der Fertigstellung vor. Zudem liegt in einigen Fällen die Verzögerung auch beim Auftraggeber.

Merke!

In allen Fällen besteht in der Regel die Notwendigkeit einer Mahnung und einer Nachfristsetzung. Eine Mahnung ist lediglich nach § 286 Abs. 2 BGB unter bestimmten Bedingungen nicht erforderlich (z. B., wenn für die Leistung eine Zeit nach dem Kalender bestimmt ist).

2. Behinderungen im Bauablauf
Hier ist zuerst einmal zu klären, wer der **Verursacher der Behinderung** ist. Eine Bauzeitverzögerung kann Schadenersatzansprüche gemäß §§ 280, 286 BGB des Auftraggebers gegenüber dem Auftragnehmer zur Folge haben.

Schadenersatz wegen Pflichtverletzung:
§ 280 BGB

Verzug des Schuldners:
§ 286 BGB

Gründe für Schadenersatzansprüche

- entgangene Mieten
- erhöhte Finanzierungskosten
- Kosten der Rechtsberatung bezüglich eines Rechtsstreits

Liegt die Verursachung nicht im Einflussbereich des Auftragnehmers, kann er wegen einer Behinderung auch nicht in Haftung genommen werden. Dies kann z. B. der Fall sein, wenn
- unvorhersehbare Witterungsbedingungen vorliegen,
- es zu Störungen durch höhere Gewalt kommt,
- unabwendbare Umstände vorliegen sowie
- im Falle eines Streiks oder einer Aussperrung.

Grundsätzlich ist in einem solchen Streitfall immer eine Einzelfallprüfung notwendig, bevor Schadenersatzansprüche geltend gemacht werden können.

Liegt die Behinderung allerdings beim Auftraggeber, kann auch der Auftragnehmer dem Auftraggeber gegenüber Schadenersatzansprüche geltend machen, wie z. B.
- einen angemessenen finanziellen Ausgleich für die Bauzeitverlängerung,
- eine Vergütung (§ 2 Abs. 5 VOB/B),
- einen Schadenersatz (§ 6 Abs. 6 VOB/B) sowie
- eine Entschädigung (§ 642 BGB).

3. Leistungsverweigerung

Eine Leistungsverweigerung des Auftragnehmers kann verschiedene Ursachen haben, wie z.B.

- eine wirtschaftliche Krise oder
- ein Insolvenzverfahren des Auftraggebers.

Unsicherheitseinrede:
§ 321 BGB

In diesem Fall ist ein Leistungsverweigerungsrecht des Auftragnehmers im § 321 BGB geregelt bzw. ist eine Kündigung nach § 9 VOB/B möglich.

Merke!

Derzeit kann eine Leistungsverweigerung auch im nicht vorhandenen/lieferbaren Material seine Ursache haben.

4. Mangel

Ein Mangel am Werk liegt immer dann vor, wenn ein bzw. mehrere der folgenden drei Kriterien nicht erfüllt wurden:

- Das Werk entspricht der vereinbarten Beschaffenheit.
- Das Werk entspricht den anerkannten Regeln der Technik.
- Für den Fall, dass keine bestimmte Beschaffenheit vereinbart wurde, muss das Werk hinsichtlich der nach dem Vertrag vorausgesetzten oder der gewöhnlichen Verwendung geeignet sein.

Besondere Bestimmungen für Rücktritt und Schadenersatz:
§ 636 BGB

Rechte des Bestellers bei Mängeln:
§ 634 BGB

Begriff	Handlung bzw. gesetzliche Grundlage
Mangel	§ 636 Abs. 2 BGB (ergänzt durch BGH, Urteil vom 14.05.1998, VII 184/97), § 13 Abs. 1 VOB/B
Bedenkenanmeldung bzw. Mängelrüge	notwendig
Heilung	Nachbesserung bzw. Ersatzvornahme
Verjährung	§ 634 Abs. 1 Nr. 1 und 2 BGB ▪ 2 Jahre für andere Werkleistungen ▪ 5 Jahre für Arbeiten am Bauwerk
Rechte des Auftraggebers	▪ Mängelbeseitigungsanspruch ▪ Schadenersatzanspruch ▪ Kündigung wegen Nichtbeseitigung des Mangels

Für den **„arglistig verschwiegenen Mangel“** gilt eine Verjährungsfrist von bis zu 10 Jahren nach Abnahme.

Oftmals wird auch der Begriff des **„versteckten Mangels“** im Sprachgebrauch verwendet. Diesen Begriff kennt das deutsche Recht aber nicht.

Merke!

Ein Mangel muss innerhalb der vereinbarten bzw. gesetzlich vorgegebenen Verjährungsfristen gerügt werden, ansonsten besteht in der Regel kein Gewährleistungsanspruch durch den Auftraggeber.

Die Beweislast, dass ein Mangel vorliegt, liegt beim Auftraggeber. Ein Mangel kann auch durch Dritte verursacht werden, z.B. durch eine fehlerhafte Planung.

5. Abnahmeverweigerung durch den Auftraggeber
Gemäß § 640 BGB ist der Auftraggeber verpflichtet, das vertragsgemäß erstellte Werk abzunehmen.

Abnahme:
§ 640 BGB

Außerdem hat der Auftraggeber gemäß § 12 Abs. 1 VOB/B, sofern nichts anderes vereinbart wurde, die Bauleistung **innerhalb von 12 Tagen** abzunehmen, sobald der Auftragnehmer die Abnahme verlangt.

Eine Verweigerung der Abnahme ist nicht möglich, wenn es sich um **unwesentliche Mängel** handelt.

Verweigert der Auftraggeber die Abnahme, kann auch eine **„fiktive Abnahme"** infrage kommen, wenn z. B. der Auftraggeber das Bauwerk durch einen Einzug in Besitz nimmt.

Trotz einer Abnahmeverweigerung durch den Auftraggeber kann der Auftragnehmer eine gemeinsame Zustandsfeststellung verlangen. Erscheint der Auftraggeber zu diesem Termin nicht, kann der Auftragnehmer auch einseitig den Zustand des Bauwerks bzw. der Bauleistung dokumentieren.

6. Fehlende Vergütung
Eine Vergütung ist nach §§ 641, 650g BGB oder nach § 16 VOB/B durch den Auftraggeber zu entrichten. Gegebenenfalls ist auch eine Abschlagszahlung im Vertrag vereinbart. Die entsprechenden Regelungen zur Vorlage einer prüfbaren Rechnung sind dabei einzuhalten. Der Auftragnehmer darf bei fehlender Vergütung dem Bauwerk keine bereits verbauten Teile wieder entnehmen.

Fälligkeit der Vergütung:
§ 641 BGB

Zustandsfeststellung bei Verweigerung der Abnahme; Schlussrechnung:
§ 650g BGB

Verweigert der Auftraggeber die Zahlung der vorgelegten Rechnungen (gemäß vertraglicher Vereinbarung) kann der Auftragnehmer unter Umständen die Arbeit einstellen, z. B. bei fehlenden Abschlagszahlungen.

Wird die Zahlung aufgrund gravierender Mängel nicht vorgenommen, greift zuerst einmal der Mängelbeseitigungsanspruch des Auftraggebers.

Aber auch hier gilt: Im Zweifelsfall muss ein Gericht entscheiden.

4.12 Exkurs: Kaufvertragsstörungen

Anders als bei einem Werk- bzw. Bauvertrag, steht bei einem Kaufvertrag (§ 433 BGB) die Verpflichtung im Vordergrund, dass der Verkäufer einer Sache sich verpflichtet, dem Käufer die Sache zu übergeben und ihm das Eigentum an der Sache zu verschaffen. Der Käufer entrichtet dafür einen Kaufpreis. Bei einem Bauvorhaben kommt es z. B. zwischen einem Bauunternehmer und seinem Baustofflieferanten zu Kaufvertragsabschlüssen.

Ein Kaufvertrag besteht aus zwei Teilen, dem **Verpflichtungs-** und dem **Erfüllungsgeschäft**. Das Verpflichtungsgeschäft wird durch die Übereinstimmung der Willenserklärungen von mindestens zwei Parteien begründet. Der Verkäufer muss den Kaufgegenstand entweder an den Käufer selbst oder beim Versendungskauf an einen Frachtführer frei von Mängeln übergeben, das Eigentum übertragen sowie die Zahlung annehmen. Der Käufer muss den Kaufgegenstand abnehmen und den Kaufpreis zahlen.

Verpflichtungs- und Erfüllungsgeschäft
▶ Band 1, LF 2, Kap. 1.6

Die Erfüllung der im Verpflichtungsgeschäft eingegangenen Pflichten erfolgt im Erfüllungsgeschäft (z.B. die konkrete Lieferung und anschließende Bezahlung des Kaufgegenstandes).

Verpflichtungen aus dem Kaufvertrag für den Verkäufer	• rechtzeitige Annahme des vereinbarten Kaufpreises • Verschaffung des Eigentums an der Ware und vertragsgemäße Lieferung
Verpflichtungen aus dem Kaufvertrag für den Käufer	• Annahme und Prüfung der gelieferten Ware innerhalb der geltenden Fristen • rechtzeitige Bezahlung des vereinbarten Kaufpreises
Erfüllungsgeschäft (Verfügungsgeschäft)	• tatsächliche Erfüllung der vertraglich eingegangenen Verpflichtungen

Kaufvertragsstörungen ergeben sich im Rahmen der vertragsmäßigen Erfüllung des Kaufvertrags, wenn eine der Vertragsparteien – Verkäufer oder Käufer – ihren Verpflichtungen nicht nachkommt.

Dabei ist es auch von Bedeutung, welche Stellung die Vertragspartner zueinander haben, da sich daraus z. T. unterschiedliche gesetzliche Vorgaben bei der Erfüllung des Kaufvertrags ergeben. Beim **Privatkauf** handelt es sich bei Käufer und Verkäufer um Privatpersonen. Hier finden die allgemeinen Vorschriften des BGB zum Kaufvertrag Anwendung.

Handelsgeschäfte
▶ Band 1, LF 2, Kap. 1.6

Beim Handelskauf wird unterschieden nach dem **einseitigen Handelskauf**, hier ist nur ein Vertragspartner ein Kaufmann und der andere eine Privatperson, und dem **zweiseitigen Handelskauf**, bei dem sich zwei Kaufleute gegenüberstehen. In beiden Fällen sind bei der vertragsmäßigen Erfüllung des Kaufvertrags zusätzlich Vorschriften des HGB zu beachten.

Auch wenn die MEWOH Musterwohn GmbH z. B. Büromaterialien bei einem Händler einkauft, liegt ein zweiseitiger Handelskauf vor.

Beispiel

Ein Bauunternehmer übernimmt ein Bauvorhaben. Um dieses umsetzen zu können, werden Baustoffe benötigt, die er bei verschiedenen Lieferanten einkauft. Hierbei handelt es sich um zweiseitige Handelskäufe. Neben den allgemeinen Vorschriften des BGB zum Kaufvertrag sind daher auch Regelungen des HGB zu berücksichtigen, aus denen sich abweichende Verpflichtungen ergeben, u. a. zur Prüf- und Rügepflicht (§ 377 ff. HGB).

Bei der Verletzung folgender Pflichten des Verkäufers und Käufers kann es zu Kaufvertragsstörungen kommen:

Pflichten des Verkäufers	Pflichten des Käufers
Die Ware muss mängelfrei übergeben werden. **Störung:** Ware ist nicht mängelfrei. → **Sachmangel** (Schlechtleistung)	Der Käufer muss die Ware annehmen. **Störung:** Ware wird nicht angenommen. → **Annahmeverzug**
Die Ware muss pünktlich übergeben werden. **Störung:** Ware wird nicht pünktlich geliefert. → **Lieferungsverzug** (Nicht-Rechtzeitig-Lieferung)	Der Käufer muss den Kaufpreis rechtzeitig und vollständig bezahlen. **Störung:** Es wird nicht (rechtzeitig) gezahlt. → **Zahlungsverzug** (Nicht-Rechtzeitig-Zahlung)

4.12.1 Sachmangel (Schlechtleistung)

Sachmangel:
§ 434 BGB

Der Käufer hat bei Gefahrübergang der Kaufsache das Recht auf eine mangelfreie Ware (§ 433 Abs. 1 Satz 2 BGB). Hat die Sache einen Mangel, so hat der Verkäufer seine Pflicht aus dem Kaufvertrag nicht erfüllt.

Wann ist eine Kaufsache mangelfrei?

Eine Sache ist mangelfrei, wenn sie den **subjektiven** Anforderungen (§ 434 Abs. 2 BGB), den **objektiven** Anforderungen (§ 434 Abs. 3 BGB) und den **Montageanforderungen** (§ 434 Abs. 4 BGB) entspricht.

Subjektive und objektive Anforderungen stehen sich gleichrangig gegenüber. Sie müssen zudem kumulativ vorliegen.

Subjektive Anforderungen	Objektive Anforderungen
▪ vertraglich vereinbarte Beschaffenheit (= tatsächlicher Zustand) ▪ vertraglich vorausgesetzte Verwendung ▪ vertraglich vereinbartes Zubehör und die vereinbarten Anleitungen, einschließlich Montage- und Installationsanleitungen wurden übergeben	▪ gewöhnliche Verwendung (= der üblich zu erwartende Zustand bei einer solchen Kaufsache) ▪ Die Kaufsache weist eine Beschaffenheit auf, die bei Sachen der gleichen Art üblich ist.

Bei einem Kaufvertrag zwischen Unternehmen ist es auch weiterhin möglich (ausdrücklich oder konkludent), im Hinblick auf die Beschaffenheit von den objektiven Anforderungen abzuweichen.

Zu der Beschaffenheit nach § 434 Abs. 2 Satz 1 Nr. 1 BGB (subjektive Anforderungen) gehören Art, Menge, Qualität, Funktionalität, Kompatibilität, Interoperabilität und sonstige Merkmale, für die die Parteien Anforderungen vereinbart haben.

Zu der üblichen Beschaffenheit nach § 434 Abs. 3 Satz 1 Nr. 2 (objektive Anforderungen) gehören

- Menge,
- Qualität und
- sonstige Merkmale, einschließlich ihrer Haltbarkeit, Funktionalität, Kompatibilität und Sicherheit.

Merke!

Ein Sachmangel liegt vor, wenn für den Käufer eine ungünstige Abweichung der Ist-Beschaffenheit von der Soll-Beschaffenheit vorliegt.

Erkennbarkeit von Mängeln

Sachmängel können zu verschiedenen Zeitpunkten erkannt werden.

Mangelart	Erläuterung
offener Mangel	Offene Mängel sind bei der Prüfung der Ware sofort sichtbar.
versteckter Mangel	Versteckte Mängel sind nicht sofort erkennbar, sie werden erst bei Verwendung der Sache entdeckt.
arglistig verschwiegener Mangel	Ist dem Verkäufer ein Mangel an der Sache bekannt und verheimlicht er diesen gegenüber dem Käufer, spricht man von einem arglistig verschwiegenen Mangel.

Versteckter Mangel: Erst nach einiger Zeit stellt sich heraus, dass die gelieferten Nägel nicht wie angegeben aus rostfreiem Stahl bestehen.

Rechte des Käufers bei Sachmängeln
Weist die Ware bei der Übergabe an den Käufer einen Mangel auf und kennt der Käufer bei Vertragsabschluss den Mangel nicht, können nach § 437 BGB verschiedene Rechte geltend gemacht werden:

- Nacherfüllung des Kaufvertrages und Schadenersatz neben der Leistung (vorrangige Rechte)
- Rücktritt vom Kaufvertrag oder Minderung des Kaufpreises (nachrangige Rechte)
- Schadenersatz statt der Leistung oder Ersatz vergeblicher Aufwendungen (nachrangige Rechte)

Unter den Nacherfüllungsanspruch fallen:
- Ersatzlieferung oder
- Nachbesserung

4.12.2 Lieferungsverzug (Nicht-Rechtzeitig-Lieferung)

Wenn die bestellte Ware nicht rechtzeitig eintrifft, kann dies schwerwiegende Konsequenzen haben, wenn z. B. dadurch die bei einem Bauvorhaben vereinbarten Termine nicht eingehalten werden können. Im Geschäftsleben regelt das BGB daher die Rechte des Käufers gegenüber säumigen Lieferanten.

Voraussetzungen für den Lieferungsverzug
Damit ein Käufer seine Rechte geltend machen kann, muss vorab geprüft werden, ob die Voraussetzungen für das Vorliegen eines Lieferungsverzuges tatsächlich gegeben sind. Folgende Voraussetzungen müssen erfüllt sein, damit der Lieferant rechtlich gesehen im Lieferungsverzug ist:

1. Es muss ein gültiger Kaufvertrag bestehen.
2. Der Lieferant hat trotz Fälligkeit der Lieferung bisher nicht geliefert.
3. Der Käufer hat die Lieferung angemahnt.
4. Der Lieferant hat den Lieferungsverzug zu verschulden.

Ist der Liefertermin im Kaufvertrag kalendermäßig bestimmt bzw. bestimmbar, indem z. B. die Lieferung ab einem bestimmten Ereignis nach dem Kalender berechnet werden kann (z. B. Lieferung am 15.05.2022), so ist eine Mahnung entbehrlich.

Verschulden
Ein Verschulden des Verkäufers liegt dann vor, wenn er vorsätzlich oder fahrlässig gehandelt hat. Fahrlässig bedeutet, dass der Verkäufer nicht mit der erforderlichen Sorgfalt gehandelt hat. Vorsatz bedeutet, dass er mit Absicht nicht rechtzeitig geliefert hat. Bei höherer Gewalt (z. B. einem Unwetter) liegt kein Verschulden vor.

Rechte des Käufers bei Lieferungsverzug
Sind die Voraussetzungen für einen Lieferungsverzug erfüllt, sollte sich der Käufer grundsätzlich überlegen, ob er weiterhin an der Lieferung interessiert ist oder nicht.

1. Der Käufer ist weiterhin an der Lieferung interessiert.
Auch wenn bestellte Ware nicht zum vereinbarten Termin geliefert wird, kann es durchaus gute Gründe geben, dass der Käufer weiterhin an der Lieferung interessiert ist. Dann kann der Käufer sofort folgende Rechte geltend machen:

Lieferung weiterhin verlangen: Der Käufer hat das Recht, weiterhin auf die Lieferung der Ware und somit auf die Erfüllung des Kaufvertrages zu bestehen. Dieses Recht hat er unabhängig davon, ob der Lieferant den Lieferungsverzug zu verantworten hat oder nicht (verschuldensunabhängiges Recht).

Schadenersatz für verspätete Lieferung verlangen: Neben der Lieferung kann der Käufer auch noch Schadenersatz verlangen. Zwingende Voraussetzung dafür ist aber das Verschulden des Lieferanten. Den Schadenersatz für die verspätete Lieferung kann der Käufer nicht pauschal geltend machen. Er muss vielmehr beweisen, dass ihm aufgrund der verspäteten Lieferung tatsächlich ein Schaden entstanden ist.

2. Der Käufer ist nicht mehr an der Lieferung interessiert.
Hier ist zwar auch ein Rücktritt möglich, jedoch ist der Kaufvertrag noch gültig und der säumige Lieferant muss zunächst eine zweite Chance zur Lieferung erhalten.

Setzen einer angemessenen Nachfrist: Bevor der Käufer von seinem Rücktrittsrecht Gebrauch machen kann, muss er dem Lieferanten eine angemessene Nachfrist zur Lieferung gewähren. Der Gesetzgeber hat recht deutlich bestimmt, was darunter zu verstehen ist: Eine Nachfrist ist dann angemessen, wenn sie dem Lieferanten die Zeit zur Lieferung ermöglicht, ohne dass er die Ware noch selbst herstellt oder woanders beschafft. Der Gesetzgeber geht hier also davon aus, dass der Lieferant die erwartete Ware im Lager hat und nur noch ausliefern muss. Kann der Lieferant dieses enge Zeitraster erfüllen, muss der Käufer die Ware noch annehmen. Wird die Ware innerhalb der gesetzten Nachfrist nicht geliefert, kann der Käufer vom Kaufvertrag zurücktreten.

Eine Nachfristsetzung ist nicht erforderlich, wenn
- ein Fixkauf vorliegt,
- der Lieferant sich weigert, zu liefern oder
- besondere Gründe vorliegen, z. B. ein Interessenwegfall.

Fixkauf

Die Lieferung erfolgt zu einem laut Kalender festgelegten Termin (z. B. „am 26.06.2022") oder innerhalb einer bestimmten Frist (z. B. „bis zum 26.06.2022").

Die Nachfrist kann selbstverständlich **zusammen mit der Mahnung** bei Fälligkeit der Lieferung gesetzt werden. So hält sich der Käufer von Anfang an alle möglichen Rechte offen und verliert keine Zeit durch eine später gesetzte Nachfrist.

Folgende Rechte kann der Käufer in Anspruch nehmen:
- **Rücktritt vom Kaufvertrag:** Nach dem erfolglosen Verstreichen einer angemessenen Nachfrist bzw. sofort bei Entbehrlichkeit der Nachfrist kann der Käufer vom Kaufvertrag zurücktreten. Dieses Recht kann er auch geltend machen, wenn der Lieferant den Lieferungsverzug nicht zu verantworten hat (verschuldensunabhängig).
- **Schadenersatz statt der Leistung:** Neben dem Rücktrittsrecht kann der Käufer zusätzlich Schadenersatz statt der Leistung verlangen. Voraussetzung hierfür ist neben dem erfolglosen Setzen einer angemessenen Nachfrist das Verschulden des Lieferanten. Auch hier muss der Käufer seinen entstandenen Schaden belegen, z. B. bei einem Deckungskauf.
- **Ersatz vergeblicher Aufwendungen:** Der Käufer kann bei Rücktritt vom Kaufvertrag anstelle des Schadenersatzes auch den Ersatz vergeblicher Aufwendungen geltend machen.

4.12.3 Zahlungsverzug (Nicht-Rechtzeitig-Zahlung)

Jedes Unternehmen freut sich über eine Geschäftsbeziehung, die zu einem Abschluss führt. Aber Vorsicht! Ob sie tatsächlich einen positiven Beitrag zum Geschäftsergebnis leistet, stellt sich erst heraus, wenn das Geld auch tatsächlich auf dem Bankkonto des Unternehmens ist.

Daher ist es wichtig, dass Unternehmen ihre offenen Rechnungen auch tatsächlich rechtzeitig bezahlen. Mithilfe des Forderungsmanagements können fällige Ausgangsrechnungen überwacht werden.

Leider zahlen immer mehr Endverbraucher oder Unternehmen verspätet oder auch gar nicht. Die Gründe dafür reichen von Vergesslichkeit bis zum Vorsatz. Im Umgang mit säumigen Kunden sollte deshalb immer der Kundenstatus und die bisherigen Erfahrungen mit dem jeweiligen Kunden berücksichtigt und mögliche Schritte sorgsam gewählt werden.

Schnell kann eine langjährige Geschäftsbeziehung Schaden nehmen, wenn einmal versehentlich eine Rechnung verspätet gezahlt wird und daraufhin mit einer scharf formulierten Mahnung geantwortet wird. Andere Kunden legen es wiederum bewusst darauf an, Rechnungen erst nach der Ankündigung rechtlicher Schritte zu bezahlen.

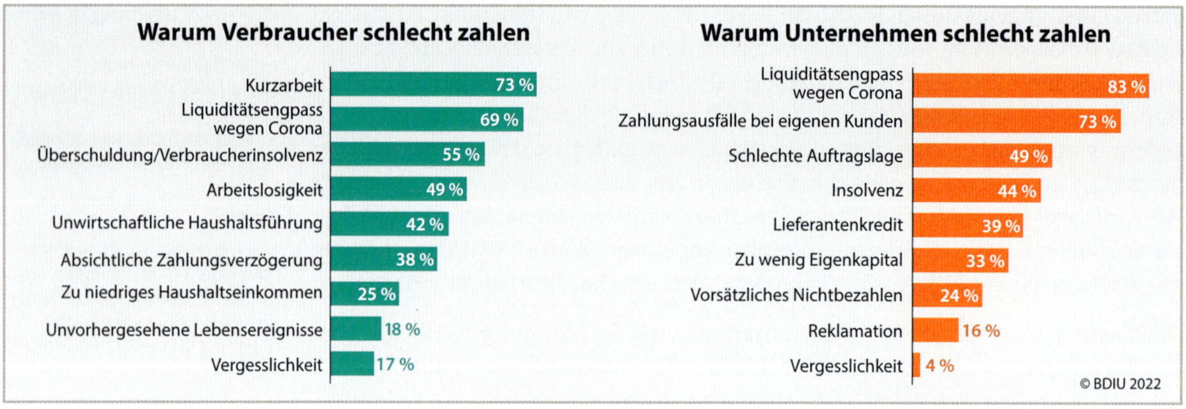

Die Konsequenzen, die ein Unternehmen durch verspätete oder ausbleibende Zahlungen zu tragen hat, können bis zur Insolvenz führen. Folgende Wirkungskette kann durch eine schlechte Zahlungsmoral ausgelöst werden:

Wirkungskette

Das Unternehmen verliert an Liquidität und gerät dadurch ggf. selbst in Zahlungsschwierigkeiten. Dadurch verschlechtert sich die Geschäftsbeziehung zu den eigenen Lieferanten und der Verlust von Rabatten und Boni droht.

→ Das Guthaben auf dem Bankkonto sinkt, das Unternehmen verliert Guthabenzinsen.

→ Um die eigene Zahlungsschwierigkeit zu vermeiden, muss das Unternehmen bei Banken einen Kredit aufnehmen.

→ Durch den zusätzlichen Kredit verschlechtert sich die Eigenkapitalquote des Unternehmens und die Kreditwürdigkeit sinkt.

→ Nicht selten steht am Ende einer solchen Wirkungskette die Insolvenz des Unternehmens.

Voraussetzungen für den Zahlungsverzug

Nachfolgende Voraussetzungen müssen erfüllt sein, damit sich ein Käufer rechtlich gesehen im Zahlungsverzug (Nicht-Rechtzeitig-Zahlung) befindet.

1. Es muss ein gültiger Kaufvertrag bestehen.
2. Der Käufer hat trotz Fälligkeit den Rechnungsbetrag bisher noch nicht gezahlt.
3. Der Verkäufer hat die Zahlung angemahnt und den Käufer in Verzug gesetzt.
4. Der Käufer hat den Zahlungsverzug zu verschulden.

Außergerichtliches und gerichtliches Mahnverfahren
▶ Band 1, LF 5, Kap. 7

In folgenden Fällen gerät der Käufer auch ohne Mahnung in Verzug:

- wenn der Zahlungstermin kalendermäßig bestimmt bzw. bestimmbar ist;
- wenn der Käufer die Zahlung verweigert;
- wenn 30 Tage seit dem Rechnungsdatum vergangen sind. Der Zahlungsverzug tritt dann automatisch am 31. Tag ein. Diese Regelung spielt aber nur dann eine Rolle, wenn der Zahlungstermin nicht kalendermäßig bestimmt wurde.

Rechte des Verkäufers

Ist ein Käufer in Zahlungsverzug geraten, so kann der Verkäufer unter verschiedenen Möglichkeiten wählen.

1. Der Verkäufer geht davon aus, dass der Käufer noch zahlt.
Hat der Verkäufer berechtigte Hoffnungen, dass der Käufer seiner Zahlungsverpflichtung noch nachkommt oder handelt es sich bei der Ware um eine Spezialanfertigung, die der Verkäufer nur schwer anderweitig verkaufen kann, so hat der Verkäufer zunächst ein Interesse daran, den Kaufvertrag aufrechtzuerhalten. Dann kann er ohne Nachfristsetzung sofort folgende Rechte geltend machen:

Zahlung weiterhin verlangen: Der Verkäufer kann trotz der Überschreitung des Zahlungstermins weiterhin die Zahlung verlangen.

Schadenersatz wegen Pflichtverletzung: Zahlt der Käufer nicht rechtzeitig, kann der Verkäufer einen Verzugsschaden geltend machen. Voraussetzung hierfür ist das Verschulden des Käufers, welches aber bei Geldschulden grundsätzlich als gegeben angesehen wird.

Verzugszinsen: Neben Schäden, die durch die verspätete Zahlung entstanden sind (z. B. Mahn-, Telefon- oder Anwaltskosten), kann der Verkäufer auch Verzugszinsen verlangen. Bei einem zweiseitigen Handelskauf beträgt der Zinssatz 9 % p. a. über dem Basiszinssatz (§ 288 Abs. 2 BGB). Die Zinsen sind ab dem Verzugsdatum zu berechnen; falls für den Zahlungsverzug eine Mahnung notwendig ist, ab Zugang der Mahnung. In der Praxis werden zwei Tage nach der Absendung der Mahnung als Zugangsdatum angenommen.

Bei einem Verbrauchsgüterkauf werden grundsätzlich 5 % Zinsen p. a. über dem Basiszinssatz berechnet (§ 288 Abs. 1 BGB).

Der Verkäufer hat außerdem Anspruch auf die Zahlung einer Pauschale in Höhe von 40,00 Euro. Diese Regel gilt für alle Rechtsgeschäfte, an denen kein Verbraucher beteiligt ist, also auch für Kleingewerbetreibende (§ 288 Abs. 5 BGB).

Höherer Verzugsschaden: Entsteht dem Verkäufer ein höherer Verzugsschaden, etwa durch die Notwendigkeit einer Kreditaufnahme infolge des ausstehenden Zahlungseinganges, so kann er diese Aufwendungen ebenfalls geltend machen. Für diese Mehraufwendungen besteht allerdings eine Nachweispflicht.

2. Der Verkäufer geht davon aus, dass der Käufer nicht zahlt.
Erwartet der Verkäufer nicht mehr, dass der Käufer seiner Zahlungsverpflichtung nachkommt, ist er an einer Beendigung der Vertragsbeziehung interessiert. In diesem Fall wird er Schadenersatz statt Leistung verlangen und/oder vom Kaufvertrag zurücktreten. Für die Inanspruchnahme dieser Rechte ist es aber notwendig, dass der Verkäufer dem Käufer eine angemessene Nachfrist zur Zahlung setzt. Diese Nachfrist ist nur dann entbehrlich, wenn der Käufer die Zahlung verweigert oder der Zahlungstermin im Vertrag terminlich genau bestimmt ist und außerdem im Vertrag deutlich steht, dass bei nicht rechtzeitiger Zahlung der Verkäufer kein Interesse mehr am Fortbestehen des Vertrages hat.

Schadenersatz statt der Leistung: Auf dieses Recht wird der Verkäufer zurückgreifen, wenn er die nicht bezahlte Ware an einen anderen Kunden verkaufen kann. Wenn der Verkäufer dafür allerdings nur einen niedrigeren Preis erzielen kann, wird er die Differenz zwischen diesem Verkaufserlös und dem im Kaufvertrag zuvor vereinbarten höheren Preis sowie etwaige Verzugszinsen als Schaden geltend machen.

Rücktritt vom Kaufvertrag: Von dieser Möglichkeit wird der Verkäufer z.B. dann Gebrauch machen, wenn er in Erfahrung gebracht hat, dass der Käufer nicht zahlen kann. Durch den Rücktritt vom Kaufvertrag wird der Verkäufer wenigstens versuchen, seine Ware zurückzuerhalten.

4.12.4 Annahmeverzug

Nimmt ein Kunde die vereinbarungsgemäß angebotene Ware nicht an und sind die entsprechenden Voraussetzungen erfüllt, so handelt es sich um einen Annahmeverzug (auch Gläubigerverzug genannt):

Voraussetzungen für den Annahmeverzug
Nachfolgende Voraussetzungen müssen erfüllt sein, damit sich ein Käufer rechtlich gesehen im Annahmeverzug befindet:
1. Es muss ein gültiger Kaufvertrag bestehen.
2. Die Lieferung muss fällig sein.
3. Dem Gläubiger wird die Ware tatsächlich angeboten.
4. Der Gläubiger nimmt die Ware nicht an oder holt sie nicht wie vereinbart ab.

Rechte des Verkäufers
Sind die Voraussetzungen des Annahmeverzugs erfüllt, hat der Verkäufer sofort ohne Nachfristsetzung folgende Möglichkeiten:
- **Ware einlagern und auf Abnahme klagen:** Der Verkäufer kann auf die Abnahme der Ware bestehen. Bis zur erneuten Anlieferung bzw. bis zur Abholung der Ware kann er diese auf Kosten des Käufers in einem Lagerhaus einlagern.
- **Ersatz von Mehraufwendungen fordern:** Kosten, die dem Verkäufer durch die Bearbeitung des Annahmeverzugs, das Lagern oder den erneuten Transportweg anfallen, kann er dem Käufer gegenüber geltend machen.

Nach Ablauf einer angemessenen Nachfrist kann der Verkäufer Folgendes tun:
- **Rücktritt vom Vertrag:** Die Inanspruchnahme dieses Rechts bietet sich häufig bei Gattungsware an.
- **Selbsthilfeverkauf:** Der Verkäufer kann Ware auf Kosten des Käufers öffentlich versteigern lassen. Dabei muss der Verkäufer den Käufer über den Termin und den Ort informieren und eine Abrechnung über den erzielten Erlös vorlegen. Liegt der Erlös unter dem vereinbarten Kaufpreis, so muss der Käufer die Differenz tragen. Liegt er darüber, steht dem Käufer die Differenz zu. Verderbliche Waren können im Rahmen eines Notverkaufs sofort öffentlich versteigert werden, Waren mit einem feststellbaren Marktpreis per freihändigem Verkauf.

Gattungsware
Die Ware ist in diesem Fall nur durch ihre Art und Güte bestimmt und kann von einem anderen, gleichartigen Exemplar ersetzt werden.

5 Baubetreuer und Bauträger

SB ▶ SITUATION 67
Planung eines Bauvorhabens – Bauträgertätigkeit

5.1 Unternehmereinsatzformen

Im Zuge eines Bauvorhabens können unterschiedliche Unternehmensarten zum Einsatz kommen, hier spricht man von Unternehmereinsatzformen. Das können sein:

- Alleinunternehmer, Haupt- und Subunternehmer
- Generalunternehmer
- Generalübernehmer
- Totalunternehmer
- Arbeitsgemeinschaften (ARGE)
- Baumodelle wie **Baubetreuung** oder **Bauträger**

Der Unternehmer
▶ LF 8, Kap. 6.4

ARGE
Arbeitsgemeinschaft von Unternehmen

Nachfolgend soll insbesondere auf die Baubetreuung und Bauträger eingegangen werden.

5.2 Unterschiede

5.2.1 Baubetreuer – Baubetreuervertrag

Auf dem Grundstück des Bauherrn wird ein Bauvorhaben ausgeführt, d. h., das Grundstück gehört bereits dem Bauherrn.

Im Baubetreuungsvertrag wird vereinbart, welche Art der Betreuung durch den Baubetreuer übernommen werden soll, z. B.:

- technische Betreuung
- architektonische Betreuung
- wirtschaftliche und finanzielle Betreuung

Das Bauvorhaben wird von der Baubetreuung in fremdem Namen und auf fremde Rechnung vorbereitet und durchgeführt.

5.2.2 Bauträger – Bauträgervertrag

Wird hingegen ein Bauträgervertrag abgeschlossen, so übernimmt der Bauträger auf fremde Rechnung und auf dem eigenen Grundstück oder auf einem noch von ihm zu erwerbenden Grundstück die Errichtung eines Bauwerks.

Hier gelten seit der Baurechtsreform 2018 folgende neue Regelungen:

- §§ 631 ff. BGB (Werkverträge)
- §§ 650i bis n BGB (Verbraucherbauvertrag)
- § 650o BGB (Unabdingbarkeit)
- §§ 650u und v BGB (Neuregelungen zum Bauträgervertrag)

Merke!

Ist das Bauvorhaben mit einem Grundstückskauf gekoppelt, gilt die Makler- und Bauträgerverordnung (MaBV).

MaBV
Makler- und Bauträgerverordnung

Die MaBV wurde zuletzt geändert durch die Vierte Verordnung vom 09. Mai 2018 (BGBl. I S. 550) und ist seit dem 01. August 2018 in Kraft.

Die genaue Bezeichnung der MaBV lautet: Verordnung über die Pflichten der Immobilienmakler, Darlehensvermittler, Bauträger, Baubetreuer und Wohnimmobilienverwalter.

Bei Neubauvorhaben mit einem Generalunternehmer und -übernehmer oder dem Kauf bei einem Fertighausanbieter findet die Regelung demnach keine Anwendung.

Somit ist der Bauträgervertrag eine Mischung aus einem Kaufvertrag über ein Grundstück und einem Werksvertrag über eine Bauleistung.

Weiterhin gilt für den Bauträgervertrag:

- Der Bauträger hat Einfluss auf die Planung und die Gestaltung des Bauvorhabens.
- Der Bauträger hat Einfluss auf den Ablauf des gesamten Bauvorhabens und ist berechtigt, den zeitlichen und bautechnischen Ablauf des Bauvorhabens allein zu steuern.
- Der Bauträger stellt den Bauantrag in eigenem Namen, ist Verantwortlicher für das gesamte Baugeschehen und Vertragspartner der (übrigen) Bauhandwerker/Bauunternehmer.
- Der Bauträger ist in der Regel der Eigentümer des Baugrundstücks oder dinglich zum Bau auf einem fremden Grundstück berechtigt, z.B. als Erbbauberechtigter.

5.3 Sicherung des Eigentumsübergangs

Besondere Sicherungspflichten für Bauträger:
§ 3 MaBV

Zur Absicherung des Käufers schreibt die MaBV unter § 3 einige rechtliche Voraussetzungen für die Zahlung der ersten Rate an den Bauträger vor. Der Abschluss eines Kaufvertrags allein reicht nicht aus.

Zusätzlich muss

- vom Notar bestätigt sein, dass der Vertrag rechtswirksam ist, alle erforderlichen Genehmigungen vorliegen und dem Bauträger kein vertragliches Rücktrittsrecht mehr zusteht,
- der Anspruch des Käufers auf Eigentumsübertragung mit einer Vormerkung im Grundbuch gesichert sein,
- das Grundstück von Grundpfandrechten anderer freigestellt sein, die dem Anspruch des Käufers auf Erwerb entgegenstehen könnten und
- die Baugenehmigung erteilt sein.

5.4 Fälligkeit des Kaufpreises nach Makler- und Bauträgerverordnung (§ 3 MaBV)

Der Zahlungsplan laut MaBV umfasst insgesamt 13 verschiedene Gewerke. Allerdings darf der Bauträger nicht für jedes einzelne Gewerk eine Rechnung schreiben. Er muss diese zu maximal sieben Teilzahlungen zusammenfassen.

Der Zahlungsplan legt fest, wie viel Prozent der Gesamtkosten der Bauträger für die einzelnen Gewerke veranschlagen darf.

1. Gewerk:
30 % der vereinbarten Summe kann der Bauträger nach Beginn der Erdarbeiten (Gewerk 1) veranschlagen, wenn er auch das Baugrundstück mit verkauft. In allen anderen Fällen sind es lediglich 20 %.

2. bis 13. Gewerk:
70 % der vereinbarten Summe kann der Bauträger dann für die übrigen zwölf Gewerke veranschlagen.

Die folgende Tabelle gibt einen Gesamtüberblick zur Aufteilung:

Nr.	Gewerk	Aufteilung in Raten
1	Nach Beginn der Erdarbeiten, a) wenn das Eigentum am Grundstück übertragen wird oder b) wenn ein Erbbaurecht bestellt oder übertragen wird.	 30 % 20 %
2	Rohbaufertigstellung einschließlich Zimmererarbeiten	40 %
3	Dachflächen, Dachrinnen	8 %
4	Rohinstallation der Heizungsanlagen	3 %
5	Rohinstallation der Sanitäranlagen	3 %
6	Rohinstallation der Elektroanlagen	3 %
7	Fenstereinbau einschließlich Verglasung	10 %
8	Innenputz ohne Beiputzarbeiten	6 %
9	Estrich	3 %
10	Fliesenarbeiten im Sanitärbereich	4 %
11	Bezugsfertigkeit und Zug um Zug gegen Besitzübergabe	12 %
12	Fassadenarbeiten	3 %
13	nach vollständiger Fertigstellung	5 %

Vermögenswerte, die der Auftraggeber dem Bauträger zur Verfügung stellt, darf dieser nur für das Bauvorhaben verwenden. Die Gelder verschiedener Auftraggeber bzw. Bauvorhaben sind gemäß § 6 MaBV getrennt und getrennt vom Vermögen des Bauträgers aufzubewahren.

Getrennte Vermögensverwaltung:
§ 6 MaBV

Nach Beendigung des Auftrags hat der Bauträger gegenüber dem Auftraggeber Rechnung zu legen.

Umfang der Rechenschaftspflicht:
§ 259 BGB

5.5 Sicherheitsleistungen

Um den Auftraggeber abzusichern, sollten Bürgschaften oder entsprechende Versicherungen des Bauträgers vorliegen. Leider kam es in der Vergangenheit immer wieder zu Insolvenzen von Bauträgern, sodass Bauvorhaben nicht abgeschlossen werden konnten und Auftraggeber zusätzlich Geld investieren mussten, um das Bauvorhaben abzuschließen.

Dabei kann es sich z. B. um eine **Fertigstellungsbürgschaft** des Bauträgers handeln. Erhält der Auftraggeber keine Fertigstellungsbürgschaft durch den Bauträger, sollte er auf jeden Fall eine Baufertigstellungsversicherung abschließen.

Eine Fertigstellungsbürgschaft sichert den Bauherren gegen eine Insolvenz des Bauträgers ab.

Andererseits verlangen Bauträger oftmals zusätzlich zur Finanzierungszusage eine **Sicherungsbürgschaft** vom Auftraggeber, für den Fall, dass dieser doch nicht finanzieren kann.

5.6 Finanzierung des Kaufpreises

In der Regel muss der Auftraggeber eine Finanzierung des Kaufpreises bzw. der Baukosten durch seine Bank oder eine Bausparkasse in Anspruch nehmen.

Oftmals wird auch auf Fördermittel zurückgegriffen, wie z.B.:
- Kreditanstalt für Wiederaufbau (KfW-Förderungen)
- Bundesamt für Wirtschaft und Ausfuhrkontrolle (Bafa-Zuschüsse für bestimmte energetische Maßnahmen)
- Landesförderungen durch die Förderbanken der einzelnen Bundesländer
- kommunale Förderungen der einzelnen Städte und Gemeinden

Vorab sollte jeder zukünftige Bauherr eine Ermittlung seiner Finanzierungsgrenzen durchführen oder von seiner Bank durchführen lassen.

Eigenkapital
▶ Band 3, LF 11

Wichtig ist dabei, dass genügend Eigenkapital vorhanden ist. Die beste Risikoabsicherung ist ein hoher Eigenkapitalanteil.

5.7 Errichtung des Bauwerks – Vertragswerk

Ein Bauträgervertrag beinhaltet und regelt mindestens folgende Punkte:
- Vertragspartner
- Vertragsobjekt
- Leistungsbeschreibung, Baubeschreibung, Pläne
- Kosten, Vergütungsvereinbarung
- Fertigstellungstermine und Abnahme
- Gewährleistung
- Kündigung
- Sicherheiten
- Widerrufsrechte
- Vertretungsrechte

Wie bereits erwähnt, muss ein solcher Vertrag notariell abgeschlossen werden.

5.8 Erschließungskosten

Abzuklären ist, ob noch Erschließungskosten zusätzlich zum Bauvertrag zu erwarten sind. Oftmals wird der Bauherr von nicht eingeplanten Erschließungskosten während oder nach der Fertigstellung des Bauvorhabens überrascht.

Merke!

Grundsätzlich gilt, dass derjenige die Kosten zu tragen hat, der bei Kostenerhebung im Grundbuch des Grundstücks eingetragen ist.

Vorab ist daher zu klären, welche Erschließungskosten auf den Bauherren zukommen. Sind diese ggf. schon im Bauvertrag berücksichtigt oder kommen die Kosten noch dazu? Entsprechend sollten diese Kosten entweder über die Baufinanzierung oder über das Eigenkapital eingeplant werden.

5.9 Altbausanierung

Im Falle eines Altbauvorhabens ist zu berücksichtigen, dass zwischen den Sanierungsleistungen und dem Grundstück samt Altbausubstanz zu unterscheiden ist. Nur für die Altbausubstanz kann die Haftung ausgeschlossen werden. Sofern es sich allerdings um eine Totalsanierung handelt, haftet der Bauträger wie für eine Neubaumaßnahme.

5.10 Gewährleistung durch den Bauträger

Die in den notariellen Bauträgerverträgen enthaltenen Haftungsbeschränkungen müssen zu deren Wirksamkeit der Anforderung des § 309 Nr. 8b und § 307 BGB genügen.

Klauselverbote ohne Wertungsmöglichkeit:
§ 309 BGB

Inhaltskontrolle:
§ 307 BGB

Eine Verkürzung der gesetzlichen Gewährleistungsfrist von fünf Jahren oder eine Beschränkung der Haftung des Bauträgers für sogenannte Kardinalspflichten ist unwirksam.

Eine Abtretung von Ansprüchen gegen die Baubeteiligten ist unwirksam, wenn hierdurch die eigene Haftung des Bauträgers begrenzt oder erschwert wird.

a) Grundstück
Die Gewährleistung des Bauträgers für das zu übereignende Grundstück bestimmt sich nach dem Kaufvertragsrecht.

b) Bauwerk
Der Bauträger haftet auch für die rechtliche und tatsächliche Durchführbarkeit des Vorhabens und die Gebrauchstauglichkeit des Objekts.

Er ist verpflichtet, das Bauwerk mangelfrei zu erstellen, wobei sich die geschuldete Leistung nicht nur aus dem notariellen Bauträgervertrag, sondern unter Umständen auch aus den Prospektangaben ergeben kann.

Für Mängel haftet der Bauträger nach Werkvertragsrecht. Der Erwerber kann Nacherfüllung/Mängelbeseitigung gemäß § 635 BGB fordern.

Nacherfüllung:
§ 635 BGB

Grundsätzlich muss dem Bauträger eine angemessene Frist zur Mängelbeseitigung gesetzt werden. Nach erfolglosem Ablauf der gesetzten Frist hat der Auftraggeber die Möglichkeit, einen Kostenvorschuss zur Mängelbeseitigung anzufordern oder, sofern die besonderen Voraussetzungen vorliegen, Schadenersatz zu fordern.

Befindet sich der Bauträger mit der Mängelbeseitigung in Verzug, hat der Erwerber (AG) trotz Nichtzahlung des Restkaufpreises Ansprüche auf Übertragung des Eigentums.

5.11 Erbbaurechte

Wird ein Bauträgervertrag in Zusammenhang mit einem Erbbaurecht geschlossen, erfolgt die Zahlung der Leistung des Bauträgers über einen abweichenden Ratenzahlungsplan gemäß MaBV.

Fälligkeit des Kaufpreises nach Makler- und Bauträgerverordnung (Zahlungsplan 1. Rate)
▶ LF 8, Kap. 5.4

Die Rechtsgrundlagen für ein Erbbaurecht sind im Erbbaurechtsgesetz (ErbbauRG) geregelt.

6 Organisatorischer Ablauf eines Bauvorhabens

Da an einem Bauvorhaben die verschiedensten Parteien beteiligt sein können, sind Kenntnisse rund um die Themen Teamarbeit, Arbeitsplanung und Projektmanagement hilfreich. Der Methodentrainer, der den Webcodematerialien beiliegt, gibt zu diesen Themen einen Einblick.

Am Ablauf eines Bauvorhabens sind verschiedene Parteien beteiligt. Nur durch die richtige Zusammenarbeit dieser einzelnen Parteien ist es möglich, ein Bauvorhaben durchzuführen.

6.1 Der Bauherr (Auftraggeber)

Bauherr (Auftraggeber)

Bauherr ist immer die Vertragspartei, die einen Unternehmer zur Herstellung eines versprochenen Werkes verpflichtet und die Kosten dafür übernimmt.

Die am Bauvorhaben beteiligten Parteien

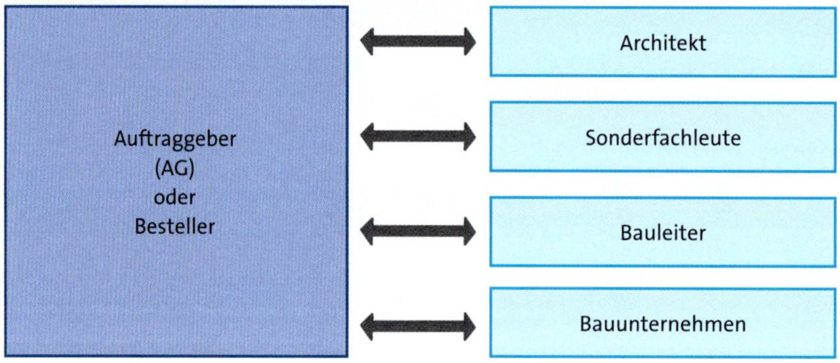

6.2 Der Entwurfsverfasser

Bei einem Entwurfsverfasser handelt es sich in der Regel um einen Architekten oder Bauingenieur. Er erstellt nach den Vorgaben des Bauherrn die entsprechenden Zeichnungen und Pläne unter Einhaltung der anerkannten Regeln der Technik. Die Planung muss den Vorgaben der Baubehörden entsprechen. Für bestimmte Aufgaben können Fachplaner hinzugezogen werden, z. B. Statiker, Fachingenieure und Techniker.

Zur Beantragung der baulichen Genehmigungen muss der Entwurfsverfasser bauvorlageberechtigt entsprechend den Vorgaben der einzelnen Bundesländer bzw. Mitglied der Architektenkammer sein.

6.3 Der Bauleiter

Der Bauleiter wird in der Regel durch den Bauherrn beauftragt. Er übernimmt die Aufgaben der Leistungsphase 8 der HOAI. Ist zum Beispiel im Architektenvertrag die Leistungsphase 8 mit vereinbart, ist der Architekt auch gleichzeitig der Bauleiter. Bei einem Bauträgervertrag wird der Bauleiter vom Bauträger gestellt.

Aufgaben des Bauleiters sind (je nach Beauftragung durch den Auftraggeber):

Aufgaben	Beispiele
Planprüfung	Prüfung der ihm vorliegenden Pläne auf: • Vollständigkeit • Richtigkeit
Baugrundverhältnisse	• Kenntnisse über die Baugrundverhältnisse verschaffen • ggf. Untersuchung in Absprache mit dem Bauherren einleiten
Koordinierung, Terminplanung und Überwachung	• Koordinierung aller am Bau beteiligten Unternehmen • Erstellung des Terminplanes (Zeitplan) • Überwachung der Termineinhaltung
Dokumentation	Führung des Bautagebuchs mit folgendem Inhalt: • Baufortschritt, besondere Ereignisse, Anwesenheit der Unternehmen bzw. Anzahl Mitarbeiter • Witterungsbedingungen • Unterlagen, Fotos
Ordnung und Sicherheit	• Einhaltung des Arbeitsschutzes • Einhaltung der Regelungen der Berufsgenossenschaften • Einhaltung von Sicherheit und Ordnung auf der Baustelle • Ergreifung von Sicherheitsmaßnahmen bei drohenden Gefahren
Überwachung	Überwachung der Ausführung der beauftragten Arbeiten: • Plantreue • allgemein anerkannte Regeln der Technik • Einsatz der richtigen Baustoffe • mangelfreie Ausführung
Kostenkontrolle	• Kontrollpflicht bezüglich der Kostenentwicklung (Kostenstand) • Kostenkontrolle zwischen Auftrag und tatsächlich entstandenen Kosten
Rechnungsprüfung	• sachliche und rechnerische Überprüfung der Rechnungen • Überprüfung Aufmaß
Bauabnahmen	• Durchführung der Bauabnahmen (Teil- bzw. Endabnahme) • Protokollierung der Bauabnahmen
Übergabe	Übergabe an den Bauherren inkl. aller zum Bau gehörenden Unterlagen: • Rechnungen, Protokolle • Abnahmen • Bedienungsanleitungen • usw.

6.4 Der Unternehmer

Ein Unternehmer ist immer diejenige Vertragspartei, die zur Herstellung des versprochenen Werkes gemäß § 631 BGB verpflichtet ist. Dabei kann es sich um eine natürliche oder juristische Person sowie um eine gleichgestellte rechtsfähige Personengesellschaft handeln.

Vertragstypische Pflichten beim Werkvertrag:
§ 631 BGB

In der Praxis gibt es verschiedene Formen von Unternehmen, die beauftragt werden können, die sogenannten Unternehmereinsatzformen.

Unternehmereinsatzformen
▶ LF 8, Kap. 5.1

Einige sollen hier nun nachfolgend etwas genauer erläutert werden.

1. Generalübernehmer (GÜ)
Der Generalübernehmer schließt mit dem Bauherrn einen **Generalübernehmervertrag** über die Planung und die Bauausführung ab.

Er verspricht dem Auftraggeber die Erstellung des gesamten Bauwerks, wird aber nicht selbst tätig.

Der Generalübernehmer beauftragt auf eigenen Namen und eigene Rechnung die bauausführenden Unternehmen (Subunternehmen).

Somit übernimmt er die Rolle des Auftraggebers gegenüber den ausführenden Firmen, ohne damit selbst zum Bauherrn zu werden.

2. Generalunternehmer (GU)
Der Generalunternehmer schließt mit dem Besteller einen **Generalunternehmervertrag** über die Bauausführung und in der Regel auch über die Planung ab.

Er erbringt einen Teil der Leistungen selbst, den Rest lässt er durch Subunternehmer ausführen.

Er ist ein Alleinunternehmer gegenüber dem Auftraggeber.

3. Hauptunternehmer (HU)
Hauptunternehmer ist, wer vom Auftraggeber mit einem oder mehreren Gewerken beauftragt wird. Er führt nur einen Teil der Arbeiten selbst aus und vergibt die restlichen Arbeiten an andere Unternehmen.

Er ist ein Alleinunternehmer gegenüber dem Besteller.

4. Subunternehmer (SU)
Der Subunternehmer wird vom Hauptunternehmer beauftragt, wobei der Hauptunternehmer der Generalunternehmer oder auch der Generalübernehmer sein kann.

5. Arbeitsgemeinschaft (ARGE)
Es handelt sich um einen speziellen Zusammenschluss mehrerer Baufirmen zu einer Arbeitsgemeinschaft.

Gegenüber dem Auftraggeber tritt die ARGE als ein Vertragspartner auf.

In der Regel hat die ARGE, also die beteiligten Unternehmen, eine Art Gesellschaftervertrag.

Eine ARGE kann den Gesellschaftsvertrag individuell gestalteten und diesen für das Innenverhältnis heranziehen.

ARGE-Musterverträge werden vom Hauptverband der Deutschen Bauindustrie e. V. herausgegeben und empfohlen.

6.5 Die Bauaufsichtsbehörden

Die Bauaufsichtsbehörden kontrollieren, dass die Baumaßnahmen nach dem **öffentlichen Baurecht** und der aufgrund der **jeweiligen Bauordnung** (Landesbauordnung) erlassenen Anordnungen ausgeführt werden. Ihre Hauptaufgabe ist dabei die Gefahrenabwehr. Für die Aufgabenerfüllung steht der Bauaufsichtsbehörde ein Weisungsrecht zu.

Sie kann unter anderem die Einstellung von Bauarbeiten anordnen, wenn folgende Sachverhalte vorliegen:

- Die Ausführung eines genehmigungsbedürftigen Bauvorhabens wurde entgegen den Vorschriften der jeweiligen Landesbauordnung begonnen,
- wenn bei der Ausführung eines Bauvorhabens von den genehmigten Bauvorlagen abgewichen oder
- gegen baurechtliche Vorschriften verstoßen wird.

Gliederung der Bauaufsichtsbehörden

Oberste Bauaufsichtsbehörde
Sie bildet das Dach der einzelnen Bundesländer. Ihnen stehen die Landesminister oder Senatoren vor.

Höhere Bauaufsichtsbehörde
Sie steht den verbundenen Landratsämtern vor und wird durch den Regierungspräsidenten geleitet.

Untere Bauaufsichtsbehörde
Sie befindet sich in den Landratsämtern sowie Bezirken und gliedert sich in Planungs-, Bauordnungs- und Bauaufsichtsamt.

Betretungsrecht

Die Vertreter der Bauaufsichtsbehörden sind berechtigt, in Ausübung ihres Amtes ein **Grundstück** bzw. **Gebäude** und die dazugehörigen Anlagen einschließlich der Wohnungen zu betreten. Dabei gelten bauaufsichtliche Genehmigungen und sonstige Maßnahmen auch für und gegen eventuelle Rechtsnachfolger.

6.6 Der Projektsteuerer

Der Projektsteuerer übernimmt **Auftraggeberaufgaben** bei größeren Bauvorhaben. Seine Tätigkeit konzentriert sich vor allem auf die zeitliche und kostenmäßige Kontrolle und Optimierung des Bauvorhabens, z.B. beim Bau einer Wohnanlage für eine Genossenschaft oder ein städtisches Wohnungsunternehmen.

Die typischen Aufgaben eines Projektsteuerers sind folgende:

1. **Klärung der Aufgabenstellung, Erstellung und Koordinierung des Programms für das Gesamtprojekt**
   - Übersetzung des Vorstandsbeschlusses in eine Projektskizze
   - Zusammenstellung einer Arbeitsgruppe (Team) in Abstimmung mit dem Vorstand
   - Sichtung des Grundstücksbestands (rechtlich und tatsächlich)
   - Rücksprache mit der Marketingabteilung über Kundenwünsche

2. **Klärung der Voraussetzungen für den Einsatz von Planern und anderen an der Planung fachlich Beteiligten (Projektbeteiligte)**
   - Erarbeitung einer Vorschlagsliste zur Entscheidung für einen Architekten
   - Vorschläge zur Verpflichtung von Fachplanern (mit dem Architekten)
   - Bearbeitung der Leistungsphasen 1 und 2 (gemeinsam mit dem Architekten); dabei übernehmen sie die Stellung des Bauherrn

3. **Aufstellung und Überwachung von Organisations-, Termin- und Zahlungsplänen, bezogen auf Projekt und Projektbeteiligte**
   - Erarbeitung von Plänen anhand der Kostenschätzung und des Bauablaufplans des Architekten:
     - Finanzierungsplan
     - Zahlungspläne
     - Ressourcenpläne

4. **Koordinierung und Kontrolle der Projektbeteiligten, mit Ausnahme der ausführenden Firmen**
   - Auswertung des Soll-Ist-Vergleichs
   - Ableitung der Maßnahmen in Abstimmung mit dem Vorstand

5. **Vorbereitung und Betreuung der Beteiligung von Planungsbetroffenen**
   - Moderation mit den Beteiligten der öffentlichen Hand
   - Abstimmung mit den Nachbarn
   - Mitwirkung bei der Einholung der Baugenehmigung und anderer behördlicher Bescheide

6. **Fortschreibung der Planungsziele und Klärung von Zielkonflikten**

7. **Laufende Information des Auftraggebers über die Projektabwicklung und rechtzeitiges Herbeiführen von Entscheidungen des Auftraggebers**
   - Ursachenermittlung bei Zielkonflikten
   - Erarbeitung von Handlungsalternativen und Abstimmung mit dem Vorstand

8. **Koordinierung und Kontrolle der Bearbeitung von Finanzierungs-, Förderungs- und Genehmigungsverfahren**
   - Zusammenstellung der relevanten Unterlagen
   - Abfordern der Mittel (extern und intern)
   - Führung des Baubuches

6.7 Gesetz über die Sicherung der Bauforderungen (BauFordSiG)

BauFordSiG
Bauforderungssicherungsgesetz

Das BauFordSiG ist als Strafgesetz verfasst. Sein Ziel ist es, im öffentlichen Interesse sicherzustellen, dass Baugeldempfänger das empfangene Baugeld zugunsten der Baubeteiligten verwenden, um auf diese Weise Zahlungsausfälle und Insolvenzen der Bauschaffenden mit ihren nachteiligen Folgen für die Gesamtwirtschaft einzudämmen.
Diesem Zweck dient die Strafdrohung des § 2 BauFordSiG mit einer Freiheitsstrafe bis zu fünf Jahren oder Geldstrafe.

Eine Besonderheit des BauFordSiG ist es, dass ein geschädigter Baubeteiligter unter den Voraussetzungen des Gesetzes seine Bauforderung gegebenenfalls über den Weg eines Schadenersatzanspruches gegen solche Personen durchsetzen kann, mit denen er keine unmittelbare vertragliche Beziehung hat.

Konkret kann somit ein Schadensersatzanspruch für einen Baubeteiligten bestehen, wenn

- in dem Bauvorhaben Baugeld ausbezahlt wurde,
- der Anspruchsgegner dieses Baugeld empfangen hat,
- der Anspruchsteller als Baubeteiligter im Sinne des Gesetzes Baugläubiger ist,
- der Baugeldempfänger hinsichtlich des Baugeldes seine gesetzliche Verwendungspflicht schuldhaft verletzt hat und
- dem Baugläubiger hierdurch ein Schaden entstanden ist.

Es handelt sich bei den Vorschriften des BauFordSiG zur gesetzmäßigen Verwendung von Baugeld um ein Schutzgesetz im Sinne des § 823 Abs. 2 BGB.

Schadensersatzpflicht:
§ 823 BGB

SB ▶ SITUATION 68 Versicherungen in der Immobilienwirtschaft

7 Versicherungen in der Immobilienwirtschaft

7.1 Unterscheidungskriterien

Was ist eine Versicherung?

Eine Versicherung ist eine entgeltliche Übertragung eines Risikos auf einen Dritten. Versichert werden ungewisse, jedoch abschätzbare Gefahren, die ein Versicherer im Zuge des Risikoausgleichs unter einer Vielzahl von Versicherten gegen Zahlung einer Versicherungsprämie übernimmt.

Der Risikoausgleich ist dadurch gekennzeichnet, dass alle Versicherungsnehmer von einer Gefahr bedroht sind, der Schadensfall aber i. d. R. nur bei wenigen wirklich eintritt.

Bei der Regulierung des Schadens kann man – je nach Versicherungsvertrag – wie folgt unterscheiden:

Schadensversicherungen	Ersatz des tatsächlich entstandenen Schadens
Summenversicherungen	Auszahlung einer vertraglich vereinbarten Versicherungssumme

Versicherungen unterscheiden sich hinsichtlich des Gegenstands. Demnach können Sie folgendermaßen unterteilt werden:

Personen	private Unfallversicherung, Lebensversicherung
Sachen	Schäden an beweglichen und unbeweglichen Sachen, z. B. verbundene Hausratsversicherung, verbundene Wohngebäudeversicherung
Vermögen	Schäden am Vermögen des Versicherten, z. B. Haus- und Grundbesitzerhaftpflicht, Vermögensschadenhaftpflicht
Sozialversicherungen	gesetzliche Kranken-, Arbeitslosen-, Renten- und Pflegeversicherung

Bundesanstalt für Finanzdienstleistungsaufsicht (BaFin)
Die Bundesrepublik Deutschland folgt einer föderalen Ordnung. Nach dieser teilt sich die Versicherungsaufsicht zwischen Bund und Ländern.

Die BaFin beobachtet dabei für den Bund die großen privaten Versicherungsunternehmen, die eine wirtschaftliche Bedeutung haben, sowie die öffentlich-rechtlichen Wettbewerbsversicherer, die über die Grenzen eines Bundeslandes hinaus tätig sind.

Demgegenüber beobachten die Aufsichtsbehörden der Länder die Tätigkeiten der öffentlich-rechtlichen Wettbewerbsversicherer, die nur im eigenen Bundesland agieren, sowie private Versicherungsunternehmen, denen nur eine geringe wirtschaftliche Bedeutung zufällt.

Versicherungsaufsicht: Aufgaben und Ziele

Die Versicherungsaufsicht hilft dabei, eine langfristige Stabilität auf dem Versicherungssektor zu schaffen. Gesetzliche Grundlage ist dabei das Versicherungsaufsichtsgesetz (VAG). Aus § 294 VAG lässt sich das Hauptziel der Versicherungsaufsicht ableiten, das im Schutz der Versicherungsnehmer sowie aller Begünstigten von Versicherungsleistungen liegt. Im Fokus stehen dabei

- das Berücksichtigen der Interessen der Versicherungsnehmer,
- das Einhalten der Versicherungsleistungen durch die Unternehmen sowie
- ein ordnungsgemäßer und nach den gesetzlichen Bestimmungen handelnder Geschäftsbetrieb.

VAG

Versicherungsaufsichtsgesetz (Gesetz über die Beaufsichtigung der Versicherungsunternehmen)

Das Augenmerk richtet sich dabei insbesondere auch auf die **Solvenzaufsicht**. So müssen die Versicherungsunternehmen angemessene Rückstellungen bilden, das Anlegen von Vermögenswerten ist mit entsprechender Vorsicht vorzunehmen und die geltenden kaufmännischen Grundsätze sind stets zu beachten.

Das Rahmengesetz im Versicherungswesen bildet das Versicherungsvertragsgesetz (VVG). Der nachfolgende Aufbau des Gesetzes hilft beim Einlesen in das Versicherungswesen:

VVG – zuletzt geändert durch das Gesetz vom 11.07.2021 (BGBl. I S. 2754)

Teil 1: Allgemeiner Teil (§§ 1–99)	**Kapitel 1**	Vorschriften für alle Versicherungszweige (§§ 1–73)
	Kapitel 2	Schadensversicherung (§§ 74–99)
Teil 2: Einzelne Versicherungszweige (§§ 100–208)	**Kapitel 1**	Haftpflichtversicherung (§§ 100–124)
	Kapitel 2	Rechtsschutzversicherung (§§ 125–129)
	Kapitel 3	Transportversicherung (§§ 130–141)
	Kapitel 4	Gebäudefeuerversicherung (§§ 142–149)
	Kapitel 5	Lebensversicherung (§§ 150–171)
	Kapitel 6	Berufsunfähigkeitsversicherung (§§ 172–177)
	Kapitel 7	Unfallversicherung (§§ 178–191)
	Kapitel 8	Krankenversicherung (§§ 192–208)
Teil 3: Schlussvorschriften (§§ 209–216)	§ 209	Rückversicherung, Seeversicherung
	§ 210	Großrisiken, laufende Versicherung
	§ 211	Pensionskassen, kleinere Versicherungsvereine, Versicherungen mit kleineren Beträgen
	§ 212	Fortsetzung der Lebensversicherung nach der Elternzeit
	§ 213	Erhebung personenbezogener Gesundheitsdaten bei Dritten
	§ 214	Schlichtungsstelle
	§ 215	Gerichtsstand
	§ 216	Prozessstandschaft bei Versicherermehrheit

Im Zusammenhang mit dem VVG steht die **Verordnung über Informationspflichten bei Versicherungsverträgen (VVG-InfoV)**. In dieser Verordnung sind die Regelungen zu den Informationspflichten bei allen Versicherungszweigen, zum Produktinformationsblatt, bei Telefongesprächen und die Informationspflichten während der Laufzeit des Vertrags enthalten.

VVG-InfoV – Verordnung vom 18.12.2007 (BGBl. I S. 3004), zuletzt geändert durch Gesetz vom 09.06.2021 (BGBl. I S. 1666)

Je nachdem, zu welcher Zeit und unter welchen Berechnungsbedingungen der Vertrag geschlossen wurde bzw. ob schon eine Anpassung durch die Versicherungsgesellschaft erfolgt ist.

Darüber hinaus wurden für viele spezifische Versicherungen Sondervorschriften erlassen, welche als Allgemeine Versicherungsbedingungen (AVB) bekannt sind, z. B.:

- Allgemeine Wohngebäudeversicherungsbedingungen (VBG 88, 2000, 2004 oder 2009)
- Allgemeine Hausratversicherungsbedingungen (VHB 92, 2000, 2004 oder 2009)

7.2 Problem der Unterversicherung

§ 75 VVG Unterversicherung

Ist die Versicherungssumme erheblich niedriger als der Versicherungswert zur Zeit des Eintrittes des Versicherungsfalles, ist der Versicherer nur verpflichtet, die Leistung nach dem Verhältnis der Versicherungssumme zu diesem Wert zu erbringen.

Das Problem ist sicherlich bekannt: Eine Sache soll wiederbeschafft werden, doch aufgrund der Preissteigerung muss ein höherer Preis für das gleiche Produkt aufgebracht werden. Wird eine Sache zum Neuwert versichert, dann erfolgt im Schadensfall nur die Auszahlung der Summe, die damals aufgewendet werden musste, und nicht die, die aktuell benötigt wird, um das Gut heute zu beschaffen. Diesen Umstand berücksichtigt eine Versicherung zum gleitenden Neuwert. Somit ist sichergestellt, dass zu jedem Zeitpunkt des Versicherungsfalls das nötige Kapital zur Wiederbeschaffung verfügbar ist. Die finanzierenden Banken werden stets den Nachweis einer solchen Vereinbarung für Gebäudeversicherungen verlangen.

Versicherungen während des Lebenszyklus der Immobilie sind:

Phase	Versicherung	Zweck
Versicherungen für ein unbebautes Grundstück	Haus- und Grundbesitzerhaftpflichtversicherung	Absicherung bei Schäden an Dritten durch das Grundstück **Beispiel:** Ein umstürzender Baum (auf dem versicherten Grundstück der MEWOH Musterwohn GmbH) beschädigt das Nachbargebäude.
Versicherungen in der Bauphase	Bauherrenhaftpflichtversicherung	Sie schützt den Bauherrn bis zur Bezugsfertigkeit gegen Haftpflichtansprüche Dritter. Als Bauherr kann man haften • wegen einer Verletzung der Verkehrssicherungspflicht, • wegen Verletzung der Überwachungspflicht, • für Schäden, die durch private Helfer verursacht werden (z. B. Nachbarschaftshilfe), • für Umwelt- und Gewässerschäden und • aufgrund eines Verschuldens bei der Auswahl der am Bau Beteiligten. **Beispiel:** Während der Bauarbeiten stürzt ein Farbeimer von der Rüstung und schlägt auf dem Gehweg auf. Die Farbspritzer verunreinigen dort parkende Fahrzeuge Dritter.

Phase	Versicherung	Zweck
	Bauleistungs-versicherung	Für den **Auftraggeber (Bauherrn) gelten die ABN** (Allgemeinen Bedingungen für die Bauleistungsversicherung von Gebäudeneubauten), für den **Auftragnehmer (Unternehmer) gelten die ABU** (Allgemeinen Bedingungen für die Bauleistungsversicherung von Unternehmerleistungen). Die Versicherung reguliert Schäden, die während der Bauzeit entstehen, z. B. durch ▪ Vandalismus und Diebstahl fest eingebauter Teile, ▪ Materialfehler, ▪ fahrlässige oder ungeschickte Konstruktion sowie ▪ Überschwemmungen und extreme Witterung. Sie ersetzt die Kosten, welche notwendig sind, um den Zustand wiederherzustellen, der vor Eintritt des Schadens bestand.
	Feuerrohbau-versicherung	Sie schützt den Bauherren bis zur Bezugsfertigkeit gegen Schäden durch Feuerschäden, Blitzschlag oder Explosionen am unfertigen Gebäude. Diese Versicherung wird meist kostenfrei für sechs oder zwölf Monate angeboten, wenn anschließend die Gebäudeversicherung bei dem Versicherungsunternehmen abgeschlossen wird.
Versicherungen in der Bewirtschaftungsphase	Haus- und Grundbesitzerhaftpflicht-versicherungen	Absicherung bei Schäden an Dritten durch das Grundstück ▪ Schäden durch Fotovoltaikanlagen und Umweltschäden
	Wohngebäudeversicherung in beliebigen Kombinationen (möglichst immer zum gleitenden Neuwert versichern!)	Versichert sind Schäden (Basisschutz) am Gebäude, welche entstanden sind durch ▪ Sturmschäden, ▪ Überspannungsschäden, ▪ Hagelschäden, ▪ Rohrbruchschäden, ▪ Brandschäden sowie ▪ Leitungswasserschäden.
	Elementarschaden-versicherungen	Zusätzlich können damit in gefährdeten Gebieten Schäden durch typische Schadensursachen versichert werden, die nur eine Elementarschadenversicherung abdeckt: ▪ Starkregen, Hochwasser, Überschwemmungen, Rückstau ▪ Lawinen, Schneedruck ▪ Erdbeben, Erdsenkungen
	Spezialversicherungen für erneuerbare Energien: ▪ Fotovoltaik- und Solaranlagen ▪ Erdwärmepumpe ▪ Ladestationen	Sie schützt gegen Schäden durch: ▪ Vandalismus, Diebstahl oder Materialfehler ▪ Sturm, Hagel, Feuer
	Gewässerschaden-haftpflichtversicherung	Hier sollen zum Bespiel Schäden, die durch undichte Öltanks und/oder Ölfeuerungsanlagen verursacht werden, mit einer entsprechenden Versicherung abgedeckt werden.

Darüber hinaus sollte sich der Bauherr vor Baubeginn auch über die Notwendigkeit von Versicherungen informieren, die sein persönliches Risiko bzw. das Risiko seiner Familie minimieren, z. B. aufgrund eines gesundheitlichen Ausfalls während der Bauzeit oder während der Finanzierungszeit (Kreditlaufzeit).

Dazu zählen z. B.:
- Berufsunfähigkeitsversicherung
- Unfallversicherung
- Risikolebensversicherung (sobald die Kredithöhe feststeht)
- Rechtsschutzversicherung

Sind viele private Helfer am Bau beteiligt, so ist auch darüber nachzudenken, ob es sinnvoll ist, eine Bauhelfer-Unfallversicherung abzuschließen.

Versicherungen für Vermieter/Verwaltung und Mieter

	Versicherung	Zweck
Versicherungen für das Wohnungsunternehmen/die Verwaltung	Betriebshaftpflichtversicherung	Absicherung bei Schäden an Dritten durch den Betrieb **Beispiel:** Ein Mieter, der sich zur Mietersprechstunde in den Büroräumen der MEWOH aufhält, stolpert über eine Teppichkante und verletzt sich dabei.
	Vermögensschadenhaftpflichtversicherung	Sie ersetzt bei fahrlässigen Pflichtverletzungen den entstandenen Vermögensschaden Dritter und wehrt auch unberechtigte Ansprüche ab.
Versicherungen für den Wohnraummieter	Hausratversicherung (verbundene Hausratversicherung)	Sie deckt die Schäden durch Zerstörung oder Diebstahl, welche dem Mieter an seinem Hausrat entstanden sind.
	Privathaftpflichtversicherung	Sie deckt Schäden an Dritten, welche durch den Mieter fahrlässig und u. U. grob fahrlässig verursacht wurden.

8 Erwerb, Bebauung und Verkauf von Grundstücken des Anlagevermögens

SB ▶ SITUATION 69 Erwerb, Bebauung und Verkauf von Grundstücken des Anlagevermögens

Hinweis:

In den folgenden beiden Kapiteln werden die buchhalterischen Inhalte des Erwerbs, der Bebauung und des Verkaufs von Grundstücken des Anlage- und Umlaufvermögens beschrieben. Die rechtlichen Aspekte zum Erwerb und Verkauf sowie die typischen Regelungen in Grundstückskaufverträgen werden ab Seite 131 ff. in diesem Buch dargestellt. Da z. B. im Bauträgergeschäft der Erwerb, die Bebauung und der Verkauf von einem Unternehmen getätigt werden, sind diese Bereiche hier zusammenhängend dargestellt. Sie betreffen sowohl Lernfeld 7 als auch Lernfeld 8.

Beispiel

Nachdem sich Isabell in den letzten Monaten mit den Fragen des Bauprojektmanagements beschäftigt hat, erhält sie nun einen tieferen Einblick, wie der Erwerb, die Bebauung und der mögliche Verkauf von Grundstücken von der buchhalterischen Seite zu behandeln ist.

8.1 Grundzüge des Erwerbsprozesses

Der **Grundstückserwerb** ist ein Prozess der Überführung von Grundstücken in das Betriebsvermögen, der sich meist über einen längeren Zeitraum erstreckt. Im Einkommensteuerrecht und der allgemeinen Rechtsprechung wird dieser Zeitraum in der Regel auf drei Jahre festgeschrieben.

8.1.1 Kontenmäßige Erfassung erworbener Grundstücke

Die von einem Wohnungsunternehmen erworbenen bebauten und unbebauten Grundstücke, die dauerhaft im Bestand des Unternehmens verbleiben sollen, sind entsprechend den Regelungen des Kommentars zum Kontenrahmen der Wohnungswirtschaft zu erfassen. Dort wird unterschieden zwischen bebauten und unbebauten Grundstücken.

Der „Kommentar zum Kontenrahmen der Wohnungswirtschaft" wird herausgegeben vom GdW – Bundesverband deutscher Wohnungs- und Immobilienunternehmen e. V.

Merke!

Bebaute Grundstücke sind in den Kontengruppen (00) und (01) zu erfassen.

Bebaute Grundstücke

Bebaute Grundstücke sind Grundstücke, auf denen sich benutzbare Gebäude befinden. Wird ein Gebäude in Bauabschnitten errichtet, so ist der fertiggestellte und bezugsfertige Teil als benutzbares Gebäude anzusehen.

(00) Grundstücke und grundstücksgleiche Rechte mit Wohnbauten
Hierzu gehören insbesondere die auf eigenem Grund und Boden **selbst erstellten** aber auch die **erworbenen** Wohngebäude.

(01) Grundstücke und grundstücksgleiche Rechte mit Geschäftsbauten
Zu erfassen sind hier alle bebauten Grundstücke des Anlagevermögens, die keine Grundstücke mit Wohnbauten sind. Insbesondere gehören dazu die eigengenutzten Verwaltungsgebäude, Gebäude der Regiebetriebe und die vermieteten Gewerbeobjekte **(Wirtschaftsgebäude)**.

Gemischte Nutzung eines Gebäudes

Bei gemischter Nutzung eines Gebäudes als Wohn- und Wirtschaftsgebäude entscheidet die überwiegende flächenmäßige Nutzung über die Zuordnung zu der Kontengruppe (00) oder (01).

Da später auch die Gebäudeabschreibung behandelt wird, ist es bereits jetzt sinnvoll, darauf zu verweisen, dass **Wohn- und Geschäftsgebäude** im Steuerrecht **unterschiedlich abgeschrieben** werden.

(02) Grundstücke und grundstücksgleiche Rechte ohne Bauten
In dieser Kontengruppe sind die unbebauten Grundstücke zu erfassen, die dauerhaft unbebaut bleiben sollen oder zur späteren Bebauung mit Wohn- oder Wirtschaftsgebäuden vorgesehen sind.

8.1.2 Wirtschaftlicher Eigentumsübergang

Über den Zeitpunkt der Aufnahme eines Vermögensgegenstands in die Bilanz entscheidet dessen **wirtschaftliche Zugehörigkeit zum Unternehmen**. Diese Zugehörigkeit ist dann gegeben, wenn der künftige Eigentümer über den Vermögensgegenstand wirtschaftlich verfügen, Nutzen daraus ziehen kann oder durch eine Verpflichtung wirtschaftlich belastet wird.

Der Zeitpunkt des **Nutzen-Lasten-Wechsels** wird auch als **wirtschaftlicher Eigentumsübergang (EÜ)** bezeichnet.

8.1.3 Wertansatz erworbener Grundstücke

Mit dem wirtschaftlichen Eigentumsübergang sind die erworbenen Grundstücke mit ihren **Anschaffungskosten** auf dem entsprechenden Konto auszuweisen.

Anschaffungskosten

Anschaffungskosten sind nach § 255 Abs. 1 HGB alle Aufwendungen, die geleistet werden,
- um einen Vermögensgegenstand zu **erwerben** und
- in einen **betriebsbereiten Zustand** zu versetzen,

soweit sie einzeln zugeordnet werden können.

Zu den Anschaffungskosten gehören auch die **Nebenkosten** sowie die **nachträglichen Anschaffungskosten. Anschaffungspreisminderungen** sind abzusetzen.

Finanzierungskosten, also Kosten, die durch die Kapitalbeschaffung verursacht werden, aber auch laufende Kreditkosten, gehören nicht zu den Anschaffungskosten. Diese sind stets als **(859) Übrige Aufwendungen** oder **(87) Zinsen und ähnliche Aufwendungen** zu erfassen. Die Komponenten der Anschaffungskosten verdeutlicht folgende Übersicht.

Anschaffungskosten bebauter und unbebauter Grundstücke

Anschaffungspreis (Kaufpreis)	Vereinbartes Entgelt für das Grundstück
Anschaffungsnebenkosten	Anschaffungsnebenkosten sind alle durch den Erwerb des Grundstücks verursachten Nebenkosten: ▪ Gerichts- und Notarkosten ▪ Maklerprovision ▪ Grunderwerbsteuer ▪ Vermessungskosten ▪ Gebühren für Wertberechnungen und Genehmigungen ▪ Kosten der Bodenuntersuchungen Anschaffungsnebenkosten sind den **Grundstücks- und Gebäudekosten** im Verhältnis der Kaufpreise zuzuordnen.
Nachträgliche Anschaffungskosten	Nachträgliche Anschaffungskosten sind alle Kosten, die durch die Herstellung der Betriebsbereitschaft/Nutzungsfähigkeit des Grundstücks verursacht werden: ▪ Kosten der Herrichtung des Baugrundstücks ▪ Kosten der öffentlichen Entwässerungs- und Versorgungsanlagen ▪ Kosten der Erstellung öffentlicher Flächen für Straßen, Freiflächen u. Ä. ▪ andere einmalige Abgaben, die vom Bauherrn nach gesetzlichen Bestimmungen verlangt werden ▪ Abfindungen und Entschädigungen an Mieter, Pächter und sonstige Dritte Nachträgliche Anschaffungskosten sind den **Grundstücks- oder Gebäudekosten** zuzuordnen.
Anschaffungskostenminderung	Anschaffungskostenminderungen sind insbesondere ▪ Preisnachlässe, die beim Erwerb des Anlageguts sofort oder nachträglich gewährt werden (Rabatte, Skonti, Gutschriften) oder auch ▪ erhaltene Zuschüsse.

8.2 Buchhalterische Behandlung des Grundstückserwerbs

8.2.1 Erwerb unbebauter Grundstücke des Anlagevermögens

Aus methodischen Gründen ist es sinnvoll, den Erwerbsprozess in drei Phasen zu unterteilen.

Phase 1: Anzahlung
Anzahlungen sind Vorleistungen des Käufers auf einen von der Gegenseite noch nicht vollständig erfüllten Vertrag. Damit erwirbt das Wohnungsunternehmen bereits einen Anspruch auf das Grundstück. Beim Erwerb von Grundstücken des Anlagevermögens sind diese Anzahlungen auf dem Konto **(077) Geleistete Anzahlungen** zu erfassen.

Buchung

(077) an (274) Betrag der geleisteten Anzahlung

Ist zum Bilanzstichtag der Erwerbsprozess noch nicht abgeschlossen, wird das Konto **(077) über das** Schlussbilanzkonto abgeschlossen.

Phase 2: Wirtschaftlicher Eigentumsübergang

Der wirtschaftliche Eigentumsübergang (EÜ) ist der Zeitpunkt des Beginns der wirtschaftlichen Zugehörigkeit des Grundstücks zum Wohnungsunternehmen. Mit dem Eigentumsübergang entstehen für das Unternehmen **(4421) Verbindlichkeiten aus anderen Lieferungen und Leistungen**.

Buchung

(02) an (4421) Kaufpreis

Phase 3: Finanzierung des Kaufpreises

Die Finanzierung soll hier als Ausgleich der kurzfristigen Verbindlichkeiten **(4421)** verstanden werden. Im Einzelnen sind dabei zu beachten

- die **Verrechnung** der bereits geleisteten Anzahlung,
- der Ausgleich eines bestimmten Betrags durch **Banküberweisung**, aber auch
- die Möglichkeit einer **Umschuldung**, d. h., zum Ausgleich der Verbindlichkeit (4421) wird ein Grundstücksankauf-Kredit bei der Bank (413) oder bei anderen Kreditgebern (423) aufgenommen.

Buchungen

a) **Verrechnung der Anzahlung**
   (4421) an (077) Betrag der geleisteten Anzahlung

b) **Banküberweisung**
   (4421) an (274) Betrag der Banküberweisung

c) **Umschuldung**
   (4421) an (413) oder (423) Betrag der Kreditaufnahme

Die mit der Aufnahme und Tilgung von Dauerfinanzierungsmitteln verbundenen Buchungen sind hier entsprechend zu berücksichtigen.

Zusammenfassung: Erwerb unbebauter Grundstücke des Umlaufvermögens

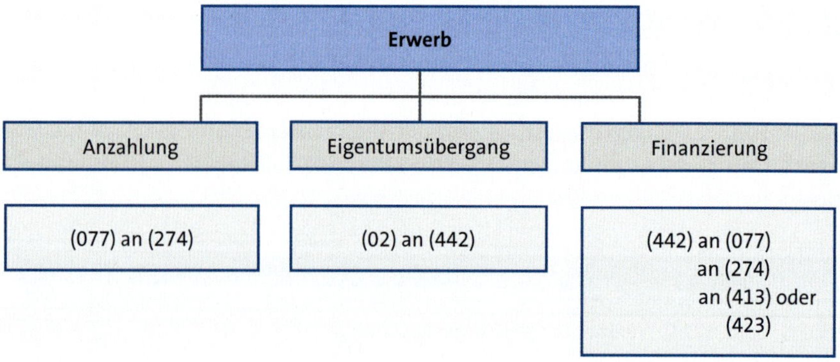

Grunderwerbsteuer

▶ LF 7, Kap. 7.4

Beispiel

1. Die MEWOH Musterwohn GmbH beabsichtigt, ein unbebautes Grundstück des Anlagevermögens zu erwerben und leistet am 08.10. eine Anzahlung in Höhe von 20.000 €. Im Kaufvertrag wird ein Preis von 250.000 € vereinbart.
2. Am 08.11. überweist die MEWOH die Grunderwerbsteuer in Höhe von 8.750 € (3,5 % des Kaufpreises) per Bank.
3. Am 10.11. erhält der Makler seine Provision von 12.000 € per Bank.
4. Am 10.12. geht das Grundstück in das wirtschaftliche Eigentum der MEWOH über. Zu diesem Zeitpunkt erfolgt auch die Verrechnung der bereits geleisteten Anzahlung mit dem Kaufpreis.
5. Am 20.12. geht die Rechnung (14.000 €) von einer Abrissfirma ein, die die Enttrümmerung des Grundstücks vorgenommen hat.
6. Der offene Kaufpreis des Grundstücks wird am 23.12. durch eine Banküberweisung von 100.000 € und durch die Aufnahme eines Darlehens in Höhe von 130.000 € beglichen. Die Bank überweist den Grundstücksankaufkredit direkt auf das Konto des Verkäufers.

Diese Sachverhalte führen zu folgenden Buchungen:

1.	08.10.	Anzahlung	⇨	(077) an (274)	20.000 €
	...	Abschluss des Kaufvertrags		*Vertragsabschluss löst keine Buchungen aus, er bleibt in der Finanzbuchhaltung unberücksichtigt.*	
2.	08.11.	Überweisung der Grunderwerbsteuer per Bank. *Alle Anschaffungsnebenkosten und nachträglichen Anschaffungskosten sind auf den jeweiligen Grundstückskonten zu erfassen.*	⇨	(02) an (274)	8.750 €
3.	10.11.	Überweisung der Maklerprovision per Bank. *Alle Anschaffungsnebenkosten und nachträglichen Anschaffungskosten sind auf den jeweiligen Grundstückskonten zu erfassen.*	⇨	(02) an (274)	12.000 €
4.	10.12.	Eigentumsübergang (EÜ)			
		a) Der Kaufpreis des Grundstücks ist auf dem Konto (02) zu erfassen.	⇨	a) (02) an (4421)	250.000 €
		b) Zeitgleich soll hier die bereits geleistete Anzahlung verrechnet werden.	⇨	b) (4421) an (077)	20.000 €
5.	20.12.	Kosten der Abrissfirma sind als nachträgliche Anschaffungskosten des Grundstücks zu buchen.	⇨	(02) an (4421)	14.000 €
6.	23.12.	Die Begleichung des Kaufpreises durch			
		a) Banküberweisung und durch	⇨	a) (4421) an (274)	100.000 €
		b) Kreditaufnahmen ist als Minderung der (4421) Verbindlichkeiten zu buchen.	⇨	b) (4421) an (413)	130.000 €

S		(02)	H
2. GrESt	8.750 €	(...)	
3. Makler	12.000 €		
4. a) EÜ	250.000 €		
5. Abriss	14.000 €		
	284.750 €		

Unter Berücksichtigung des Anschaffungspreises, der Anschaffungsnebenkosten und der nachträglichen Anschaffungskosten ergeben sich Gesamtanschaffungskosten des unbebauten Grundstücks von insgesamt 284.750 €.

8.2.2 Erwerb bebauter Grundstücke des Anlagevermögens

Bei der buchmäßigen Darstellung des Erwerbs bebauter Grundstücke ist zu beachten,

- dass **Anschaffungsnebenkosten** auf **Grundstücks- und Gebäudekosten** im Verhältnis der Kaufpreise zu verteilen sind und
- dass bei anfallenden **nachträglichen Anschaffungskosten** in der Regel zu entscheiden ist, **ob** sie den **Grundstücks- oder Gebäudekosten** zuzuordnen sind.

Beispiel

1. Die MEWOH Musterwohn GmbH erwirbt ein Grundstück mit Wohnbauten für insgesamt 1.100.000 €. Die darin enthaltenen Grundstückskosten betragen 100.000 €. Zu buchen ist der wirtschaftliche Eigentumsübergang (EÜ) am 12.04.
2. Am 10.05. überweist sie die Grunderwerbsteuer in Höhe von 38.500 € (3,5 % des Kaufpreises) per Bank.
3. Am 22.07. werden die Kosten für den Anschluss des Grundstücks an das öffentliche Abwassernetz über 40.000 € per Bank beglichen.
4. Am 20.08. bezahlt die MEWOH die Kosten für den Einbau einer Aufzugsanlage in diesem Gebäudekomplex (100.000 €) per Bank.

Diese Geschäftsfälle sind durch folgende Buchungen darzustellen:

1.	12.04.	Eigentumsübergang Kosten für Grundstück und Gebäude sind getrennt zu erfassen. (000) Grundstückskosten (001) Gebäudekosten	⇨ (000) (001)	 an	 (4421)	100.000 € 1.000.000 € 1.100.000 €
2.	10.05.	Überweisung der Grunderwerbsteuer per Bank *Anschaffungsnebenkosten sind auf Grundstücks- und Gebäudekosten im Verhältnis der Kaufpreise zu verteilen.*	⇨ (000) (001)	 an	 (274)	3.500 € 35.000 € 38.500 €

3.	22.07.	Bezahlung der Anschlusskosten – Abwasser per Bank *Nachträgliche Anschaffungskosten sind den Grundstücks- oder Gebäudekosten zuzuordnen. Der Anschluss des Grundstücks an das öffentliche Abwassernetz gehört zu den Erschließungsmaßnahmen, die nur den Buchwert des Grund und Bodens erhöhen.*	⇨ (000) an (274)	40.000 €
4.	20.08.	Bezahlung der Kosten für den erstmaligen Einbau einer Aufzugsanlage per Bank *Nachträgliche Anschaffungskosten sind den Grundstücks- oder Gebäudekosten zuzuordnen. Der Einbau der Aufzugsanlage gehört zu den nachträglichen Anschaffungskosten, die dem Gebäude zuzuordnen sind.*	⇨ (001) an (274)	100.000 €

S	(000) Grundstückskosten		H
1. EÜ	100.000 €	(...)	
2. GrESt	3.500 €		
3. Erschließung	40.000 €		
	143.500 €		

S	(001) Gebäudekosten		H
1. EÜ	1.000.000 €	(...)	
2. GrESt	35.000 €		
3. Aufzug	100.000 €		
	1.135.000 €		

Unter Berücksichtigung des Anschaffungspreises, der Anschaffungsnebenkosten und der nachträglichen Anschaffungskosten ergeben sich für das Grundstück mit Wohnbauten Anschaffungskosten von insgesamt 1.278.500 €. Davon entfallen 143.500 € auf die Grundstückskosten und 1.135.000 € auf die Gebäudekosten.

8.3 Bewirtschaftung unbebauter Grundstücke des Anlagevermögens

Zwischen dem Erwerb unbebauter Grundstücke und deren Bebauung kann durchaus ein längerer Zeitraum liegen. Innerhalb dieses Zeitraums können diese Grundstücke Aufwendungen verursachen, aber auch Erträge erbringen.

Laufende Aufwendungen unbebauter Grundstücke des Anlagevermögens
Bis zur Bebauung können **(02) Unbebaute Grundstücke** laufende Aufwendungen verursachen, wie zum Beispiel:

- Straßenreinigungsgebühren,
- Versicherungen,
- Kosten der Grünanlagenpflege oder
- Kosten für einen Wachschutz.

Primärkosten sind Kosten, die unabhängig von ihrer Verursachung stets auf den gleichen Konten zu buchen sind. Das bedeutet, Zinsaufwendungen, die durch die Finanzierung des Kaufs unbebauter Grundstücke verursacht werden, sind nicht in der Kontengruppe **(852)**, sondern stets als **(87) Zinsen und ähnliche Aufwendungen** zu erfassen. Auch die durch diese Grundstücke verursachten Grundsteuern gelten als Primärkosten und sind als **(891) Sonstige Steuern** zu erfassen.

Diese laufenden Aufwendungen sind auf dem Konto **(852) Erbbauzins und andere Aufwendungen für unbebaute Grundstücke** zu erfassen, sofern es sich nicht um **Primärkosten** handelt.

Laufende Erträge aus der Bewirtschaftung unbebauter Grundstücke
Wird das unbebaute Grundstück zwischenzeitlich genutzt – werden darauf etwa Fahrzeugabstellplätze eingerichtet, Flächen für Marktstände bereitgestellt oder wird das Grundstück als Lagerplatz verpachtet –, sind die daraus resultierenden Erträge in der Kontengruppe **(63) Umsatzerlöse aus anderen Lieferungen und Leistungen** zu verbuchen.

8.4 Verkauf von Grundstücken des Anlagevermögens

Bebaute und unbebaute Grundstücke des Anlagevermögens sind grundsätzlich für die dauerhafte Nutzung im Wohnungsunternehmen gedacht. Es kann jedoch betriebliche Zwänge geben, die einen Verkauf erforderlich machen.

Die beim Verkauf erzielten Preise (P) werden in der Regel vom gegebenen Buchwert (BW) abweichen.

a) Wird ein **Preis (P)** erzielt, der **über** dem **Buchwert (BW)** liegt **(P > BW)**, ist der realisierte Gewinn auf dem Konto **(660) Erträge aus Anlageverkäufen** auszuweisen.

Beispiel

Ein (02) Unbebautes Grundstück des Anlagevermögens hat einen Buchwert von 200.000 € und wird zu einem Preis von 230.000 € auf Ziel verkauft. Es entstehen (21) Forderungen aus Grundstücksverkäufen, denen die Ausbuchung des Buchwerts (200.000 €) und ein Ertrag von 30.000 € gegenüberstehen.

Zu buchen ist wie folgt:

(210)			230.000 €
	an	(02)	200.000 €
	an	(660)	30.000 €

b) Wird das Grundstück mit Verlust verkauft, liegt der Verkaufspreis also unter dem Buchwert **(P < BW)**, ist das Konto **(854) Verluste aus dem Abgang von Gegenständen des Anlagevermögens** anzusprechen.

Beispiel

Ein (02) Unbebautes Grundstück des Anlagevermögens hat einen Buchwert von 200.000 € und wird zu einem Preis von 150.000 € auf Ziel verkauft.

Zu buchen ist wie folgt:

(210)			150.000 €
(854)			50.000 €
	an	(02)	200.000 €

c) Wird jedoch beim Verkauf des Grundstücks ein Preis erzielt, der mit dem Buchwert übereinstimmt **(P = BW)**, sind keine erfolgswirksamen Buchungen erforderlich. Der Verkauf eines Grundstücks des Anlagevermögens erscheint lediglich als Aktivtausch.

Beispiel

Ein (02) Unbebautes Grundstück des Anlagevermögens hat einen Buchwert von 200.000 € und wird auch zum Preis von 200.000 € auf Ziel verkauft.

Zu buchen ist wie folgt:
(210) an (02) 200.000 €

Zusammenfassung: Verkauf von Grundstücken des Anlagevermögens

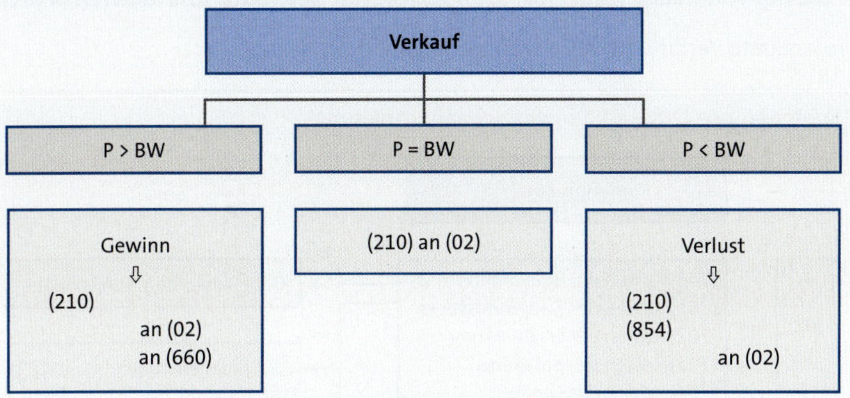

8.5 Die Bebauung von Grundstücken des Anlagevermögens

Bauen ist Herstellung, also ein Prozess der Schaffung von Neuem, bisher nicht Vorhandenem.

Kennzeichnend für diesen Prozess ist gemäß § 255 Abs. 2 HGB, dass
- ein **neues Wirtschaftsgut geschaffen**,
- ein **vorhandenes Wirtschaftsgut erweitert** oder
- über seinen bisherigen Zustand hinaus **wesentlich verbessert** wird.

Diese Begriffsbestimmung gilt auch für Bauprozesse, die auf die Schaffung neuer Gebäude gerichtet, oder, wie bereits im Zusammenhang mit den Modernisierungsmaßnahmen dargestellt, auch auf eine Substanzvergrößerung bzw. wesentliche Verbesserung der Gebäude gerichtet sind.

Modernisierungskosten
▶ LF 5, Kap. 3.3

8.5.1 Kontenklasse 7 – Instrument der Nebenbuchhaltung

Die buchmäßige Darstellung der Bauprozesse erfolgt in den Wohnungsunternehmen in der Regel in der **Klasse 7**. Das ist eine Kontenklasse, innerhalb derer die Konten der Baubuchhaltung als Nebenbuchhaltung geführt werden. Alle mit den Bauprozessen verbundenen Kosten werden hier dokumentiert.

Bauprozesse im Anlagevermögen werden in der Kontengruppe **(70) Bauten des Anlagevermögens**, die des Umlaufvermögens in der Kontengruppe **(71) Bauten des Umlaufvermögens** abgebildet.

Eine Besonderheit dieser Kontenklasse ist jedoch, dass die Werte der Kontenklasse (7) manuell oder auch EDV-technisch zum Ende des Geschäftsjahres in bilanzierungsfähige Konten überführt werden müssen.

- Sind bis zum Bilanzstichtag nur Bauvorbereitungskosten angefallen, sind diese über die Kontengruppe **(070) Bauvorbereitungskosten** zu bilanzieren.
- Wurde im Berichtsjahr bereits gebaut, der Bau aber noch nicht abgeschlossen, ist über die Kontengruppe **(060) Anlagen im Bau** zu bilanzieren.
- Wurde der Bau zum Bilanzstichtag bereits fertiggestellt, erfolgt die Bilanzierung, in Abhängigkeit von der Art der Gebäude, über die Kontengruppe **(00) Grundstücke mit Wohnbauten** oder **(01) Grundstücke mit Geschäfts- und anderen Bauten**.

Die konkrete Verfahrensweise wird im Folgenden dargestellt.

Kontengruppe (70) – Konten der Nebenbuchhaltung

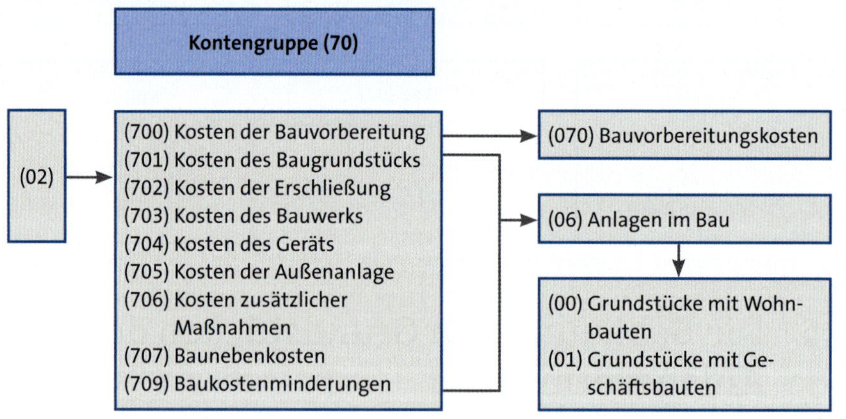

8.5.2 Darstellung der Bautätigkeit in der Kontengruppe (70)

8.5.2.1 Bauvorbereitungsmaßnahmen

Aus bilanzrechtlicher Sicht beginnt der Bauprozess in der Regel weit vor dem technischen Baubeginn. Er kann mit dem Erwerb des zu bebauenden Grundstücks zusammenfallen, wenn damit auch unmittelbar die Vorbereitungsmaßnahmen für dessen Bebauung einsetzen. Die mit dieser **Bauvorbereitung** verbundenen Aufwendungen sind in der Finanzbuchhaltung gesondert zu erfassen.

Bauvorbereitungskosten (BVK)

Bauvorbereitungskosten (BVK) sind alle Kosten, die bei der Vorbereitung von Baumaßnahmen (Neubau, Sanierung und Modernisierung) entstehen und aktivierungsfähig sind. In der Regel fallen sie an als

- **Kosten für Architekten- und Ingenieurleistungen,**
- **Kosten für Verwaltungsleistungen,**
- Gebühren für Behördenleistungen,
- Kosten für Bodenuntersuchungen, Baustoffprüfung u. Ä.

Bauvorbereitungskosten können durch die Inanspruchnahme **fremder Firmen (Fremdkosten)** verursacht werden, aber auch durch die Erbringung von **Eigenleistungen.**

a) Bauvorbereitungskosten als Fremdkosten

Fremdkosten entstehen durch die Inanspruchnahme von Fremdfirmen im Rahmen der Bauvorbereitung. Diese Kosten sind zunächst in der Kontenklasse 7 auf dem Konto **(700) Kosten der Bauvorbereitung** und damit in der Nebenbuchhaltung zu erfassen. Die Gegenbuchung erfolgt auf dem Konto **(4420) Verbindlichkeiten aus Bau- und Instandhaltungsleistungen**. Zum Bilanzstichtag sind die im Berichtsjahr angefallenen Bauvorbereitungskosten über das Konto **(070) Bauvorbereitungskosten** abzuschließen.

Buchungen

1. **Erfassung** der Eingangsrechnungen
   (700) an (4420) Rechnungsbeträge
2. **Bilanzausweis** zum 31.12. des Berichtsjahres
   (070) an (700) aktivierungsfähige Fremdkosten

Beispiel

Die MEWOH Musterwohn GmbH erhält am 12.11. vom Planungsbüro eine Rechnung über Projektierungsarbeiten (65.000 €). Zum 31.12. sind diese Fremdkosten als Bauvorbereitungskosten zu bilanzieren.

Buchungen:

1. **Erfassung** der Eingangsrechnung
   12.11. (700) an (4420) 65.000 €
2. **Bilanzausweis** zum 31.12.
   31.12. (070) an (700) 65.000 €

Kontendarstellung:

S	(700)		H
(4420)	65.500 €	(070)	65.000 €

S	(070)		H
(700)	65.500 €		

b) Bauvorbereitungskosten als Kosten für Eigenleistungen
Natürlich können in die Bauvorbereitung auch eigene Architekten einbezogen werden. Die durch diese Mitarbeiter verursachten Aufwendungen werden im laufenden Geschäftsjahr als **(83) Personalaufwand** bzw. als **(850) Sächlicher Verwaltungsaufwand** erfasst. Sie sind zum Bilanzstichtag in dem Maße, wie sie durch die Bauvorbereitung verursacht werden, als Bauvorbereitungskosten über das Konto **(650) Aktivierte eigene Architekten und Verwaltungsleistungen** zu aktivieren.

Buchungen

1. **Erfassung** von Personal- und Sachaufwand
   (83) an (47...) oder (274) Betrag der Personalaufwendungen
   (850) an (4421) oder (274) Betrag der Sachkosten
2. **Aktivierung** eigener Architekten- und Verwaltungsleistungen
   (700) an (650) aktivierungsfähige Eigenleistungen
3. **Bilanzausweis** zum 31.12. des Berichtsjahres
   (070) an (700) aktivierte Eigenleistungen

Beispiel

Durch die Beschäftigung eigener Architekten entstehen dem Wohnungsunternehmen im Berichtsjahr (00) Personalaufwendungen in Höhe von 200.000 € und Sachkosten in Höhe von 100.000 €, die per Bank beglichen werden. 25 % dieser Kosten wurden durch Bauvorbereitungsmaßnahmen verursacht und sollen aktiviert werden.

Buchungen:

1. **Erfassung** des Personal- und Sachaufwands im laufenden Geschäftsjahr
   (83) an (274) 200.000 €
   (850) an (274) 100.000 €
2. **Aktivierung** eigener Architekten- und Verwaltungsleistungen in Höhe der ermittelten Beträge (25 % von 300.000 € = 75.000 €)
   (700) an (650) 75.000 €

   Diese Aktivierung ist Voraussetzung für den Bilanzausweis der Bauvorbereitungskosten. Im Gewinn- und Verlustkonto stellt sich der Sachverhalt wie folgt dar:

S	(982)		H
(83)	200.000 €	(650)	75.000 €
(850)	100.000 €		

3. **Bilanzausweis**
   Für den Jahresabschluss sind die in der Nebenbuchhaltung (Konto [700]) erfassten Kosten auf das entsprechende Bilanzkonto, hier auf das Konto (070) Bauvorbereitungskosten, umzubuchen.

   (070) an (700) 75.000 €

S	(700)		H
(650)	75.000 €	(070)	75.000 €

S	(070)		H
(700)	75.000 €		

Musteraufgabe

Bisher wurde der Prozess der Bauvorbereitung sehr differenziert betrachtet. Zum einen wurde der Umgang mit Fremdkosten dargestellt, dann folgte die Behandlung eigener Architekten- und Verwaltungsleistungen. In der Praxis zeigt sich jedoch, dass der Rechnungseingang von Fremdfirmen, Behörden oder Ämtern stets im Wechsel mit der Bezahlung von Kosten im Rahmen der Erbringung von Eigenleistungen erfolgt. Die hier aus methodischen Gründen entwickelte Chronologie gibt es in der Praxis nicht.

Geschäftsfälle

1. Im Rahmen der Bauvorbereitung erhält die MEWOH Musterwohn GmbH eine Rechnung über 80.000 € vom Architekturbüro.
2. Die MEWOH bezahlt im Laufe des Geschäftsjahres (00) Gehälter in Höhe von 100.000 € (vereinfacht dargestellt) per Bank.
3. Die Stadt stellt eine Rechnung (10.000 €) für Leistungen der Bauvorbereitung.
4. Im Geschäftsjahr (00) werden Sachaufwendungen per Bank (50.000 €) bezahlt.
5. Zum Bilanzstichtag des Jahres (00) wurde mit dem Bau noch nicht begonnen. Bauvorbereitungskosten sind zu bilanzieren.
   a) Es ist zu beachten, dass Personal- und Sachaufwendungen gegebenenfalls nur anteilig, hier zu 10 %, durch die Bauvorbereitung verursacht wurden.
   b) Die insgesamt angefallenen Bauvorbereitungskosten sind in der Bilanz auszuweisen.

Lösung

Schritt 1: Erfassung der Geschäftsfälle im Jahr (00)

1.	(700)	an	(4420)	80.000 €
2.	(83)	an	(274)	100.000 €
3.	(700)	an	(4420)	10.000 €
4.	(850)	an	(274)	50.000 €

S	(700)	H
1. (4420) 80.000 €		
3. (4420) 10.000 €		

S	(83)	H
2. (274) 100.000 €		

S	(850)	H
4. (274) 50.000 €		

Schritt 2: Buchungen zum 31.12.

a) **Aktivierung der Eigenleistungen**
   Aktivierungsfähig sind nur die durch die Bauvorbereitung verursachten Eigenleistungen, zu denen hier anteilig die Personal- und Sachaufwendungen gehören (150.000 € · 10 % = 15.000 €).

5. a) (700) an (650) 15.000 €

S	(700)	H
1. (4420) 80.000 €		
3. (4420) 10.000 €		
5. a) (650) 15.000 €		

S	(83)	H
2. (274) 100.000 €		

S	(850)	H
4. (274) 50.000 €		

S	(650)	H
		5. a) (700) 15.000 €

b) **Bilanzausweis**
Mit dem Bilanzausweis werden die in der Nebenbuchhaltung ausgewiesenen Kosten, also alle auf dem Konto (700) erfassten Bauvorbereitungskosten, über das aktive Bilanzkonto (070) Bauvorbereitungskosten abgeschlossen.

5. b) (070) an (700) 105.000€

S	(700)	H
1. (4420) 80.000€		5. b) (700) 105.000€
3. (4420) 10.000€		
5. a) (650) 15.000€		

S	(070)	H
5. b) (700) 105.000€		

8.5.2.2 Bautätigkeit

Im Interesse einer überschaubaren Darstellung soll die eigentliche Bautätigkeit in drei Phasen unterteilt werden. Aus der Sicht der Finanzbuchhaltung sind die Phasen

- Baubeginn,
- Bauprozess und
- Bilanzstichtag

gesondert zu betrachten.

Die folgende Darstellung geht davon aus, dass Bauvorbereitungsmaßnahmen, Baubeginn, aber auch Fertigstellung des Gebäudes im Jahr (00) liegen.

Phase 1: Baubeginn
Die eigentliche Bautätigkeit beginnt mit der Vorlage der Baugenehmigung. Da bei der buchmäßigen Darstellung der Bauprozesse alle mit der Bautätigkeit zusammenhängenden Kosten in der Klasse 7 ausgewiesen werden sollen, ist auch die **Übernahme des zu bebauenden Grundstücks** mit den bis dahin angefallenen Anschaffungskosten in diese Kontenklasse zu buchen. Üblich ist auch die innerhalb der Nebenbuchhaltung vorzunehmende Umbuchung der **(700) Kosten der Bauvorbereitung** auf das Konto **(707) Baunebenkosten**. Aus der Sicht der Finanzbuchhaltung ist der Baubeginn insbesondere mit Umbuchungen verbunden.

a) Das zu bebauende Grundstück ist mit Anschaffungskosten in die Klasse 7, in das Konto **(701) Kosten des Baugrundstücks**, zu übernehmen.

Buchung

(701) an (02) Anschaffungskosten, die nicht nur den Kaufpreis umfassen

b) Alle bisher für die Baumaßnahme angefallenen Bauvorbereitungskosten sind auf das Konto **(707) Baunebenkosten** umzubuchen. Das betrifft die Kosten, die bisher auf dem **Konto (700)** ausgewiesen sind.

Buchung

(707) an (700) im Jahr (00) angefallene Fremdkosten

Beispiel

Der 12.03. gilt als Termin des Baubeginns. Es wird davon ausgegangen, dass bereits im Jahr (00) ein Architekturbüro Rechnungen in Höhe von insgesamt 40.000 € gestellt hat, die ordnungsgemäß auf dem **Konto (700)** verbucht wurden. Die Anschaffungskosten des zu bebauenden **(02) Unbebauten Grundstücks des Anlagevermögens** betragen 120.000 €.

Buchungen bei Baubeginn am 12.03.:

1. Umbuchung des Grundstücks in die Klasse 7
   (701) an (02) 120.000 €
2. Umbuchung der (700) Bauvorbereitungskosten auf das Konto (707) Baunebenkosten
   (707) an (700) 40.000 €

Phase 2: Bauprozess

Bei der buchmäßigen Behandlung des Bauprozesses ist zu berücksichtigen, dass

- bei der Bautätigkeit **Fremdkosten** anfallen und die von den Fremdfirmen gestellten Rechnungen (Verbindlichkeiten) beglichen werden müssen,
- im Rahmen der Bautätigkeit **Eigenleistungen** (Personal- und Sachaufwand) erbracht werden und andere **Primärkosten** entstehen, die zunächst in der Klasse 8 zu verbuchen sind.

a) Erfassung laufender Baukosten als Fremdkosten

Alle während der Bautätigkeit entstehenden Herstellungskosten sind in der **Kontenklasse 7** zu erfassen, deren Struktur sich an der DIN 276: 2018-12 Kosten im Bauwesen orientiert. Für die Bautätigkeit im Anlagevermögen steht die **Kontengruppe (70)** mit den **Konten (700) bis (709)** zur Verfügung.

DIN 276: 2018-12
Kosten im Bauwesen

Buchungen bei Rechnungseingang

Eingehende Rechnungen für Baumaßnahmen sind auf dem Konto **(4420) Verbindlichkeiten aus Bau- und Instandhaltungsleistungen** zu erfassen.

Buchung

(702) bis (707) an (4420) mit den Rechnungsbeträgen

Konten der Kontengruppe (70)

Nr.	Konto	Erklärung
(701)	Kosten des Baugrundstücks	Bei Baubeginn wird hier der Wert des in die Bebauung übernommenen Grundstücks erfasst.
(702)	Kosten der Erschließung	Zu erfassen sind hier **Erschließungskosten, soweit sie Anlagen auf dem Grundstück selbst betreffen und ganz oder teilweise im Rahmen der Durchführung der Baumaßnahme realisiert werden.** Dazu gehören beispielsweise **a) Kosten für das Herrichten des Grundstücks** Abräumen von Einfriedungen und Hindernissen, Sichern von zu erhaltendem Bewuchs, Roden von Bewuchs, Abbrechen von Bauwerken oder Bauteilen, Beseitigen von Verkehrsanlagen, etc. **b) Kosten öffentlicher und nicht öffentlicher Erschließung** Anschluss an Abwasseranlagen, Anlagen der Wasser- und Fernwärmeversorgung, der Gas- und Stromversorgung, der Fernmeldetechnik und Verkehrsanlagen etc.

Konten der Kontengruppe (70)		
Nr.	**Konto**	**Erklärung**
(703)	Kosten des Bauwerks	Diese Kosten umfassen sämtliche Aufwendungen, die unmittelbar durch die Errichtung des Baukörpers und der in den Baukörper fest eingefügten **Gebäudebestandteile** angefallen sind. Hierzu gehören alle Aufwendungen, die der Schaffung und dem Einbau von Objekten dienen und zu wesentlichen Bestandteilen (**Bestandteilcharakter**) des Gebäudes führen. Sie führen beispielsweise zu folgenden Positionen: **a) Kosten des Bauwerks/Baukonstruktionen** Baugrube, Gründung, Tragkonstruktionen, nicht tragende Konstruktionen, etc. **b) Kosten des Bauwerks/Technische Anlagen** Anlagen für Abwasser, Wasser, Heizung, Kommunikations-, sicherheits- und informationstechnische Anlagen, elektrische Anlagen, Gebäude- und Anlagenautomation, etc.
(704)	Kosten des Geräts – Ausstattungen und Kunstwerke	Das sind die Kosten für alle beweglichen oder einfach zu befestigenden Sachen, die der **Ingebrauchnahme,** der **allgemeinen Benutzung** oder der **künstlerischen Gestaltung** des Bauwerks oder der Außenanlagen und Freiflächen dienen. Diese **Ausstattungen** haben Zubehörcharakter. Zu erfassen sind beispielsweise Kosten für: **a) Allgemeine Ausstattungen** Sachen, die der Ingebrauchnahme des Bauwerks und zu seiner allgemeinen Benutzung dienen (Möbel/Gerät) **b) Künstlerische Gestaltung am Bauwerk** Malereien, Reliefs, Mosaiken oder Glas-, Schmiede-, Steinmetzarbeiten **c) Sonstige Ausstattungen** Schilder, Wegweiser, Informations- und Werbetafeln
(705)	Kosten der Außenanlagen	Hier handelt es sich um Kosten, die für den Bau von Anlagen außerhalb des Baukörpers, aber **innerhalb der Grundstücksgrenzen** anfallen. Sie entstehen durch alle erstmalig zu beschaffenden Sachen an und in den Außenanlagen. Beispielsweise gehören dazu folgende Kosten: **a) Einfriedungen** Zäune, Mauern, Schranken, etc. **b) Geländebearbeitungen und -gestaltungen** Stützmauern und -vorrichtungen, vegetationstechnische Oberbodenarbeiten, etc. **c) Abwasser- und Versorgungsanlagen im Außenbereich** Abwasser, Wasser, Heizung einschließlich Wärmedämmung **d) Wirtschaftsgegenstände** Müll- und Abfallbehälter, Trockenvorrichtungen, Fahrradständer, Pflanzbehälter, etc. **e) Anlagen für Sonderzwecke** Sportanlagen, Spiel- und Pausenplätze, etc. **f) Verkehrsanlagen** Wege, Straßen, befahrbare Plätze, Höfe, Kfz-Stellplätze, etc. **g) Grünflächen** Bodenbearbeitung, Pflanz- und Rasenarbeiten, etc.

Konten der Kontengruppe (70)

Nr.	Konto	Erklärung
(706)	Kosten der zusätzlichen Maßnahmen	Hier handelt es sich um Kosten, die etwa durch die Förderung des Winterbaus verursacht werden. Im Einzelnen kann es sich dabei um kostenverursachende **zusätzliche Maßnahmen im Rahmen der Erschließung, beim Bauwerk und bei Außenanlagen** handeln. Dies sind Maßnahmen zum Schutz von Personen und Sachen, des Schlechtwetterbaus, des Trockenhaltens der Arbeitsstellen und künstlicher Bautrocknung, der Grundreinigungen oder der Vergütung außertariflicher Arbeitszeit.
(707)	Baunebenkosten	**Dies sind Kosten, die im Zusammenhang mit Planung und Realisierung von Bauwerken** auf der Grundlage von Honorarordnungen, Gebührenordnungen oder gemäß weiteren vertraglichen Vereinbarungen **entstehen.** Unter anderem können dazu gehören: a) **Kosten für die Vorbereitung, Planung und Durchführung von Bauvorhaben** ▪ Kosten der Architekten- und Ingenieurleistungen ▪ Kosten der dem **Bauherrn obliegenden Verwaltungsleistungen** bei Vorbereitung und Durchführung des Bauvorhabens ▪ Kosten der **Behördenleistungen** bei Vorbereitung und Durchführung des Bauvorhabens b) **Finanzierungskosten** Insbesondere **laufende Fremdkapitalkosten und Erbbauzinsen** während der Bauzeit, aber auch **Mehrzinsen** für Zwischenfinanzierungsmittel c) **Allgemeine Baunebenkosten** Kosten für behördliche Prüfungen, Genehmigungen und Abnahmen; Bewirtschaftungskosten, zu denen auch Steuern während der Bauzeit oder andere Abgaben, wie z. B. Versicherungen, gehören; sonstige Baunebenkosten, wie beispielsweise Kosten der Baustellenbewachung, Grundsteinlegung oder Richtfestkosten

Beispiel

In Fortführung des bisherigen Beispiels sind folgende Eingangsrechnungen zu erfassen. Die damit verbundenen Buchungen sollen das Prinzip der Baubuchhaltung verdeutlichen und nicht vollständig sein. Es ist sofort erkennbar, dass die hier angeführten Maßnahmen und Rechnungen nicht zu einem fertigen Gebäude führen können. Exemplarisch soll jedoch unterstellt werden, dass am Ende der Darstellung ein fertiges Wohnhaus bilanziert werden kann.

1. Für den Rohbau werden 800.000 € in Rechnung gestellt.
   (703) an (4420) 800.000 €
2. Für die Gestaltung der Außenanlagen werden 80.000 € in Rechnung gestellt.
   (705) an (4420) 80.000 €
3. Es gehen weitere Rechnungen ein (60.000 €), die als Baunebenkosten zu buchen sind.
   (707) an (4420) 60.000 €

b) Buchmäßige Erfassung von Eigenleistungen/anderen Primärkosten und deren Aktivierung

Aus handels- und steuerrechtlicher Sicht können **Verwaltungsgemeinkosten** (anteilige Personal- und Sachkosten), **Fremdkapitalzinsen** und die **Grundsteuer** aktiviert werden, wenn sie dem einzelnen Objekt für den Zeitraum der Herstellung zuzuordnen sind. Gegebenenfalls sind sie als **Eigenleistungen** zu aktivieren.

1. **Laufende Erfassung** von Primärkosten auf den Konten:

- Personalaufwand (83)
- Sächliche Verwaltungsaufwendungen (850)
- Zinsen auf Verbindlichkeiten gegenüber Kreditinstituten (872)
- Grundsteuer (8910)

2. **Aktivierung der Eigenleistungen und anderen Primärkosten**

Spätestens zum Bilanzstichtag sind die dem Bau zuzuordnenden Primärkostenanteile zu ermitteln und zu aktivieren. Das hat zur Folge, dass die als Herstellungskosten zu betrachtenden Eigenleistungen den Buchwert des Bauwerks erhöhen und die zugrunde liegenden Aufwendungen zugleich in der Gewinn- und Verlustrechnung neutralisiert werden.

Die Aktivierung erfolgt über die folgende Buchung:

Buchung

(707) an (65) Betrag der zu aktivierenden Eigenleistungen

So entsteht die Position **(65) Andere aktivierte Eigenleistungen**, die ausschließlich die in die Herstellungskosten von Anlagevermögenspositionen eingeflossenen Eigenleistungen aufzeigt.

- **Aktivierung eigener Architekten- und Verwaltungsleistungen**

Das Konto **(650) Aktivierte eigene Architekten- und Verwaltungsleistungen** nimmt die direkt zurechenbaren bzw. über einen Betriebsabrechnungsbogen ermittelten **eigenen** Architekten- und Verwaltungsleistungen sowie die Kosten des Regiebetriebes bei der Bauerstellung auf. Hier sind aber auch alle aktivierten **Personal- und Sachaufwendungen** zu erfassen, die mit dem Bauprozess im Zusammenhang stehen.

Buchung

(707) an (650)

Beispiel

Unterstellt wird, dass eigene Mitarbeiter am Bau beteiligt sind, die vor allem organisatorische und verwaltungstechnische Arbeiten ausführen. Das verursacht Personalaufwand (30.000 €), der zunächst in der Kontengruppe **(83) Personalaufwand** gebucht wird. Mit der Tätigkeit eigener Mitarbeiter wird zudem **(850) Sächlicher Verwaltungsaufwand** in Höhe von 10.000 € verursacht.

Buchungen im laufenden Geschäftsjahr:
1. (83) an (47...) 30.000 €
2. (850) an (4421) 10.000 €

Buchungen zum Bilanzstichtag:
Die Aktivierung der durch den Bau verursachten Eigenleistungen erfolgt durch die Buchung:
3. (707) an (650) 40.000 €

Damit wird erreicht, dass die durch den Bau verursachten Personal- und Sachaufwendungen in der GuV-Rechnung vollständig sichtbar bleiben, wegen des Abschlusses des **Kontos (650)** über das GuV-Konto in ihrer Erfolgswirksamkeit jedoch neutralisiert werden.

S	(982) GuV-Konto		H
(83)	30.000 €	(650)	40.000 €
(850)	10.000 €		

Aktivierung der durch den Bau verursachten Fremdzinsen

Über das Konto **(6590) Aktivierte Fremdzinsen** sind die durch den Bau verursachten Fremdzinsen zu aktivieren, sofern von dem Aktivierungswahlrecht Gebrauch gemacht wird.

Buchung

(707) an (6590)

Beispiel

Unterstellt wird, dass die MEWOH Musterwohn GmbH dem Bau zuzurechnende Fremdkapitalzinsen in Höhe von 25.000 € gezahlt hat, die auf dem **Konto (872)** gebucht wurden. Folgende Buchungen sind erforderlich.

Buchungen im laufenden Geschäftsjahr:
1. (872) an (274) 25.000 €

Buchungen zum Bilanzstichtag:
2. (707) an (6590) 25.000 €

Damit wird erreicht, dass die durch den Bau verursachten Zinsaufwendungen in der GuV-Rechnung sichtbar bleiben, durch den Abschluss des Kontos (6590) über das GuV-Konto in ihrer Erfolgswirksamkeit jedoch neutralisiert werden.

S	(982) GuV-Konto		H
(872)	25.000 €	(6590)	25.000 €

Aktivierung der einer Baumaßnahme zuzuordnenden Grundsteuer

Wird von der Möglichkeit der Aktivierung der in die Bauzeit fallenden Grundsteuer Gebrauch gemacht, so erfolgt dies über das Konto **(6591) Aktivierte Grundsteuer**.

Buchung

(707) an (6591)

Beispiel

Es wird davon ausgegangen, dass Grundsteuer in Höhe von 2.000€ auf dem **Konto (8910)** gebucht wurde und vollständig der Baumaßnahme zuzuordnen ist. Um diese Grundsteuerzahlungen den Baukosten zuweisen zu können, sind folgende Buchungen erforderlich.

Buchungen im laufenden Geschäftsjahr:
1. (8910) an (274) 2.000€

Buchungen zum Bilanzstichtag:
2. (707) an (6591) 2.000€

Damit wird erreicht, dass die durch den Bau verursachten Grundsteuerzahlungen in der GuV-Rechnung sichtbar bleiben, durch den Abschluss des **Kontos (6591)** über das GuV-Konto in ihrer Erfolgswirksamkeit jedoch neutralisiert werden.

S	(982) GuV-Konto		H
(8910)	2.000€	(6591)	2.000€

Phase 3: Bilanzstichtag

Zum Ende der Bauphase, spätestens jedoch zum Bilanzstichtag, sind die **Konten (701) bis (707)** zu saldieren und endgültig über die **Konten (06), (00) oder (01)** abzuschließen.

Bilanzrechtlich gilt der Herstellungsprozess als abgeschlossen, wenn das Bauvorhaben einschließlich Außenanlagen fertiggestellt ist, wobei unbedeutende Restarbeiten noch ausstehen können.

Fertigstellung eines Gebäudes

Ein Gebäude ist fertiggestellt, wenn ein Bebauungszustand erreicht ist, der die bestimmungsgemäße Nutzung des Gebäudes zulässt. Ein Wohngebäude ist daher fertig, sobald es nach Abschluss der wesentlichen Bauarbeiten bewohnbar ist.

Beispiel 13

Werden die bisher gebuchten Geschäftsfälle, ausgehend vom Baubeginn, über die Erfassung von Fremdkosten und die Aktivierung baurelevanter Primärkosten zusammengefasst, ergibt sich für die Kontendarstellung folgendes Bild:

S	(701)	H
(02)	120.000 €	

S	(703)	H
(4420)	800.000 €	

S	(705)	H
(4420)	80.000 €	

S	(707)	H
(700)	40.000 €	
(4420)	60.000 €	
(650)	40.000 €	
(6590)	25.000 €	
(6591)	2.000 €	

Buchung:
Für den Abschluss der **Konten (701) bis (707)** und unter Berücksichtigung, dass ein Wohnhaus entstanden ist, ergibt sich folgende abschließende Buchung:

(00)		1.167.000 €
an	(701)	120.000 €
an	(703)	800.000 €
an	(705)	80.000 €
an	(707)	167.000 €

Zusammenfassendes Beispiel

Die MEWOH Musterwohn GmbH hat in der Finanzbuchhaltung des aktuellen Jahres (01) die mit dem Bau eines Mietobjekts verbundenen Prozesse zu erfassen. Der Baubeginn ist der 03.02.01. Folgende Sachverhalte sind zu berücksichtigen:

1. Das in die Bebauung zu übernehmende **(02) Unbebaute Grundstück** hat einen Buchwert von 125.000 €.
2. Bauvorbereitungskosten, die bereits im Jahr (00) angefallen sind und über das **Konto (070)** aktiviert wurden, belaufen sich auf 10.000 €.
3. Nach dem Baubeginn fallen verschiedene Baukosten an, die in der **Gruppe (70)** zu buchen sind:
   a) Eingangsrechnung für Erschließungsarbeiten (6.500 €)
   b) Zinsen, die sich auf ein Darlehen, die Baumaßnahme betreffend, beziehen und die Bauzeit betreffen, werden per Bank beglichen (5.000 €).
   c) Eingangsrechnung für diverse Bauhandwerksleistungen verschiedener Gewerke (250.000 €)
   d) Banküberweisung der Grundsteuer des Unternehmens über 8.000 €, jedoch nur 150 € sind durch die Baumaßnahmen zeitlich und sachlich verursacht.
   e) Eingangsrechnung über 3.200 € für die Erstausstattung des Objekts mit Werkzeugen und Geräten
   f) Eingangsrechnung über 7.800 € für die Gestaltung der Außenanlagen
   g) Gehälter für eigene Architekten werden per Bank beglichen (20.000 €), 10 % ihrer Arbeitszeit fallen auf die Betreuung der Baumaßnahme.
   h) Eingangsrechnung eines Fremdarchitekten über 12.000 € für Betreuungstätigkeit während der Bauzeit
4. Zum 31.12.01 ist das Objekt noch nicht fertig und als Anlage im Bau zu bilanzieren.

Diese Sachverhalte führen zu folgenden Buchungen:

03.02.01: Baubeginn

1.	Umbuchung des Baugrundstücks	⇨	(701)	an	(02)	125.000 €
2.	Umbuchung der Bauvorbereitungskosten	⇨	(707)	an	(070)	10.000 €
Laufende Kosten in der Bauphase						
3. a)	ER für Erschließung (702)	⇨	(702)	an	(4420)	6.500 €
3. b)	Banküberweisung für Zinsen während der Bauphase *Diese Zahlungen werden zunächst in der Klasse 8 erfasst und später im erforderlichen Maße aktiviert.*	⇨	(872)	an	(274)	5.000 €
3. c)	ER für Bauhandwerksleistungen – Kosten des Bauwerks (703)	⇨	(703)	an	(4420)	250.000 €
3. d)	Überweisung für Grundsteuer *Diese Zahlungen werden zunächst in der Klasse 8 erfasst und später im erforderlichen Maße aktiviert.*	⇨	(8910)	an	(274)	8.000 €
3. e)	ER für Werkzeuge und Geräte (Erstausstattung) – Kosten des Geräts (704)	⇨	(704)	an	(4420)	3.200 €
3. f)	ER für Kosten der Außenanlagen (705)	⇨	(705)	an	(4420)	7.800 €
3. g)	Gehaltszahlungen per Bank *Diese Zahlungen werden zunächst in der Klasse 8 erfasst und später im erforderlichen Maße aktiviert.*	⇨	(83)	an	(274)	20.000 €
3. h)	ER vom Fremdarchitekten – Baunebenkosten (707)	⇨	(707)	an	(4420)	12.000 €

31.12.01: Arbeiten zur Bilanzierung der noch nicht fertiggestellten Anlage

4. a)	**Aktivierung der Eigenleistungen** Dazu werden die bisher in der Klasse 8 erfassten Kosten, die ihrer Verursachung nach zu den Baukosten gehören, als Baunebenkosten umgebucht. Im Einzelnen betrifft dies					
	• die Zinsen, die während der Bauzeit angefallen und zu aktivieren sind,	⇨	(707)	an	(6590)	5.000 €
	• die Grundsteuer, die nur in Höhe von 150 € durch die Baumaßnahme verursacht wurde,	⇨	(707)	an	(6591)	150 €
	• die Gehaltskosten, die nur mit 10 % der Gesamtlohnkosten durch den Bau verursacht wurden, also mit 2.000 €.	⇨	(707)	an	(650)	2.000 €
4. b)	**Bilanzausweis** Dazu werden die Baukostenkonten (701) bis (707) saldiert und über das Konto (06) Anlagen im Bau abgeschlossen.	⇨	(06)			421.650 €
				an	(701)	125.000 €
				an	(702)	6.500 €
				an	(703)	250.000 €
				an	(704)	3.200 €
				an	(705)	7.800 €
				an	(707)	29.150 €

Zusammenfassende Übersicht:
Erwerb, Bebauung und Verkauf von Grundstücken im Anlagevermögen

Erwerb

Anzahlung
(077) an (274)

Eigentumsübergang
(02) an (442)

Finanzierung
(442) an (077)
an (41)
an (274)

Bebauung

Bauvorbereitung
a) Fremdkosten
(700) an (442)
(070) an (700)

b) Eigenleistungen
(83/850) an (274)
(700) an (650)
(070) an (700)

Bautätigkeit

1. Baubeginn
2. Bauprozess
3. Bilanzstichtag

Baubeginn
a) Umbuchung des Grundstücks
(701) an (02)

b) BV-Kosten sind als Baunebenkosten zu erfassen
(707) an (700)

Bauprozess
a) Fremdkosten
(702) bis (707)
an (442)

b) Eigenleistungen/Primärkosten
(83) an (274)
(850) an (274)
(872) an (274)
(8910) an (274)

Bilanzstichtag
a) Aktivierung von Eigenleistungen
(707) an (650)
(707) an (6590)
(707) an (6591)

b) Bilanzausweis
(00) oder
(01) an (701)
an (702)
an (703)
an (704)
an (705)
an (706)
an (707)

Verkauf

P > BW
(Gewinn)
(21) an (02)
an (660)

P = BW
(21) an (02)

P < BW
(Verlust)
(21)
(854) an (02)

SB ▶ SITUATION 70
Erwerb, Bebauung und Verkauf von Grundstücken des Umlaufvermögens

9 Erwerb, Bebauung und Verkauf von Grundstücken des Umlaufvermögens

9.1 Grundstückserwerb

In seinen Grundzügen gestaltet sich der Erwerbsprozess von Grundstücken des Umlaufvermögens wie der Kauf von Grundstücken, die dauerhaft im Unternehmen verbleiben sollen. Jedoch werden die damit zusammenhängenden Buchungen auf anderen Konten vorgenommen. Der Kauf von Grundstücken des Umlaufvermögens führt zu Bestandszuwächsen auf folgenden Konten:

Nr.	Kontengruppe	Erklärung
(10)	Grundstücke und grundstücksgleiche Rechte ohne Bauten, noch nicht erschlossen/durch Dritte oder erschlossen erworben	In dieser Kontengruppe sind die Anschaffungskosten für unbebaute Grundstücke zu erfassen, unabhängig davon, ob sie in unbebautem Zustand veräußert oder der Bebauung zugeführt werden sollen.
(11)	Grundstücke und grundstücksgleiche Rechte ohne Bauten, selbst erschlossen	Diese Kontengruppe wird nur von Unternehmen geführt, die entsprechende Erschließungsmaßnahmen selbst durchführen.
(14)	Grundstücke und grundstücksgleiche Rechte mit fertigen Bauten	Hier werden alle mit Wiederveräußerungsabsicht erworbenen bebauten Grundstücke erfasst. Aber auch die selbst errichteten und zum Verkauf bestimmten Eigentumsobjekte sind nach Vollendung von Baumaßnahmen in dieser Kontengruppe auszuweisen.

Da die Phasen des Erwerbsprozesses für Verkaufsgrundstücke denen des Kaufs im Anlagevermögen entsprechen, lassen sie sich abschließend in folgender Übersicht darstellen. Es ist jedoch darauf zu verweisen, dass für die geleisteten Anzahlungen das Konto **(180) Anzahlungen auf zum Verkauf bestimmte Grundstücke** zur Verfügung steht und die Grundstücksankauf-Kredite auf die Konten **(414)/(424) Grundstücksankauf-Kredite für das Umlaufvermögen** zu buchen sind.

Zusammenfassung: Erwerb unbebauter Grundstücke des Umlaufvermögens

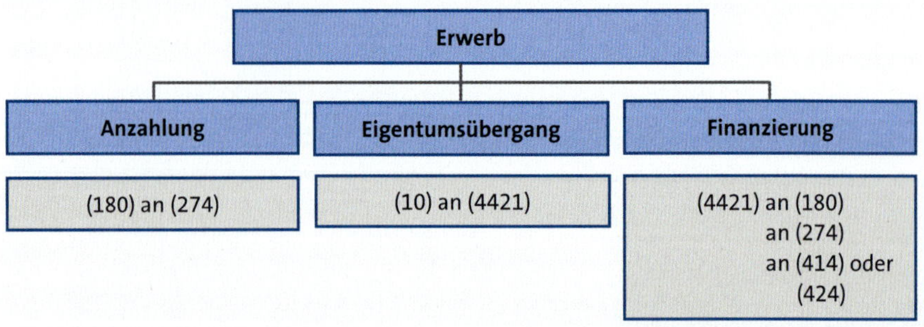

9.2 Bewirtschaftung unbebauter Grundstücke des Umlaufvermögens

Ebenso wie bei Grundstücken des Anlagevermögens kann auch hier zwischen dem Erwerb der unbebauten Grundstücke und deren Bebauung ein längerer Zeitraum liegen, in dem Aufwendungen entstehen oder auch Erträge erwirtschaftet werden können.

(1) Laufende Aufwendungen unbebauter Grundstücke des Umlaufvermögens
Bis zur Bebauung können unbebaute Grundstücke des Umlaufvermögens Aufwendungen verursachen, die jedoch im Unterschied zum Anlagevermögen nicht auf dem Konto **(852) Erbbauzins und andere Aufwendungen für unbebaute Grundstücke**, sondern in der **Kontengruppe (81)** zu erfassen sind. Hier werden sie als **(819) Sonstige Aufwendungen für Verkaufsgrundstücke** gebucht.

Zu diesen laufenden Aufwendungen gehören beispielsweise Gebühren, Abgaben oder sonstige Aufwendungen öffentlicher und nicht öffentlicher Art (Straßenreinigung, Grünanlagenpflege, Bewachung, Versicherungsprämien).

(2) Laufende Erträge aus der Bewirtschaftung unbebauter Grundstücke
Wird das unbebaute Grundstück zwischenzeitlich genutzt, sind die daraus resultierenden Erträge in der **Kontengruppe (63) Umsatzerlöse aus anderen Lieferungen und Leistungen** zu verbuchen.

9.3 Verkauf von Grundstücken des Umlaufvermögens

Der Verkauf von Grundstücken des Umlaufvermögens ist in der Finanzbuchhaltung anders als der Verkauf von Grundstücken des Anlagevermögens zu handhaben. Da es sich hier um einen typischen betrieblichen Leistungsprozess handelt, sind alle damit verbundenen Aufwendungen und Erträge in der Erfolgsrechnung unsaldiert sichtbar zu machen **(Bruttoprinzip).**

Beim Verkauf von Grundstücken des Umlaufvermögens sind deshalb in der Finanzbuchhaltung folgende Schritte zu beachten:

1. Im ersten Schritt sind die Anschaffungs- bzw. Herstellungskosten des zu veräußernden (bebauten oder unbebauten) Grundstücks auf ein entsprechendes Aufwandskonto umzubuchen **(Ausbuchung)**. Dadurch werden die Aufwendungen, die der Beschaffung bzw. Erstellung des Verkaufsgrundstücks zugrunde liegen, erfolgswirksam.
2. Im zweiten Schritt erfolgt die Buchung des eigentlichen Verkaufs **(Eigentumsübergang [EÜ])**. Damit werden die durch den Verkauf realisierten Gesamterlöse in der Erfolgsrechnung sichtbar gemacht.

9.3.1 Verkauf unbebauter Grundstücke des Umlaufvermögens

Schritt 1: Ausbuchung
Im ersten Schritt ist der Bestand des **Kontos (10)** um den Wert des zu verkaufenden Grundstücks zu mindern. Diese Umbuchung bewirkt zugleich den Ausweis der durch das Verkaufsobjekt verursachten Anschaffungskosten als **(812) Buchwert der verkauften unbebauten Grundstücke** in der Gewinn- und Verlustrechnung des Unternehmens.

Buchung

(812) an (10) Anschaffungskosten

Schritt 2: Verkauf/Eigentumsübergang
Durch den Verkauf **(Eigentumsübergang)** entstehen dem Käufer gegenüber **(21) Forderungen aus Grundstücksverkäufen** in Höhe des vereinbarten Verkaufspreises. Die Gegenbuchung erfolgt auf dem Konto **(611) Umsatzerlöse aus dem Verkauf von unbebauten Grundstücken**.

Buchung

(21) an (611) vereinbarter Verkaufspreis

9.3.2 Verkauf bebauter Grundstücke des Umlaufvermögens

Auch der Verkauf bebauter Grundstücke aus der **Kontengruppe (14)** erfolgt in diesen zwei Schritten. Dabei ist jedoch zwischen dem Verkauf **bebaut erworbener Grundstücke** und **selbst errichteter Bauten** zu unterscheiden.

Schritt 1: Ausbuchung
In einem ersten Schritt ist der Bestand der **Kontengruppe (14)** um den Wert des zu verkaufenden Objekts zu mindern.

- Beim Verkauf bebaut erworbener Grundstücke erfolgt die Ausbuchung über das Konto **(813) Buchwert bebaut erworbener Grundstücke**.

Buchung

(813) an (14) Anschaffungskosten

- Beim Verkauf selbst errichteter Bauten erfolgt die Ausbuchung über das Konto **(644) Bestandsverminderungen aus Veräußerungen**.

Eine ausführliche Begründung zur Verwendung des Kontos (644) erfolgt im folgenden Abschnitt. Hier soll nur darauf verwiesen werden, dass bei eigener Bautätigkeit die fertigen Gebäude im Zuge einer Bestandserhöhung aktiviert werden. Einer Bestandserhöhung folgt regelmäßig eine Bestandsverminderung.

Buchung

(644) an (14) Herstellungskosten

Schritt 2: Verkauf/Eigentumsübergang
Beim Eigentumsübergang stehen den **(21) Forderungen aus Grundstücksverkäufen** nun **(610) Umsatzerlöse aus dem Verkauf von bebauten Grundstücken** gegenüber.

Buchung

(21) an (610)

9.3.3 Buchungen beim Ausgleich der Kaufpreisforderungen

Durch den Verkauf, also den wirtschaftlichen Eigentumsübergang auf den Erwerber, entstehen (kurzfristige) Forderungen, die auszugleichen sind. Das kann auf unterschiedliche Weise erfolgen und soll an einem Beispiel verdeutlicht werden.

Beispiel

Die MEWOH Musterwohn GmbH hat ein unbebautes Grundstück erworben und in der Kontengruppe (10) mit Anschaffungskosten von 1.400.000 € bilanziert. Dieses Grundstück soll nun für 1.650.000 € wieder verkauft werden. Der Käufer hat bereits vor dem wirtschaftlichen Eigentumsübergang (EÜ) eine Anzahlung von 150.000 € durch Banküberweisung getätigt. Nach dem Eigentumsübergang übernimmt er ein auf dem Objekt lastendes Darlehen von 500.000 € und überweist per Bank einen Betrag von 200.000 €. In Höhe des Restkaufpreises gewährt die MEWOH dem Käufer ein Darlehen.

Buchungen

1.	Käufer leistet eine Anzahlung per Bank, die als (430) Anzahlung auf Verkaufsgrundstücke zu buchen ist.	⇨	(274)	an	(430)	150.000 €
2.	Ausbuchung des Grundstücks, Ausgliederung mit dem Wert der anteiligen Anschaffungskosten	⇨	(812)	an	(10)	1.400.000 €
3.	Eigentumsübergang, dem Käufer gegenüber wird eine (21) Forderung aufgemacht	⇨	(21)	an	(611)	1.650.000 €
4.	Finanzierung					
4. a)	Verrechnung der Anzahlung	⇨	(430)	an	(21)	150.000 €
4. b)	Der Käufer übernimmt das auf dem Grundstück lastende Darlehen.	⇨	(41)	an	(21)	500.000 €
4. c)	Ein Teil des Kaufpreises wird durch Bankgutschrift beglichen.	⇨	(274)	an	(21)	200.000 €
4. d)	In Höhe des noch offenen Verkaufspreises gewährt das Unternehmen ein Darlehen, dass als (087) Sonstige Ausleihungen zu verbuchen ist.	⇨	(087)	an	(21)	800.000 €

Verkauf von Grundstücken des Umlaufvermögens

(10) Unbebaute Grundstücke	(14) Bebaut erworbene Grundstücke	(14) Selbst errichtete Bauten
1. **Ausbuchung** (812) an (10) 2. **Anzahlung** (274) an (430) 3. **Eigentumsübergang** (21) an (611) 4. **Finanzierung** (430) (41) (274) (087) an (21)	1. **Ausbuchung** (813) an (14) 2. **Anzahlung** (274) an (430) 3. **Eigentumsübergang** (210) an (610) 4. **Finanzierung** (430) (41) (274) (087) an (21)	1. **Ausbuchung** (644) an (14) 2. **Anzahlung** (274) an (430) 3. **Eigentumsübergang** (210) an (610) 4. **Finanzierung** (430) (41) (274) (087) an (21)

9.4 Bebauung unbebauter Grundstücke des Umlaufvermögens

So wie im Bereich des Anlagevermögens lassen sich auch im Umlaufvermögen die mit der Bebauung zusammenhängenden Prozesse **in der Klasse (7)** darstellen, aber auch eine Umgehung dieser Kontenklasse ist möglich.

9.4.1 Darstellung der Bautätigkeit in der Kontengruppe (71)

In den Grundzügen gestaltet sich die buchhalterische Erfassung der Bauprozesse im Bereich des Umlaufvermögens ebenso wie die Buchungen im Anlagevermögen. Jedoch ist hier erneut darauf zu verweisen, dass Kauf, Erschließung, Bebauung und Verkauf von Grundstücken des Umlaufvermögens zu den typischen betrieblichen Leistungsprozessen eines Wohnungsunternehmens gehören und deshalb vollständig in der Gewinn- und Verlustrechnung abzubilden sind. Das ist bei den Buchungsprozessen gesondert zu berücksichtigen.

- Die Darstellung von Bauprozessen im Bereich des Umlaufvermögens ist in ihren Wesenszügen identisch mit der Darstellung dieser Prozesse im Anlagevermögen.
- Die Buchungen sind dabei jedoch in der Kontengruppe **(71) Bauten des Umlaufvermögens** vorzunehmen.
- Die Aktivierung von Eigenleistungen und anderen Primärkosten erfolgt **nicht** über die Kontengruppe **(65) Andere aktivierte Eigenleistungen**, die ja bekanntermaßen dem Anlagevermögen vorbehalten ist, sondern über die Kontengruppe **(64) Erhöhung oder Verminderung des Bestandes an zum Verkauf bestimmten Grundstücken**.
- Zum Bilanzstichtag ist neben dem **Bilanzausweis** auch der Ausweis aller mit dem Bau und der Veräußerung des Bauwerks verbundenen Aufwendungen und Erträge in der Gewinn- und Verlustrechnung **(Erfolgsausweis)** zu sichern.

9.4.1.1 Bauvorbereitung

Bekanntermaßen können Leistungen im Rahmen der Bauvorbereitung durch die Inanspruchnahmen von Fremdfirmen, Ämtern und Behörden erbracht werden **(Fremdkosten)**, aber auch durch die Mitwirkung eigener Mitarbeiter (Architekten), was zu Kosten aus der Erbringung von **Eigenleistungen** (Personal- und Sachaufwand) führt.

a) Bauvorbereitungskosten als Fremdkosten
Von Fremdfirmen im Rahmen der Bauvorbereitung in Rechnung gestellte Beträge werden sofort auf dem Konto **(710) Kosten der Bauvorbereitung** erfasst.

1. **Erfassung** der Eingangsrechnungen

Buchung

(710) an (4420) Rechnungsbetrag

2. **Bilanzausweis** zum 31.12. des Berichtsjahres
Wurde der Bau zum Bilanzstichtag noch nicht begonnen, sind die bisher angefallenen und in der Klasse 7 erfassten Bauvorbereitungskosten in der Bilanz unter dem Konto **(12) Bauvorbereitungskosten** auszuweisen **(Bilanzausweis)**.

Buchung

(12) an (710) Wert aktivierungsfähiger Fremdkosten

3. **Erfolgsausweis**
Es ist sicherzustellen, dass diese Kosten auch in der Erfolgsrechnung (Gewinn- und Verlustrechnung) erscheinen. Dabei ist das Konto **(810) Fremdkosten** für den Ausweis der durch Fremdfirmen in Rechnung gestellten Beträge vorgesehen. Durch die Gegenbuchung auf dem Konto **(640) Bestandserhöhung aus aktivierten Fremdkosten** werden diese Kosten in der Gewinn- und Verlustrechnung sofort wieder neutralisiert. Der Vorgang ist erfolgsneutral, in der Gewinn- und Verlustrechnung jedoch sichtbar.

Allein die **Sichtbarmachung in der Erfolgsrechnung** soll durch die folgende Buchung auch erreicht werden.

Buchung

(810) an (640)

Beispiel

Die MEWOH Musterwohn GmbH erhält am 12.11. vom Planungsbüro eine Rechnung über Projektierungsarbeiten (65.000 €). Zum 31.12. sind diese Fremdkosten als Bauvorbereitungskosten zu bilanzieren

Buchungen
1. Erfassung der Eingangsrechnung
12.11. (710) an (4420) 65.000 €

2. Bilanzausweis zum 31.12.00
31.12. (12) an (710) 65.000€
3. Erfolgsausweis zum 31.12.00
31.12. (810) an (640) 65.000€

Kontendarstellung:

S	(710)		H
(4420)	65.000€	(12)	65.000€

S	(12)		H
(710)	65.000€	(989)	65.000€

S	(810)		H
(640)	65.000€	(982)	65.000€

S	(640)		H
(982)	65.000€	(810)	65.000€

S	(982)		H
(810)	65.000€	(640)	65.000€

S	(989)		H
(12)	65.000€		

b) Bauvorbereitungskosten aus Eigenleistungen

Auch die von **eigenen Mitarbeitern erbrachten Leistungen** im Zusammenhang mit der Bauvorbereitung verursachen Kosten, die zunächst als **(83) Personalaufwand** und **(850) SVA** erfasst werden. In dem Maße, wie diese Kosten den Herstellungskosten der Gebäude zugerechnet werden können, sind sie zum Ende des Geschäftsjahrs in der Kontengruppe **(12) Bauvorbereitungskosten** auszuweisen. Die Gegenbuchung erfolgt auf dem Konto **(642) Bestandserhöhung aus aktivierten eigenen Architekten- und Verwaltungsleistungen**. Zu buchen ist wie folgt:

Buchungen

1. **Erfassung** von Personal- und Sachaufwand
(83) an (47...) oder (274) Gehaltsaufwendungen
(850) an (4421) oder (274) Sachkosten
2. **Aktivierung** eigener Architekten- und Verwaltungsleistungen
(710) an (642) aktivierungsfähige Eigenleistungen
3. **Bilanzausweis** zum 31.12. des Berichtsjahres
(12) an (710) aktivierte Eigenleistungen

Beispiel

Im Rahmen der Vorbereitung der Errichtung eines Verkaufsobjekts erhält die MEWOH Musterwohn GmbH am 10.11. eine Rechnung über 30.000€. Zugleich werden im Verlaufe des Jahres (00) und in Vorbereitung der genannten Maßnahme **(83) Personalaufwendungen** in Höhe von 13.000€ und **(850) Verwaltungsaufwendungen** über 3.500€ verursacht. Da der Bau erst im Folgejahr (01) begonnen wird, sind die Bauvorbereitungskosten aktiviert worden.

Buchungen
1. Laufendes Geschäftsjahr (00)
a) Fremdkosten: Erfassung der Eingangsrechnung im
(710) an (4420) 30.000€
b) Kosten für Eigenleistungen: Buchung von Personal- und Sachaufwand
(83) an (47...) 13.000€
(850) an (4421) 3.500€

2. Buchungen zum Bilanzstichtag
Zum Bilanzstichtag ist zunächst zu sichern, dass alle mit dem Bau verbundenen Kosten in der Klasse 7 erscheinen. Zugleich müssen diese Kosten in der Erfolgsrechnung sichtbar werden. Deshalb sind zum Bilanzstichtag stets drei Buchungsschritte erforderlich.

a) **Aktivierung** der Eigenleistungen
(710) an (642) 16.500€ [13.000€ + 3.500€]

b) **Bilanzausweis** – Umbuchung zur Bilanzierung der Bauvorbereitungskosten
(12) an (710) 46.500€ [30.000€ + 16.500€]

c) **Erfolgsausweis** – Nachweis der Bauvorbereitungskosten in der Gewinn- und Verlustrechnung
(810) an (640) 30.000€

Kontendarstellung:

S	(710)		H
(4420)	30.000€	(12)	46.500€
(642)	16.500€		

S	(83)		H
(47...)	13.000€	(982)	13.000€

S	(850)		H
(4421)	3.500€	(982)	3.500€

S	(12)		H
(710)	46.500€	(989)	46.500€

S	(642)		H
(710)	16.500€	(982)	16.500€

S	(810)		H
(640)	30.000€	(982)	30.000€

S	(640)		H
(982)	30.000€	(810)	30.000€

S	(982)		H
(810)	30.000€	(640)	30.000€
(830)	13.000€	(642)	16.500€
(850)	3.500€		

S	(989)		H
(12)	46.500€		

9.4.1.2 Bautätigkeit

Im Wesentlichen gestaltet sich die Erfassung der Bautätigkeit im Umlaufvermögen wie die des Bauens im Anlagevermögen. Die erforderlichen Buchungen werden jedoch auf den Konten der Gruppe **(71) Bauten des Umlaufvermögens** vorgenommen, die in ihrer Gliederung mit der **Kontengruppe (70)** übereinstimmt.

Für die beispielhafte Darstellung soll auch hier unterstellt werden, dass im Jahr (00) mit dem Bau begonnen wird, in diesem Jahr Baumaßnahmen realisiert werden und der Bau zum Ende des Geschäftsjahres fertiggestellt ist.

1. Baubeginn
Der Baubeginn ist wie bisher von zwei Umbuchungen geprägt.

a) **Umbuchung** des zu bebauenden **Grundstücks** in die Klasse 7

Buchung

(711) an (10) Anschaffungskosten, die nicht nur den Kaufpreis umfassen

b) Umbuchung der im Jahr (00) angefallenen Bauvorbereitungskosten

Buchung

(717) an (710) mit den im Jahr (00) angefallenen Fremdkosten

Beispiel

Der 12.03. gilt als Termin des Baubeginns. Es wird davon ausgegangen, dass bereits im Jahr (00) ein Architekturbüro Rechnungen in Höhe von insgesamt 40.000 € gestellt hat, die ordnungsgemäß auf dem **Konto (710)** verbucht wurden. Die Anschaffungskosten des zu bebauenden **(10) Unbebauten Grundstücks des Umlaufvermögens** betragen 120.000 €.

Buchungen bei Baubeginn am 12.03.:

1. Umbuchung des Grundstücks in die Klasse 7
(711) an (10) 120.000 €
2. Umbuchung der (710) Bauvorbereitungskosten auf das Konto (717) Baunebenkosten
(717) an (710) 40.000 €

2. Bauprozess

a) Erfassung laufender Baukosten als Fremdkosten

Baukosten, die sich aus Eingangsrechnungen von Fremdfirmen, Ämtern und Behörden ergeben, sind beim Bauen im Umlaufvermögen in der **Kontengruppe (71)** und hier auf den **Konten (712) bis (717)** zu erfassen.

Bei Rechnungseingang für Baukosten gilt also:

Buchung

(712) bis (717) an (4420) mit Rechnungsbeträgen

Beispiel

In Fortführung des bisherigen Beispiels sind folgende Eingangsrechnungen zu erfassen.

1. Für den Rohbau werden 800.000 € in Rechnung gestellt.
(713) an (4420) 800.000 €
2. Für die Gestaltung der Außenanlagen werden 80.000 € in Rechnung gestellt.
(715) an (4420) 80.000 €
3. Weitere Eingangsrechnungen (60.000 €), die als Baunebenkosten zu buchen sind.
(717) an (4420) 60.000 €

b) Buchmäßige Erfassung von Eigenleistungen und anderen Primärkosten

Die möglicherweise zu aktivierenden **Primärkosten** sind zunächst auf den dafür vorgesehenen Konten der Klasse (8) zu erfassen, also auf den Konten **(83) Personalaufwand, (850) SVA, (872) Fremdkapitalzinsen bzw. Grundsteuer (8910)**.

Primärkosten
▶ LF 8, Kap. 8.3

Spätestens zum Bilanzstichtag sind aber die dem Bau zuzuordnenden Kostenanteile zu ermitteln und zu aktivieren. Das hat zur Folge, dass die aktivierten Primärkosten den Wert des Bauwerks erhöhen und zugleich die zugrunde liegenden Aufwendungen in der Gewinn- und Verlustrechnung neutralisiert werden. Buchungstechnisch erfolgt dies durch die Erfassung der zu aktivierenden Eigenleistungen als **(717) Baunebenkosten**.

Durch die folgende **Buchung** entstehen **Bestandserhöhungen**, die ausschließlich die Aktivierung von **Primärkosten im Rahmen der Herstellung von Umlaufvermögen** aufzeigen.

Buchung

(717) an (64) Beträge der zu aktivierenden Eigenleistungen/Primärkosten

- **Aktivierung eigener Architekten- und Verwaltungsleistungen**
  Auf dem Konto **(642) Bestandserhöhung aus aktivierten eigenen Architekten- und Verwaltungsleistungen** werden die direkt zurechenbaren bzw. die über einen Betriebsabrechnungsbogen ermittelten Aufwendungen für eigene Architekten- und Verwaltungsleistungen gebucht.

Buchung

(717) an (642) aktivierungsfähige Eigenleistungen

Beispiel

Unterstellt wird, dass eigene Mitarbeiter am Bau beteiligt sind. Dadurch wird **(83) Personalaufwand** (30.000 €), zugleich aber auch **(850) Sächlicher Verwaltungsaufwand** in Höhe von 10.000 € verursacht.

Buchungen im laufenden Geschäftsjahr

1. (83) an (47...) 30.000 €
2. (850) an (4421) 10.000 €

Buchungen zum Bilanzstichtag

Die Aktivierung der verursachten Eigenleistungen erfolgt durch die Buchung:

3. (717) an (642) 40.000 €

Damit wird erreicht, dass die durch den Bau verursachten Personal- und Sachaufwendungen in der GuV-Rechnung vollständig sichtbar bleiben, wegen des Abschlusses des Kontos (642) über das GuV-Konto in ihrer Erfolgswirksamkeit jedoch neutralisiert werden.

S	(982) GuV-Konto		H
(83)	30.000 €	(642)	40.000 €
(850)	10.000 €		

- **Aktivierung der durch den Bau verursachten Fremdzinsen**
  Die durch den Bau verursachten Fremdkapitalzinsen sind über das Konto **(6430) Bestandserhöhung aus aktivierten Fremdzinsen** zu aktivieren.

Buchung

(717) bis (6430) aktivierungsfähige Zinsaufwendungen

Beispiel

Es wird unterstellt, dass die MEWOH Musterwohn GmbH dem Bau zuzurechnende Fremdkapitalzinsen in Höhe von 25.000 € gezahlt hat, die zunächst auf dem **Konto (872)** verbucht wurden.

Buchungen im laufenden Geschäftsjahr
1. (872) an (274) 25.000 €

Buchungen zum Bilanzstichtag
2. (717) an (6430) 25.000 €

Damit wird erreicht, dass die durch den Bau verursachten Zinsaufwendungen in der GuV-Rechnung sichtbar bleiben, durch den Abschluss des **Kontos (6430)** über das GuV-Konto in ihrer Erfolgswirksamkeit jedoch neutralisiert werden.

S	(982) GuV-Konto		H
(872)	25.000 €	(6430)	25.000 €

- **Aktivierung der der Baumaßnahme zuzuordnenden Grundsteuer**
  Wird während der Bauzeit von der Möglichkeit der Aktivierung der anfallenden Grundsteuer Gebrauch gemacht, so erfolgt dies über das Konto **(6431) Bestandserhöhungen aus sonstigen Aktivierungen.**

Buchung

(717) an (6431) aktivierungsfähige Grundsteuer

Beispiel

Es wird davon ausgegangen, dass Grundsteuer in Höhe von 2.000 € auf dem **Konto (8910)** gebucht wurde und vollständig der Baumaßnahme zuzuordnen ist. Um diese Grundsteuerzahlungen den Baukosten zuweisen zu können, sind folgende Buchungen erforderlich.

Buchungen im laufenden Geschäftsjahr
1. (8910) an (274) 2.000 €

Buchungen zum Bilanzstichtag
2. (717) an (6431) 2.000 €

Damit wird erreicht, dass die durch den Bau verursachten Grundsteuerzahlungen in der GuV-Rechnung sichtbar bleiben, durch den Abschluss des Kontos (6431) über das GuV-Konto in ihrer Erfolgswirksamkeit jedoch neutralisiert werden.

S	(982) GuV-Konto		H
(8910)	20.000 €	(6431)	2.000 €

3. Bilanzstichtag

Bei der Bilanzierung von Bauten des Umlaufvermögens sind wieder verschiedene Arbeitsschritte zu berücksichtigen.

Schritt 1: Aktivierung der Eigenleistungen

Zu prüfen ist, in welchem Maße die Eigenleistungen den Herstellungskosten zuzurechnen sind. Durch die Aktivierung werden die bis dahin in den Konten der Klasse 8 erfassten Wertgrößen den **(717) Baunebenkosten** zugerechnet. Diese Buchungen wurden bereits in den vorherigen Beispielen gezeigt.

Schritt 2: Bilanzausweis

Spätestens zum Bilanzstichtag sind die Konten **(711) bis (717)** zu saldieren und endgültig über die Konten **(13) Grundstücke und grundstücksgleiche Rechte mit unfertigen Bauten** oder **(14) Grundstücke und grundstücksgleiche Rechte mit fertigen Bauten** abzuschließen.

Beispiel

Werden die bisher gebuchten Geschäftsfälle, ausgehend vom Baubeginn über die Erfassung von Fremdkosten und die Aktivierung baurelevanter Primärkosten zusammengefasst, ergibt sich für die Kontendarstellung folgendes Bild:

S	(711)		H
(10)	120.000 €	(982)	13.000 €

S	(713)		H
(4420)	800.000 €		

S	(715)		H
(4420)	80.000 €	(989)	46.500 €

S	(717)		H
(710)	40.000 €		
(4420)	60.000 €		
(642)	40.000 €		
(6430)	25.000 €		
(6431)	2.000 €		

Buchung

Für den Abschluss der Konten **(711)** bis **(717)** und unter Berücksichtigung, dass das Verkaufsobjekt fertiggestellt wurde, ergibt sich folgende abschließende Buchung.

Bilanzausweis

(14)			1.167.000 €
	an	(711)	120.000 €
	an	(713)	800.000 €
	an	(715)	80.000 €
	an	(717)	167.000 €

Schritt 3: Erfolgsausweis

Abschließend ist zum Bilanzstichtag zu sichern, dass alle mit dem Bauprozess zusammenhängenden Sachverhalte vollständig in der Erfolgsrechnung erscheinen.

Dabei ist zu beachten, dass die als Primärkosten gebuchten Beträge bereits aufwandswirksam in der Klasse 8 erscheinen und durch die Aktivierung über die **Kontengruppe (64)** in erforderlichem Maße neutralisiert wurden.

Außerdem ist sicherzustellen, dass auch die nur in der Klasse 7 ausgewiesenen **Fremdkosten** und **Grundstückskosten** in der Gewinn- und Verlustrechnung sichtbar gemacht werden.

a) Ausweis der Grundstückskosten in der Gewinn- und Verlustrechnung

Für den Ausweis der Grundstückskosten in der Erfolgsrechnung sieht der Kommentar zum Kontenrahmen der Wohnungswirtschaft die folgende Buchung vor. Gebucht wird dabei der saldierte Wert des Kontos **(711) Kosten des Baugrundstücks**.

Der Betrag von 120.000 € ergibt sich aus dem Beispiel zum Baubeginn auf Seite 280 (1. Umbuchung des Grundstücks in die Klasse 7).

Buchung

(811) an (641) 120.000 €

b) Ausweis der Fremdkosten in der Gewinn- und Verlustrechnung

Der Wert der auszuweisenden Fremdkosten ergibt sich aus folgender Rechnung:

	Gesamtkosten (K_{Ges})	1.167.000 €
-	Grundstückskosten (K_{Grdst})	120.000 €
-	Primärkosten (K_{Prim})	67.000 €
=	Fremdkosten (K_{Fremd})	980.000 €

Der Wert der aktivierten Primärkosten ergibt sich aus der Verrechnung der Beispiele von Seiten 281 und 282 (40.000 € + 25.000 € + 2.000 € = 67.000 €).

Buchung

(810) an (640) 980.000 €

Im Ergebnis der realisierten Arbeiten zum Jahresabschluss hat das GuV-Konto nun folgendes Aussehen:

S	(982) GuV-Konto		H
(810)	980.000 €	(640)	980.000 €
(811)	120.000 €	(641)	120.000 €
(83)	30.000 €	(642)	40.000 €
(850)	10.000 €	(6430)	25.000 €
(872)	25.000 €	(6431)	2.000 €
(8910)	2.000 €		

Beispiel

Darstellung des Bauens im Umlaufvermögen in der Kontengruppe (71)

1. Zu Beginn des Jahres (00) beginnt die MEWOH Musterwohn GmbH mit der Bebauung eines unbebauten Grundstücks des Umlaufvermögens. Der Buchwert des in die Bebauung zu übernehmenden Grundstücks beträgt 100.000 €, die bereits im Jahr (00) angefallenen Bauvorbereitungskosten für dieses Objekt betragen 22.000 €.
2. Nach Beginn der Baumaßnahmen fallen diverse Fremdkosten und Eigenleistungen an.
   a) Für die Schaffung diverser Infrastrukturanschlüsse gehen Rechnungen über 35.000 € ein.
   b) Zinsen für die Inanspruchnahme von Fremdkapital in Höhe von 70.000 € werden per Bank gezahlt.
   c) Die MEWOH erhält Eingangsrechnungen über diverse Bauwerkskosten (450.000 €).
   d) Für die Gestaltung der Außenanlagen geht eine Rechnung über 32.000 € ein.
   e) Für die Mitarbeiter des Unternehmens werden Personalaufwendungen (190.000 €) per Bank beglichen.
   f) Die Grundsteuern werden per Bank bezahlt (12.000 €).
   g) Vom Architekturbüro geht während der Bauphase eine Rechnung über 19.000 € ein.
3. Zum 31.12. ist der Bau fertiggestellt. Da er jedoch noch nicht verkauft wurde, ist er über das Konto **(14) Grundstücke mit fertigen Bauten** in Höhe der Herstellungskosten zu bilanzieren. Dabei ist jedoch zu berücksichtigen, dass die durch den Bau verursachten
   - Zinsen (9.000 €),
   - Personalaufwendungen (20.000 €) sowie
   - Grundsteuern (270 €)

   betragen und zu den Herstellungskosten gerechnet werden sollen.

Buchungen

Baubeginn im Jahr (00)

1a)	Umbuchung des Baugrundstücks	⇨	(711)	an	(10)	100.000 €
1b)	Umbuchung der Bauvorbereitungskosten	⇨	(717)	an	(710)	22.000 €

Bauprozess (Erfassung laufender Kosten in der Bauphase des Jahres [00])

2a)	ER für Infrastrukturanschlüsse (712)	⇨	(712)	an	(4420)	35.000 €
2b)	Zinsen werden per Bank beglichen (Zahlungen werden zunächst in Klasse 8 erfasst und später anteilig aktiviert).	⇨	(872)	an	(274)	70.000 €
2c)	ER für Bauwerksleistungen, Kosten des Bauwerks (713)	⇨	(713)	an	(4420)	450.000 €
2d)	ER für Außenanlagen, Kosten der Außenanlagen (715)	⇨	(715)	an	(4420)	32.000 €
2e)	Personalkosten werden per Bank beglichen (Zahlungen werden zunächst in Klasse 8 erfasst und später anteilig aktiviert).	⇨	(83)	an	(274)	190.000 €
2f)	Banküberweisung für Grundsteuer (Zahlungen werden zunächst in Klasse 8 erfasst und später anteilig aktiviert)	⇨	(8910)	an	(274)	12.000 €
2g)	ER von Architekturbüro – Baunebenkosten (717)	⇨	(717)	an	(4420)	19.000 €

Bilanzstichtag (Arbeiten zum 31.12.00)

3a) Aktivierung der Primärkosten

Aktivierung der Eigenleistungen (anteiliger Personal- und Sachaufwand)	⇨	(717)	an	(642)	20.000 €
Aktivierung der durch den Bau verursachten Zinsen	⇨	(717)	an	(6430)	9.000 €
Aktivierung der durch den Bau verursachten Grundsteuer	⇨	(717)	an	(6431)	270 €

Durch diese Buchungen wird gesichert, dass neben den bereits in Klasse 7 gebuchten Fremdkosten nun auch die in der Klasse 8 erfassten und durch den Bau verursachten Primärkosten in der Nebenbuchhaltung (Klasse 7) erscheinen.

3b) Bilanzausweis

(14)		687.270 €
an	(711)	100.000 €
	(712)	35.000 €
	(713)	450.000 €
	(715)	32.000 €
	(717)	70.270 €

Durch diese Buchungen werden alle in der Klasse 7 ausgewiesenen Baukosten für den bilanziellen Ausweis des bebauten Grundstücks zusammengefasst.

3c) Erfolgsausweis

Abschließend ist zu sichern, dass alle durch den Bauprozess verursachten Aufwendungen und Erträge in der Erfolgsrechnung sichtbar werden. Dabei ist zu beachten, dass

- die als Primärkosten gebuchten Beträge bereits aufwandswirksam in der Klasse 8 erscheinen und durch die Aktivierung über die Kontengruppe (64) in erforderlichem Maße neutralisiert wurden.
- Ihren Platz in der Erfolgsrechnung müssen aber nur die in der Klasse 7 gebuchten Fremdkosten und die Grundstückskosten erhalten.

Der Erfolgsausweis der angefallenen Fremdkosten wird gesichert durch die folgende Buchung:

(810) an (640) 558.000 €

Der Wert der auszuweisenden Fremdkosten ergibt sich aus folgender Rechnung:

	Gesamtkosten (K_{Ges})	687.270 €
-	Grundstückskosten (K_{Grdst})	100.000 €
-	Primärkosten (K_{Prim})	29.270 €
=	Fremdkosten (K_{Fremd})	558.000 €

Der Erfolgsausweis der Grundstückskosten wird gesichert durch die folgende Buchung:

(811) an (641) 100.000 €

Infolge der Arbeiten zum Jahresabschluss hat das GuV-Konto folgendes Aussehen:

S	(982) GuV-Konto		H
(810)	558.000 €	(640)	558.000 €
(811)	100.000 €	(641)	100.000 €
(83)	190.000 €	(642)	20.000 €
(872)	70.000 €	(6430)	9.000 €
(8910)	12.000 €	(6431)	270 €

Zusammenfassende Übersicht:
Erwerb, Bebauung und Verkauf von Grundstücken im Umlaufvermögen

Erwerb

- Anzahlung
  (180) an (274)
- Eigentumsübergang
  (10) an (442)
- Finanzierung
  (4421) an (180)
  an (41)
  an (274)

Bebauung

- Bauvorbereitung
  a) Fremdkosten
  (710) an (442)
  (12) an (710)
  (810) an (640)
  b) Eigenleistungen
  (83/850) an (274)
  (700) an (650)
  (070) an (700)
- Bautätigkeit → 1. Baubeginn, 2. Bauprozess, 3. Bilanzstichtag

Verkauf

- Ausbuchung
  (812) an (10)
  (813) an (14)
  (644) an (14)
- Anzahlung
  (274) an (430)
- Eigentumsübergang
  (21) an (61)
- Finanzierung
  (430)
  (414)
  (087)
  (274) an (21)

1. Baubeginn
2. Bauprozess
3. Bilanzstichtag

Baubeginn

a) Umbuchung des Grundstücks
(711) an (10)

b) BV-Kosten sind als Baunebenkosten zu erfassen
(717) an (710)

Bauprozess

a) Fremdkosten
(712) bis (717)
an (442)

b) Eigenleistungen/Primärkosten
(83) an (274)
(850) an (274)
(872) an (274)
(8910) an (274)

Bilanzstichtag

a) Aktivierung von Eigenleistungen
(717) an (642)
(717) an (6430)
(717) an (6431)

b) Bilanzausweis
(13) oder
(14) an (711)
an (712)
an (713)
an (714)
an (715)
an (716)
an (717)

c) Erfolgsausweis
(810) an (640)
(811) an (641)

9.4.2 Bauen über die Kontengruppe (81)

(8100) Kosten der Bauvorbereitung
(8102) Kosten der Erschließung
(8103) Kosten des Bauwerks
(8104) Kosten des Geräts
(8105) Kosten der Außenanlagen
(8106) Kosten zusätzlicher Maßnahmen
(8107) Baunebenkosten
(8109) Baukostenminderungen

Die buchmäßige Darstellung der Bauprozesse im Umlaufvermögen kann auch unter Umgehung der **Kontenklasse (7)** erfolgen. In diesem Fall lässt sich das Konto **(810) Fremdkosten** nach den Vorgaben der **Kontengruppe (71)** tiefer gliedern. Zudem vereinfacht sich der Buchungsvorgang.

1. **Bauvorbereitung**

a) **Bauvorbereitungskosten**, verursacht durch **Fremdfirmen, werden im Konto (8100) Kosten der Bauvorbereitung** verbucht.
- Steht zum 31.12. fest, dass der Bau nicht realisiert wird, sind die Vorbereitungskosten erfolgswirksam über das GuV-Konto abzuschließen.

Buchung

(982) an (8100)

- Wird der Bau erst im Folgejahr (01) begonnen, sind die **Bauvorbereitungskosten zum Bilanzstichtag zu aktivieren**.

Buchung

(12) an (640)

- Zeigt sich im Jahr (01), dass die im Rahmen der Bauvorbereitung des Vorjahres (00) erbrachten Leistungen keiner Verwendung zugeführt werden können, sind sie als Minderung der **Bauvorbereitungskosten abzuschreiben** (Konto **(64501) Wertminderungen bei Bauvorbereitungskosten**).

Buchung

(64501) an (12)

b) Die **Eigenleistungen** im Rahmen der Bauvorbereitung führen wie bisher zu Buchungen auf den **Konten (83), (850), (872) und (8910).** Sie können gegebenenfalls über die folgende Buchung aktiviert werden:

Buchung

(12) an (64 ...)

Sollten die Leistungen der Bauvorbereitung keine Verwendung finden, sind sie im Folgejahr abzuschreiben. Zu buchen ist dann auch:

Buchung

(64501) an (12)

2. **Bautätigkeit**

a) **Baubeginn**

Mit **Baubeginn** sind die zu bebauenden **Grundstücke** auf das Konto **(811) Kosten des Baugrundstücks** umzubuchen.

Buchung

(811) an (10)

Ebenso sind die in **(8100)** erfassten Bauvorbereitungskosten auf das Konto **(8107) Baunebenkosten** umzubuchen.

Buchung

(8107) an (8100)

b) **Bauprozess**

Die während des Bauprozesses anfallenden Fremdkosten sind in den **Konten (8102) bis (8107)** zu erfassen.

Buchung

(8102) bis (8107) an (4420)

Die Eigenleistungen (eigene Architekten- und Verwaltungsleistungen) und die gegebenenfalls zu aktivierenden Zinsen und Grundsteuern werden wie bisher in den **Konten (83), (850), (872) und (8910)** erfasst.

Buchung

(83)	an	(47...)
(850)	an	(4421)
(872)	an	(479)
(8910)	an	(470)

c) **Bilanzstichtag**

Spätestens zum Ende des Geschäftsjahres ist das in der Bebauung befindliche oder fertiggestellte und noch nicht verkaufte Objekt zu bilanzieren. Ist der **Bau noch nicht vollendet**, wird er in der Bilanzposition **(13) Grundstücke mit unfertigen Bauten** ausgewiesen. Fertiggestellte Bauten werden als **(14) Grundstücke mit fertigen Bauten** bilanziert.

Neben den in der **Gruppe (81)** gebuchten Fremd- und Grundstückskosten müssen auch die durch den Bau verursachten **Eigenleistungen (83)/(850)** und gegebenenfalls andere Primärkosten (etwa **(872) Zinsen/(8910) Grundsteuern**) berücksichtigt werden. Die Aktivierung erfolgt über die Kontengruppen (14) bzw. (13).

Buchung

(14) bzw. (13) an (640) Fremdkosten
(641) Grundstückskosten
(642) Eigenleistungen
(6430) Zinsen
(6431) Grundsteuer

Beispiel

Darstellung des Bauprozesses im Umlaufvermögen über die Kontengruppe (81)

Die Sachverhalte des vorangegangenen Beispiels sollen nun statt in der Klasse 7 innerhalb der Gruppe (81) dargestellt werden. Das führt zu folgenden Buchungen:

Baubeginn im Jahr (00)

1a)	Umbuchung des Baugrundstücks	⇨	(811)	an	(10)	100.000 €
1b)	Umbuchung Bauvorbereitungskosten	⇨	(8107)	an	(8100)	22.000 €

Bauprozess (Erfassung laufender Kosten in der Bauphase des Jahres (00))

2a)	ER für Infrastrukturanschlüsse – Erschließungskosten (8102)	⇨	(8102)	an	(4420)	35.000 €
2b)	Zinsen werden per Bank bezahlt (Zahlungen werden wie bisher auf dem Konto (872) erfasst und später anteilig aktiviert).	⇨	(872)	an	(274)	70.000 €
2c)	ER für Bauwerksleistungen, Kosten des Bauwerks (8103)	⇨	(8103)	an	(4420)	450.000 €
2d)	ER für Außenanlagen, Kosten der Außenanlagen (8105)	⇨	(8105)	an	(4420)	32.000 €
2e)	Personalkosten werden per Bank beglichen (Zahlungen werden wie bisher auf dem Konto (83) erfasst und später anteilig aktiviert).	⇨	(83)	an	(274)	190.000 €
2f)	Überweisung für Grundsteuer (Zahlungen werden wie bisher auf dem Konto (8910) erfasst und später anteilig aktiviert)	⇨	(8910)	an	(274)	12.000 €
2g)	ER von Architekturbüro, Baunebenkosten (8107)	⇨	(8107)	an	(4420)	19.000 €

Bilanzstichtag

Da bei diesem Vorgehen alle Baukosten einschließlich Grundstückskosten bereits in der Kontenklasse 8 erfasst wurden, erübrigt sich die für den Erfolgsausweis bisher erforderliche Umbuchung. Alle Kosten finden direkt Eingang in die Gewinn- und Verlustrechnung. Die Bilanzierung erfolgt über die Buchung:

(14)			687.270 €
	an	(640)	558.000 €
	an	(641)	100.000 €
	an	(642)	20.000 €
	an	(6430)	9.000 €
	an	(6431)	270 €

Nun hat das GuV-Konto folgendes Aussehen:

S	(982) GuV-Konto		H
(8102)	35.000 €	(640)	558.000 €
(8103)	450.000 €	(641)	100.000 €
(8105)	32.000 €	(642)	20.000 €
(8107)	41.000 €	(6430)	9.000 €
(811)	100.000 €	(6431)	270 €
(83)	190.000 €		
(872)	70.000 €		
(8910)	12.000 €		

LERNFELD **8**

Bauprojekte entwickeln und begleiten

SITUATIONEN

Situation 63

Öffentliches Baurecht

Die MEWOH Musterwohn GmbH ist aktuell auf der Suche nach einem interessanten Grundstück für ein Bauvorhaben. Ziel ist es, ein Grundstück am Stadtrand zu erwerben, auf dem die MEWOH eine neue Wohnanlage errichten kann. Mittlerweile gibt es einige Grundstücke, die das Interesse der MEWOH geweckt haben. Zwei dieser Grundstücke stehen nun in der näheren Auswahl. Allerdings liegen bisher noch keine genaueren Angaben zur Bebaubarkeit dieser beiden Grundstücke vor.

Beachtet werden muss, dass sich
- **Grundstück 1** noch auf dem Stadtgebiet und
- **Grundstück 2** außerhalb der Stadtgrenze befindet.

Um eine Entscheidung zu treffen, welches der Grundstücke für das geplante Bauvorhaben der MEWOH gewählt werden sollte, hat Isabell von der Geschäftsleitung den Auftrag erhalten, die Bebaubarkeit beider Grundstücke eingehender zu prüfen.

ARBEITSAUFTRÄGE

Anhand welcher Unterlagen können Sie die Bebaubarkeit der beiden Grundstücke prüfen? Gehen Sie dabei auf die folgenden Fragestellungen genauer ein.

1. Ist es zur Prüfung der Bebaubarkeit erforderlich, den Flächennutzungsplan einzusehen? Welche Angaben können Sie dem Flächennutzungsplan entnehmen?
2. Erläutern Sie den Unterschied zwischen den Möglichkeiten einer Bebauung im Innen- und Außenbereich.
3. Sollten Sie prüfen, ob die beiden Grundstücke im Bereich eines Bebauungsplanes liegen? Welche Aussagen können Sie dem Bebauungsplan entnehmen?
4. Erläutern Sie die Unterschiede zwischen den einzelnen Formen des Bebauungsplans.
5. Sollten Sie feststellen, dass für dieses Gebiet noch kein Bebauungsplan vorliegt, welche Möglichkeiten hat die MEWOH Musterwohn GmbH, trotzdem das geplante Bauvorhaben durchzuführen?

Aufgaben

1 Das Baurecht regelt das generelle Recht zur Bebauung eines Grundstücks. Wie wird Baurecht allgemein unterteilt?

2 Das öffentliche Baurecht beinhaltet verschiedene Normen, wie z. B. das Bauplanungsrechts. Dabei erfolgt auch eine Unterteilung in Bundes- und Landesrecht. Erstellen Sie eine Übersicht. Geben Sie auch Beispiele zu den Rechtsvorschriften.

Nutzen Sie zur Bearbeitung der Aufgabe auch das Arbeitsblatt 8.1 „Unterteilung des öffentlichen Baurechts“, das den Webcodematerialien beiliegt.

3 Beschränkt sich das öffentliche Baurecht im Rechtsverhältnis nur auf die Baubehörde und den Bauherrn?

4 Das Baunebenrecht beinhaltet verschiedene Vorschriften zur baulichen Nutzung von Grundstücken.
a) Geben Sie ein Beispiel.
b) Umfassen die einzelnen Bereiche des Baunebenrechts
- Bundesrecht,
- Länderrecht oder
- Bundes- und Landesrecht?

c) Was sind keine Bestandteile des Baunebenrechts?
- Denkmalrecht
- Arbeitsrecht
- Naturschutzrecht
- Erschließungsrecht
- Umweltrecht
- Verwaltungsrecht
- Strafrecht
- Bodenverkehrsrecht

5 Welche Regelungen beinhaltet das Baugesetzbuch?

6 Aus dem Baurecht ergeben sich verschiedene Zuständigkeiten, die zwischen Bund und Ländern aufgeteilt werden. Daraus ergibt sich eine Unterteilung in Bauplanungs- und Bauordnungsrecht. Grenzen Sie Bauplanungs- und Bauordnungsrecht voneinander ab.

7 Wann ist ein Bauvorhaben als rechtmäßig anzusehen?

8 Erklären Sie, was unter der Bauleitplanung zu verstehen ist und wie das Verfahren der Bauleitplanung aussieht.

9 Um das Maß der baulichen Nutzung zu bestimmen, werden folgende Begriffe zu den einzelnen Verhältniskennzahlen verwendet:
- Grundflächenzahl (GRZ)
- Geschossflächenzahl (GFZ)
- Baumassezahl (BMZ)
- Anzahl der Vollgeschosse oder die Höhe der baulichen Anlage

Erklären Sie die Begriffe und geben Sie an, in welchem Paragrafen sie definiert werden. Nutzen Sie zur Bearbeitung der Aufgabe auch das Arbeitsblatt 8.2 „Maß der baulichen Nutzung“, das den Webcodematerialien beiliegt.

10 Im Hinblick auf die überbaubaren Grundstücksflächen müssen die folgenden Begriffe beachtet werden:
- Baulinie
- Baugrenze
- Bebauungstiefe.

a) In welchem Gesetz und in welchem Paragrafen sind diese Begriffe enthalten?
b) Erklären Sie die Begriffe kurz.

11 Ein Bauvorhaben hält die Festsetzungen des Bebauungsplans ein. Besteht somit bauplanungsrechtlich ein Rechtsanspruch auf die Erteilung einer Baugenehmigung?

12 Unterscheiden Sie den einfachen, qualifizierten und vorhabensbezogenen Bebauungsplan voneinander. Wo sind entsprechende Regelungen zu finden?

13 Damit die Sicherung der Bauleitplanung gewährleistet werden kann, hat der Gesetzgeber verschiedene Instrumente zur Plansicherung bereitgestellt. Nennen Sie sie.

14 Bauplanungsrechtlich ist ein Vorhaben nur zulässig, wenn seine Erschließung gesichert ist.
a) Erklären Sie, was unter dem Begriff der Erschließung genau zu verstehen ist.
b) Es gibt verschiedene Erschließungsarten. Nennen Sie drei und geben Sie jeweils auch das entsprechende Gesetz bzw. die entsprechende Verordnung mit an.

Situation 64

Bauantrag und Baugenehmigung

Die MEWOH Musterwohn GmbH hat sich entschieden, in der Fallner Straße 8, 04107 Leipzig, eine Baulücke zu bebauen. Die Hausnummern 6 und 10, die sich rechts und links daneben befinden, sind bereits mit jeweils einem Wohnhaus bebaut. Beide Wohnhäuser umfassen je 12 Wohnungen.

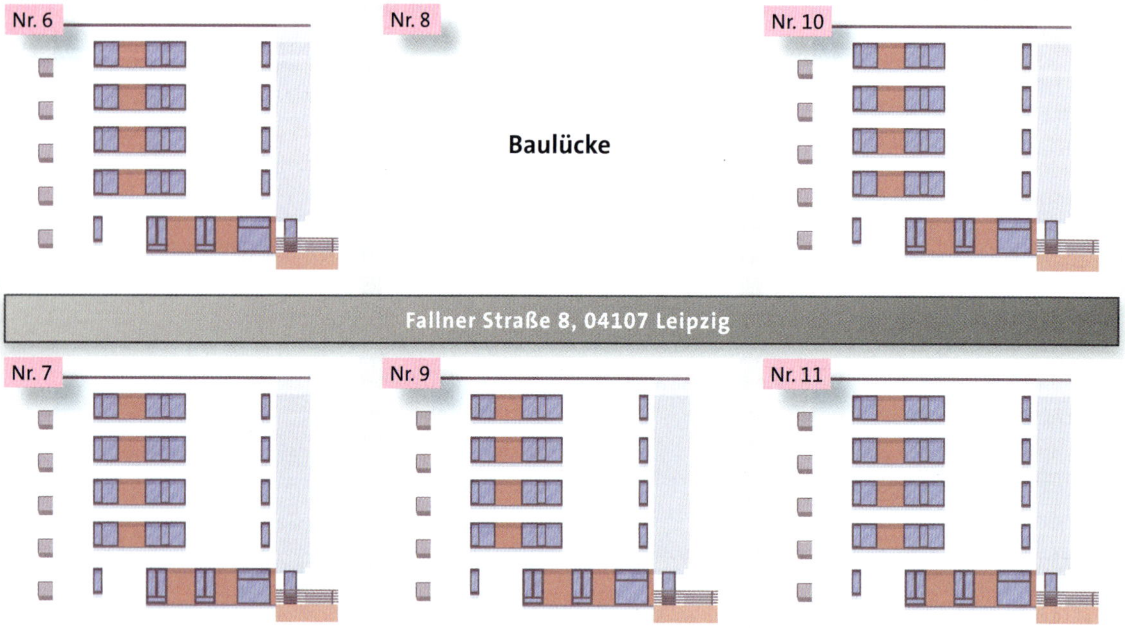

Isabell erhält nun die Aufgabe, sich über die genauen Details der Bebaubarkeit zu informieren.

ARBEITSAUFTRÄGE

Klären Sie die folgenden Punkte.

1 Gibt es einen Bebauungsplan für dieses Gebiet? Woher bekommen Sie die Angaben dazu?

2 Welche Unterlagen benötigen Sie, um einen Bauantrag einzureichen?

3 Woher bekommen Sie die notwendigen Unterlagen?

4 Wer ist der Antragsteller eines Bauantrags?

5 Nennen Sie den Unterschied zwischen einer Bauvoranfrage und einem Bauantrag.

6 Wie hängen Bauantrag und Baugenehmigung miteinander zusammen?

Aufgaben

1 Erklären Sie, was unter einem Bauantrag zu verstehen ist.

2 Vervollständigen Sie den Text mit den Begriffen Landesbauordnungen, Bauvorlageverordnungen und Baugesetzbuch.

Rechtsgrundlage für einen Bauantrag ist das ... Zusätzlich müssen auch immer die jeweiligen ... der Bundesländer und die damit verbundenen ... berücksichtigt werden.

3 Für das Erstellen eines Bauantrags ist ein bauvorlageberechtigter Entwurfsverfasser notwendig.
a) Wer kann das sein? Geben Sie ein Beispiel.
b) Welche Aufgaben übernimmt der bauvorlageberechtigte Entwurfsverfasser? Geben Sie drei Beispiele.

4 Bringen Sie die folgenden Schritte bei der Einreichung eines Bauantrags in die richtige Reihenfolge:
1) Prüfung des Bauantrags durch die Bauaufsichtsbehörde
2) Genehmigung durch die Bauaufsichtsbehörde (ggf. Beachtung von Auflagen und Fristen)
3) Einreichung der Genehmigungsplanung bei der Bauaufsichtsbehörde
4) Erstellung der Genehmigungsplanung (Entwurfsverfasser und Bauherr)
5) Ablehnung durch die Bauaufsichtsbehörde (Begründung und Widerspruch)
6) Prüfung auf Vollständigkeit durch die Bauaufsichtsbehörde

Nutzen Sie zur Bearbeitung der Aufgabe auch das Arbeitsblatt 8.3 „Einreichung eines Bauantrags“, das den Webcodematerialien beiliegt.

5 Erklären Sie, was unter einer Flurkarte zu verstehen ist. Grenzen Sie dabei die Flurkarte vom Lageplan ab.

6 Welche wesentlichen Inhalte umfasst eine Baubeschreibung? Geben Sie fünf Beispiele.

7 Welche technischen Nachweise kennen Sie? Nennen und erklären Sie zwei.

8 Herr Usuf hat ein Einfamilienhaus, das über keinen Balkon verfügt. Da er aber schon immer einen haben wollte, hat er sich nun zum Anbau eines Balkons entschlossen. Um die Planung und Vorbereitung kümmert er sich gerade. Was er allerdings für nicht wichtig erachtet, ist das Einbeziehen seines Nachbarn, in dessen Richtung der Balkon angebaut wird. Da Herr Usuf mit ihm ein sehr gutes nachbarschaftliches Verhältnis hat, geht er einfach davon aus, dass es für seinen Nachbarn in Ordnung ist. Zudem handelt es sich ja um sein Haus, und da kann er auch grundsätzlich machen, was er will.

Wie beurteilen Sie die Situation? Sollte die Beteiligung des Nachbarn erfolgen? Warum?

9 Eine Baulastenerklärung erfolgt immer durch den Bauherrn gegenüber der Baubehörde. Sie wirkt zugunsten eines Dritten
a) Erklären Sie, was unter einer Baulast zu verstehen ist.
b) Geben Sie ein Beispiel.

10 In bestimmten Gebieten muss zur Erteilung einer Baugenehmigung auch eine Kampfmittelfreiheitsbescheinigung vorgelegt werden. Warum ist diese erforderlich?

11 Was ist unter einer Teilbaugenehmigung zu verstehen?

12 Was ist unter einer Baugenehmigung zu verstehen?

13 Aus welchem Grund sollte eine Voranfrage bei der zuständigen Baubehörde gestellt werden? Geben Sie dazu ein Beispiel.

14 Wann besteht für den Bauherrn ein Rechtsanspruch auf die Erteilung der Baugenehmigung?

15 Herr und Frau Wasner möchten ihr Haus um eine Dachterrasse erweitern. Einen Antrag für den geplanten Bau haben sie bereits gestellt. Aktuell warten sie noch auf die Genehmigung. Da aber bereits klar ist, dass sie die Baugenehmigung auf jeden Fall erhalten werden und es auch schon Frühling ist und sie ihre neue Dachterrasse noch in diesem Sommer nutzen möchten, beginnen sie schon einmal mit den ersten Baumaßnahmen.

Wie beurteilen Sie das Vorgehen von Herrn und Frau Wasner?

Situation 65

Beauftragung eines Architekten

Die MEWOH Musterwohn GmbH hat sich dazu entschieden, ein in ihrem Eigentum befindliches Grundstück in der Laumann Straße 38, 04177 Leipzig zu bebauen. Bei der Entscheidung, an welches Architektenbüro der Auftrag erteilt werden soll, haben sich noch einige Fragen ergeben. Aus diesem Grund bittet Frau Epstein, die Leiterin der Abteilung Baubetreuung Isabell darum, sich hinsichtlich der noch offenen Fragen zu informieren und für die nächste Abteilungsbesprechung dazu eine PowerPoint-Präsentation zu erarbeiten.

Der Inhalt der Präsentation soll dabei u. a. die folgenden Fragen behandeln:

1. Wo sind die Reglungen zu einem Architektenvertrag enthalten?
2. Welche Angaben gehören in einen Architektenvertrag?
3. Welche Leistungen kann ein Architekt erbringen?
4. Wie erfolgt die Berechnung des Architektenhonorars?

ARBEITSAUFTRÄGE

1 Erstellen Sie in Gruppen eine PowerPoint-Präsentation anhand der in der Situation aufgeführten Fragen. Stellen Sie Ihre Präsentation im Anschluss der Klasse vor. Orientieren Sie sich bei der Erstellung an den folgenden Kriterien:
- Ziel der Präsentation
- Beschaffung und Bewertung der Informationen
- Struktur, Gestaltung und Durchführung der Präsentation
- Bewertung der Präsentation

Nutzen Sie als Grundlage die Inhalte zur Erstellung einer Präsentation aus Band 1, Kap. 11.

2 Gegeben Sie den anderen Gruppen ein konstruktives und sachliches Feedback zu ihrer Präsentation. Nutzen Sie dazu auch das Arbeitsblatt 8.4 „Bewertungsbogen zur Präsentation: Beauftragung eines Archititekten", das den Webcodematerialien beiliegt.

		++	+	–	– –	
Inhalt	vollständig, sachlich richtig, angemessene Gewichtung von Haupt- und Nebenpunkten					unvollständig, sachliche Fehler, wichtige Punkte zu kurz, nebensächliche Punkte zu ausführlich

3 Erläutern Sie die Berechnung des Architektenhonorars am folgenden Beispiel:
- Bau eines Mehrfamilienhauses mit 12 Wohnungen
- Bausumme 1.800.000,00 € netto (ohne Grundstückskauf)
- Beauftragt werden sollen alle Leistungsphasen.

Aufgaben

1 Um in Deutschland als Architekt/Architektin arbeiten zu können, sind bestimmte Voraussetzungen zu erfüllen.
- **a)** Welche berufliche Bildung benötigt man?
- **b)** Wo müssen Sie Mitglied sein?

2 Welche Aufgaben werden durch einen Architekten bzw. eine Architektin übernommen?

3 Was verbirgt sich hinter der Abkürzung HOAI 2021?

4 Welche notwendigen Begriffe sind in § 2 der HOAI definiert? Nennen Sie drei.

5 Können der HOAI feste Honorarsätze für die erfassten Leistungen entnommen werden? Oder geben die in der HOAI enthaltenen Honorartafeln lediglich Orientierungswerte vor?

6 Welche der folgenden Aussagen ist richtig und welche falsch?
- **a)** Grundsätzlich gilt, dass vertraglich getroffene Vereinbarungen der Parteien zum Honorar nicht ausschlaggebend sind. Es gelten die gesetzlichen Vorgaben.
- **b)** Eine Vereinbarung zum Honorar kann in Textform oder auch mündlich erfolgen.
- **c)** Eine Vereinbarung zum Honorar kann auch konkludent erfolgen, wenn der Architekt/die Architektin drei aufeinanderfolgende Raten kommentarlos annimmt.
- **d)** Gibt es keine Vereinbarung über die Höhe des Honorars in Textform, so gilt die Berechnung gemäß § 6 HOAI, d. h., für die Grundleistung gilt der jeweilige Basishonorarsatz als vereinbart.
- **e)** Es besteht nicht die Möglichkeit, das Honorar per Stundensatz oder über eine Pauschale zu vereinbaren.
- **f)** Der Architekt/die Architektin kann das Honorar verhandeln.

7 Erarbeiten Sie eine Übersicht zu den Leistungsphasen 1 bis 9. Geben Sie dabei auch jeweils 3 Beispiele zu den Grundleistungen und besonderen Leistungen je Leistungsphase. Nutzen Sie zur Bearbeitung der Aufgabe auch das Arbeitsblatt 8.5 „Übersicht zu den Leistungsphasen“, das den Webcodematerialien beiliegt.

8 Welche Gebäude zählen innerhalb der folgenden Bereiche zur Honorarzone III? Geben Sie jeweils zwei Beispiele.
- Wohnen
- Gesundheit/Betreuung
- Gewerbe/Industrie/Landwirtschaft

9 Was spiegelt sich in den Honorarzonen wider?

10 Wie viele Honorarzonen werden nach HOAI definiert?

11 Können für bestimmte Leistungsbilder bzw. Schwierigkeitsgrade Honorarzuschläge vereinbart werden? Sollte das der Fall sein, kann diese Vereinbarung auch mündlich erfolgen?

12 Neben dem Honorar kann gemäß § 14 HOAI auch die Übernahme von Nebenkosten vereinbart werden. Welche der folgenden Nebenkosten gehören dazu?
- **a)** Fahrtkosten für Reisen, die über einen Umkreis von 15 Kilometern um den Geschäftssitz des Auftragnehmers hinausgehen, in Höhe der steuerlich zulässigen Pauschalsätze, sofern nicht höhere Aufwendungen nachgewiesen werden
- **b)** Kosten für die Unterbringung der Angestellten des Auftragnehmers
- **c)** Entgelte für nicht dem Auftragnehmer obliegende Leistungen, die von ihm im Einvernehmen mit dem Auftraggeber Dritten übertragen worden sind
- **d)** Versandkosten, Kosten für Datenübertragungen
- **e)** Kosten für ein Baustellenbüro einschließlich der Einrichtung, Beleuchtung und Beheizung
- **f)** Kosten für Reparaturarbeiten an den Maschinen des Auftragnehmers

13 In welchem Umfang ist die Umsatzsteuer bei der Honorarabrechnung zu berücksichtigen?

14 Was gilt für die Fälligkeit eines Honorars gemäß § 650g Abs. 4 BGB?

15 Wann verjähren
- die Honoraransprüche des Architekten/der Architektin sowie
- die Gewährleistungsansprüche des Bauherrn?

Situation 66

Ausschreibung einer Bauleistung und Abschluss eines Bauvertrags

Die MEWOH Musterwohn GmbH hat sich dazu entschlossen, ein Bauvorhaben nicht mit eigenen Handwerkern selbst auszuführen. Die Arbeiten und damit verbundenen Leistungen sollen an Fremdfirmen vergeben werden. Die Bauabteilung hat daher vorgeschlagen, die Leistungen auszuschreiben. In diesem Zusammenhang hat Isabell von Frau Epstein, der Leiterin der Abteilung Baubetreuung, die Aufgabe erhalten, im Vorfeld der nächsten Abteilungsbesprechung für sie verschiedene Informationen zusammenzutragen. Dazu erhält sie von Frau Epstein folgende Punkte, auf die eingegangen werden soll:

Zur Vorbereitung der Abteilungsbesprechung am 17.10.2022
Thema: Vergabe einer Bauleistung per Ausschreibung

1. Tragen Sie bitte die Grundsätze einer Vergabe zusammen. Bitte mit Erläuterungen.
2. Ich benötige auch Informationen über die Arten der Vergabe.
3. Welche der Vergabearten sind empfehlenswert für die MEWOH Musterwohn GmbH?
4. Können Sie bitte zur besseren Übersichtlichkeit den Ablauf der Vergabe in Form eines Ablaufschemas darstellen.
5. Vermutlich wird sich die MEWOH für einen Vertrag nach VOB/B entscheiden. Hierzu wären einige Informationen zur Begründung der Entscheidung sehr hilfreich.
6. Zur Sicherheit führen Sie bitte auch noch einmal die Formvorschriften auf, die beim Abschluss eines Bauvertrages einzuhalten sind.
7. Auch eine Auflistung der Punkte wäre gut, die der Bauvertrag enthalten sollte.

Isabell soll dazu anhand der von Frau Epstein vorgegebenen Punkte ein Informationsblatt erstellen, das den Angestellten der MEWOH Musterwohn GmbH in die Hand gegeben werden kann.

ARBEITSAUFTRAG

Helfen Sie Isabell bei der Erstellung des Informationsblatts für die Angestellten der MEWOH Musterwohn GmbH. Beachten Sie dabei Folgendes:

- Gehen Sie auf die vorgegebenen Punkte von Frau Epstein ein.
- Nutzen Sie zur Erstellung des Informationsblatts wenn möglich ein Textverarbeitungsprogramm.
- Stellen Sie Ihr Informationsblatt der Klasse vor.

Aufgaben

1 Was ist grundsätzlich die Vertragsgrundlage eines jeden Bauvertrags?

2 Handelt es sich bei der Vergabe- und Vertragsverordnung für Bauleistungen (VOB) um ein Gesetz oder eine Rechtsverordnung?

3 Sie schließen einen Bauvertrag ab. Ist die VOB automatisch ein vertraglicher Bestandteil?

4 Die VOB ist untergliedert in die Teile
- VOB – Teil A
- VOB – Teil B
- VOB – Teil C

Was beinhalten diese drei Teile?

5 Erklären Sie den Begriff der Bauleistungen. Was ist darunter zu verstehen?

6 Können bei einer Ausschreibung am Bieterwettbewerb alle Unternehmen als Einzelbieter oder Bietergemeinschaften uneingeschränkt teilnehmen? Was muss beachtet werden?

7 Für eine Ausschreibung sind Vergabeunterlagen erforderlich.
- **a)** Wo finden Sie Informationen dazu?
- **b)** Nennen Sie Bestandteile der Vergabeunterlagen.

8 Die im Rahmen einer Ausschreibung notwendige Leistungsbeschreibung sollte immer so ausführlich und vollständig wie möglich formuliert werden, damit die zu erbringenden Leistungen eindeutig sowie verständlich für jeden Bieter sind. Allerdings kann es passieren, dass es dennoch zu Nachträgen kommt. Was ist damit gemeint?

9 Bei einer öffentlichen Bekanntmachung der Ausschreibung wird vorausgesetzt, dass solche Medien genutzt werden, die üblicherweise dafür verwendet werden. Geben Sie drei Beispiele für entsprechende Medien.

10 Erläutern Sie kurz die folgenden Fristen:
- Angebotsfrist
- Bewerbungsfrist
- Bindefrist

11 Muss die Abgabe eines Angebots in schriftlicher Form erfolgen oder ist auch die Abgabe in elektronischer Form erlaubt?

12 Zum Eröffnungstermin werden die Angebote geöffnet. Was erfolgt im Anschluss noch?

13 Sie haben sich auf eine Ausschreibung beworben. Nun möchten Sie das Angebot aber noch zurückziehen. Bis wann haben Sie dazu Zeit?

14 Wann wird ein Verbraucherbauvertrag abgeschlossen?

15 Welche der folgenden Aussagen zum Bauvertrag ist richtig?
- **a)** Durch einen Bauvertrag soll die reibungslose Zusammenarbeit der Vertragsparteien geregelt werden.
- **b)** Grundsätzlich kann ein Bauvertrag zwischen den Vertragsparteien individuell ausgehandelt werden.
- **c)** In der Regel wird bei einem Bauvertrag auf Vertragsmuster zurückgegriffen.
- **d)** Das Aushandeln eines Bauvertrags kann für den Auftraggeber steuerrechtliche Vorteile haben.
- **e)** Ein Bauvertrag ist insbesondere als Nachweis für den Auftragnehmer wichtig, da es nur so für ihn möglich ist, die für den Bau benötigten Materialien zu beschaffen.

16 Finden sich in der VOB/B Regelungen zu den folgenden Punkten? Nennen Sie auch den entsprechenden Paragrafen.
- **a)** Vergütung
- **b)** Kündigung durch den Auftraggeber
- **c)** Urlaub
- **d)** Streitigkeiten
- **e)** Fahrtzeiten
- **f)** Vertragsstrafe
- **g)** Abrechnung
- **h)** Mängelansprüche
- **i)** Arbeitszeiten
- **j)** Ausführungsfristen

17 Warum ist es ratsam, Sicherheitsleistungen zu vereinbaren? Welche Sicherheitsleistungen kennen Sie? Nennen Sie drei.

18 Die Leistung muss sachmängelfrei abgenommen werden.
- **a)** Wann beginnt die Gewährleistungsfrist?
- **b)** Wie lange läuft die Gewährleistungsfrist?

Situation 67

Planung eines Bauvorhabens – Bauträgertätigkeit

Bei der MEWOH Musterwohn GmbH ist für das nächste Jahr geplant, ein größeres Bauprojekt zu realisieren. Dabei wird erstmalig ein sehr viel größeres Baufeld erschlossen. Das zu bebauende Areal besteht dabei aus mehreren eigenen Flurstücken. Auf diesen Flurstücken möchte die MEWOH drei Wohnblocks mit jeweils 12 Wohnungen bauen. Das Bauvorhaben soll durch die Bauabteilung der MEWOH geplant und auch durchgeführt werden.

Des Weiteren soll ein Flurstück an die Stadt Leipzig für den Bau eines Kindergartens verkauft werden. Fünf kleinere schmale Flurstücke sollen an private Bauherren zum Bau von Reihenhäusern verkauft werden.

Bei einer Besprechung sollen der Geschäftsführung nun verschiedene Varianten vorgestellt werden, unter denen eine Entscheidung für das weitere Vorgehen getroffen werden soll.

Variante 1	Die MEWOH Musterwohn GmbH baut die Wohnblocks in Eigenregie. Dabei tritt sie für die zu verkaufenden Flurstücke – also für die Flurstücke, auf denen der Kindergarten sowie die Reihenhäuser errichtet werden – als Bauträger auf.
Variante 2	Die MEWOH Musterwohn GmbH baut die Wohnblöcke in Eigenregie. Die restlichen Flurstücke (für den Kindergarten sowie die Reihenhäuser) werden unbebaut an die Stadt sowie an die einzelnen privaten Bauherren verkauft.
Variante 3	Die MEWOH Musterwohn GmbH lässt die Wohnblöcke durch einen Bauträger erstellen. Die restlichen Grundstücke werden von der MEWOH als Erbbaurechtsgrundstücke mit der Auflage zur Bebauung abgegeben.

ARBEITSAUFTRÄGE

Sie sind Mitarbeiter der Bauabteilung der MEWOH Musterwohn GmbH. Im Rahmen der Besprechung mit der Geschäftsführung sind Sie für die Erläuterung der folgenden Punkte verantwortlich:

1 Nennen Sie Vor- und Nachteile der drei Varianten.

2 Welche Aufgabe hätte die MEWOH, wenn sie als Bauträger auftritt?

3 Welche Vertragsarten würden bei den verschiedenen Varianten verwendet werden?

4 Für den Fall, dass die MEWOH als Bauträger für die zu verkaufenden Flurstücke auftritt, welche Zahlungsmodalitäten muss sie mit der Stadt bzw. den Privatkunden vereinbaren?

Folgesituation – Organisatorischer Ablauf

Für den Ablauf des Bauprojektes bei der MEWOH Musterwohn GmbH werden verschiedene Möglichkeiten hinsichtlich des organisatorischen Ablaufs in der Abteilung Baubetreuung durchgespielt. Unter anderem wird über den Einsatz eines Bauleiters, Architekten und Projektsteuerers diskutiert. Dabei sind folgende Fragen zu klären:

1. Für die Errichtung der Wohnblöcke soll ein Bauleiter eingesetzt werden. Dabei handelt es sich nicht um einen Mitarbeiter der MEWOH. Welche Vorteile hätte dies?
2. Welche Leistungen können durch den Bauleiter beauftragt werden?
3. Es soll gegebenenfalls ein Architektenbüro mit der Bauleitung beauftragt werden. Welche Leistungsphasen müssen in diesem Fall im Vertrag vereinbart werden?
4. Welche Vorteile hätte es, einen Projektsteuerer aus der MEWOH einzusetzen und welche Aufgaben könnte der Projektsteuerer übernehmen?

ARBEITSAUFTRAG

Gehen Sie auf die in der Situation aufgeführten Fragen ein und beantworten Sie diese.

Aufgaben

1 Im Zuge eines Bauvorhabens können unterschiedliche Unternehmensarten zum Einsatz kommen. Geben Sie drei Beispiele.

2 Erläutern Sie, was unter einem Baubetreuer und einem Bauträger zu verstehen ist.

3 Gehen Sie auf die besonderen Sicherungspflichten für Bauträger ein. Was ist zu beachten?

4 Wann tritt die Fälligkeit der Zahlung nach der Makler- und Bauträgerverordnung ein?

5 Nur die wenigsten Bauherren verfügen über ausreichende Mittel, den Kaufpreis bzw. die Baukosten aus eigener Tasche zu zahlen. Daher nutzen sie oft die Finanzierung durch eine Bank oder Bausparkasse. Darüber hinaus können sie aber auch auf Fördermittel zurückgreifen. Nennen Sie dazu vier Beispiele.

6 Welche der folgenden Punkte beinhaltet und regelt ein Bauträgervertrag mindestens?
- a) Vertragspartner
- b) Leistungsbeschreibung
- c) Mehrarbeitsausgleich
- d) Widerrufsrechte
- e) Fertigstellungstermine und Abnahme
- f) Lohnersatzleistungen
- g) Einordnung zur Grundsteuer
- h) Kündigung
- i) Gewährleistung
- j) Rabattregelungen

7 Es kann passieren, dass zusätzliche Erschließungskosten zum Bauvertrag anfallen. Wer hat diese grundsätzlich zu tragen?

8 Ein Bauträgervertrag kann auch in Zusammenhang mit einem Erbbaurecht geschlossen werden. Was ist in diesem Fall im Hinblick auf die Zahlung an den Bauträger zu beachten?

9 Der Bauträger ist verpflichtet, das Bauwerk mangelfrei zu erstellen. Ergibt sich die geschuldete Leistung dabei ausschließlich aus dem notariellen Bauträgervertrag?

10 Nach dem Werkvertragsrecht haftet der Bauträger für Mängel. Welche Rechte stehen dem Erwerber zu, wenn er einen berechtigten Mangel am Bauwerk findet?

11 Sie haben durch einen Bauträger ein Haus errichten lassen. Jetzt sind Ihnen einige Mängel aufgefallen. Wie gehen Sie in diesem Fall vor?

12 Der Bauträger befindet sich mit der Mängelbeseitigung in Verzug. Hat der Erwerber trotz der Nichtzahlung des Restkaufpreises Ansprüche auf Übertragung des Eigentums?

Situation 68

Versicherungen in der Immobilienwirtschaft

Wie in den vorangegangenen Situationen bereits geschildert, möchte die MEWOH Musterwohn GmbH gern fünf kleinere schmale Flurstücke zur Bebauung mit Reihenhäusern an private Bauherren verkaufen. Mittlerweile gibt es zu diesen Flurstücken auch schon mehrere Anfragen. Isabell hat die Aufgabe erhalten, sich um die Anfragen sowie alle Interessenten zu kümmern und auch Gespräche mit ihnen zu führen.

Für heute wurde ein Termin mit einem Paar vereinbart, das sehr großes Interesse am Kauf von einem der Flurstücke hat. Bei dem Paar handelt es sich um Frau Frank und ihre Lebenspartnerin Frau Dubrov, die bereits seit einiger Zeit nach einem passenden Grundstück suchen, um ein Haus für sich und ihren gemeinsamen Sohn zu bauen. Da Frau Frank und Frau Dubrov zum ersten Mal den Kauf eines Grundstücks und den Bau eines Reihenhauses planen, gibt es ihrerseits viele Fragen. Neben Fragen zum Kauf und der Bebauung gibt es auch Fragen, die sich auf eventuell notwendige Versicherungen beziehen.

Frau Frank: Soweit erst einmal zu den Themen Kauf und Bebauung des Grundstücks. Nun haben wir aber noch einige weitere Fragen, die sich auf mögliche Versicherungen beziehen.

Frau Dubrov: Ja, es stellt sich für uns natürlich auch die Frage nach möglichen Versicherungen, die auf jeden Fall zu empfehlen sind. Uns ist klar, dass Sie keine Versicherungsexpertin sind, wir hoffen aber, dass Sie uns einige hilfreiche Hinweise und Informationen geben können.

Isabell: Da stehe ich Ihnen auch gerne mit Ratschlägen zur Seite. Das Thema Versicherungen ist ohne Frage wichtig und sollte bei Ihrem Vorhaben auf jeden Fall mit einbezogen werden.

Frau Dubrov: Besten Dank Frau Ahrens. Dann lege ich mal mit unseren Fragen los. Ich habe mir das zur Sicherheit auch mal aufgeschrieben. (Frau Dubrov liest Isabell ihre Fragen vor.)

- Welche Versicherungen würden Sie uns bereits während der Bauzeit empfehlen?
- Als zukünftige Bauherren wollen wir einiges an Eigenleistungen mit erbringen. So wollen wir z.B. zusammen mit Freunden die Maler- und Fliesenlegerarbeiten selbst durchführen. Auch Herr Frank (der Vater meiner Partnerin) würde gern beim Bau mithelfen. Er ist zwar Rentner, war aber früher als Fußbodenleger tätig. Wie können die Helfer abgesichert werden?
- Das neue Haus soll möglichst unter Berücksichtigung des Einsatzes erneuerbarer Energien errichtet werden. Zudem planen wir die Anschaffung eines Elektrofahrzeugs und wollen daher auch in die Garage eine Ladestation einbauen lassen. Welche Versicherungen sind da zu berücksichtigen?
- Außerdem stellt sich die Frage, wie die Familie abgesichert ist, wenn einem der beiden Erwachsenen während der Kreditlaufzeit etwas zustößt, z.B. durch einen Unfall oder wenn es zu einem Todesfall kommt. Was schlagen Sie in diesem Fall vor?

ARBEITSAUFTRAG

Gehen Sie auf die Fragen von Frau Dubrov zum Thema Versicherungen ein. Nutzen Sie zur Bearbeitung des Arbeitsauftrags auch das Arbeitsblatt 8.6 „Fragen zum Thema Versicherungen“, das den Webcodematerialien beiliegt.

Aufgaben

1 Erklären Sie, was unter einer Versicherung zu verstehen ist. Gehen Sie in diesem Zusammenhang auch auf den Begriff des Risikoausgleichs ein.

2 Bei der Regulierung eines Schadens je nach Versicherungsvertrag muss wie unterschieden werden?

3 Versicherungen unterscheiden sich hinsichtlich des Gegenstands wie folgt:
- Personen
- Sachen
- Vermögen
- Sozialversicherung

Geben Sie jeweils zwei Beispiele für Versicherungen.

4 Im Rahmen der Versicherungsaufsicht verteilen sich die Zuständigkeiten auf die Bundesanstalt für Finanzdienstleistungsaufsicht (BaFin) sowie die Aufsichtsbehörden der Länder. Grenzen Sie die entsprechenden Zuständigkeiten voneinander ab.

5 Welches ist das generelle Ziel, das die Versicherungsaufsicht verfolgt?

6 Auf welchen der folgenden Punkte liegt der Fokus der Versicherungsaufsicht nicht?
- **a)** ordnungsgemäßer und nach den gesetzlichen Bestimmungen handelnder Geschäftsbetrieb
- **b)** Vermittlung von privaten Versicherungsverträgen an interessierte Kundinnen und Kunden
- **c)** Berücksichtigung der Interessen der Versicherungsnehmer
- **d)** Einhaltung der Versicherungsleistungen durch die Unternehmen
- **e)** Überwachung der pünktlichen Überweisung der Versicherungsraten durch die Versicherungsnehmer

7 Erklären Sie kurz, was unter Solvenzaufsicht zu verstehen ist.

8 Das Rahmengesetz im Versicherungswesen bildet das Versicherungsvertragsgesetz (VVG). Mit dem Gesetz im Zusammenhang steht die Verordnung über Informationspflichten bei Versicherungsverträgen (VVG-InfoV). Was beinhaltet die Verordnung?

9 Erklären Sie, was unter dem Sachverhalt der Unterversicherung zu verstehen ist.

10 Unter Umständen ist es wichtig, dass eine Versicherung zum gleitenden Neuwert abgeschlossen wird. Was wird damit sichergestellt?

11 Während des Lebenszyklus einer Immobilie sollten Überlegungen zum möglichen Schutz erfolgen. Dabei handelt es sich in der Regel um Versicherungen für die folgenden Phasen:
- Versicherungen für ein unbebautes Grundstück
- Versicherungen in der Bauphase
- Versicherungen in der Bewirtschaftungsphase

Geben Sie zu jeder Phase max. zwei Versicherungen an und beschreiben Sie den jeweiligen Zweck der Versicherung anhand eines Beispiels.

12 Vor dem Baubeginn sollte sich der Bauherr über die Notwendigkeit von Versicherungen informieren, die das persönliche Risiko bzw. das Risiko der Familie minimieren und absichern. Zu diesen Versicherungen zählen u. a.:
- Berufsunfähigkeitsversicherung
- Unfallversicherung
- Risikolebensversicherung (sobald die Kredithöhe feststeht)
- Rechtsschutzversicherung

Recherchieren Sie, was genau unter den genannten Versicherungen zu verstehen ist und welche Risiken sie abdecken.

13 Auch bei Vermieter/innen bzw. Verwaltungen sowie Wohnraummieter/innen sollten Überlegungen hinsichtlich möglicher Versicherungen erfolgen. Welche Versicherungen schlage Sie für
- ein Wohnungsunternehmen/die Verwaltung sowie
- den Wohnraummieter/die -mieterin vor?

Geben Sie für Wohnungsunternehmen/die Verwaltung sowie Wohnraummieter/innen max. zwei Versicherungen an und beschreiben Sie den jeweiligen Zweck der Versicherung anhand eines Beispiels.

Situation 69

Erwerb, Bebauung und Verkauf von Grundstücken des Anlagevermögens

Die MEWOH Musterwohn GmbH hat ein 1 400 m² großes Grundstück in der Leipziger Innenstadt erworben, auf dem 38 Mietwohnungen mit einer Gesamtwohnfläche von 2 722 m² errichtet werden sollen. Zur Finanzierung des Kaufpreises wurde ein Grundstücksankaufskredit für das Anlagevermögen in Höhe von 200.000,00 € aufgenommen, der durch die Eintragung einer Grundschuld besichert werden soll.

Isabell hat heute die sehr umfassende Aufgabe bekommen, diesen Grundstückserwerb zu bearbeiten und zu buchen. Dazu hat sie den Kaufvertrag sowie einige Belege erhalten, die im Zusammenhang mit dem Grundstückserwerb stehen.

ARBEITSAUFTRÄGE

1 Studieren Sie den folgenden Kaufvertragsauszug, den Isabell erhalten hat, und bestimmen Sie
a) das Datum des Kaufvertrages,
b) die Bezeichnung des Grundstücks (Gemarkung, Flur, Flurstück, Größe),
c) den Gesamtkaufpreis und den Preis in €/m² und
d) die Höhe der vereinbarten Anzahlung.

2 Nehmen Sie die erforderlichen Buchungen zu den Belegen 1 bis 5 vor.

3 Ermitteln Sie die bis dahin angefallenen Anschaffungskosten des unbebauten Grundstücks, wenn die Maklerprovision 4,5 % beträgt.

Kaufvertrag vom 01.10.2022

Vor mir, der unterzeichnenden Notarin Elvira Gründler, mit dem Amtssitz in Leipzig, erschienen heute:

1. Herr Karsten Schröder, geboren am 05. Juli 1960, Geschäftsführer der Wohnbau GmbH Leipzig, geschäftsansässig: Wohnbau GmbH Leipzig, Schildstraße 44, 04130 Leipzig

   - nachfolgend **„Verkäufer“** genannt

   und

2. Frau Dr. Kerstin Pohl, geboren am 11.09.1959, Geschäftsführerin der MEWOH Musterwohn GmbH, geschäftsansässig: Fangerstraße 15 – 20, 04104 Leipzig

   Hier handelnd nicht im eigenen Namen, sondern als Geschäftsführerin für die MEWOH Musterwohn GmbH mit Sitz in Fangerstraße 15 – 20, 04104 Leipzig, eingetragen beim Amtsgericht Leipzig, HRB 61175/413

   - nachfolgend **„Käufer“** genannt

§ 1 Grundbesitz

(1) Der Verkäufer ist als Eigentümer des beim Amtsgericht Leipzig im Grundbuch von Lindenau Blatt 4101, Gemarkung Lindenau, verzeichneten nachfolgenden Grundbesitzes: Elsa-Kirchner-Straße 108 eingetragen.

Lfd. Nr.	Gemarkung	Flur	Flurstück	Größe in m²	Wirtschaftsart und Lage
1	Lindenau	7	210	1 400 m²	Freifläche

(2) Der Grundbesitz ist ausweislich des Grundbuchs nicht belastet.

§ 2 Grundbesitz

Der Verkäufer verkauft hiermit den unter § 1 aufgeführten Grundbesitz („Kaufgegenstand“) an den Käufer.

§ 3 Kaufpreis

(1) Der Kaufpreis beträgt 225.000,00 € (in Worten: zweihundertfünfundzwanzigtausend).

(2) Auf den Kaufpreis leistet der Käufer eine Anzahlung in Höhe von 10 %, also 22.500,00 € (in Worten: zweiundzwanzigtausendfünfhundert). Der Restkaufpreis ist fällig und zahlbar bis spätestens zum 15.12.2022.

(3) Zur Sicherung der Kaufpreiszahlung wird der Käufer ein Darlehen bei der TopBank Leipzig aufnehmen. Der Notar wird mit der Beantragung einer Grundschuldeintragung beauftragt.

(4) Bei Fälligkeit ist der Restkaufpreis an den Verkäufer unter Angabe der Rechnungsausgangnummer R 2A 10105896 des Verwendungszwecks „Immobilienverkauf Elsa-Kirchner-Straße 108“ auf ein vom Verkäufer zu benennendes Konto zu überweisen.

§ 4 Auflassung

(1) Die Vertragsparteien sind sich darüber einig, dass das Eigentum an dem Kaufgegenstand auf den Käufer übergeht. Sie bewilligen und beantragen die Eintragung der Rechtsänderung im Grundbuch.

(2) Zur Sicherung des Anspruches des Käufers auf Übertragung des Eigentums an dem unter § 1 genauer definierten Kaufgegenstand bestellt der Verkäufer dem Käufer eine Eigentumsvormerkung nach § 883 BGB; bewilligt und beantragt die Eintragung der Vormerkung in das Grundbuch.

(3) Der amtierende Notar wird von beiden Vertragsparteien angewiesen, die Eigentumsumschreibung im Grundbuch erst dann zu beantragen, wenn ihm der schriftliche Nachweis vorliegt, dass der vollständige Kaufpreis erbracht ist.

§ 10 Übergang von Besitz, Nutzen und Lasten

(1) Die Besitzübergabe erfolgt mit Ablauf des 30.12.22, frühestens jedoch nach Fälligkeit und Zahlung des vollständigen Kaufpreises.

(2) Am selben Tage gehen Nutzen und Lasten auf den Käufer über.

Beleg 1
Notarrechnung von Fr. Dr. Elvira Gründler vom 17.10.2022

Kostenrechnung Nr. 2055-102-178		
Gebührentatbestand gemäß GNotKG	**Wert (€)**	**Betrag (in €)**
Beurkundung des Kaufvertrags	225.000,00 €	970,00 €
Vollzugsgebühr		242,50 €
Sonstige betreuende Tätigkeiten		242,50 €
Beurkundung der Grundschuld		435,00 €
Auslagen		70,00 €
Gesamtsumme (Netto)		1.960,00 €
Umsatzsteuer 19,0 %		372,40 €
Gesamtbetrag		**2.332,40 €**

Beleg 2
Bescheid über die Grunderwerbsteuer vom 22.10.2022

Finanzamt Leipzig III

Sachverhalt
Sie haben durch Kaufvertrag vom 01.10.2022, beurkundet von der Notarin Gründler, URNr. AZ: 8543/29, folgenden Grundbesitz erworben:

Grundstück
Gemarkung: Lindenau
Flur/Flurstück: Flst. 210
Vertragspartner: Wohnbau GmbH Leipzig

Der Erwerbsvorgang unterliegt gemäß § 1 Abs. 1 Nr. 1 Grunderwerbsteuergesetz (GrEStG) der Grunderwerbsteuer.

Besteuerungsgrundlage
Ermittlung der Bemessungsgrundlage
Kaufpreis/Gesamtbetrag der Gegenleistung: 225.000,00 €
Die Steuer wird festgesetzt auf 3,5 %: 7.875,00 €

Bitte zahlen Sie spätestens am 19.11.2022 7.875,00 €

Beleg 3
Kontoauszug der TopBank Leipzig

TopBank Leipzig — **Kontoauszug** — **EUR-Konto**

BIC	**IBAN**	**erstellt am**	**Auszug**	**Blatt**
TOPBEDE729	DE24 1001 0700 0060 0521 98	30.10.2022	137	1

Vorgang			
Überweisung Anzahlung gemäß Kaufvertrag an Wohnbau GmbH	Buchungstag 15.10.2022	Wert 14.10.2022	22.500,00 € –
Gutschrift Auszahlung Darlehen Vertragsnummer 40/156-7893	Buchungstag 25.10.2022	Wert 22.10.2022	200.000,00 € +
Überweisung an Notariat, Elvira Gründler, Rechnung-Nr. 2055-102-178	Buchungstag 25.10.2022	Wert 22.10.2022	2.332,40 € –

MEWOH Musterwohn GmbH
Fangerstraße 15–20
04104 Leipzig

alter Saldo	**50.350,00 € Haben**
neuer Saldo	**225.517,60 € Haben**

Beleg 4
Kostenrechnung Amtsgericht Leipzig/Grundbuchamt vom 12.12.22

Amtsgericht Leipzig
Grundbuchamt

Kostenrechnung

Gebühren/Auslagen laut KostO für	Wert (€)	Betrag (€)
Auflassungsvormerkung		242,50 €
Umschreibung Eigentümer	225.000,00 €	485,00 €
Grundbucheintragung der Grundschuld	200.000,00 €	435,00 €
Gesamtbetrag (Netto)		**1.162,50 €**
Umsatzsteuer 19 %		220,88 €
Gesamtbetrag (Brutto)		**1.383,38 €**

Beleg 5
Kontoauszug der TopBank Leipzig

TopBank Leipzig

Kontoauszug **EUR-Konto**

BIC	IBAN	erstellt am	Auszug	Blatt
TOPBEDE729	DE24 1001 0700 0060 0521 98	30.11.2022	140	3

Vorgang			
Überweisung Grunderwerbsteuer Finanzamt Leipig III	Buchungstag 05.11.2022	Wert 04.11.2022	7.875,00 € –
Überweisung Kaufpreis an Wohnbau GmbH Leipzig, Immobilienverkauf Elsa-Kirchner-Straße 108	Buchungstag 21.11.2022	Wert 19.11.2022	200.000,00 € –
Überweisung an Makler/Vermittlung Elsa-Kirchner-Straße 108 Rechnung-Nr. 7765_239_002	Buchungstag 25.11.2022	Wert 25.11.2022	10.125,00 € –
MEWOH Musterwohn GmbH Fangerstraße 15–20 04104 Leipzig		*alter Saldo*	**350.320,00 € Haben**
		neuer Saldo	**132.320,00 € Haben**

Folgesituation 1

Isabell hat heute einen Ordner mit Unterlagen zum Grundstück Kaiserstraße 27 bekommen. Das Grundstück war ursprünglich für die Bebauung mit Mietwohnungen vorgesehen. Jetzt zeigt sich aber, dass eine Bebauung des Grundstücks und die spätere Nutzung als Mietobjekt wirtschaftlich nicht vertretbar ist. Es werden daher Überlegungen angestellt, das Grundstück unbebaut zu veräußern.

Um sich eine Übersicht über die bisherigen Anschaffungskosten zu verschaffen und um zu wissen, wie hoch ein mindestens kostendeckender Verkaufspreis sein muss, wird Isabell gebeten, sich mit den Unterlagen genauer zu befassen.

Isabell stellt dabei fest, dass der Vorgang in der Finanzbuchhaltung noch gar nicht erfasst wurde. Somit müssen alle mit dem Erwerb zusammenhängenden Sachverhalte noch gebucht werden.

Den Unterlagen ist zu entnehmen, dass im Kaufvertrag der 01.06.2022 als Termin für den Nutzen-Lastenwechsel (NLW) bestimmt wurde.

ARBEITSAUFTRÄGE

1 Unterstützen Sie Isabell dabei, alle mit dem Erwerb zusammenhängenden Sachverhalte in der Finanzbuchhaltung zu erfassen.

2 Um einen vertretbaren Verkaufspreis zu bestimmen, soll Isabell die gesamten Anschaffungskosten ermitteln.

3 Zudem soll Isabell prüfen,
a) wie hoch der Verkaufspreis sein müsste, um kostendeckend zu sein,
b) wie hoch er zu sein hat, um einen Gewinn in Höhe von 90.000,00 € zu ermöglichen und
c) welche Höhe er mindestens haben müsste, um den Verlust von 50.000,00 € nicht zu überschreiten.

4 Abschließend wird Isabell noch darum gebeten, aufzuzeigen, wie der Zielverkauf in den Fällen a) bis c) zu buchen wäre.

Hinweis: Alle relevanten Geschäftsfälle und Informationen können der Übersicht unten entnommen werden.

Grundstück Kaiserstraße 27
Sachverhalte, die mit dem Erwerb des Grundstücks im Zusammenhang stehen

1. Im Kaufvertrag haben der Verkäufer und die MEWOH Musterwohn GmbH als Käufer einen Kaufpreis von 2.000.000,00 € vereinbart. Für diesen Kauf wurde bereits am 10.02.2022 eine Anzahlung über 500.000,00 € per Bank geleistet.
2. 30.03.2022: Eingang des Grunderwerbsteuerbescheides (3,5 % des Kaufpreises)
3. 02.04.2022: Eingangsrechnung vom Makler über 100.000,00 €; Nettobetrag (Da das Grundstück mit Wohnungen bebaut werden soll, ist der Vorsteuerabzug ausgeschlossen.)
4. Der für den 01.06.2022 im Kaufvertrag vereinbarte Eigentumsübergang ist zu buchen.
5. Bei der Regulierung des Kaufpreises sind die Verrechnung der bereits geleisteten Anzahlung sowie die Kreditfinanzierung des Restbetrages zu beachten. Die TopBank Leipzig gewährt der MEWOH Musterwohn GmbH einen Grundstücksankaufskredit, der Kreditbetrag wird direkt auf das Konto des Verkäufers überwiesen.
6. Eingangsrechnung vom Notariat über Gebühren zum Grundstückskaufvertrag über 20.000,00 € (brutto)
7. Überweisung einer Entschädigung in Höhe von 10.000,00 € an den bisherigen Pächter, um das Grundstück vorzeitig nutzen zu können

Folgesituation 2

Mittlerweile wurde das Grundstück Elsa-Kirchner-Straße 108 erschlossen und hergerichtet. Mitte des dem Verkauf folgenden Jahres (2023) wird bei der MEWOH Musterwohn GmbH festgestellt, dass nachstehende Rechnungen noch nicht gebucht wurden. Dabei handelt es sich um Kosten, die mit den Baumaßnahmen (Erschließung und Herrichtung) des Grundstücks im Zusammenhang stehen. Isabell wird beauftragt, die folgenden Belege im Zusammenhang mit der Bebauung des Grundstücks zu prüfen und zu buchen.

Beleg 1
Rechnung an die MEWOH

Leger & Co GmbH, Leipzig
ENTSORGUNG UND BAUSTELLENLOGISTIK

Datum: 12.04.2023
Rechnungsnr.: 23987
Kundennr.: 4567

Herrichtung Baugrundstück

Pos.	Menge	Einheit (E)	Leistungsbeschreibung	Einzelpreis (€/E)	Gesamtpreis (€)
1	1	Pauschal	Beseitigung von Bauhindernissen/Abbruch von Altbauresten		7.000,00 €
2	400	m²	Herrichtung der Geländeoberflächen (gemäß Vereinbarung vom 12.11.2022)	10,50	4.200,00 €
3	2	Stück	Erstellung provisorischer Sicherungsmaßnahmen/Bewuchs (gemäß Vereinbarung vom 12.11.2022)	230,00 €	460,00 €
			Gesamtbetrag (Netto)		**11.660,00 €**
			19 % Umsatzsteuer		2.215,40 €
			Gesamtbetrag (Brutto)		**13.875,40 €**

Beleg 2
Rechnung an die MEWOH

Wetzel Bau GmbH, Leipzig
Bauingenieure und Bauhandwerker
Brandtner-Allee 148–149
04107 Leipzig

MEWOH Musterwohn GmbH
Fangerstraße 15–20
04104 Leipzig

Datum: 15.04.2023

Rg-Nr.: 105-43765-22/Kd-Nr.: 1218-4
Errichtung Mehrfamilienhaus/1. Abschlagsrechnung

Bezeichnung	Menge	Einheit (E)	Einzelpreis (€/E)	Gesamtpreis (€)
Fundamentplatte erstellen Beton	150	m^2	200,00 €	30.000,00 €
Bauwerksabdichtung, Dämmbelege	150	m^2	2,00 €	300,00 €
Dränagen inkl. Material	1	Pauschal		2.000,00 €
Mauerwerk mit hochwärme gedämmten HLZ 50 cm	2000	m^2	150,00 €	300.000,00 €
			Gesamtbetrag (Netto)	**332.300,00 €**
			19 % Umsatzsteuer	63.137,00 €
			Gesamtbetrag (Brutto)	**395.437,00 €**

Beleg 3
Kontoauszug der TopBank Leipzig

TopBank Leipzig

Kontoauszug **EUR-Konto**

BIC	IBAN	erstellt am	Auszug	Blatt
TOPBEDE729	DE24 1001 0700 0060 0521 98	30.04.2023	47	5

Vorgang			
Gutschrift Bauzwischenkredit Top Bank Leipzig	Buchungstag 10.04.2023	Wert 10.04.2023	1.700.000,00 € +
Überweisung an Leger & Co. GmbH Leipzig, Rechnung-Nr.: 23987, Kunden-Nr.: 4567	Buchungstag 20.04.2023	Wert 21.04.2023	13.875,40 € –
Überweisung an Wetzel Bau GmbH Leipzig, Rechnung-Nr.: 105-43765-22, Kunden-Nr.: 1218-4	Buchungstag 23.04.2023	Wert 18.04.2023	395.437,00 € –
MEWOH Musterwohn GmbH Fangerstraße 15–20 04104 Leipzig		*alter Saldo*	**220.000,00 € Haben**
		neuer Saldo	**1.510.687,60 € Haben**

Beleg 4
Rechnung an die MEWOH

Siebert Landschaftsbau GmbH • Kolbestraße 45 • 04205 Leipzig

MEWOH Musterwohn GmbH
Fangerstraße 15–20
04104 Leipzig

Datum: 25.04.2023

Rechnung-Nr.: 220223, Kunden-Nr.: 2135
Gestaltung der Außenanlage Elsa-Kirchner-Straße 108

Pos.	Bezeichnung	Menge	Einheit (E)	Einzelpreis (€/E)	Gesamtpreis (€)
1	Errichtung von Carports	3	Stück	1.100,00 €	3.300,00 €
2	Lieferung und Installation von Metallzaun	100	m	60,00 €	6.000,00 €
3	Anlage von Fußwegen inklusive Material	50	m²	50,00 €	2.500,00 €
4	Flächenherrichtung und Begrünung	200	m²	40,00 €	8.000,00 €
				Gesamtbetrag (Netto)	**19.800,00 €**
				19 % Umsatzsteuer	3.762,00 €
				Gesamtbetrag (Brutto)	**23.562,00 €**

Beleg 5
Quittung für die MEWOH

Quittung
Nr. 257/2023

	EUR	Cent
Netto	431	09
+ 19 % MwSt.	81	91
Gesamt	513	00

Gesamtbetrag EUR in Worten: fünfhundertdreizehn — Cent wie oben

von MEWOH Musterwohn GmbH
für Pflanzenkauf für Zaun
20 portugiesische Kirschlorbeeren (20 · 25,65 €)

Betrag dankend erhalten.
Ort Leipzig Datum 26.04.2023
Buchungsvermerke
Stempel/Unterschrift des Empfängers: Bogner — Baumschule Herder GmbH, Quittenstraße 37 · 04155 Leipzig

Aufgaben

1 Buchen Sie die mit dem Grundstückserwerb zusammenhängenden Sachverhalte und stellen Sie die Anschaffungskosten kontenmäßig dar.

1) Die Wohnungsgesellschaft beabsichtigt, ein unbebautes Grundstück des Anlagevermögens zu erwerben und leistet am 08.10.00 eine Anzahlung in Höhe von 10.000,00 €.

2) Am 08.11.00 überweist das Unternehmen die Grunderwerbsteuer (3,5 % des Kaufpreises) per Bank.

3) Am 10.11.00 erhält der Makler seine Provision von 6.000,00 € per Bank.

4) Am 10.12.00 geht das Grundstück in das wirtschaftliche Eigentum des Wohnungsunternehmens über. Zu diesem Zeitpunkt erfolgt auch die Verrechnung der bereits geleisteten Anzahlung mit dem Kaufpreis von 150.000,00 €.

5) Am 20.12.00 geht die Rechnung (7.000,00 €) von einer Abrissfirma ein, die die Enttrümmerung des Grundstücks vorgenommen hat.

6) Der Kaufpreis des Grundstücks wird am 23.12.00 durch eine Banküberweisung von 50.000,00 € und durch die Aufnahme eines Darlehens in Höhe von 90.000,00 € beglichen. Die Bank überweist den Grundstücksankaufkredit direkt auf das Konto des Verkäufers.

Nutzen Sie zur Bearbeitung der Aufgabe auch das Arbeitsblatt 8.7 „Buchungen zum Grundstückserwerb", das den Webcodematerialien beiliegt.

2 Sie sollen in der Finanzbuchhaltung alle mit dem Bau eines Mietobjektes verbundenen Prozesse im Jahr (01) erfassen. Baubeginn ist der 03.02.01. Nehmen Sie alle mit dem Bauprozess zusammenhängenden Buchungen vor – von Baubeginn bis zum Bilanzstichtag.

Folgende Sachverhalte sind zu berücksichtigen:

1) Das in die Bebauung zu übernehmende (02) Unbebaute Grundstück hat einen Buchwert von 60.000,00 €.

2) Nach dem Baubeginn fallen verschiedene Baukosten an, die in der Kontengruppe (70) zu erfassen sind.

a) Eingangsrechnung für nicht öffentliche Erschließung (3.000,00 €)

b) Zinsen, die sich auf ein Darlehen, die Baumaßnahme betreffend, beziehen und die Bauzeit betreffen, werden per Bank beglichen (2.500,00 €).

c) Eingangsrechnung für diverse Bauhandwerksleistungen verschiedener Gewerke 125.000,00 €

d) Banküberweisung der Grundsteuer des Unternehmens über 4.000,00 €, jedoch nur 100,00 € sind durch die Baumaßnahmen zeitlich und sachlich verursacht

e) Eingangsrechnung über 1.200,00 € für die Erstausstattung des Objektes mit Werkzeugen und Geräten

f) Eingangsrechnung über 3.000,00 € für die Errichtung von Müllboxen in den Außenanlagen

g) Gehälter für eigene Architekten werden per Bank beglichen (20.000,00 €), 10 % ihrer Arbeitszeit fallen auf die Betreuung der Baumaßnahme

h) Eingangsrechnung eines Fremdarchitekten über 5.000,00 € für Betreuungstätigkeit während der Bauzeit

3) Zum 31.12.01 ist das Objekt noch nicht fertiggestellt und als (06) Anlage im Bau zu bilanzieren.

Nutzen Sie zur Bearbeitung der Aufgabe auch das Arbeitsblatt 8.8 „Buchungen zum Bau eines Mietob jektes", das den Webcodematerialien beiliegt.

3 Eine Wohnungsbaugesellschaft erwirbt ein Wohngebäude des Anlagevermögens zu einem Preis von insgesamt 4.350.000,00 €. Der Grunderwerbsteuersatz liegt bei 3,5 %, die Maklerprovision bei 5 % des Kaufpreises. Die Grundstückskosten betragen 18 % des Kaufpreises.

Wie hoch sind die getrennt zu ermittelnden Anschaffungskosten

a) des Grundstücks (Grund und Boden) und

b) des Gebäudes?

Situation 70

Erwerb, Bebauung und Verkauf von Grundstücken des Umlaufvermögens

Die MEWOH Musterwohn GmbH hat im Juli ein unbebautes, vollständig erschlossenes Grundstück, gelegen im Bereich der B7 und A145, erworben. Das Gesamtgrundstück soll ganz oder teilweise als Gewerbefläche veräußert werden.

Gesamtfläche	14 000 m²
Kaufpreis	3.100.000,00 €
Grunderwerbsteuersatz	3,5 %
Weitere Anschaffungsnebenkosten	8,0 %

Isabell hat die Aufgabe erhalten, sich mit dem Projekt zu befassen und einige Buchungen auszuführen.

ARBEITSAUFTRÄGE

1 Isabell soll den Erwerbsvorgang buchen und dabei berücksichtigen, dass

a) auf den Kaufpreis bereits im Juni eine Anzahlung in Höhe von 10 % des vereinbarten Kaufpreises geleistet wurde,

b) für den 01. August der Nutzen-Lastenwechsel vereinbart wurde,

c) im August die Grunderwerbsteuer und die weiteren Anschaffungsnebenkosten per Bank bezahlt werden und

d) im September der Kaufpreis, unter Verrechnung der bereits geleisteten Anzahlung, durch Banküberweisung (1.200.000,00 €) und eine Kreditfinanzierung (der Darlehensbetrag wird direkt auf das Konto des Verkäufers überwiesen) ausgeglichen wird.

2 Unter Berücksichtigung der zuvor errechneten Sachverhalte soll Isabell auch die Gesamtanschaffungskosten und die anteiligen Anschaffungskosten je m² bestimmen.

3 Isabell erhält die Mitteilung, dass 30 % der Gesamtfläche an die Immo-BAU GmbH verkauft werden sollen. Die MEWOH Musterwohn GmbH möchte diesen Verkauf mit einem Gewinn von 10 % realisieren.

a) Isabell soll ermitteln, wie hoch der Verkaufspreis sein muss, um diese Gewinnmarge zu sichern.

b) Außerdem wird sie darum gebeten, alle mit dem Verkauf zusammenhängenden Sachverhalte zu buchen. Beachten soll Isabell, dass im Kaufvertrag der Eigentumsübergang für den 01.12. geregelt ist. Vereinbart wird zudem, dass der Erwerber zuvor eine Anzahlung per Bank in Höhe von 150.000,00 € leistet und den Rest durch Banküberweisung ausgleicht.

Aufgaben

1 Sie werden gebeten, die mit der Errichtung von Bauten des Umlaufvermögens zusammenhängenden Sachverhalte über die Kontenklasse 7 buchhalterisch darzustellen. Nehmen Sie alle mit dem Bauprozess zusammenhängenden Buchungen vor – vom Baubeginn bis zum Bilanzstichtag. Nutzen Sie zur Bearbeitung auch das Arbeitsblatt 8.9 „Errichtung von Bauten des UVs – Buchhalterische Erfassung (Kontenklasse 7)", das den Webcodematerialien beiliegt.

Gegeben

1) Anfang des Jahres (01) beginnt das Unternehmen mit der Bebauung eines unbebauten Grundstücks des Umlaufvermögens. Der Buchwert des in die Bebauung zu übernehmenden Grundstücks beträgt 200.000,00 €.
2) Nach Beginn der Baumaßnahme fallen diverse Fremdkosten und Eigenleistungen an.
   a) Für die Schaffung diverser Infrastrukturanschlüsse (etwa Anschluss an Wasser und Abwasser/Strom) gehen Rechnungen über 70.000,00 € ein.
   b) Das Unternehmen überweist Zinsen in Höhe von insgesamt 140.000,00 € für die Inanspruchnahme von Fremdkapital.
   c) Das Unternehmen erhält Eingangsrechnungen über diverse Bauwerkskosten (900.000,00 €).
   d) Für die Gestaltung der Außenanlagen geht eine Rechnung über 64.000,00 € ein.
   e) Für die Mitarbeiter des Unternehmens werden Personalkosten von insgesamt 380.000,00 € per Bank beglichen.
   f) Grundsteuern werden per Bank bezahlt (24.000,00 €).
   g) Vom betreuenden Architekturbüro geht eine Rechnung über 38.000,00 € ein.
3) Zum 31.12.01 ist der Bau fertiggestellt. Da er jedoch noch nicht verkauft wurde, ist er über die Position (14) Grundstücke mit fertigen Bauten in Höhe der Herstellungskosten zu bilanzieren. Bei dieser Bilanzierung ist jedoch zu berücksichtigen, dass die durch den Bau verursachten
   - Zinsen 18.000,00 €
   - Personalkosten 40.000,00 € und
   - Grundsteuern 540,00 € betragen

   und den Herstellungskosten zuzurechnen sind.

2 Stellen Sie die Bauprozesse im Bereich des Umlaufvermögens über die Kontengruppe (81) dar. Nehmen Sie alle erforderlichen Buchungen vor zum
a) Baubeginn,
b) Bauprozess und
c) Bilanzstichtag.

Nutzen Sie zur Bearbeitung der Aufgabe auch das Arbeitsblatt 8.10 „Bauprozesse im Bereich des Umlaufvermögens – Kontengruppe (81)", das den Webcodematerialien beiliegt.

Gegeben

1) Anfang des Jahres (01) beginnt das Wohnungsunternehmen mit der Bebauung eines unbebauten Grundstücks des Umlaufvermögens. Der Buchwert des in die Bebauung zu übernehmenden Grundstücks beträgt 50.000,00 €.
2) Nach Beginn der Baumaßnahme fallen diverse Fremdkosten und Eigenleistungen an.
   a) Für die Schaffung diverser Infrastrukturanschlüsse gehen Rechnungen über 20.000,00 € ein.
   b) Das Unternehmen überweist Zinsen in Höhe von insgesamt 100.000,00 € für die Inanspruchnahme von Fremdkapital.
   c) Es gehen Eingangsrechnungen über diverse Bauwerkskosten (400.000,00 €) ein.
   d) Für die Gestaltung der Außenanlagen geht eine Rechnung über 30.000,00 € ein.
   e) Für die Mitarbeiter des Unternehmens werden Personalkosten von insgesamt 200.000,00 € per Bank beglichen.
   f) Grundsteuern werden per Bank bezahlt (20.000,00 €).
   g) Vom betreuenden Architekturbüro geht eine Rechnung über 10.000,00 € ein.
3) Zum 31.12.01 ist der Bau fertiggestellt. Da er jedoch noch nicht verkauft wurde, ist er über die Position (14) Grundstücke mit fertigen Bauten in Höhe der Herstellungskosten zu bilanzieren. Bei dieser Bilanzierung ist jedoch zu berücksichtigen, dass die durch den Bau verursachten
   - Zinsen 8.000,00 €,
   - Personalkosten 10.000,00 € sowie
   - Grundsteuern 100,00 €

   betragen und den Herstellungskosten zuzurechnen sind.

3 Stellen Sie die Sachverhalte der Jahre (01) bis (03) dar, innerhalb derer sich Bauvorbereitung, Bauprozess und Verkauf eines Objektes im Umlaufvermögen vollziehen. Die Buchungen sind über die Kontengruppe (81) und die Primärkostenkonten [(83), (850), (872), (8910)] darzustellen.

Nutzen Sie zur Bearbeitung der Aufgabe auch das Arbeitsblatt 8.11 „Buchungen – Bauvorbereitung, Bauprozess und Verkauf eines Objektes im Umlauf vermögen“, das den Webcodematerialien beiliegt.

Jahr (01)

Im Geschäftsjahr (01) werden Bauvorbereitungsmaßnahmen zur Errichtung eines Objektes des Umlaufvermögens eingeleitet und abgeschlossen. Mit dem Bau wird noch nicht begonnen, die Bauvorbereitungskosten sind als solche zu bilanzieren.

Buchen Sie:

a) Eingangsrechnung vom Fremdarchitekten (Projektentwicklung) über 40.000,00 €
b) Sächlicher Verwaltungsaufwand (SVA) wird per Bank bezahlt (120.000,00 €).
c) Personalaufwand (PA) wird per Bank bezahlt (96.000,00 €).
d) Zum 31.12.01 sind die Bauvorbereitungsmaßnahmen zu bilanzieren. Zu beachten ist dabei, dass
   - der SVA in Höhe von 12.000,00 € und
   - der PA in Höhe von 10.000,00 €

   durch die Bauvorbereitung verursacht wurde.

Jahr (02)

Im Geschäftsjahr (02) wird der Bau des Verkaufsobjektes begonnen und fertiggestellt.

a) Baubeginn: Das in die Bebauung zu übernehmende Grundstück hat einen Wert von 100.000,00 € und ist in die Gruppe (81) umzubuchen.
b) Eingangsrechnungen für den Rohbau sind zu buchen (800.000,00 €).
c) Eingangsrechnungen für die Gestaltung der Außenanlagen (150.000,00 €)
d) Zinsen werden per Bank gezahlt (25.000,00 €).
e) Eingangsrechnungen – Erstausstattung des Objekts mit erforderlichen Gerätschaften (20.000,00 €)
f) Personalkosten für eigene Architekten werden per Bank gezahlt (35.000,00 €).
g) Fertigstellung und Bilanzierung des Bauwerks zum 31.12.02, die Primärkosten sind ausschließlich durch den Bau verursacht worden.

Zu aktivieren sind:

1) Die in der Klasse 8 erfassten, direkt durch den Bau verursachten:
   (8103) Kosten des Bauwerks
   (8104) Kosten der Außenanlagen
   (8105) Kosten der Außenanlagen
2) Die (811) Kosten des Baugrundstücks
3) Alle der Herstellung zuzurechnenden Primärkosten:
   (83) Personalaufwand
   (872) Zinsaufwendungen

Jahr (03)

Im Jahr (03) wird das im Jahr (02) fertiggestellte Objekt zu einem Preis von 1.500.000,00 € verkauft.

a) Mit dem Verkauf ist die Herausnahme des im Jahr (02) fertiggestellten Objektes aus dem Bestand erforderlich (Ausbuchung). Das erfolgt über das Konto (644) Bestandsverminderung aus Veräußerung.
b) Der Käufer leistet eine Anzahlung in Höhe von 100.000,00 € per Bank.
c) Am 22.02.03 findet der wirtschaftliche Eigentumsübergang statt.
d) Verrechnung der erhaltenen Anzahlung mit der Kaufpreisforderung
e) Bankgutschrift für eine Kaufpreisrate von 500.000,00 €
f) Der Käufer übernimmt ein auf dem Grundstück lastendes Darlehen in Höhe von 400.000,00 €.
g) Für den Rest des Kaufpreises gewährt das Wohnungsunternehmen dem Käufer ein Darlehen.

LERNFELD 9

Wohnungseigentum begründen und verwalten

1 Grundbegriffe zum Wohnungs- und Teileigentum

Beispiel

Isabell absolviert momentan ihren Ausbildungsabschnitt in der Abteilung Verwaltung – eigene und Fremdobjekte. Da sie erst vor einigen Tagen in der Abteilung begonnen hat, sind ihr die Aufgaben noch recht neu. Auch mit bestimmten Begriffen muss sie sich erst noch anfreunden. Da ihre Teamleiterin Frau Schmitt heute die Anfrage einer Wohnungseigentümergemeinschaft zwecks Übernahmen der Betreuung der Wohnanlage erhalten hat, nimmt sie das zum Anlass, Isabell einen tieferen Einblick in die Besonderheiten der WEG-Verwaltung zu geben.

1.1 Rechtsgrundlagen

BGBl. I S. 175

WEG

Gesetz über das Wohnungseigentum und das Dauerwohnrecht

Mit dem **Wohnungseigentumsgesetz (WEG)** vom 15.03.1951 wurde es erstmals möglich, ein Eigentum an einer Wohnung in einem Mehrfamilienhaus zu begründen und zu erwerben. Seit der Wiedervereinigung gilt dieses Gesetz im gesamten Bundesgebiet.

Die letzte Reform des Wohnungseigentumsgesetzes stammte aus dem Jahr 2007.

BGBl. I S. 2187

WEMoG

Wohnungseigentumsmodernisierungsgesetz

Mit dem **Wohnungseigentumsmodernisierungsgesetz (WEMoG)** in der Fassung vom 16.10.2020, in Kraft getreten am 01. Dezember 2020 wurden nun weitreichende Änderungen und Modernisierungen eingeführt.

Der genaue Titel des WEMoGs lautet: Gesetz zur Förderung der Elektromobilität und zur Modernisierung des Wohnungseigentumsgesetzes und zur Änderung von kosten- und grundbuchrechtlichen Vorschriften

Mit dem Wohnungseigentumsmodernisierungsgesetz wollte der Gesetzgeber im Wesentlichen die Elektromobilität in Deutschland fördern. Allerdings sind im Laufe des Reformprozesses noch weitere Themen dazugekommen, nach denen das WEG geändert werden sollte.

So behandelt das WEMoG zum Beispiel folgende Themen:

- Stärkung der Gemeinschaft
- Lockerung der Beschlusskompetenzen
- Erweiterung des Sondereigentums
- deutlichere Abgrenzung der jeweiligen Rechte und Pflichten der einzelnen Organe (z. B. Verwaltungsbeirat, Verwalter)
- Erleichterungen für bestimmte bauliche Maßnahmen
- Änderung der Einberufungsfristen und Beschlussfähigkeit der Eigentümerversammlung
- Verwalterkompetenzen
- Änderungen zum Verwaltungsbeirat
- Beschlüsse zur Jahresabrechnung (Abrechnungsspitze), Vermögensbericht

Wie immer, wenn eine Gesetzesänderung erfolgt, werden nicht nur Klarheiten zu einzelnen Punkten geschaffen, sondern es treten neue Fragen auf, die es gilt, durch gerichtliche Entscheidungen zu klären. Somit wird es erst im Laufe der Zeit möglich sein, bestimmte Änderungen auch rechtlich genauer einordnen zu können.

Neben dem Wohnungseigentumsgesetz bzw. dem Wohnungseigentumsmodernisierungsgesetz sind aber auch noch weitere Gesetze und Verordnungen zu beachten. Dazu gehören unter anderem:

- das Bürgerliche Gesetzbuch (BGB)
- das Gesetz über die freiwillige Gerichtsbarkeit (FGG)
- das Bundesdatenschutzgesetz (BDSG)
- das Elektromobilitätsgesetz (EmoG)
- das Gesetz über die Zwangsversteigerung und Zwangsverwaltung (ZVG)
- das Grunderwerbsteuergesetz (GrEStG)
- die Grundbuchordnung (GBO)
- die Zivilprozessordnung (ZPO)
- die Insolvenzverordnung (InsO)
- die Zweite Berechnungsverordnung (II. BV)
- die Betriebskostenverordnung (BetrKV)
- die Heizkostenverordnung (HeizkVO)
- die Trinkwasserverordnung
- die Energieeinsparverordnung (EnEV)
- aktuelle Gerichtsurteile

Befasst man sich mit dem Thema Wohnungseigentum, so sollten einem nicht nur die Abkürzungen der Gesetze bekannt sein, sondern auch noch weitere. Zu den geläufigsten Abkürzungen gehören:

Abkürzung	Abkürzung steht für
WEG oder WEG n. F.	Wohnungseigentumsgesetz (neue Fassung)
WEG a. F.	Wohnungseigentumsgesetz (alte Fassung)
WEMoG	Wohnungseigentumsmodernisierungsgesetz
GE	Gemeinschaftseigentum
MEA	Miteigentumsanteile
TE	Teileigentum
TOP	Tagesordnungspunkt
SE	Sondereigentum
ETV	Eigentümerversammlung
GO	Gemeinschaftsordnung

1.2 Eigentumsbegriffe (§ 1 WEG)

§ 1 WEG Begriffsbestimmungen

(1) Nach Maßgabe dieses Gesetzes kann an Wohnungen das Wohnungseigentum, an nicht zu Wohnzwecken dienenden Räumen eines Gebäudes das Teileigentum begründet werden.
(2) Wohnungseigentum ist das Sondereigentum an einer Wohnung in Verbindung mit dem Miteigentumsanteil an dem gemeinschaftlichen Eigentum, zu dem es gehört.
(3) Teileigentum ist das Sondereigentum an nicht zu Wohnzwecken dienenden Räumen eines Gebäudes in Verbindung mit dem Miteigentumsanteil an dem gemeinschaftlichen Eigentum, zu dem es gehört.

Begriffsbestimmungen:
§ 1 WEG

(4) Wohnungseigentum und Teileigentum können nicht in der Weise begründet werden, dass das Sondereigentum mit Miteigentum an mehreren Grundstücken verbunden wird.
(5) Gemeinschaftliches Eigentum im Sinne dieses Gesetzes sind das Grundstück und das Gebäude, soweit sie nicht im Sondereigentum oder im Eigentum eines Dritten stehen.
(6) Für das Teileigentum gelten die Vorschriften über das Wohnungseigentum entsprechend.

Das Gesetz unterscheidet zwischen vier verschiedenen Eigentumsbegriffen: **Wohnungseigentum**, **Teileigentum**, **Sondereigentum** und **Gemeinschaftseigentum**. Alle Begriffe sind in ihrer Art und Weise miteinander verbunden. Das gemeinschaftliche Eigentum und das Sondereigentum bilden ein **einheitliches und untrennbares Ganzes**.

Übersicht zu den Eigentumsbegriffen

Wohnungseigentum
Es handelt sich um Eigentum an einer bestimmten Wohnung in einem bestehenden oder zu errichtenden Bauwerk auf einem Grundstück.

↓

Sondereigentum
Es ist mit einer Wohnung verbunden und umfasst einen Miteigentumsanteil an dem gemeinschaftlichen Eigentum.

Teileigentum
Es handelt sich um Eigentum an nicht zu Wohnzwecken dienenden Räumen in einem bestehenden oder zu errichtenden Bauwerk auf einem Grundstück.

↓

Sondereigentum
Es ist mit nicht zu Wohnzwecken dienenden Räumen verbunden und umfasst einen Miteigentumsanteil an dem gemeinschaftlichen Eigentum.

↓

Gemeinschaftliches Eigentum
Es umfasst das Grundstück und Gebäude, soweit sie nicht im Sondereigentum oder im Eigentum Dritter stehen.

Mit der WEG-Reform können dem Sondereigentum nun weitere Flächen zugeordnet werden. Dabei kann es sich um

- Tiefgaragenstellplätze sowie Stellplätze im Freien und
- andere Freiflächen, wie Terrassen und Gärten, handeln.

Vertragliche Einräumung von Sondereigentum:
§ 3 WEG

Somit können oberirdische Stellplätze zu eigenständigen Sondereigentumseinheiten mit eigenen Miteigentumsanteilen werden.

Merke!

Wohnungs- und Teileigentum unterscheiden sich nur in ihrer Zweckbestimmung voneinander. Unterschiede kann es lediglich bei der Abgeschlossenheit (§ 3 WEG) und dem Maß des erlaubten Gebrauchs (§ 10 WEG) geben.

Allgemeine Grundsätze:
§ 10 WEG

Ändert sich die Zweckbestimmung, z.B. der Gebrauch einer Wohnung als Gewerberäume, handelt es sich um einen unzulässigen Gebrauch einer Sondereigentumseinheit. Zur Genehmigung bedarf es einer Inhaltsänderung durch eine Vereinbarung aller Eigentümer (§ 3 WEG). Dazu hat eine Grundbuchberichtigung zu erfolgen.

1.3 Unterschiede von Gemeinschaftseigentum (GE) und Sondereigentum (SE)

SB ▶ SITUATION 71 Gemeinschaftseigentum und Sondereigentum

Die Abgrenzung zwischen dem GE und SE erfolgt durch die **Teilungserklärung** und den **Aufteilungsplan**. Beides wird bei der Begründung des Wohnungseigentums erstellt und ins Grundbuch eingetragen. Die Unterscheidung der beiden Formen ist wichtig, da die Kosten, die ausschließlich mit dem SE verbunden sind, der jeweilige Eigentümer trägt. Demgegenüber werden die Kosten des GEs durch die Gemeinschaft getragen.

Teilungserklärung
▶ LF 9, Kap. 2.1

Aufteilungsplan
▶ LF 9, Kap. 2.3

Beispiel

Bei den hier aufgeführten Beispielen handelt es sich um die Regelfälle. Besonderheiten einzelner Wohnungseigentumsanlagen, die sich aus der jeweiligen Teilungserklärung ergeben können, sind nicht berücksichtigt.

Eigentumsbestandteil	GE	SE
Grundstück	x	
dem SE zugeordnete Grundstücksflächen (Stellplätze) oder Garagen		x
Gebäudeteile, die für Bestand und Sicherheit erforderlich sind (z. B. tragende Wände und Decken)	x	
Aufzug	x	
Briefkastenanlage	x	
Dach	x	
Geschossdecken	x	
Fußbodenestrich	x	
Einbaumöbel in der SE-Einheit		x
Fassade	x	
Hauptrohr (Wasser- und Abwasserrohre), Elektrohauptleitungen	x	
Rohr- oder Elektroleitungen in der SE-Einheit		x
Sprechanlage (Haussprechanlage)	x	
Gegensprechanlage in der SE-Einheit		x
Zimmertüren		x
Haustür, Wohnungseingangstür	x	
Treppenhaus	x	

Die Sprechanlage (Haussprechanlage) gehört mit zum Gemeinschaftseigentum.

Dagegen gehört die Gegensprechanlage in der Wohnung zum Sondereigentum.

1.4 Sondernutzungsrechte (§ 10 WEG)

Eine Wohnungseigentümergemeinschaft entsteht durch eine Teilungserklärung.

▶ LF 9, Kap. 2.3

Nutzungen und Kosten:

§ 16 WEG

Sondernutzungsrechte können durch vertragliche Aufteilung unter Miteigentümern (§ 3) oder eine einseitige Teilungserklärung eines Eigentümers (§ 8) begründet bzw. eingeräumt werden, d.h., dass einzelnen Eigentümern ein alleiniges Gebrauchs- oder Nutzungsrecht – über den § 16 Abs. 1 Satz 3 WEG hinaus – an Teilen oder Flächen des Gemeinschaftseigentums eingeräumt wird. In der Regel werden Sondernutzungsrechte bereits in der Teilungserklärung formuliert.

Merke!

Die Begründung eines Sondernutzungsrechts per Beschluss ist nicht möglich. Eine nachträgliche Änderung der Rechte bedarf der Änderung der Teilungserklärung verbunden mit den Änderungen aller Grundbücher.

1.5 Das Eigentum Dritter

Im Eigentum Dritter befinden sich gegebenenfalls die Anlagen der Versorgungsunternehmen, wie z.B. die Stromzähler des Energieversorgungsunternehmens oder die Hauptwasserzähler der Wasserwerke. Diese Anlagen werden somit weder dem SE noch dem GE zugeordnet. Die Kosten für den Gebrauch dieser Anlagen trägt jeder Eigentümer anteilig.

Beispiel

Bei einer Wohnungsanlage, für die die MEWOH Musterwohn GmbH die WEG-Verwaltung übernommen hat, wird die Heizungsanlage vom Versorger gestellt und bleibt laut vertraglicher Regelung in dessen Eigentum. Hierbei handelt es sich um einen sog. Scheinbestandteil des Grundstücks, welches zum Eigentum des Anlagebetreibers zählt.

1.6 Miteigentumsanteile

Das Gemeinschaftseigentum jeder Wohnungseigentumsanlage wird in Miteigentumsanteile (MEA) unterteilt.

Merke!

Mit jedem Miteigentumsanteil muss auch Sondereigentum verbunden werden. Beides kann nicht voneinander losgelöst betrachtet werden.

Durch den MEA wird der Anteil des Wohnungseigentümers am GE und am Grundstück festgelegt. Dieser Wert wird in hundertstel, tausendstel oder zehntausendstel Anteilen angegeben.

Beispiel

Die MEWOH Musterwohn GmbH ist mit der Verwaltung der Wohnungseigentümergemeinschaft Maxner Straße 145, 04317 Leipzig betraut. Die Wohnungsanlage besteht aus einem Grundstück mit 8 Wohnungen. Dabei ergeben sich folgende Miteigentumsanteile:

Wohnungsnr.	Wohn-/Nutzfläche in m²	MEA in 10.000stel
1	90,00	1.164,294
2	101,00	1.306,597
3	96,00	1.241,915
4	98,00	1.267,788
5	96,00	1241,915
6	98,00	1.267,788
7	96,00	1.241,915
8	98,00	1.267,788
Gesamt	**773,00**	**10.000,000**

Die Berechnung eines Miteigentumsanteils (hier am Beispiel der Wohnung Nr. 1):

$$\frac{90{,}00\ m^2}{773{,}00\ m^2} = \frac{x\ MEA}{10.000\ MEA}$$

$$\frac{90{,}00\ m^2 \cdot 10.000\ MEA}{773{,}00\ m^2} = 1.164{,}294\ MEA$$

Diese Tausendstel-Berechnung ist die am häufigsten angewendete Form der Aufteilung der Anteile in Wohnungseigentumsanlagen.

In älteren Verträgen sind teilweise noch andere Aufteilungsarten zu finden, wie z.B.

- eine Staffelung nach Lage,
- ein Punktesystem,
- nach Verkaufspreisen.

SB ▶ SITUATION 72
Begründung von Wohnungseigentum

SB ▶ SITUATION 73
Teilungserklärung und Gemeinschaftsordnung

2 Begründung von Wohn- und Teileigentum (§§ 2, 3 und 8 WEG)

Arten der Begründung:
§ 2 WEG

Wohnungs- bzw. Teileigentum kann auf zwei Arten begründet werden:

Begründung durch vertragliche Einräumung von Sondereigentum durch mehrere Eigentümer	Begründung durch Teilung durch den Eigentümer (Alleineigentümer)
§ 3 WEG • Jedem Miteigentümer wird das Eigentum an einer bestimmten Wohnung vertraglich eingeräumt. • Stellplätze gelten dabei als Räume. • Einigung auf eine Teilungserklärung (muss notariell beurkundet werden)	**§ 8 WEG** • Der Eigentümer erstellt die Teilungserklärung allein (muss notariell beurkundet werden).

Merke!

Bedingung für die Begründung von Wohn- und Teileigentum ist, dass die Wohnung bzw. die Räume in sich abgeschlossen sind.

Beachtet werden muss zudem auch, dass die Begriffe „Gebäude“ und „Räume“ im WEG nicht noch einmal explizit definiert sind.

Gebäude (Bauwerk)

Unter einem Gebäude ist eine Baulichkeit zu verstehen, die zur Nutzung zugängliche Räume enthält, die nach allen Seiten abgeschlossen sind (Wände, Fußböden, Decken usw.). Gebäude können über der Erde liegen (z. B. Wohnhäuser, Bürohäuser, Garagen, Fabrikgebäude), aber auch unter der Erde (z. B. Tiefgaragen).

Raum

Ein Raum ist ein allseitig umschlossener Gebäudeteil mit einem Boden, einer Decke und mit vier oder mehr Wänden.

i. S. v § 3 Abs. 1 WEG
Bei einem Stellplatz handelt es sich um eine vorgegebene Fläche außerhalb des öffentlichen Verkehrsbereichs, auf der Fahrzeuge abgestellt werden können.

Nach der neuen WEG-Fassung wird auch ein **Stellplatz**, der ja keine physischen Raumeigenschaften vorweist, als Raum angesehen. Damit ist der ebenerdige Stellplatz sondereigentumsfähig.

Grundsätzlich sind für eine Teilung folgende Unterlagen notwendig:

- Teilungserklärung
- Gemeinschaftsordnung (nicht zwingend erforderlich)
- Aufteilungsplan

- Abgeschlossenheitsbescheinigung
- Unbedenklichkeitsbescheinigung nach GrEStG

GrEStG
Grunderwerbsteuergesetz

2.1 Die Teilungserklärung

In der Regel setzt sich die Teilungserklärung zur Begründung von Wohnungseigentum aus zwei Bestandteilen zusammen:

1. Der eigentlichen Teilungserklärung, die gegenüber dem Grundbuchamt erfolgt.
2. Der Gemeinschaftsordnung, in der die Grundregeln für das zukünftige notwendige und wünschenswerte Zusammenleben und -arbeiten der Wohnungs- und Teileigentümer enthalten sind.

Teilungserklärung

Die Teilungserklärung ist die textliche oder auch sprachliche Zuordnung und Abgrenzung der Räume und Flächen im Hinblick auf die Eigentumsverhältnisse an einem Grundstück (z. B. einem Mehrfamilienhaus). In ihr wird festgehalten, was zu den einzelnen Sondereigentumseinheiten zählt und was zum Gemeinschaftseigentum. In der Teilungserklärung sind zudem eine Nummerierung der entsprechenden Miteigentumsanteilen sowie die jeweiligen Sondernutzungsrechte aufgeführt. Außerdem gehören auch die entsprechenden Pläne dazu. In der Praxis werden hier die Pläne aus der Abgeschlossenheitsbescheinigung verwendet.

Änderung der Teilungserklärung

Der Alleineigentümer kann die Teilungserklärung durch eine einfache einseitige Erklärung in der Form des § 29 GBO beliebig ändern bzw. anpassen.

GBO
Grundbuchordnung

Sind schon Eigentumsvermerke für andere Eigentümer im Grundbuch eingetragen, bedarf es deren Zustimmung. Das betrifft auch eventuell schon eingetragene Grundpfandrechtsgläubiger, wie z. B. den Kreditgeber bei einer Baufinanzierung.

Bei neu zu errichtenden Wohnungseigentumsanlagen kann sich der Veräußerer, z. B. der Bauträger, im Kaufvertrag noch das Recht zur Änderung vorbehalten.

2.2 Die Gemeinschaftsordnung

Für die inhaltliche Gestaltung einer Gemeinschaftsordnung gelten verschiedene Regeln bzw. sind bestimmte (gesetzliche) Grenzen gesetzt:

- Die Vertragsfreiheit muss eingehalten werden.
- Es darf keinen Verstoß gegen gesetzliche Verbote geben (§ 134 BGB).
- Der Inhalt darf nicht sittenwidrig sein (§ 138 BGB).
- Die statisch erforderlichen Bauteile können kein Sondereigentum sein, sondern sind immer Gemeinschaftseigentum.
- Alle Anlagen und Einrichtungen, die den Wohnungseigentümern zum gemeinschaftlichen Gebrauch dienen, können nicht zum Sondereigentum werden (§ 5 Abs. 2 WEG).
- Die Unselbstständigkeit des Sondereigentums kann nicht aufgehoben werden (§ 6 WEG).
- Die Wohnungseigentümergemeinschaft ist unauflöslich.

- Ist eine Veräußerungszustimmung (Zustimmungserfordernis) vereinbart worden, kann diese nur aus wichtigem Grund versagt werden (§ 12 Abs. 2 S. 1 WEG).
- Der Anspruch auf Entziehung des Wohnungseigentums kann durch die Gemeinschaftsordnung weder eingeschränkt noch ausgeschlossen werden (§ 17 Abs. 3 WEG).
- Die Eigentümer können auch nicht vereinbaren, auf einen der Eigentümer zu verzichten.
- Die gesetzlichen Minderheitenrechte bei der Einberufung zur Eigentümerversammlung können durch die Gemeinschaftsordnung nicht eingeschränkt werden (§ 24 Abs. 2 WEG).

Der Gemeinschaftsordnung stimmen alle bei der Entstehung des Wohnungseigentums im Grundbuch eingetragenen Eigentümer zu. Neu hinzukommende Eigentümer sind daran gebunden.

Die Durchsetzung der Gemeinschaftsordnung obliegt nunmehr der Gemeinschaft der Wohnungseigentümer. Einzelne Eigentümer können nur eine Unterlassung verlangen, soweit sie konkret gestört werden.

Fehlt eine Gemeinschaftsordnung, gelten die gesetzlichen Bestimmungen der §§ 10–29 WEG allein.

Beispiel

Inhalte einer Gemeinschaftsordnung können sein:
- Regelungen zur Instandsetzung und Instandhaltung des Gemeinschaftseigentums
- Duldungspflichten
- Regelungen zur Suche eines neuen Verwalters
- Regelungen zur Verteilung von Kosten und Lasten
- Abschluss von Versicherungen
- Regelungen zu den Vertretungsbefugnissen
- Regelungen hinsichtlich Änderungen von Teilungserklärung und Gemeinschaftsordnung
- Festlegung von Sondernutzungsrechten
- Regelungen zum Gebrauch des Gemeinschaftseigentums
- Regelungen zur Hausgeldabrechnung und dem Wirtschaftsplan

2.3 Der Aufteilungsplan

Der Aufteilungsplan umfasst Zeichnungen bzw. Bauzeichnungen aus denen
- die Aufteilung des Gebäudes und des Grundstücks,
- die Lage und Größe des Sondereigentums,
- die Lage des Gebäudes auf dem Grundstück sowie
- die im Gemeinschaftseigentum stehenden Flächen der Gebäude und des Grundstücks hervorgehen.

Dabei müssen alle zusammengehörigen Räume farblich umrandet angelegt und mit einer Nummer versehen werden.

Beispiel (fiktiver Auszug aus dem Liegenschaftskataster)

Vermessungsverwaltung des Freistaates Sachsen

Flurstück:	**62/4**	**Gemeinde:**	**Stadt Leipzig**
Gemarkung:	**Wiesengrund**	**Kreis:**	**Kreisfreie Stadt Leipzig**

Auszug aus dem Liegenschaftskataster

Liegenschaftskarte 1:500

Erstellt am 22.07.2022

Nachfolgend die Planunterlagen (Auszug)

Flurkarte

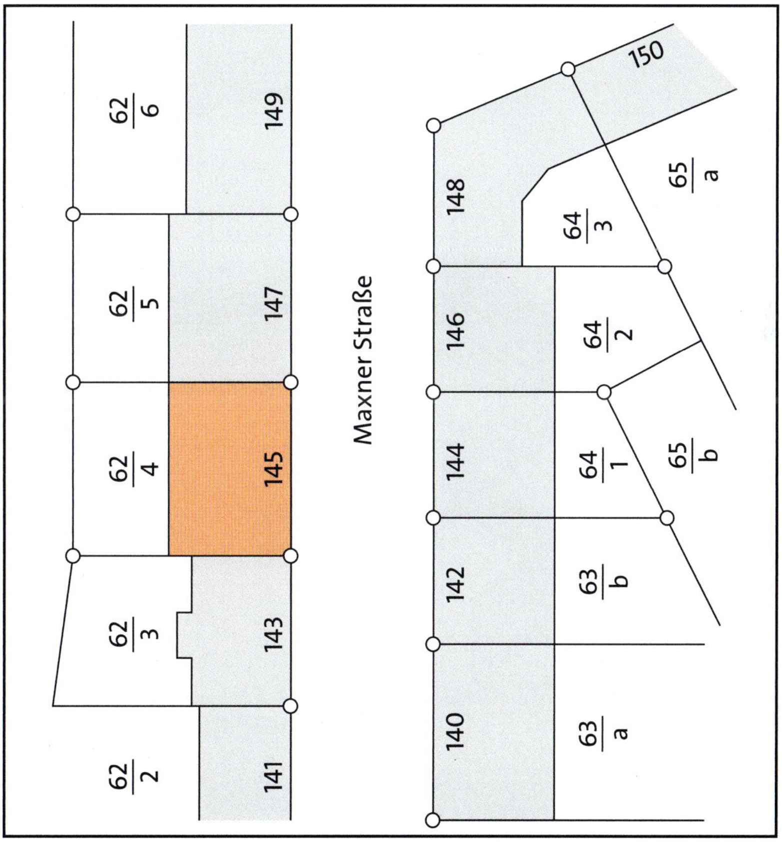

Schnitt

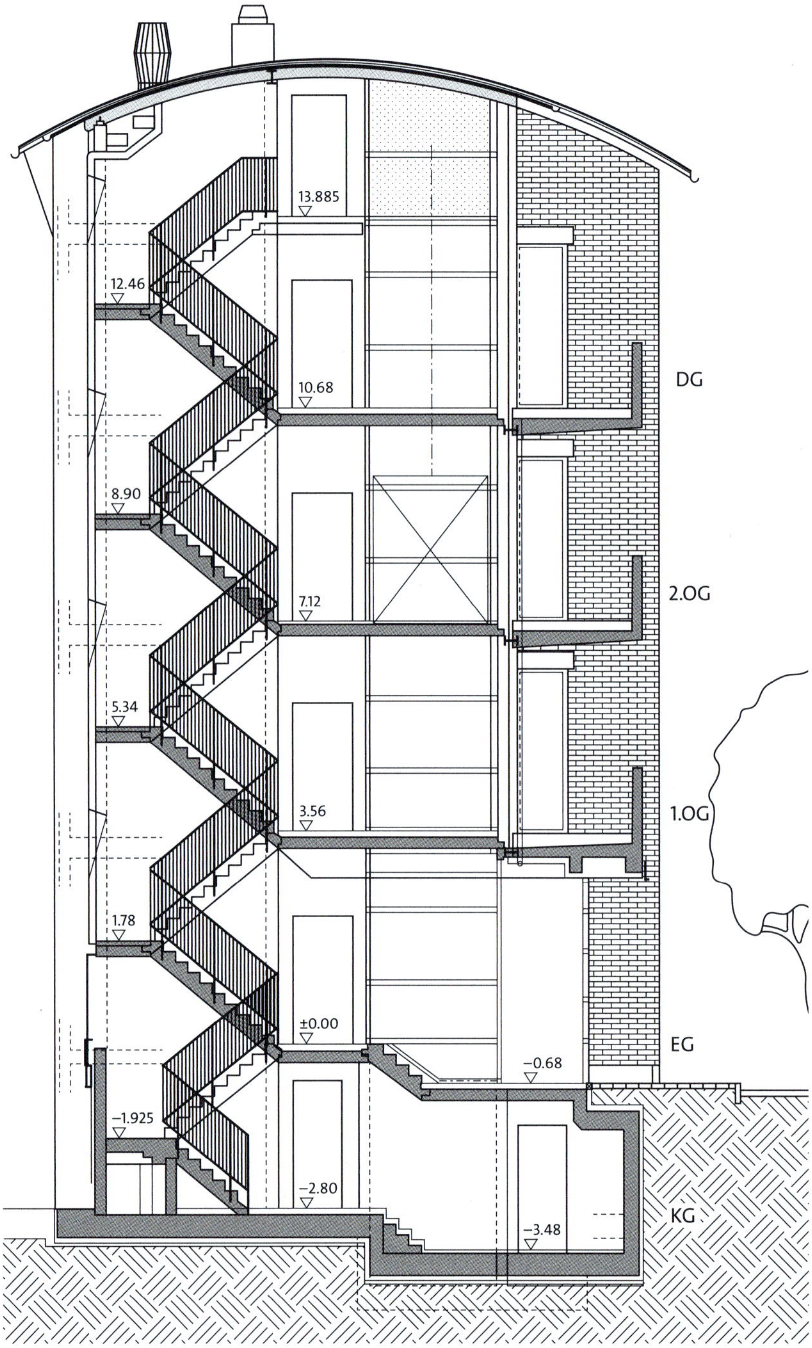
13.885
12.46
10.68
DG
8.90
7.12
2.OG
5.34
3.56
1.OG
1.78
±0.00
EG
−0.68
−1.925
−2.80
KG
−3.48

Grundriss, 1. OG

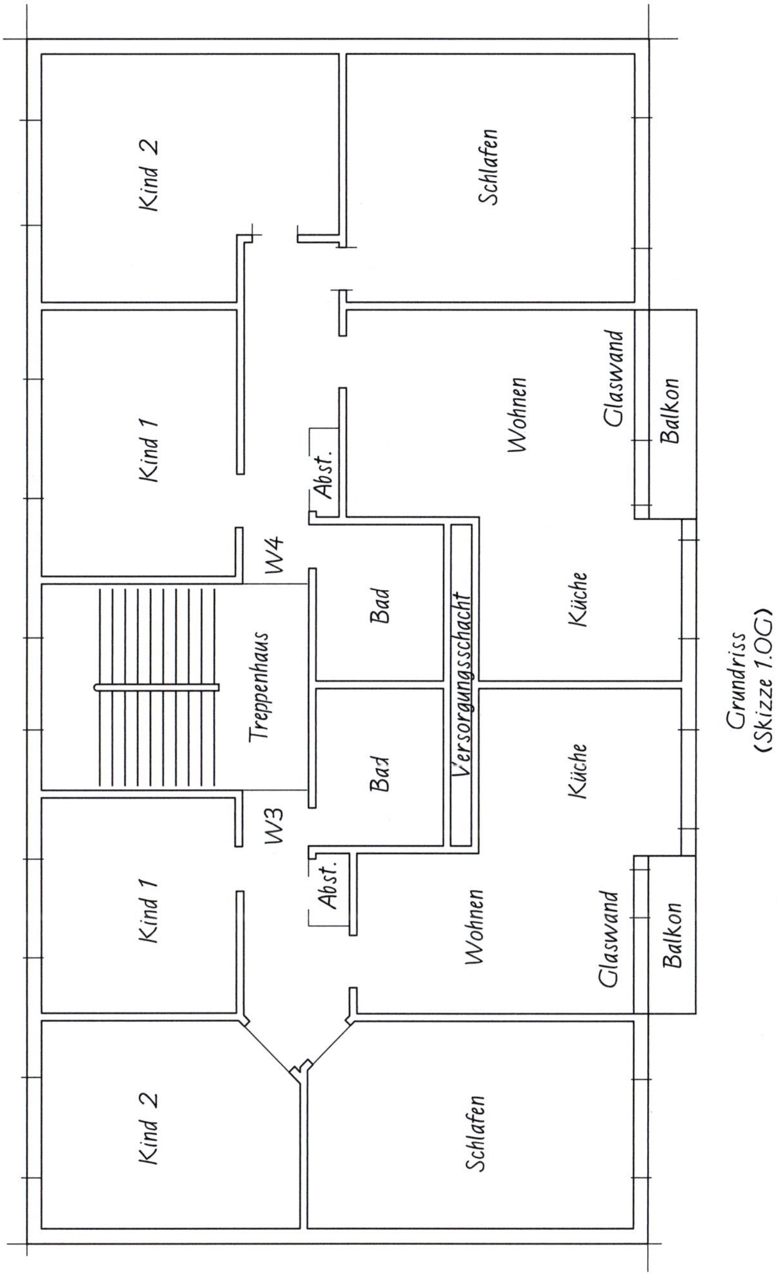

2.4 Die Abgeschlossenheitsbescheinigung

Vertragliche Einräumung von Sondereigentum:
§ 3 WEG

Grundbuchvorschriften:
§ 7 WEG

Im WEG ist nicht als Bedingung vorgeschrieben, dass Sondereigentum nur nach Vorlage einer Abgeschlossenheitsbescheinigung begründet werden kann (§ 3 Abs. 3 WEG – sog. **Sollvorschrift**).

In der Praxis nimmt das Grundbuchamt eine Teilung aber nicht vor, solange die Abgeschlossenheitsbescheinigung nicht vorliegt. Die gesetzliche Grundlage hierfür ist § 7 Abs. 4 Nr. 2 WEG.

Merke!

Ausgestellt wird eine Abgeschlossenheitsbescheinigung durch die zuständige Baubehörde.

In der originalen Abgeschlossenheitsbescheinigung ist immer der grüne Stempel des genehmigenden Amtes vorhanden.

Voraussetzungen für das Ausstellen einer Abgeschlossenheitsbescheinigung sind:

- Jede Wohnung muss baulich vollkommen von den anderen Wohnungen getrennt sein, z. B. durch Decken und Wände.
- Eine Wohnung muss einen eigenen Zugang unmittelbar vom Freien, von einem Treppenhaus oder einem Vorraum aus haben.
- Zu einer Wohnung können zusätzlich Räume außerhalb des Wohnungsabschlusses gehören, z. B. ein Abstellraum auf der halben Treppe.
- Jede Wohnung muss mit einer Wasser-/Abwasserversorgung, einer Waschmöglichkeit und einem WC sowie einer Kochgelegenheit ausgestattet sein.
- Zusätzliche Räume, wie z. B. Dachboden oder Kellerräume, die sich außerhalb der Wohnung befinden, müssen verschließbar sein.
- Stellplätze sind auch als Sondereigentum anzugeben.

Merke!

Für die Einräumung und Teilung ist immer eine entsprechende Eintragung im Grundbuch notwendig.

2.5 Unbedenklichkeitsbescheinigung nach dem Grunderwerbsteuergesetz (GrEStG)

Unbedenklichkeitsbescheinigung:
§ 22 GrEStG

Nach § 22 Abs. 1 GrEStG dürfen Erwerber eines Grundstücks oder eines Erbbaurechts in das Grundbuch erst dann als Eigentümer oder als Erbbauberechtige eingetragen werden, wenn eine Bescheinigung des Finanzamtes dargelegt wird, dass der Eintragung keine steuerlichen Bedenken entgegenstehen.

Diese Bescheinigung wird das Finanzamt erteilen, sobald die **Grunderwerbsteuer gezahlt ist**, die zur Beschleunigung des Verfahrens auch vor Fälligkeit entrichtet werden kann.

3 Die Gemeinschaft der Wohnungseigentümer (Wohnungseigentümergemeinschaft, personaler Verband)

Beispiel

Nachdem sich Isabell in den letzten Tagen eingehender mit den Grundbegriffen sowie der Begründung von Wohnungs- und Teileigentum beschäftigt hat, befasst sie sich nun genauer mit den Fragen, was eine Wohnungseigentümergemeinschaft auszeichnet und welche Rechte und Pflichten ihr zufallen. Dabei möchte sie sich aber zuerst einmal klarmachen, was genau einen Wohnungseigentümer kennzeichnet.

3.1 Der Wohnungseigentümer

Wohnungseigentümer ist, wer im Grundbuch eingetragen ist. Trotz fehlender Grundbucheintragung kann Wohnungseigentümer werden, wer durch einen Erbfall oder durch Zuschlag in einem Zwangsversteigerungsverfahren (§ 90 ZVG) eine Wohnung erwirbt. Daraus ergeben sich wiederum Rechte und Pflichten für diese.

Grundbuch

▶ LF 7, Kap. 3

Merke!

Die Rechte und Pflichten eines Wohnungseigentümers ergeben sich aus den §§ 10-19 WEG. Dabei wird insbesondere in § 13 WEG auf die Rechte eingegangen (Rechte des Wohnungseigentümers aus dem Sondereigentum) und in § 14 WEG auf die Pflichten (Pflichten des Wohnungseigentümers). Darüber hinaus haben aber z. B. auch die Gemeinschaftsordnung und die Rechtsprechung Einfluss auf die Rechte und Pflichten.

Zu den Rechten eines Wohnungseigentümers zählen z. B.
- das Recht der freien Nutzung und Gestaltung seiner Wohnung,
- das Recht, bauliche Maßnahmen und Veränderungen in seinem Sondereigentum vornehmen zu dürfen und
- das Recht der Stimmabgabe im Rahmen der Wohnungseigentümerversammlung.

Zur freien Nutzung gehört auch die Entscheidung, ob die Wohnung selbst bezogen, vermietet oder verpachtet werden soll.

Jeder Wohnungseigentümer kann von der Gemeinschaft der Wohnungseigentümer eine Benutzung des gemeinschaftlichen Eigentums und Sondereigentums verlangen, die dem Interesse der Gesamtheit der Wohnungseigentümer nach billigem Ermessen (ordnungsmäßige Verwaltung und Benutzung) und, soweit solche bestehen, den gesetzlichen Regelungen, Vereinbarungen und Beschlüssen entsprechen.

Mit der WEG-Reform wurde § 18 Abs. 2 Nr. 2 WEG der Begriff „Gebrauch" (WEG a. F.) ersetzt durch den Begriff „Benutzung" (WEG n. F.).

Somit hat jeder Wohnungseigentümer den **Individualanspruch gegen die Gemeinschaft** auf eine ordnungsgemäße Benutzung des Gemeinschaftseigentums und des Sondereigentums.

> **Merke!**
>
> Grundsätzlich kann jeder Wohnungseigentümer über die Benutzung seiner Wohnung frei entscheiden. Ausnahmen: Er verstößt gegen geltendes Recht bzw. die Rechte der anderen Eigentümer oder es ergeben sich Nutzungsbeschränkungen aus der Teilungserklärung oder Gemeinschaftsordnung.

Die gewerbliche Nutzung kann z. B. Einschränkungen unterliegen.

Neben den Rechten fallen einem Wohnungseigentümer aber auch Pflichten zu, die für ihn bindend sind. Dazu gehören u. a.

- die Pflicht, sein Sondereigentum instand zu halten,
- die Pflicht, das Gemeinschaftseigentum so zu nutzen, dass sich für die anderen Eigentümer keine Nachteile daraus ergeben sowie
- die Pflicht zur Hausgeldzahlung.

3.2 Die Wohnungseigentümergemeinschaft

Gemeinschaft der Wohnungseigentümer:
§ 9a WEG

Eine Wohnungseigentümergemeinschaft umfasst die Gesamtheit derer, die einen Eigentumsanteil an einer WEG-Immobilie besitzen. Durch den Kauf von z.B. einer Wohnung wird man automatisch Teil der Gemeinschaft. Allerdings entsteht sie erst mit dem Anlegen der Wohnungsgrundbücher (§ 9a Abs. 1 S. 2 WEG). Zu Beginn besteht die Gemeinschaft oftmals nur als Ein-Personen-Gesellschaft (§ 8 WEG). Die Gemeinschaft der Wohnungseigentümer entsteht nicht durch einen Vertrag, sondern kraft Gesetzes und ist untrennbar.

> **Beispiel**
>
> Der Eigentümer A (oder Bauträger) nimmt die Aufteilung eines Mehrfamilienhauses in 10 Eigentumswohnungen vor. Es werden 10 Wohnungsgrundbücher angelegt. In allen 10 Wohnungsgrundbüchern ist der Eigentümer A als jeweiliger Eigentümer eingetragen. Er kann somit auch schon Verträge abschließen, die für alle kommenden Eigentümer gelten.

Teilung durch den Eigentümer:
§ 8 WEG

Die **„Werdende Wohnungseigentümergemeinschaft“**, welche es vor der WEG-Reform noch gab und die eine Vorgemeinschaft bis zur rechtlichen Entstehung einer Wohnungseigentümergemeinschaft darstellte, existiert nicht mehr (§ 8 Abs. 3 WEG).

Jeder Eigentümer ist (Zwangs-)Mitglied der Gemeinschaft der Wohnungseigentümer. Die Gemeinschaft der Wohnungseigentümer ist ein sogenannter **personaler Verband**.

> **Personaler Verband**
>
> Eine Gemeinschaft der Wohnungseigentümer tendiert nicht in Richtung einer Personengesellschaft, sondern ist körperlich zu verstehen.

Verwalter
▶ LF 9, Kap. 5

Seit der WEG-Reform ist eine Wohnungseigentümergemeinschaft nun im vollen Umfang rechtsfähig und wird nach außen durch den **Verwalter (handelndes Organ)** vertreten.

Der **Zweck** der Wohnungseigentümergemeinschaft ist darauf ausgerichtet die **Werterhaltung des gemeinschaftlichen Eigentums** zu sichern. Das bedeutet, die Eigentümer müssen sich um
- Bewirtschaftung,
- Instandhaltung und
- Modernisierung kümmern.

Die zentralen Aufgaben einer Wohnungseigentümergemeinschaft beziehen sich dabei auf die
- Verwaltung des gemeinschaftlichen Eigentums (§ 9a Abs. 3 WEG),
- Verwaltung des Vermögens der Gemeinschaft (§ 9a Abs. 3 WEG) sowie
- Erfüllung der Rechte und Pflichten der Gemeinschaft.

Dazu kann die Gemeinschaft Verträge mit Lieferanten, Versorgern usw. abschließen. Das heißt, Vertragspartner ist die Gemeinschaft und nicht der einzelne Eigentümer.

Merke!

Hat ein Lieferant eine Gesamtforderung aus einem Vertrag gegenüber der Eigentümergemeinschaft, so kann der Lieferant damit nicht an einzelne Eigentümer herantreten. Es ist also nicht möglich, die Forderung gegen das private Vermögen einzelner Eigentümer zu stellen. Der einzelne Eigentümer haftet nur in Höhe seiner Miteigentumsanteile.

Miteigentumsanteile
▶ LF 9, Kap. 1.6

Eine Eigentümergemeinschaft
- ist somit Kontoinhaber,
- kann Verträge schließen,
- kann klagen bzw. verklagt werden, also Prozesspartei sein, und
- handelt unter dem Namen der Gemeinschaft, z. B. „Wohnungseigentümergemeinschaft Musterstraße 8".

3.3 Rechte und Pflichten der Wohnungseigentümergemeinschaft

So wie jedem einzelnen Wohnungseigentümer Rechte und Pflichten aus dem Besitz seiner Immobilie zufallen, so kommen auch der Wohnungseigentümergemeinschaft verschiedene Rechte und Pflichten zu.

Verwaltung und Benutzung:
§ 18 WEG

Die Eigentümergemeinschaft hat beispielsweise Anspruch auf die Erstellung eines **Wirtschaftsplans**, einer **Jahresabrechnung** und eines **Vermögensberichts** durch den Verwalter. Darüber hinaus hat jeder Eigentümer gegenüber der Gemeinschaft Anspruch auf eine ordnungsgemäße Verwaltung (§ 18 Abs. 2 WEG).

Verwalter
▶ LF 9, Kap. 5

Merke!

Vor der WEG-Reform hatte auch der einzelne Eigentümer diesen Anspruch gegenüber der Verwaltung, nunmehr besteht dieser Anspruch nur gegen die Gemeinschaft.

Anders als bei den Kosten, die durch das Sondereigentum entstehen und vom Wohnungseigentümer selbst zu zahlen sind, fallen Kosten, die durch das Gemeinschaftseigentum entstehen, der Wohnungseigentümergemeinschaft zu.

Dazu zählen insbesondere die Kosten, die durch die Verwaltung und den gemeinschaftlichen Gebrauch des gemeinschaftlichen Eigentums entstehen. Sie werden nach dem Verhältnis der Miteigentumsanteile auf die einzelnen Wohnungseigentümer verteilt (§ 16 Abs. 1 S. 2 WEG).

Nutzen und Kosten:
§ 16 WEG

Beispiel

In der WEG-Wohnanlage Maxner Straße 145, 04317 Leipzig, für die die MEWOH Musterwohn GmbH die Verwaltung übernommen hat, ist der Schließzylinder der Haustür defekt und muss ausgetauscht werden. Die Kosten trägt die Wohnungseigentümergemeinschaft (Kostenverteilung nach den Miteigentumsanteilen), da die Haustür zum Gemeinschaftseigentum gehört.

Würde es sich um eine Zimmertür handeln, die sich in einer Wohnung befindet, müsste der entsprechende Wohnungseigentümer die Kosten allein tragen, da die Zimmertür zum Sondereigentum gehört.

Grundsätzlich muss berücksichtigt werden, dass die Rechte und Pflichten der Eigentümer eng verbunden sind mit den Rechten und Pflichten der Eigentümergemeinschaft. Daher spielt an dieser Stelle auch die Gemeinschaftsordnung eine wichtige Rolle, da sie die Rechte und Pflichten der Eigentümer regelt und somit eine grundlegende Ordnung der Gemeinschaft schafft.

3.4 Bildung von Untergemeinschaften in einer Mehrhausanlage

Von einer Mehrhausanlage wird gesprochen, wenn sich das Sondereigentum über mehrere Gebäude verteilt.

Das Innenverhältnis regelt das (rechtliche) Verhältnis der Eigentümer untereinander.

Handelt es sich um eine **Mehrhausanlage**, z.B. Reihenhäuser oder mehrere Einzelhäuser, so können auch diese eine Wohnungseigentümergemeinschaft bilden. Dabei ist es möglich, im Innenverhältnis Untergemeinschaften zu bilden. Jedes Gebäude kann somit eine eigene Verwaltungszuständigkeit erlangen. Ausschlaggebend sind dabei die Regelungen in der Gemeinschaftsordnung der Wohnungseigentümergemeinschaft der Gesamtanlage.

Eine Gemeinschaftsordnung kann zum Beispiel folgende Regelungen enthalten:
- Sondernutzungsrechte am gesamten gemeinschaftlichen Eigentum des jeweiligen Gebäudes
- die Berechtigung, allein über bauliche Veränderungen am betreffenden Gebäude zu entscheiden
- alleinige Kostentragung zur Instandsetzung und Instandhaltung des Gebäudes
- getrennte Abrechnungen zu den anderen Gebäuden
- Bildung einer eigenen Instandhaltungsrücklage

Grundsätzlich gilt aber, dass Angelegenheiten von Untergemeinschaften nur in einer Versammlung aller Wohnungseigentümer geregelt werden können. Gegebenenfalls besteht die Möglichkeit einer Abweichung durch eine Öffnungsklausel.

4 Wohnungs- und Teileigentumsgrundbuch

4.1 Anlage des Wohnungs- bzw. Teileigentumsgrundbuchs

Bei der Begründung von Wohnungseigentum wird das Grundbuch des ungeteilten Grundstücks von Amts wegen geschlossen, da das Grundstück aufgeteilt wird. Im Bestandsverzeichnis wird ein Schließungsvermerk eingetragen. Damit existiert das Grundstück im Rechtssinne nicht mehr.

Für jeden Miteigentumsanteil wird dann ein eigenes Grundbuch eröffnet (Wohnungs-bzw. Teileigentumsgrundbuch).

Teileigentum kennzeichnet Sondereigentum, das nicht für Wohnzwecke gedacht ist (z. B. Räumlichkeiten für ein Gewerbe).

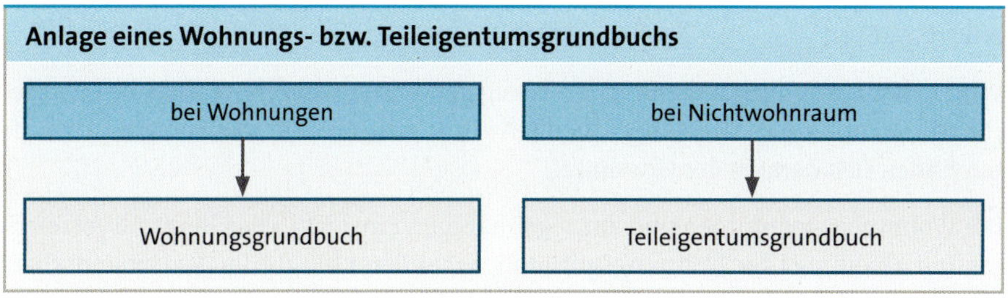

Das Wohnungs- bzw. Teileigentumsgrundbuch besteht aus einem Deckblatt, dem Bestandsverzeichnis und den Abteilungen I–III.

Aufbau und Inhalt des Grundbuchs

▶ LF 7, Kap. 3.2

4.2 Eintragungen im Bestandsverzeichnis

Das Bestandsverzeichnis

▶ LF 7, Kap. 3.4

Im Bestandsverzeichnis sind die katastertechnischen Grundstücksbeschreibungen vermerkt:

- Lage und Größe des Grundstücks
- Bezeichnung im Kataster: Gemarkung, Flur und Flurstück
- Nummer der Wohn- oder Teileigentumseinheit

Zusätzlich sind auch eingetragen

- der/die Miteigentumsanteil(e) am Grundstück,
- mögliche Sondernutzungsrechte sowie
- Veräußerungsbeschränkungen, wie z. B. die Zustimmungspflicht durch den Verwalter bei Veräußerung der Wohnung.

Abteilung I

In Abteilung I sind die jeweiligen Eigentümer aufgeführt. Handelt es sich bei den Eigentümern um Gemeinschaften oder Gesellschaften, ist auch dies ggf. unter Angabe der jeweiligen Anteile vermerkt.

Handelt es sich z. B. um eine Erbengemeinschaft, so enthält Abteilung I die Listung der einzelnen Erben mit der Bezeichnung „in Erbengemeinschaft", bei Gesellschaftern einer GbR findet sich der Vermerk „als Gesellschaft bürgerlichen Rechts".

dienendes Grundstück

▶ LF 7, Kap. 3.4

Rezess

Beschluss, Vergleich, Vereinbarung

konstitutive Wirkung

Handlung, auf die eine Rechtswirkung folgt

Grundakte

▶ LF 7, Kap. 3.2

Abteilung II

In Abteilung II sind sämtliche Lasten, Belastungen und Beschränkungen verzeichnet, soweit es sich nicht um Grundpfandrechte handelt:

- Grunddienstbarkeiten, soweit es sich bei dem gemeinschaftlichen Grundstück um das „dienende" handelt. In aller Regel – mit Ausnahme eines Rezesses oder einer altrechtlichen Grunddienstbarkeit – hat die Eintragung konstitutive Wirkung.
- Auflassungsvormerkungen
- Verfügungsbeschränkungen, wie insbesondere Insolvenz- und Testamentsvollstreckungsvermerke, Vorkaufsrecht, Nießbrauch, Anordnung der Zwangsverwaltung oder Zwangsversteigerung

Grundpfandrechte wiederum sind in Abteilung III eingetragen.

Abteilung III

In Abteilung III sind die Grundpfandrechte vermerkt:

- Grundschulden,
- Sicherungsgrundschulden und
- Hypotheken.

Wird in der Eintragung auf Urkunden Bezug genommen, so gehört auch die entsprechende Urkunde zum Grundbuchinhalt. Ausfertigungen oder beglaubigte Abschriften finden sich dann in der Grundakte.

Die Wohnungseigentümer sind zur regelmäßigen Einsicht in das Bestandsverzeichnis und Abteilung I der Wohnungsgrundbücher anderer Mitglieder der Gemeinschaft berechtigt, nicht aber zur Kenntnisnahme der Belastungen in Abteilung II und III.

Grundbuchamt Leipzig   Grundbuch von Wiesengrund   Blatt 157   Bestandsverzeichnis

Lfd. Nr. der Grundstücke	Bish. lfd. Nr. der Grundstücke	Bezeichnung der Grundstücke und der mit dem Eigentum verbundenen Rechte			Größe
		Gemarkung		Wirtschaftsart und Lage	m²
		Flur	Flurstück		
1	2	3a	3b	3c	4
1		1	62/4	Gebäude und Freifläche	1.200
		1.164,294/10.000 Miteigentumsanteil an dem Grundstück Maxner Straße 145, verbunden mit der Wohnung im Erdgeschoss links, im Aufteilungsplan mit der Nr. 1 bezeichnet, verbunden mit dem Sondernutzungsrecht am Kellerraum Nr. 1. Das Miteigentum ist durch die Einräumung der zu den anderen Miteigentumsanteilen gehörenden Sondereigentumsrechte (eingetragen in den Blättern 151–155, ausgenommen dieses Blatt) beschränkt. Veräußerungsbeschränkung: Zustimmung durch den Verwalter Im Übrigen wird wegen des Gegenstandes und des Inhaltes des Sondereigentums auf die Bewilligung vom 27.08.2017 (Notarin Ulmar URNr. 1024/2017) Bezug genommen. Eingetragen am 12.05.2022			

5 Verwaltung von Wohnungs- und Teileigentum

SB ▶ SITUATION 74
Verwaltung von Wohnungseigentum

Beispiel

Die MEWOH Musterwohn GmbH hat sich dazu entschieden, die zuletzt eingegangene Anfrage zur Übernahme der Verwaltung einer Wohnungsgemeinschaft anzunehmen. In diesem Zusammenhang möchte die für die WEG-Verwaltung zuständige Teamleiterin Frau Schmitt, dass auch Isabell zukünftig einige Aufgaben unterstützend übernehmen soll. Da in der Berufsschule momentan die Verwaltung von Wohnungs- und Teileigentum Thema ist, hat Isabell auch schon eine klare Vorstellung, welche Aufgaben zukünftig auf sie warten.

5.1 Grundlagen der ordnungsgemäßen Verwaltung

Die Verwaltung teilt sich in drei Bereiche auf:

Aufteilung der Verwaltung

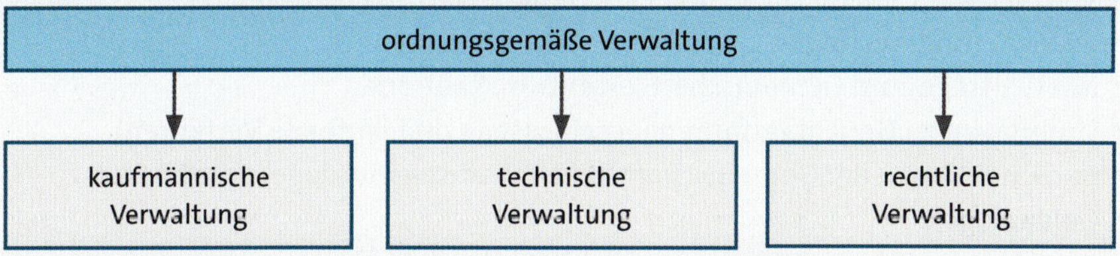

5.1.1 Kaufmännische Verwaltung

Der Verwalter
▶ LF 9, Kap. 5.2

Das Verwalten einer Immobilie ist mit den verschiedensten Aufgaben verbunden. Im Bereich der kaufmännischen Verwaltung fallen dem Verwalter z.B. die folgenden Aufgaben zu:
- Prüfung und Zahlung von Rechnungen
- Buchführung
- Planung von Budget und Kosten
- Verwaltung der Mietverhältnisse

5.1.2 Technische Verwaltung

Zur technischen Verwaltung gehören unter anderem folgende Aufgaben:
- Überwachung des Bauzustands der Wohnungseigentumsanlage (Gebäude und technische Anlagen)
- regelmäßige Begehungen
- Erstellung von Instandhaltungsplänen
- Überwachung von Instandhaltungsmaßnahmen
- Überwachung Wartungsintervalle

5.1.3 Rechtliche Verwaltung

Neben der kaufmännischen und der technischen Verwaltung gibt es auch Aufgaben, die in die rechtliche Verwaltung fallen. Dazu können gehören
- das Klären von juristischen Fragen,
- das Vertreten von Eigentümern vor Gericht und
- das Bearbeiten und Prüfen von Versicherungsfällen.

5.1.4 Erforderliche Unterlagen

Damit ein Verwalter von Anfang an seinen Aufgaben im vollen Umfang nachkommen kann, sind ihm bei Verwaltungsbeginn u. a. die folgenden Unterlagen durch die Wohnungseigentümergemeinschaft zur Verfügung zu stellen:
- Teilungserklärung
- Aufteilungsplan mit Abgeschlossenheitsbescheinigung
- Eigentümerliste
- Beschlusssammlung
- Protokolle der vergangenen Eigentümerversammlungen
- Lagepläne, Bauzeichnungen, Leitungspläne (sofern vorhanden)
- Betriebs- und Bedienungsanleitungen für technische Anlagen
- Unterlagen zu offenen Gewährleistungsansprüchen
- Verträge mit Dienstleistern und Lieferanten, Wartungsverträge
- Versicherungsverträge
- Mietverträge zum Gemeinschaftseigentum, Kautionen
- Unterlagen zu Gerichtverfahren (geschlossene und laufende Verfahren)
- Bankunterlagen der Gemeinschaft (inkl. Erhaltungsrücklage), Sparbücher, Geldanlagen
- Inventarverzeichnis, Schließpläne, Schlüssel
- Gesamt- und Einzelabrechnungen der letzten Jahre
- Wirtschaftspläne der letzten Jahre
- Rechnungen und Belege der Gemeinschaft

5.2 Der Verwalter

Der Verwalter ist das **handelnde Organ** der Wohnungseigentümergemeinschaft. Ihm fallen alle Aufgaben einer ordnungsgemäßen Verwaltung zu. Bei all seinen Handlungen muss deutlich werden, dass er diese im Namen der Gemeinschaft ausführt und nicht im Namen einzelner Eigentümer bzw. in seinem eigenen Namen.

5.2.1 Innenverhältnis, Außenverhältnis, Qualifikation des Verwalters

Vertretung:
§ 9b WEG

Durch die letzte WEG-Reform wurden die Rechte des Verwalters im **Außenverhältnis** gestärkt. Künftig hat dieser eine nahezu unbeschränkte und unbeschränkbare Vertretungsmacht für die Gemeinschaft der Eigentümer (§ 9b Abs. 1 WEG). Allerdings ist z.B. für den Abschluss eines Darlehensvertrags ein Beschluss der Wohnungseigentümergemeinschaft erforderlich.

Im **Innenverhältnis** sind weiterhin alle wesentlichen Entscheidungen durch die einzelnen Eigentümer auf dem Beschlusswege zu treffen.

Grundsätzlich können Verwalter seit der WEG-Reform künftig ohne einen Beschluss Maßnahmen von untergeordneter Bedeutung treffen, die nicht zu erheblichen Verpflichtungen der WEG führen, wie z. B. das Beauftragen von Kleinreparaturen.

Dieser Anspruch ist ab dem 01.12.2023 auch gerichtlich durchsetzbar.

Zwar kann die WEG alle **Rechte und Pflichten des Verwalters durch Beschluss einschränken oder erweitern** – ein wichtiges neues Gestaltungsrecht –, allerdings betrifft das nicht die Vertretungsmacht nach außen.

Aufgaben und Befugnisse des Verwalters:
§ 27 WEG

Ab dem 01.12.2023 besteht ein Anspruch der Eigentümer, dass nur ein **zertifizierter Verwalter** bestellt wird. Entweder muss der Verwalter eine **entsprechende Qualifizierung nachweisen** oder sich einer **Sachkundeprüfung bei einer IHK** unterziehen. Verwalter, die vor dem 01.12.2020 im Amt waren, müssen bis zum 31.05.2024 die Zertifizierung ablegen.

Zertifizierter Verwalter:
§ 26a WEG

Merke!

Auf die Bestellung eines zertifizierten Verwalters nach § 26a WEG kann verzichtet werden, wenn weniger als neun Sondereigentumsrechte bestehen, ein Wohnungseigentümer zum Verwalter bestellt wurde und weniger als ein Drittel der Wohnungseigentümer (§ 25 Abs. 2 WEG) die Bestellung eines zertifizierten Verwalters verlangen.

Die Bestellung eines Verwalters erfolgt mit **einfacher Mehrheit**. Der Erstverwalter, der durch den teilenden Eigentümer eingesetzt wurde, kann für max. 3 Jahre bestellt werden. Ansonsten kann eine Bestellung bis zu jeweils 5 Jahre erfolgen.

Bestellung und Abberufung des Verwalters:
§ 26 WEG

einfache Mehrheit
Der Beschluss mit den meisten Stimmen gewinnt.

5.2.2 Aufgaben und Befugnisse des Verwalters

Auch nach der WEG-Reform sind die Aufgaben und Befugnisse des Verwalters weiterhin im § 27 WEG geregelt. Die bis dahin im § 27 WEG a. F. aufgeführte Liste der Aufgaben und Befugnisse des Verwalters fehlt allerdings.

§ 27 WEG n. F.

- (1) Der Verwalter ist gegenüber der Gemeinschaft der Wohnungseigentümer berechtigt und verpflichtet, die Maßnahmen ordnungsmäßiger Verwaltung zu treffen, die
  1. untergeordnete Bedeutung haben und nicht zu erheblichen Verpflichtungen führen oder
  2. zur Wahrung einer Frist oder zur Abwendung eines Nachteils erforderlich sind.
- (2) Die Wohnungseigentümer können die Rechte und Pflichten nach Absatz 1 durch Beschluss einschränken oder erweitern.

In der Praxis haben sich damit die Aufgaben und Befugnisse des Verwalters erst einmal gegenüber der alten Fassung nicht geändert, der § 27 WEG wurde nur pauschaler gefasst.

Im **Innenverhältnis** zwischen der Wohnungseigentümergemeinschaft und dem Verwalter hat sich insofern nur geändert, dass die Verwalterbefugnis durch die

Wohnungseigentümergemeinschaft per Beschluss erweitert oder auch eingeschränkt werden kann.

Der Gesetzgeber wollte damit erreichen, dass die Aufgaben und Befugnisse des Verwalters besser an die unterschiedlichen Wohnungseigentumsanlagen angepasst werden können.

In dringenden Fällen hat der Verwalter gemäß § 27 Abs. 1 Satz 2 die Möglichkeit, entsprechende Maßnahmen einzuleiten.

Regelung der Verwaltung und Benutzung durch Beschluss:
§ 19 WEG

Soll der Verwalter weitere Maßnahmen durchführen, die über die gesetzlich gewährten hinausgehen, so muss durch die Wohnungseigentümergemeinschaft ein entsprechender Beschluss nach § 19 Abs. 1 WEG gefasst werden.

Weitere Pflichten des Verwalters sind:
- Auskunftspflicht
- Informationspflicht, z. B. über ggf. laufende gerichtliche Verfahren oder Rechtsstreitigkeiten
- Herausgabepflicht aller Unterlagen nach Beendigung der Verwaltertätigkeit

Merke!

Grundsätzlich gilt, dass der Verwalter der Neutralitätspflicht unterliegt.

Vertretung:
§ 9b WEG

Im **Außenverhältnis** wurden durch die WEG-Reform die Rechte des Verwalters gestärkt. Künftig hat dieser eine nahezu unbeschränkte und unbeschränkbare Vertretungsmacht für die Gemeinschaft der Eigentümer (§ 9b Abs. 1 WEG).

Beispiele für die Aufgaben und Befugnisse des Verwalters

Im Rahmen der WEG-Verwaltung fallen der MEWOH Musterwohn GmbH u. a. die folgenden Aufgaben und Befugnisse zu:
- Verwaltung des Gemeinschaftsvermögens, Kontoeinrichtung und -führung
- Hausgeldinkasso, Zahlungen und Leistungen entgegennehmen
- Erhaltungsrücklage führen
- Durchführung von laufenden Zahlungen und Leistungen
- Durchführung einer ordnungsgemäßen Buchhaltung
- Vertragsmanagement mit Lieferanten und Dienstleistern
- Durchsetzung der Einhaltung der Hausordnung
- Erhaltungsmanagement (Erfassung des baulichen Zustands, Erhaltungsplanung, Erhaltungsdurchführung, usw.)
- Organisation und Durchführung der Eigentümerversammlungen
- Erstellung von Wirtschaftsplan, Jahresabrechnung und Vermögensbericht
- Führung einer Beschlusssammlung
- Durchführung von Beschlüssen
- gerichtliche und außergerichtliche Vertretung

Zu einer der Hauptaufgaben des Verwalters gehört die **Verwaltung der gemeinschaftlichen Gelder**. Der Verwalter ist verpflichtet und berechtigt, die gemeinschaftlichen Gelder zu verwalten. Darunter sind die laufenden Hausgeldzahlungen sowie die Kontoguthaben zu verstehen. Mit diesen Geldern hat der Verwalter die Verbindlichkeiten der Gemeinschaft, die aus den Beschlüssen hervorgehen, zu begleichen.

Konten der Eigentümergemeinschaft
Bei den Konten der Gemeinschaft handelt es sich um:
- Girokonten, die üblicherweise für die Hausgeldzahlungen verwendet werden
- Sparbücher
- Festgeldkonten für Gelder, die nicht kurzfristig zur Verfügung stehen müssen, z.B. Erhaltungsrücklagen
- festverzinsliche Wertpapiere

Über die längerfristige Anlage von Geldern hat die Eigentümergemeinschaft per Beschluss zu entscheiden.

Die spekulative Anlage von Geldern der Gemeinschaft entspricht **nicht** einer ordnungsgemäßen Verwaltung.

Sollte sich die Eigentümergemeinschaft für eine spekulative Geldanlage entscheiden, ist der Verwalter verpflichtet, die Eigentümergemeinschaft auf das bestehende Risiko eines Verlustes der Gelder hinzuweisen. Unterlässt er diesen Hinweis, kann er sich unter Umständen schadensersatzpflichtig machen. Es ist daher ratsam, diesen Hinweis im Protokoll aufzunehmen.

Konten dürfen durch den Verwalter nicht überzogen werden, da dies einer Kreditaufnahme gleichkommen würde, zu der der Verwalter ohne Beschluss der Gemeinschaft nicht berechtigt ist. Gegebenenfalls muss er eine Sonderumlage beschließen lassen, sollte das Hausgeld in einem bestimmten Fall nicht ausreichen. Für Überziehungszinsen kann der Verwalter durch die Gemeinschaft schadensersatzpflichtig gemacht werden.

Offene Treuhand- und Fremdkonten
Offene Treuhandkonten sind nicht für die ordnungsgemäße Verwaltung der Gelder der Gemeinschaft geeignet, da Kontoinhaber der Verwalter ist und nicht die Gemeinschaft. Der Verwalter ist zudem verpflichtet, das Vermögen der Gemeinschaft getrennt von seinem Vermögen anzulegen.

Merke!

Kontoinhaber ist die Gemeinschaft, der Verwalter ist lediglich verfügungsberechtigt.

5.3 Der Verwaltervertrag

5.3.1 Rechtsgrundlagen und Regelinhalte

Es bestehen die folgenden Möglichkeiten, einen Verwaltervertrag abzuschließen:
- Die Wohnungseigentümer beschließen über den vorliegenden Verwaltervertragsentwurf und ermächtigen den Verwaltungsbeirat oder bestimmte Eigentümer, den Vertrag zu unterzeichnen.
- Der Verwaltungsbeirat oder bestimmte Wohnungseigentümer werden ermächtigt, einen Verwaltervertrag auszuhandeln und zu unterschreiben (§ 9b WEG).

Verwaltungsbeirat
▶ LF 9, Kap. 12

Der Verwaltervertrag beginnt mit der Verwalterbestellung und dem Abschluss des Verwaltervertrags.

Verwaltervertrag

Die folgenden Angaben sollte ein Verwaltervertrag enthalten:
- Vertragspartner
- Bestellung des Verwalters
- Verwalterkompetenzen im Innenverhältnis
- Abschluss und Beendigung des Vertrags
- Aufgaben und Befugnisse des Verwalters
- Vergütung
- Pflichten der Wohnungseigentümergemeinschaft
- Vollmacht des Verwalters
- Haftung des Verwalters
- Datenschutzregelungen
- sonstige Vereinbarungen
- Widerrufsbelehrung

5.3.2 Vergütung

Die Höhe der Verwaltervergütung sowie die Vergütung von Sonderleistungen ist im Verwaltervertrag geregelt. Üblich ist eine Vergütung je Wohnungs- oder Teileigentumseinheit, Stellplatz bzw. Garage und Hobbyraum.

Beispiele

- je Wohn- bzw. Teileigentumseinheit — 25,00 EUR monatlich netto
- je Stellplatz oder Garage — 5,00 EUR monatlich netto

Vereinbarungen zur Umsatzsteuer dürfen nicht vergessen werden, wie z. B.: monatlich 25,00 EUR zuzüglich USt. in gesetzlicher Höhe (derzeit 19 %), mithin 29,75 EUR brutto je Wohnungseigentumseinheit

Sondervergütungen können zum Beispiel vereinbart werden für:
- die Durchführung von außerordentlichen Versammlungen
- die Durchführung elektronischer Versammlungen
- die Erteilung von Veräußerungszustimmungen
- die Betreuung von Baumaßnahmen
- die Bearbeitung von Versicherungsschäden

5.3.3 Haftung des Verwalters

Die Haftung des Verwalters ergibt sich aus § 276 BGB. So hat er vorsätzliche und fahrlässige Verstöße zu vertreten.

Merke!

Gegen die Grundsätze einer ordnungsgemäßen Verwaltung verstößt eine Regelung im Verwaltervertrag, nach der ein Haftungsausschluss für Vermögensschäden besteht, die der Verwalter fahrlässig verursacht hat.

Es ist ratsam für die Vertragsparteien, im Verwaltervertrag zu vereinbaren, dass der Verwalter eine entsprechende (Vermögensschaden-)Haftpflichtversicherung in ausreichender Höhe abzuschließen hat. Sie hilft dem Verwalter, wenn er aufgrund einer Pflichtverletzung z.B. durch die Wohnungseigentümergemeinschaft für einen Schaden haftbar gemacht wird.

5.3.4 Entlastung des Verwalters

Der Gesetzgeber hat im Wohnungseigentumsgesetz die Entlastung des Verwalters nicht geregelt. Durch die Entlastung des Verwalters per Beschluss in der Eigentümerversammlung wird die Tätigkeit für das gesamte abgelaufene Jahr gebilligt. Aus rechtlicher Sicht stellt die Entlastung ein negatives Schuldanerkenntnis i. S. von § 397 BGB dar, d.h., die Gemeinschaft verzichtet auf ihren Anspruch, Schadensersatz geltend zu machen.

Ausschlaggebend ist für die Eigentümer dabei immer, aus den vorliegenden Abrechnungen und Unterlagen klar erkennen zu können, dass keine Schadensersatzansprüche vorhanden sind. Bestehen Unklarheiten, sollte die Entlastung erst einmal nicht beschlossen werden. Die Verwalterentlastung sollte in einem gesonderten Beschluss mit einfacher Mehrheit erfolgen.

5.3.5 Beendigung des Verwaltervertrags

Der Verwalter kann jederzeit abberufen werden – auch ohne einen wichtigen Grund. Der Vertrag mit dem Verwalter endet spätestens 6 Monate nach der Abberufung (§ 26 Abs. 3 WEG). Die Kündigung des Verwaltervertrags kann nur durch die Eigentümergemeinschaft – nicht durch einen einzelnen Eigentümer erfolgen.

Bestellung und Abberufung des Verwalters:
§ 26 WEG

Der Verwalter kann ebenfalls seine Verwalterbestellung beenden, indem er sein Amt niederlegt.

Merke!

Mit der Niederlegung des Amts endet nicht automatisch auch der Verwaltervertrag. Dazu bedarf es einer fristlosen außerordentlichen Kündigung des Vertrages.

Mit dem Tod des Verwalters ist die Bestellung sowie auch der Verwaltervertrag beendet. Bei einer Verwaltergesellschaft findet das entsprechende Gesellschaftsrecht Anwendung. Wird eine Gesellschaft aufgelöst, enden die Bestellung und der Verwaltervertrag ebenfalls.

Wird die Verwalterfirma eines Einzelkaufmanns veräußert, bleibt die bisherige Person (Einzelkaufmann) erst einmal weiter Verwalter. Es bedarf eines Beschlusses der Eigentümergemeinschaft, dass der Erwerber der Einzelfirma zum neuen Verwalter bestellt wird.

5.4 Die Verwaltervollmacht

Die Verwaltervollmacht ergibt sich aus § 9b Abs. 1 WEG, den im Verwaltervertrag konkret beschriebenen Rechten und Pflichten sowie aus den Beschlüssen der Eigentümergemeinschaft.

Damit der Verwalter – um sich gegenüber Lieferanten oder Ämtern auszuweisen – nicht jedes Mal den kompletten Verwaltervertrag vorlegen muss, ist es sinnvoll, eine Vollmacht auszustellen.

Nach Ablauf des Verwaltervertrags erlischt die gesetzliche und vertragliche Vertretungsmacht des Verwalters. Die Originalvollmacht ist dem neuen Verwalter oder dem Vertreter der Eigentümergemeinschaft auszuhändigen.

Beispiel für eine Verwaltervollmacht

VERWALTERVOLLMACHT

Gemäß Beschluss der Eigentümerversammlung vom 29.09.2022 wurde die

MEWOH Musterwohn GmbH
Fangerstraße 15–20
04104 Leipzig

vertreten durch Frau Irene Schmitt

mit Wirkung ab dem 01.10.2022 zum Verwalter der Wohnungseigentümergemeinschaft

Maxner Straße 145
04317 Leipzig

bestellt.

Der Verwalter ist bevollmächtigt, die Eigentümergemeinschaft in allen Angelegenheiten das Objekt betreffend außergerichtlich und gerichtlich zu vertreten.

Der Verwalter wird unter ausdrücklicher Befreiung von den Vorschriften des § 181 BGB bevollmächtigt.

Der Verwalter ist bevollmächtigt, Dienst-, Werk-, Versicherungs-, Wartungs- und Liefer- beziehungsweise Versorgungsverträge sowie sonstige Rechtsgeschäfte abzuschließen und aufzulösen, die zur Erfüllung von Beschlüssen der Wohnungseigentümergemeinschaft erforderlich sind.

Der Verwalter ist befugt, vollumfänglich alle Rechte der Wohnungseigentümer gegenüber Dritten wahrzunehmen, zu regeln oder Ansprüche Dritter gegen die Wohnungseigentümergemeinschaft abzuwehren, die sich aus dem gesetzlichen Aufgabenkatalog (insbesondere aus § 27 WEG) und seinem Vertragsverhältnis ergeben.

Der Verwalter ist berechtigt, Untervollmachten für lediglich einzelne Verwaltungsangelegenheiten an besondere Fachkräfte zu erteilen; zu einer Übertragung der dem Verwalter persönlich erteilten Vollmacht im Ganzen ist der Verwalter hierbei nicht berechtigt.

Der Verwalter ist auch berechtigt, Willenserklärungen und Zustellungen entgegenzunehmen, soweit diese an alle (Wohnungs-)Eigentümer in dieser Eigenschaft gerichtet sind.

Der Verwalter ist berechtigt, Maßnahmen zu treffen, die zur Wahrung einer Frist oder zur Abwendung eines sonstigen Rechtsnachteils erforderlich sind, insbesondere einen gegen die Wohnungseigentümergemeinschaft gerichteten Rechtsstreit gemäß § 43 Nr. 1, Nr. 2, Nr. 4 oder Nr. 5 WEG im Erkenntnis- und Vollstreckungsverfahren zu führen.

Der Verwalter ist berechtigt, im Rahmen der Verwaltung der eingenommenen Gelder gemäß § 27 Abs. 1 Nr. 6 WEG Konten zu führen.

Der Verwalter ist berechtigt, alle mit der laufenden Verwaltung zusammenhängenden Leistungen und Zahlungen zu bewirken und entgegenzunehmen.

Diese Vollmacht erlischt mit Beendigung der sich aus dem Verwaltervertrag ergebenden Vertretungsmacht. Diese Vollmachtsurkunde ist mit dem Ausscheiden aus dem Verwalteramt an die Wohnungseigentümergemeinschaft beziehungsweise den von ihr neu beauftragten Verwalter herauszugeben.

Leipzig, 30.09.2022

Tanja Klausner

(als Vertreterin der Wohnungseigentümergemeinschaft)

5.5 Der Wirtschaftsplan

SB ▶ **SITUATION 75 Erarbeitung eines Wirtschaftsplans**

Durch die Aufstellung bzw. den Beschluss eines Wirtschaftsplans wird die Eigentümergemeinschaft erst in die Lage versetzt, die für die Bewirtschaftung der Wohnungseigentumsanlage notwendigen Gelder anzusammeln. Der Verwalter schuldet gegenüber der Gemeinschaft die **Aufstellung eines entsprechenden Wirtschaftsplans** und hat diesen in der Eigentümerversammlung zur Beschlussfassung vorzulegen.

Im Wirtschaftsplan wird festgelegt, welche Beträge die Eigentümergemeinschaft im Wirtschaftsjahr ausgeben bzw. einnehmen will. Nach § 28 Absatz 1 WEG muss jeweils für ein Wirtschaftsjahr (= ein Kalenderjahr) ein Wirtschaftsplan aufgestellt werden. Dieser ist so zu kalkulieren, dass die Eigentümergemeinschaft ihre Verbindlichkeiten begleichen kann. Die Erhaltungsrücklage ist Bestandteil des Wirtschaftsplans.

Wirtschaftsplan, Jahresabrechnung, Vermögensbericht:
§ 28 WEG

In einem Wirtschaftsplan werden die geplanten Einnahmen und Ausgaben des Wirtschaftsjahres erfasst.

Der Wirtschaftsplan besteht aus zwei Teilen: dem Gesamtwirtschaftsplan und dem Einzelwirtschaftsplan.

Erhaltungsrücklage
▶ LF 9, Kap. 5.7

Im **Gesamtwirtschaftsplan** sind alle Einnahmen und Ausgaben der Eigentümergemeinschaft enthalten.

In den **Einzelwirtschaftsplänen** wird festgelegt, wie viel jeder Eigentümer an Vorauszahlungen zu leisten hat.

Merke!

Der Wirtschaftsplan bedarf eines Beschlusses. Mit dem Beschluss über die zu zahlenden Vorschüsse (Hausgeld, Erhaltungsrücklage, Sonderumlagen) erhält die Eigentümergemeinschaft einen Zahlungsanspruch gegen den einzelnen Eigentümer.

Das Hausgeld beinhaltet z. B. Betriebskosten, Kosten für den Hausmeister, Versicherungen und die Verwaltung.

Eine Sonderumlage kann beschlossen werden, wenn eine außergewöhnliche finanzielle Kostenbelastung entsteht, die nicht allein durch das Hausgeld bzw. die Rücklage aufgefangen werden kann, z. B. für eine kostspielige Reparatur am Dach.

In der Regel wird das Hausgeld in Form von monatlichen Vorschüssen durch die Eigentümer gezahlt. Abweichungen bzw. genaue Festlegungen zum Zahlungstermin sind oftmals in der Teilungserklärung/Gemeinschaftsordnung geregelt.

Grundlage des Wirtschaftsplans ist in der Praxis die Jahresabrechnung des Vorjahres zuzüglich Preissteigerungen und/oder Kosten für notwendige Reparaturen oder Instandhaltungen.

Der Wirtschaftsplan sollte spätestens in den ersten Monaten des Wirtschaftsjahres aufgestellt werden. Damit wird auch vermieden, dass die Eigentümergemeinschaft nicht liquide ist und dass einzelne Eigentümer rückwirkend hohe Nachzahlungen tätigen müssen.

In der Praxis wird oft beschlossen, dass der Wirtschaftsplan über das Wirtschaftsjahr hinaus gilt, so lange bis ein neuer Wirtschaftsplan beschlossen wird. Ansonsten würde der Wirtschaftsplan am Ende des Wirtschaftsjahres enden und die Gemeinschaft keinen Geldzufluss mehr bekommen.

Im Wirtschaftsplan sind die vereinbarten Umlageschlüssel zu beachten.

Beispiel für einen Wirtschaftsplan

Gesamt- und Einzelwirtschaftsplan 2021
(01.01.2021 bis 31.12.2021)

MEWOH Musterwohn GmbH
Mieten. Einziehen. Wohlfühlen.

Wohnungseigentümergemeinschaft
Maxner Straße 145
04317 Leipzig

Wohnung-Nr. 1

Erläuterung der Verteilungsschlüssel

Umlageart	Gesamt	Ihr Anteil	Verteilerschlüssel
Miteigentumsanteile (MEA)	10.000/10.000	1.164,296/10.000	1.164,296/10.000
Einheiten (SE-Einheiten)	8	1	1/8
Verbrauch	auf der Grundlage der letzten Jahresabrechnung		

Einnahmen und Ausgaben

	Gesamtbetrag in €	Umlageart	Verteilerschlüssel	Ihr Anteil in €
1. Einnahmen				
Zinsen – Girokonto	10,00	MEA	1.164,296/10.000	1,16
Einnahmen (gesamt)	**10,00**			**1,16**

2. Ausgaben				
Straßenreinigung	150,00	MEA	1.164,296/10.000	17,46
Winterdienst	250,00	MEA	1.164,296/10.000	29,11
Hausreinigung	1.650,00	MEA	1.164,296/10.000	192,11
Müllabfuhr	1.500,00	MEA	1.164,296/10.000	174,64
Gartenpflege	700,00	MEA	1.164,296/10.000	81,50
Beleuchtungskosten	500,00	MEA	1.164,296/10.000	58,21
Gebäudeversicherung	2.900,00	MEA	1.164,296/10.000	337,65
Haftpflichtversicherung	150,00	MEA	1.164,296/10.000	17,46
Verwaltungskosten	3.000,00	Einheiten	1/8	375,00
Kaltwasser	1.500,00	Verbrauch	–	290,00
Abwasser	1.600,00	Verbrauch	–	270,00
Heizung/Warmwasser	10.000,00	Verbrauch	–	1.200,00
Kontogebühren	30,00	MEA	1.164,296/10.000	3,49
Instandhaltung/ Kleinreparaturen	3.700,00	MEA	1.164,296/10.000	430,79
Ausgaben (gesamt)	**27.630,00**			**3.477,42**
3. Erhaltungsrücklage				
Erhaltungsrücklage	10.000,00	MEA	1.164,296/10.000	1.164,30
Erhaltungsrücklage (gesamt)	**10.000,00**			**1.164,30**
Summe	**37.620,00**			**4.641,72**
Jahresbeitrag Hausgeld und Rücklage				**4.641,72**
Zahlungsweise			monatlich	386,81

Hausgeld	monatlich	289,78 EUR
Erhaltungsrücklage	monatlich	97,03 EUR
Gesamtbetrag	**monatlich**	**386,81 EUR**

Merke!

Der Gesamt- und Einzelwirtschaftsplan wird rückwirkend zum 01.01. des Wirtschaftsjahres beschlossen.

5.6 Die Erhaltungsrücklage (§ 19 WEG)

Regelung der Verwaltung und Benutzung durch Beschluss:
§ 19 WEG

Was vor der WEG-Reform als „Instandhaltungsrücklage" bezeichnet wurde, ist jetzt als „Erhaltungsrücklage" zu bezeichnen. Ein inhaltlicher Unterschied ist nicht erkennbar, außer, dass sich die Bezeichnung geändert hat und die Erhaltungsrücklage im Vermögensbericht ausgewiesen werden muss.

ordnungsgemäße Verwaltung
▶ LF 9, Kap. 5.1

Verwaltung und Benutzung:
§ 18 WEG

Um Erhaltungsmaßnahmen zukünftig finanzieren zu können, ist die Ansammlung einer angemessenen Erhaltungsrücklage vorzunehmen. Damit soll die Wohnungseigentümergemeinschaft davor geschützt werden, dass bei dringend anfallenden Instandhaltungsmaßnahmen kein Geld vorhanden ist und die Eigentümer gezwungen sind, jeweils eine Sonderumlage zu tätigen. Die Ansammlung der Erhaltungsrücklage gehört zu den **Aufgaben einer ordnungsgemäßen Verwaltung** und kann von jedem Eigentümer gefordert werden.

Merke!

Die Erhaltungsrücklage ist gesondert vom restlichen Vermögen der Gemeinschaft verzinslich anzulegen.

Da die Erhaltungsrücklage Eigentum der Gemeinschaft ist, wird sie auch beim Ausscheiden eines Eigentümers nicht ausgezahlt. In der Regel ist es Aufgabe des Verwalters, die Erhaltungsrücklage angemessen zu berechnen und den Eigentümern zur Beschlussfassung vorzulegen.

Bei der Berechnung der Erhaltungsrücklage sind zu berücksichtigen:
- Baujahr und Größe der Wohnungseigentumsanlage
- Beschaffenheit und Zustand der Wohnungseigentumsanlage
- Alter und Zustand der technischen Anlagen
- Ablauf von Zulassungen, z. B. Heizungsanlage

Grundsätzlich sollte bei der Berechnung unterschieden werden, ob es sich um eine ältere oder eine neue Wohnungseigentumsanlage (Baujahr nach 1990) handelt.

RND
Restnutzungsdauer

Berechnung der Erhaltungsrücklage	
Erhaltungsrücklage bei älteren Anlagen	**Erhaltungsrücklage bei Neuanlagen**
Peters`sche Formel	Faustformel
$\frac{1{,}5 \cdot \text{Baukosten} \cdot (65 \text{ bis } 70\ \%)}{80 \text{ Jahre RND}}$ = Betrag je m²/jährlich	0,8 bis 1% des Kaufpreises (bei Baufertigstellung)

Die beiden Formeln sind nur Möglichkeiten, die Höhe der Erhaltungsrücklage zu berechnen. Genauer ist es, einen Erhaltungsplan mit den entsprechenden Kostengrößen als Grundlage zu nehmen, z. B.:

Beispiel

Zeitraum	Maßnahme	Geschätzte Kosten
in 10 Jahren	Neueindeckung Dach	30.000,00 €
	Erneuerung Fassade	25.000,00 €
	Erneuerung Heizungsanlage	17.000,00 €
Summe		72.000,00 €

Innerhalb von 10 Jahren muss die Eigentümergemeinschaft 72.000,00 € als Erhaltungsrücklage angespart haben.

$$\frac{72.000{,}00\ €}{10 \text{ Jahre}} = 7.200{,}00\ € \text{ pro Jahr}$$

$$\frac{7.200{,}00\ €}{10.000 \text{ MEA}} = 0{,}72\ €/10.000\text{stel MEA jährlich}$$

Miteigentumsanteile (MEA)
▶ LF 9, Kap. 1.6

Wohnung Nr. 1 mit 1.164,296 MEA (von 10.000 MEA):
0,72 € · 1.164,296 MEA = 838,29 € jährlich bzw. 69,86 € monatlich

Merke!

Den verbindlichen Erhaltungsplan beschließen die Wohnungseigentümer.

Der **Bestand der Rücklage** ist im Vermögensbericht jährlich auszuweisen. Für die Höhe der Erhaltungsrücklage hat der Gesetzgeber keine Mindest- oder Höchstgrenze vorgegeben. Wurde die genaue Höhe der Erhaltungsrücklage bereits bei der Begründung des Wohnungseigentums genau vereinbart, z.B. „je MEA 1,50 €/monatlich", dann kann diese Vereinbarung nicht durch Beschluss der Eigentümergemeinschaft geändert werde, es sei denn, es besteht eine sog. **Öffnungsklausel**.

Wirtschaftsplan, Jahresabrechnung, Vermögensbericht:

§ 28 WEG

Öffnungsklausel

▶ LF 9, Kap. 7.3

Darüber hinaus kann eine Wohnungseigentümergemeinschaft jederzeit zusätzlich Rücklagen bilden.

Beispiel

Aufgrund der aktuellen Situation beschließt die Eigentümergemeinschaft der Wohnanlage Maxner Straße 145, dass es sinnvoll ist, eine „Heizöl-/Erdgasrücklage" zu bilden, um unvorhergesehene Preissteigerungen abfangen zu können.

5.7 Die Rechnungslegung

Für die Rechnungslegung gelten die Grundlagen einer ordnungsgemäßen Buchführung. So muss jederzeit Klarheit bestehen über die Höhe:

- des Gemeinschaftsvermögens,
- der Verbindlichkeiten gegenüber den Wohnungseigentümern und Dritten,
- der Forderungen gegenüber den Wohnungseigentümern und Dritten sowie
- der Rücklagen.

Merke!

Die aktuelle wirtschaftliche Situation der Eigentümergemeinschaft muss zu jeder Zeit ersichtlich sein.

Es besteht daher das Dokumentations- und Belegprinzip, d.h., jeder Buchung muss ein Beleg zugrunde liegen als Nachweis des Geschäftsvorgangs.

Keine Buchung ohne Beleg!

▶ Band 1, LF 3, Kap. 7.2

Buchhaltungskonten sind nach einem Kontenplan zu führen. Zudem muss die Buchhaltung zeitnah durchgeführt werden.

Kontenplan

▶ Band 1, LF 3, Kap. 7.1

Verstößt der Verwalter gegen diese Pflichten, so kann er im Einzelfall auch schadensersatzpflichtig gemacht werden.

5.8 Die Jahresabrechnung

Gemäß § 28 Abs. 2 WEG hat der Verwalter nach Ablauf des Wirtschaftsjahres eine Abrechnung über das abgelaufene Wirtschaftsjahr zu erstellen. Darin sind die Einnahmen und Ausgaben der Eigentümergemeinschaft darzustellen. Es handelt sich dabei nicht um eine bilanzmäßige Darstellung.

Ausnahme bildet die Abrechnung für Heizung und Warmwasser. Sie erfolgt auch weiterhin gemäß der Heizkostenverordnung. So sind in der Gesamtabrechnung z.B. alle Ausgaben und Einnahmen zu Brennstoffen enthalten, die im Wirtschaftsjahr geflossen sind. In der Einzelabrechnung hingegen werden die Verbräuche für das Wirtschaftsjahr berücksichtigt.

Beispiel für eine Jahresabrechnung (vereinfachte Form)

Jahresgesamt- und Jahreseinzelabrechnung 2021
(01.01.2021 bis 31.12.2021)

Wohnungseigentümergemeinschaft
Maxner Straße 145
04317 Leipzig

MEWOH Musterwohn GmbH
Mieten. Einziehen. Wohlfühlen.

Wohnung-Nr. 1

Erläuterung der Verteilungsschlüssel

Umlageart	**Gesamt**	**Ihr Anteil**	**Verteilerschlüssel**
Miteigentumsanteile (MEA)	10.000/10.000	1.164,296/10.000	1.164,296/10.000
Einheiten (SE-Einheiten)	8	1	1/8
Verbrauch	auf der Grundlage der letzten Jahresabrechnung		

Gesamtabrechnung

Kontostände	**Kontonummer**	**Stand zum**	**Betrag in €**
Hausgeldkonto	...	01.01.2021	1.500,00
Rücklagenkonto	...	01.01.2022	30.000,00
Anfangsstand gesamt			**31.500,00**

	Betrag in €	**Gesamtbetrag in €**
Hausgeldkonto		
1. Einnahmen		
Zinsen – Girokonto	10,00	
Hausgelder – Vorjahre	1.000,00	
Hausgeld 2021	27.600,00	
Einnahmen (gesamt)		**28.610,00**
2. Ausgaben		
Straßenreinigung	150,00	
Winterdienst	150,00	
Hausreinigung	1.650,00	
Müllabfuhr	1.550,00	
Gartenpflege	700,00	
Beleuchtungskosten	525,00	
Gebäudeversicherung	2.900,00	
Haftpflichtversicherung	150,00	
Verwaltungskosten	3.000,00	
Kaltwasser	1.400,00	
Abwasser	1.400,00	
Heizung (Brennstoff)	11.000,00	

Wartung Heizung	500,00	
Heizung, Strom	450,00	
Messdienst, Heizkosten	1.000,00	
Nachzahlung Brennstoff für 2020	300,00	
Kontogebühren	30,00	
Instandhaltung/Kleinreparaturen	3.700,00	
Auszahlung Guthaben aus 2020	1.000,00	
Ausgaben (gesamt)		**28.225,00**

Rücklagenkonto		
1. Einnahmen		
Zuführung im Wirtschaftsjahr	10.000,00	
Zinserträge	15,00	
Einnahmen (gesamt)		**10.015,00**
2. Ausgaben		
...	0,00	
Ausgaben (gesamt)		**0,00**

Kontostände	**Kontonummer**	**Stand zum**	**Betrag in €**
Hausgeldkonto	...	31.12.2021	1.885,00
Rücklagenkonto	...	31.12.2021	40.015,00
Endstand gesamt			**41.900,00**

Einzelabrechnung

	Gesamtbetrag in €	**Umlageart**	**Verteilerschlüssel**	**Ihr Anteil in €**
A: Einnahmen und Ausgaben				
1. Einnahmen				
Zinsen – Girokonto	10,00	MEA	1.164,296/10.000	1,16
Einnahmen (gesamt)	**10,00**			**1,16**
2. Ausgaben				
Straßenreinigung	150,00	MEA	1.164,296/10.000	17,46
Winterdienst	150,00	MEA	1.164,296/10.000	17,46
Hausreinigung	1.650,00	MEA	1.164,296/10.000	192,11
Müllabfuhr	1.550,00	MEA	1.164,296/10.000	180,47
Gartenpflege	700,00	MEA	1.164,296/10.000	81,50
Beleuchtungskosten	525,00	MEA	1.164,296/10.000	61,71
Gebäudeversicherung	2.900,00	MEA	1.164,296/10.000	337,65
Haftpflichtversicherung	150,00	MEA	1.164,296/10.000	17,46
Verwaltungskosten	3.000,00	Einheiten	1/8	375,00
Kaltwasser	1.400,00	Verbrauch	–	253,00
Abwasser	1.400,00	Verbrauch	–	265,00
Heizung/Warmwasser	11.500,00	Verbrauch	Abrechnung AB GmbH	1.350,00
Kontogebühren	30,00	MEA	1.164,296/10.000	3,49
Instandhaltung/Kleinreparaturen	3.700,00	MEA	1.164,296/10.000	430,79
Ausgaben (gesamt)	**28.805,00**			**3.583,10**
3. Summe (Einnahmen und Ausgaben)	**28.795,00**			**3.581,94**

B: Einnahmen				
Ist-Vorschuss Hausgeld	27.600,00		Ihre Zahlung	3.456,28
Gesamtsumme	**27.600,00**			**3.456,28**
C: Soll-Vorschüsse				
Hausgeld gemäß WP	27.620,00	MEA	1.164,296/10/1000	3.476,28
D: Ergebnisermittlung				
Summe (Einnahmen und Ausgaben)	28.795,00			3.581,94
– Soll-Vorschuss	27.620,00			3.476,28
= Abrechnungsspitze	**1.175,00**			**105,66**
Rückstand gegenüber Wirtschaftsplan (Soll-WP und gez. Hausgeld)	20,00			20,00

Rücklagenentwicklung				
A: Status				
Anfangsstand 01.01.2021	30.000,00			3.492,90
Zuführung im Wirtschaftsjahr	10.000,00	MEA		1.164,30
Zinserträge	15,00	MEA		2,33
Bestand zum 31.12.2021	40.015,00			4.659,53

B: Beitragsrückstände				
Beitragsrückstände	0,00			0,00

Ergebniszusammenstellung	**Betrag in €**
Ihre Nachzahlung (Abrechnungsspitze)	105,66
Rückstand aus Wirtschaftsplan	20,00
Rückstand aus Erhaltungsrücklage	0,00
Ihr Gesamtnachzahlungsbetrag	**125,66**

Hinweis

In dem Abrechnungsbeispiel wurden nur einige Ausgaben und Einnahmen aufgeführt. In der Praxis sind die Kostenpositionen je nach Wohnungseigentumsanlage abweichend.

Abrechnungsspitze
▶ LF 9, Kap. 5.8.1

Beschlossen wird über die **Abrechnungsspitze**, nicht über das Zahlenwerk, das der Jahresabrechnung zugrunde liegt.

Die in dem Beispiel genutzte Darstellung ist zudem nur eine Möglichkeit. Je nach benutztem Abrechnungsprogramm wird die Abrechnung etwas anders aussehen.

Weiterhin wird noch die Übersicht zu den Beiträgen und Rückständen der Wohnungseigentümer hinsichtlich der Zahlungen zur Erhaltungsrücklage ausgewiesen.

Beispiel

Wohnungs-Nr. /Eigentümer/in	Soll in €	Ist in €	Ergebnis in €
01/Frau Khalid	1.164,30	1.164,30	0,00
02/Herr Schuster	1.164,30	1.164,30	0,00
03/...	...	...	...
Gesamt	10.000	10.000	0,00

Die Aufstellung zu den haushaltsnahen Dienstleistungen gemäß § 35a EStG gehört ebenfalls zu einer ordnungsgemäßen Abrechnung. Diese Kostenaufstellung benötigt der Eigentümer für seine Steuererklärung.

Vorsteuerabzugsberechtigten Teileigentümern ist die Umsatzsteuer in der Abrechnung separat auszuweisen.

Steuerermäßigung bei Aufwendungen für haushaltsnahe Beschäftigungsverhältnisse, haushaltsnahe Dienstleistungen und Handwerkerleistungen:

§ 35a EStG

Aktuell und zukünftig bei den Abrechnungen zu beachten:

- Aufgrund der stark gestiegenen Energiekosten hat die Bundesregierung Strom-, Gas- und Wärmepreisbremsen zur Entlastung der Privathaushalte und Unternehmen beschlossen. Entlastungen sind möglich bis April 2024 (Stand: Januar 2023).
- Am 01.01.2023 trat das Kohlendioxidkostenaufteilungsgesetz in Kraft. Demnach werden nun die Kohlendioxidkosten zwischen Vermieter und Mieter aufgeteilt (vorher zahlte der Mieter allein die komplette CO_2-Abgabe für das Heizen mit Erdgas und Öl). Der Kohlendioxidkostenanteil ist in der Rechnung des Lieferanten auszuweisen und durch den Vermieter in die Nebenkostenabrechnung zu übernehmen (gilt für Abrechnungszeiträume ab dem 01.01.2023). Eine kurze Übersicht zu den wesentlichen Punkten bietet das Infoblatt zum **Gesetz zur Aufteilung der Kohlendioxidkosten**, das den Webcodematerialien beiliegt.

5.8.1 Abrechnungsspitze

Mit der WEG-Reform wurde festgelegt, dass nur über die Abrechnungsspitze und nicht über das zugrunde liegende Zahlenwerk der Jahresabrechnung zu beschließen ist.

Abrechnungsspitze

Als Abrechnungsspitze wird die Differenz zwischen dem Soll-Hausgeld und den tatsächlich angefallenen Ist-Kosten bezeichnet.

Beispiel

Soll-Hausgeld lt. Wirtschaftsplan 2021	1.200,00 €
Ist-Kosten 2021	1.600,00 €
Abrechnungsspitze	400,00 €

Der Betrag von 400,00 € ist vom Eigentümer nachzuzahlen.

Durch die Annahme der Jahres- bzw. Einzelabrechnungen im Rahmen der Wohnungseigentümerversammlung wird die Abrechnungsspitze beschlossen. In unserem Beispiel entsteht somit der Nachzahlungsanspruch über 400,00 € gegenüber dem Eigentümer. Dabei wird erst einmal theoretisch davon ausgegangen, dass jeder Eigentümer auch sein Soll laut Wirtschaftsplan 2021 bezahlt hat. Maßgeblich ist also **nicht** die Höhe des Abrechnungssaldos zwischen dem tatsächlich bezahlten Hausgeld und den tatsächlich angefallenen Kosten.

5.8.2 Hausgeldrückstand

Hausgeldrückstand

Unter dem Hausgeldrückstand ist die Differenz zwischen der Soll-Zahlung aus dem Wirtschaftsplan und der tatsächlich getätigten Ist-Zahlung zu verstehen.

Beispiel

Nach erfolgter Abrechnung durch die MEWOH Musterwohn GmbH zeigt sich, dass ein Eigentümer die beschlossene Soll-Zahlung aus dem Wirtschaftsplan 2021 nicht bezahlt hat:

Soll-Zahlung lt. Wirtschaftsplan 2021	1.200,00 €
IST 2021(tatsächlich bezahltes Hausgeld)	900,00 €
Differenz	300,00 €

Wirtschaftsplan, Jahresabrechnung, Vermögensbericht:

§ 28 WEG

Die Differenz von 300,00 € ist nicht als Abrechnungsspitze, sondern als Hausgeldforderung auf der Grundlage des Beschlusses des Wirtschaftsplans 2021 gemäß § 28 Abs. 1 Satz 2 WEG beizutreiben.

Gemäß der beiden vorangegangenen Beispiele zur Abrechnungsspitze und dem Hausgeldrückstand ergeben sich nun zwei Forderungen, die die Eigentümergemeinschaft gegenüber dem betreffenden Eigentümer geltend machen kann.

Forderungen der Gemeinschaft an den Eigentümer	
1. Abrechnungsspitze Jahresabrechnung 2021	400,00 €
2. Hausgeldforderung gemäß Wirtschaftsplan 2021	300,00 €

Grundsätzlich sind die entsprechenden Verjährungsregeln zu berücksichtigen.

5.9 Der Vermögensbericht

Wirtschaftsplan, Jahresabrechnung, Vermögensbericht:

§ 28 WEG

Neu hinzugekommen mit der WEG-Reform ist die Erstellung eines Vermögensberichts (§ 28 Abs. 4 WEG). Darin werden das wesentliche Vermögen und die Rücklagen der Eigentümergemeinschaft dargestellt. Der Vermögensbericht ist gesondert zu betrachten und nicht Bestandteil der Jahresabrechnung.

Merke!

Über den Vermögensbericht wird nicht beschlossen, er dient nur zur Information.

Im Vermögensbericht sind
- der Ist-Stand zur Erhaltungsrücklage (§19 Abs. 2 WEG),
- der Ist-Stand zu weiteren durch die Eigentümergemeinschaft gebildeten Rücklagen sowie
- das tatsächlich vorhandene Vermögen angegeben.

Zum tatsächlich vorhandenen Vermögen der Eigentümergemeinschaft gehören:

Beispiel

Alle Forderungen der Gemeinschaft, wie z. B.
- Hausgeldrückstände (Wirtschaftsplan, Sonderumlagen, beschlossene Jahresabrechnungen)
- Rückstände aus Erhaltungsrücklagen
- Rückstände zu weiteren Rücklagen
- ausstehende Versicherungsleistungen, Schadensersatzansprüche
- rückständige Mieten zum Gemeinschaftseigentum

Alle Verbindlichkeiten der Gemeinschaft, wie z. B.:
- Guthaben aus Jahresabrechnungen
- Schlusszahlungen der Versorger bzw. Dienstleister
- Darlehensverbindlichkeiten

Sowie die sonstigen Vermögensgegenstände, wie z. B.:
- Geräte (Rasenmäher usw.)

SB ▶ SITUATION 76
Vorbereitung und Durchführung einer Eigentümerversammlung

SB ▶ SITUATION 77
Nacharbeiten zu einer Eigentümerversammlung

6 Die Wohnungseigentümerversammlung

Beispiel

Isabell wird erstmalig die Planung einer Wohnungseigentümerversammlung vornehmen und auch bei der Durchführung vor Ort mit dabei sein. Da Arif sich bereits im 3. Ausbildungsjahr befindet und das alles schon mehrfach gemacht hat, unterstützt er Isabell ein wenig. Außerdem kann er ihr einige kuriose Geschichten erzählen, denn auf manchen Eigentümerversammlungen geht es hoch her.

6.1 Grundlagen und Änderungen durch die WEG-Reform

Grundsätzlich soll mindestens einmal jährlich eine Wohnungseigentümerversammlung stattfinden. Ob diese als Präsenzveranstaltung oder als elektronische Versammlung stattfindet, ist erst einmal unerheblich.

Folgende Grundregeln gelten dabei:

- Bei Präsenzveranstaltungen sollte sich der Versammlungsort möglichst in der Nähe der Wohnungseigentumsanlage befinden.
- Die Versammlung ist nicht öffentlich, d.h., sie darf zum Beispiel nicht in einem Restaurantraum stattfinden, in dem noch weitere Gäste anwesend sind.
- Personen ohne Vertretungsvollmacht dürfen an der Versammlung nicht teilnehmen.
- Über die Beschlüsse hat eine Niederschrift in Form eines Ergebnis- oder Beschlussprotokolls zu erfolgen (§ 24 Abs. 6 WEG).
- Das Protokoll ist vom Beirat bzw. einem Eigentümer zu unterschreiben.

Einberufung, Vorsitz, Niederschrift:
§ 24 WEG

Mit der WEG-Reform hat auch hier der Gesetzgeber einige Änderungen vorgenommen.

- So wurde die Ladungsfrist auf von 2 auf **3 Wochen** angehoben (24 Abs. 2 WEG), es sei denn, es liegt ein besonderer Fall der Dringlichkeit vor. **Achtung:** Laut der Gemeinschaftsordnung kann die Ladungsfrist auch länger sein, z.B. 4 Wochen.
- Die Einberufung erfolgt in **Textform**.
- Es reicht aus, dass Vollmachten in Textform vorliegen (§ 25 Abs. 3 WEG). Es kann sich auch um eine Dauer- bzw. Generalvollmacht handeln.
- Auch wenn nur ein Eigentümer anwesend bzw. vertreten ist, ist die Eigentümerversammlung beschlussfähig.

Textform:
§ 126b BGB

Beschlussfassung:
§ 25 WEG

6.2 Vorbereitung einer Eigentümerversammlung

Das A und O einer Eigentümerversammlung ist die richtige Vorbereitung. In der Regel hat dazu jeder Verwalter seine eigene Checkliste.

Pos.	Maßnahme	Unterlagen	Bei Zeitplanung beachten
1	Termin festlegen	Wann liegen alle Rechnungen bzw. Abrechnungen vor? z. B. die Heizkostenabrechnung	im ersten Halbjahr des Wirtschaftsjahres
2	Raumbestellung	Unterlagen zum Raum vorhanden? gegebenenfalls Raum besichtigen	• rechtzeitige Bestellung sichert den Raum • Abgeschlossenheit beachten • Raumgröße beachten
3	Sammeln von Beschlussanträgen und Kostenvoranschlägen für das neue Wirtschaftsjahr	Beschlüsse der letzten Versammlung auf notwendige Folgebeschlüsse prüfen	• Rücksprache mit Verwaltungsbeirat • Kostenvoranschläge einholen
4	Erarbeitung der Jahresabrechnung	zum abgelaufenen Wirtschaftsjahr	Gesamt- und Einzelabrechnungen, Vermögensbericht
5	Erarbeitung Wirtschaftsplan	zum aktuellen Wirtschaftsjahr	Gesamt- und Einzelwirtschaftsplan
6	Belegprüftermin	Verwaltungsbeirat erstellt Prüfbericht	Termin rechtzeitig abstimmen
7	Einladungen absenden	Anlagen beifügen, z. B.: • Tagesordnung • Vollmacht • Jahresabrechnung • Wirtschaftsplan • Instandhaltungsrücklage • Vermögensbericht	Ladungsfristen beachten

6.2.1 Einberufung der Versammlung

Eine Eigentümerversammlung wird durch die Gemeinschaft einberufen. Für die Einberufung ist grundsätzlich erst einmal der Verwalter zuständig – als Organ der Eigentümergemeinschaft (§ 24 Abs. 1 WEG). Ansonsten kann auch der einberufungsberechtigte Verwaltungsbeirat (§ 24 Abs. 3 WEG) oder ein per Beschluss ermächtigter Eigentümer eine Versammlung einberufen.

Einberufung, Vorsitz, Niederschrift:
§ 24 WEG

Gibt es keinen Verwalter oder verweigert dieser die Einberufung einer Versammlung, können die anderen Berechtigten die Versammlung einberufen.

Ist auch das nicht möglich, kann jeder Wohnungseigentümer die Eigentümergemeinschaft auf Durchführung einer Versammlung verklagen.

Wird zudem von mehr als einem Viertel der Eigentümer die Einberufung einer Versammlung gefordert, hat der Verwalter diesem Verlangen nachzukommen.

Merke!

Ein Einberufungsverlangen darf nicht missbräuchlich erfolgen.

6.2.2 Einladung zur Versammlung

Die Einladung hat in Textform unter Einhaltung der Fristen zu erfolgen.

Inhalt der Einladung

Zum Mindestinhalt einer Einladung gehört:
- Bezeichnung der Eigentümergemeinschaft
- Bezeichnung des betreffenden Eigentümers
- Einladungsschreiben mit Orts- und Zeitangabe

Zu den Anlagen gehören:
- Tagesordnung mit den entsprechend ausformulierten Beschlussanträgen
- ggf. Kostenvoranschläge
- Jahresabrechnung (Gesamt- und Einzelabrechnungen)
- Vermögensbericht
- Wirtschaftsplan (Gesamt- und Einzelwirtschaftsplan)
- Vollmachtsformular
- ggf. Anfahrtsbeschreibung

Beispiel

MEWOH Musterwohn GmbH
Mieten. Einziehen. Wohlfühlen.

MEWOH Musterwohn GmbH • Fangerstraße 15–20 • 04104 Leipzig

Frau Lea Musterfrau
Musterstraße 12
04107 Leipzig

Fangerstraße 15–20
04104 Leipzig

Tel. +49 0341 9321XX-0
Fax +49 0341 9321XX-9

Mail info@mewoh-musterwohn.dex
www.mewoh-musterwohn.dex

Datum: 01.08.2022

Einladung zur Eigentümerversammlung 2022
Wohnungseigentümergemeinschaft Maxner Straße 145, 04317 Leipzig

Sehr geehrter Frau Musterfrau,

unter Bezugnahme auf die in der Anlage beigefügte Tagesordnung, laden wir Sie herzlich zu einer Eigentümerversammlung ein.

Datum: Samstag, den 27.08.2022
Uhrzeit: 14:00 Uhr
Ort: Besprechungsraum 3 unserer Außenstelle, Kalftstraße 25, 04357 Leipzig

Wir bitten Sie höflich, das beigefügte Vollmachtsformular bei Nichtteilnahme rechtzeitig an die Verwaltung zu senden, um die Beschlussfähigkeit der Versammlung zu gewährleisten. Bitte beachten Sie, dass die Vollmacht alle notwendigen Unterschriften enthält.

Die vorstehende Tagesordnung wurde im Zusammenwirken zwischen Verwalter und Verwaltungsbeirat aufgestellt.

Wir bitten Sie, Fragen zur Gesamt- oder Einzelabrechnung unbedingt im Vorfeld der Eigentümerversammlung und möglichst schriftlich zu klären, damit wir die Gelegenheit erhalten, die entsprechenden Themen für Sie aufbereiten zu können. Nach vorheriger Terminankündigung stehen wir Ihnen auch gerne für die Einsichtnahme in die Abrechnungsunterlagen zur Verfügung.

Mit freundlichen Grüßen

Ihr Verwalter

Anlagen
Tagesordnung
Jahresabrechnung 2021 (Gesamt- und Einzelabrechnung)
Entwicklung der Erhaltungsrücklage 2021
Vermögensbericht
Wirtschaftsplan 2022 (Gesamt- und Einzelwirtschaftsplan)
Vollmacht

6.2.3 Tagesordnung

Da der Gesetzgeber immer höhere Anforderungen an eine Tagesordnung stellt, hat es sich in der Praxis bewährt, die Tagesordnung als **separates Dokument** (in Form einer Anlage) dem Einladungsschreiben beizufügen. Sinnvoll ist es auch, z. B. Kostenvoranschläge zu den einzelnen Beschlüssen beizufügen. Damit ist der einzelne Eigentümer in der Lage, sich den Kostenvoranschlag inhaltlich schon vorab anzusehen.

Beschlussanträge bzw. -vorschläge müssen in der Tagesordnung so konkret formuliert werden, dass jeder Eigentümer, der nicht an der Versammlung teilnimmt, den Beschlussantrag versteht und damit in der Lage ist, sich eine eigene Meinung dazu bilden zu können. Überraschungen in den Beschlüssen sind nicht zulässig.

Zusätzliche Beschlüsse dürfen in der Versammlung nicht beschlossen werden. Der Verwalter muss darauf achten, dass alle notwendigen Beschlussanträge in der Tagesordnung enthalten sind.

Geschäftsordnungsbeschlüsse müssen hingegen nicht bereits in der Tagesordnung enthalten sein.

6.3 Ablauf der Versammlung

Der Versammlungsraum sollte rechtzeitig vor der Versammlung entsprechend eingeräumt bzw. ausgestattet werden. Grundlegend sind ausreichend Sitzgelegenheiten für alle Teilnehmer. Alle benötigten Gerätschaften, wie Laptop und Beamer, Daten- und Tonüberträger sollten gecheckt werden, alle notwendigen Unterlagen bereitliegen.

Aufgrund der aktuellen Situation (Stand: 2022) sind unter Umständen Coronaregeln zu beachten (Abstände zwischen den Stühlen, Raumgröße, Desinfektionsmöglichkeiten usw.).

Im Eingangsbereich (Einlass) muss eine Eintragung in die Teilnehmerliste erfolgen sowie die Überprüfung und Eintragung der Vollmachten vorgenommen werden. Damit wird von vornherein vermieden, dass sich unberechtigte Personen unter den Teilnehmern befinden.

Der weitere Ablauf gliedert sich wie folgt:
- Eröffnung der Versammlung
- Verkündung der Beschlussfähigkeit, z. B. Anzahl anwesender bzw. vertretener Eigentümer
- Wahl des Versammlungsleiters

- Durchführung der Geschäftsordnungsbeschlüsse, z. B. Änderung der Reihenfolge bei den Tagesordnungspunkten
- Durchführung aller in der Tagesordnung angekündigten Beschlüsse
- ggf. Diskussion unter „Sonstiges“
- Beendigung der Versammlung

Die Teilnehmerlisten und Vollmachten bleiben Bestandteil der Unterlagen der Gemeinschaft.

Merke!

Nach Beendigung der Versammlung dürfen keine Beschlüsse mehr gefasst werden.

6.4 Elektronische Versammlung

Die Digitalisierung hält auch Einzug in WEG-Versammlungen. Durch die WEG-Novelle 2024 ist nun auch eine reine Onlineversammlungen (virtuelle Eigentümerversammlung) möglich. Hier gilt eine Übergangsregelung bis Ende 2027. Die Voraussetzung für eine reine Onlineversammlung ist eine entsprechende Beschlussfassung. Zudem muss weiterhin die Möglichkeit gegeben sein, an einer Präsenzversammlung online teilzunehmen (hybride Versammlung). Auch hierfür sind per Beschluss die Grundlagen zu schaffen.

Es ist zu beachten, dass nicht immer alle Eigentümer in der Lage sind, an einer solchen Versammlung teilzunehmen bzw. auch nicht die technischen Möglichkeiten dazu haben. Es sollte also auch weiterhin die Möglichkeit geben, persönlich an der Versammlung teilzunehmen.

Bei der Planung ist es für den Verwalter daher notwendig, den Versammlungsraum so zu wählen, dass Eigentümer auch persönlich teilnehmen können. Um eine notwendige Raumgröße zu bestimmen, ist es erforderlich, vorab die Eigentümer über eine Teilnahme zu befragen.

Ansonsten wäre es möglich, dass ein Teilnehmer vor der Tür steht und nicht teilnehmen kann bzw. der Verwalter allein in einem großen Saal sitzt, weil die Eigentümer alle in digitaler Form teilnehmen. Natürlich muss der Verwalter auch mit der nötigen Technik ausgestattet sein oder ein entsprechender Raum angemietet werden.

Um all diese Punkte für eine Versammlung zu klären und deren Kostentragung festzulegen, bedarf es eines Beschlusses der Eigentümergemeinschaft. Mögliche Investitionskosten für die erforderliche Hard- und Software sind dabei nicht zu unterschätzen.

Ein weiterer wichtiger Aspekt ist dabei auch das Thema **Datenschutz**. So muss den Teilnehmern klar sein, dass während der Versammlung, auch wenn die Teilnehmer zu Haus sind oder im Büro vor ihrem Computer sitzen, keine andere unberechtigte Person anwesend sein darf.

Wichtig zu wissen ist auch, über welche Plattform das Ganze abgewickelt werden soll. Auf dem Markt sind viele Anbieter vertreten. Nicht alle Anbieter genügen unseren derzeitigen Datenschutzvorgaben. Sollten sich die Eigentümer für solch einen Anbieter entscheiden, müssen sie mit einem Datenmissbrauch rechnen.

Es besteht auch noch die Möglichkeit, einen eigenen Server zu mieten. Allerdings ist in diesem Fall darauf zu achten, dass es sich um ein in der EU ansässiges Rechenzentrum mit der entsprechenden Zulassung handelt. Alternativ besteht auch die weitere Möglichkeit, dass der Verwalter eine eigene IT-Infrastruktur betreibt, die die entsprechenden Vorgaben erfüllt.

Beispiel

Soll per Beschluss die Teilnahme an einer Onlineversammlung geregelt bzw. festgelegt werden, sollten z. B. die folgenden Punkte Beachtung finden:

- Festlegung der Teilnahmemöglichkeit per elektronischer Kommunikation
  - (Hybrid- oder reine Onlineversammlung)
  - Video, Telefon
- technische Ausstattung der Gemeinschaft und der Eigentümer
- Welche Technik soll eingesetzt werden (Hardware, Software)?
- Welcher Onlinedienst soll genutzt werden?
- Wahrung des Datenschutzes gemäß DSGVO
- Ausübung von Versammlungsrechten (Rede-, Antrags- und Stimmrecht)
- Regelung zur Kostentragung bzw. Verteilungsschlüsseln

Somit werden auch an den Verwalter hohe Anforderungen gestellt. Er muss im Umgang mit der Technik fit sein, eine reibungslose Durchführung der Versammlung ermöglichen können und hinsichtlich vieler rechtlich neu auftretenden Fragen auskunftsfähig sein.

DSGVO

▶ Band 1, LF 4, Kap. 3.6

Grundsätzlich können mit elektronischen Versammlungen verschiedene Probleme und Risiken verbunden sein. Ein Risiko besteht z. B. in der Stabilität der Datenübertragung. Was passiert, wenn während der Abstimmung das Datennetz bzw. die Übertragung zusammenbricht?

Daher gilt erst einmal, dass der Teilnehmer (Eigentümer) das Risiko trägt, sollte seine Technik versagen oder die Datenübertragung während der Versammlung zusammenbrechen.

In Zukunft wird es zum Thema der elektronischen Versammlungen noch viele weitere Fragen geben, auf die Antworten gefunden werden müssen.

7 Stimmrechtsprinzipien und Mehrheiten

7.1 Stimmrechtsprinzipien

Das Wohnungseigentumsgesetz kennt drei Stimmrechtsprinzipien:

Kopfprinzip	Jeder Eigentümer hat eine Stimme, unabhängig davon, wie viele Miteigentumsanteile oder Wohnungs- und Teileigentumseinheiten er besitzt.
Objektprinzip	Jeder Eigentümer hat so viele Stimmen, wie er Wohnungs- und Teileigentumseinheiten besitzt.
Wertprinzip	Jeder Eigentümer hat so viele Stimmen wie Miteigentumsanteile.

Beschlussfassung:
§ 25 WEG

Der Gesetzgeber hat im § 25 Abs. 2 WEG das Kopfprinzip festgelegt. Es können aber durch die Gemeinschaft auch andere Prinzipien vereinbart werden, z. B. in der Teilungserklärung bzw. Gemeinschaftsordnung. Zudem wäre es auch möglich, dass eine Eigentümergemeinschaft die Abstimmung nach einem bestimmten Quorum vereinbart, z. B. 2/3-Mehrheit.

Sind mehrere Personen Eigentümer einer Wohn- oder Teileigentumseinheit, können sie das Stimmrecht nur gemeinsam ausüben. In dem Fall würde eine unterschiedliche Stimmabgabe eine Enthaltung bedeuten.

Wohnungseigentümerversammlung:
§ 23 WEG

Ein Stimmrechtsausschluss eines Eigentümers kann erfolgen, wenn es z. B. eine Rechtsstreitigkeit mit diesem Eigentümer gibt. In diesem hilft auch keine Vollmacht eines anderen Eigentümers.

Nutzungen und Kosten bei baulichen Veränderungen:
§ 21 WEG

7.2 Mehrheiten

Mehrheiten bzw. Begriffe	Erläuterung/Bedingung
einfache Mehrheit	Es werden nur die Stimmen der anwesenden oder vertretenen Eigentümer gezählt.
Allstimmigkeit	Alle im Grundbuch eingetragenen Eigentümer müssen zustimmen, unabhängig davon, ob sie in der Eigentümerversammlung anwesend oder vertreten sind.
Einstimmigkeit	Alle anwesenden Eigentümer müssen zustimmen.
Mehrheiten gemäß § 21 WEG (bauliche Veränderungen)	mehr als zwei Drittel der abgegebenen Stimmen und der Hälfte aller Miteigentumsanteile
qualifizierte Mehrheit	Der Begriff ist mit der WEG-Reform weggefallen.
Negativbeschluss	Der Beschluss wird von der Mehrheit abgelehnt.
Nichtbeschluss	• Beschluss, der in der Versammlung nicht verkündet wurde • Beschlussverkündung ohne Abstimmung • Beschlussfassung ohne Einberufung einer Versammlung • fehlende Allstimmigkeit bei einem Umlaufbeschluss (§ 23 Abs. 3 WEG)
nichtige Beschlüsse	Ein Beschluss, der von vornherein nicht wirksam ist, z. B.: • Der Beschluss verstößt gegen ein gesetzliches Verbot. • Ein Beschluss, für den die Eigentümergemeinschaft nicht zuständig ist. • Der Beschluss ist widersprüchlich oder sachlich undurchführbar.

Mit der WEG-Reform hat der Gesetzgeber einige Änderungen vorgenommen. So ist eine Eigentümerversammlung **beschlussfähig**, wenn **ein Eigentümer anwesend oder vertreten** ist. Es gibt somit kein Beschlussquorum mehr. Damit sind die oftmals durchzuführenden Zweit- oder Wiederholungsversammlung abgeschafft.

Beispiele für eine einfache Mehrheit

- Geschäftsordnungsbeschlüsse
- Maßnahmen der ordnungsgemäßen Verwaltung (§ 19 WEG)
- Wahl bzw. Abberufung des Verwalters (§ 26 Abs. 1 WEG)
- Beschluss über den Wirtschaftsplan und die Jahresabrechnung (§ 28 WEG)
- Wahl des Verwaltungsbeirats (§ 29 Abs. 1 WEG)

Regelung der Verwaltung und Benutzung durch Beschluss:
§ 19 WEG

Bestellung und Abberufung des Verwalters:
§ 26 WEG

Wirtschaftsplan, Jahresabrechnung, Vermögensbericht:
§ 28 WEG

Verwaltungsbeirat:
§ 29 WEG

Beispiele zur Allstimmigkeit

- bei einer Änderung der Teilungserklärung und/oder der Gemeinschaftsordnung
- nach §§ 9a und 9b WEG die Gemeinschaft, wenn sie keinen Verwalter hat, durch allstimmigen Beschluss einen Wohnungseigentümer zur Vertretung im gerichtlichen Verfahren zu ermächtigen
- Umlaufbeschluss

7.2.1 Ermittlung von Mehrheiten

Bei einer Abstimmung kommt es nur auf das Verhältnis zwischen „Ja-Stimmen" und „Nein-Stimmen" an. Bei der Ermittlung der Mehrheit werden „Stimmenthaltungen" nicht berücksichtigt.

Gemeinschaft der Wohnungseigentümer:
§ 9a WEG

Vertretung:
§ 9b WEG

Beispiel zum Beschluss mit einer einfachen Mehrheit (Kopfprinzip)

Die MEWOH Musterwohn GmbH führt eine Eigentümerversammlung durch. 8 Eigentümer sind bei dieser Eigentümerversammlung anwesend bzw. vertreten. Bei der Abstimmung zu einem Tagesordnungspunkt stimmen 4 Eigentümer mit „Ja" und 2 Eigentümer mit „Nein". 2 Eigentümer enthalten sich der Stimme.

Es stehen somit 4 Ja-Stimmen gegen 2 Nein-Stimmen. Der Beschluss ist damit angenommen.

7.3 Öffnungsklausel

Abweichend von den Bestimmungen des WEG können Eigentümer ihr Verhältnis untereinander durch Vereinbarungen regeln. Diese Vereinbarungen bedürfen einer Allstimmigkeit und sind im Grundbuch einzutragen. Der Grundbucheintrag ist insofern wichtig, da ansonsten die Vereinbarungen nicht für einen Rechtsnachfolger gültig wären.

Allgemeine Grundsätze:
§ 10 WEG

8 Beschlüsse und Vereinbarungen

8.1 Beschlüsse

Durch Beschlüsse werden wichtige Entscheidungen durch die Wohnungseigentümer getroffen, d.h., dass die Wohnungseigentümergemeinschaft intern ihre eigenen Angelegenheiten per Beschluss regeln kann.

Die Beschlussfassung erfolgt per einfacher Mehrheit.

Per Beschlussfassung können in einer Wohnungseigentümergemeinschaft solche Angelegenheiten geregelt werden, die unter die gesetzliche Beschlusskompetenz der Wohnungseigentümer fallen. Liegt keine Beschlusskompetenz vor, bedarf es einer Vereinbarung.

Merke!

Ein ohne Beschlusskompetenz gefasster Beschluss ist nichtig.

8.1.1 Beschlusskompetenzen

Beschlusskompetenzen haben die Eigentümer in folgenden Bereichen:
- Aufhebung einer Veräußerungsbeschränkung (§ 12 Abs. 4 WEG)
- Gebrauch von Gemeinschafts- und/oder des Sondereigentums (§ 19 Abs. 1 WEG)
- Änderung des Kostenverteilungsschlüssels (§ 16 Abs. 2 WEG)
- Entziehung des Wohnungseigentums (§ 17 WEG)
- ordnungsgemäße Verwaltung des Gemeinschaftseigentums (§ 19 Abs. 1 WEG)
- bauliche Veränderungen (§ 20 Abs. 1 bis3 WEG)
- Nutzen und Kosten bei baulichen Veränderungen (§ 21 WEG)
- Vorsitz der Eigentümerversammlung und Führung der Beschlusssammlung (§ 24 Abs. 5 und 7 WEG)
- Abberufung und Bestellung des Verwalters (§ 26 Abs. 1 und 3 WEG)
- Rechte und Pflichten des Verwalters (§ 27 Abs. 2 WEG)
- Wirtschaftsplan, Höhe der Vorschüsse sowie Nachschüsse und Anpassungen bezüglich der Jahresabrechnung (§ 28 Abs. 1 und 2 WEG)
- Bestellung des Verwaltungsbeirats (§ 29 Abs.1 WEG)

In bestimmten Fällen muss sich ein einzelner Wohnungseigentümer nicht an den Kosten beteiligen – die gesetzlichen Rechte dürfen auch nicht durch einen kostenbelastenden Beschluss umgangen werden.

§ 21 Abs. 5 WEG beinhaltet das übergeordnete Prinzip des Belastungsverbots durch Dritte. Ein solcher belastender Beschluss ist nicht nichtig, sondern nur anfechtbar.

Merke!

Beschlüsse sind grundsätzlich gegenüber Sonderrechtsnachfolgern wirksam.

Über einen schon bereits in der Vergangenheit gefassten Beschluss kann die Eigentümergemeinschaft einen Zweitbeschluss fassen. Ein Grund dafür kann z.B. sein, dass sich die Meinung der Wohnungseigentümer zu einem bereits gefassten Beschluss geändert hat. Bei dem Zweitbeschluss kann es sich um einen inhaltsgleichen, einen abgeänderten oder ergänzenden Beschluss handeln.

8.1.2 Umlaufbeschluss

Ein Umlaufbeschluss ist ein Beschluss, der **außerhalb einer Wohnungseigentümerversammlung gefasst** wird.

Einen Umlaufbeschluss darf der Verwalter, der Beirat oder ein per Beschluss ermächtigter Eigentümer veranlassen bzw. durchführen. Grundsätzlich bedarf es für einen Umlaufbeschluss der Allstimmigkeit (Zustimmung aller im Grundbuch eingetragenen Eigentümer). Fehlt auch nur eine Zustimmung, kommt der Beschluss nicht zustande.

Im Hinblick auf einen Umlaufbeschluss hat der Gesetzgeber mit der WEG-Reform einige Veränderungen vorgenommen:

- Der Umlaufbeschluss muss nicht mehr schriftlich erfolgen, sondern die Textform ist ausreichend (§ 23 Abs. 3 Satz 1 WEG und § 126b BGB).
- In der Eigentümerversammlung kann beschlossen werden, dass für einen bestimmten Umlaufbeschluss eine einfache Mehrheit ausreicht (§ 23 Abs. 3 Satz 2 WEG).

Wohnungseigentümerversammlung:
§ 23 WEG

Ablauf eines Umlaufbeschlusses:

- Anschreiben durch Verwalter, Beirat oder per Beschluss bevollmächtigten Eigentümer
- ggf. Begründung oder Kostenvoranschläge
- Die einzelnen Eigentümer erklären ihre Zustimmung in Textform.

Aus der Zustimmungserklärung muss genau hervorgehen, um welchen Eigentümer es sich handelt. Zudem muss eine eindeutige Aussage des Eigentümers zur Abstimmung vorliegen. Es gibt Eigentümer, die dazu neigen, einen langen Text zu formulieren mit „wenn und aber", sodass nicht eindeutig daraus hervorgeht, ob sie dafür oder dagegen sind. Hier ist der Beschlussinitiierende gefragt, ggf. noch einmal bei dem Eigentümer nachzuhaken. Falsch ausgelegte Antworten können zu Widerspruchsklagen führen.

Zusätzliche Bedingungen eines Eigentümers für seine Zustimmung, die nicht im Beschlussantrag enthalten sind, führen ebenfalls dazu, dass der Beschluss nicht zustande kommt.

8.1.3 Anfechtung von Beschlüssen

Für eine **Anfechtungsklage** ist grundsätzlich erst einmal das für den Ort der Wohnungseigentumsanlage Amtsgericht zuständig.

Zuständigkeit:
§ 43 WEG

Das Gericht kann auch einen Beschluss fassen **(Beschlussersetzungsklage)**, wenn sich die Wohnungseigentümergemeinschaft zum Beispiel weigert, einen Beschluss zu fassen (§ 44 Abs. 1 Satz 2 WEG).

Beschlussklagen:
§ 44 WEG

Eine Klage hat grundsätzlich gegen die Wohnungseigentümergemeinschaft zu erfolgen.

Fristen der Anfechtungsklage:
§ 45 WEG

Die Anfechtungsklage muss innerhalb eines Monats nach Beschlussfassung erfolgen. Für die Begründung der Klage hat der Kläger einen weiteren Monat Zeit, also insgesamt zwei Monate ab Beschlussfassung.

Beispiel

Die Beschlussfassung in der Eigentümerversammlung erfolgte am 15.07.2022. Spätestens am 15.08.2022 muss die Anfechtungsklage beim zuständigen Amtsgericht eingegangen sein. Die Begründung zur Anfechtungsklage muss dem Gericht spätestens am 15.09.2022 vorliegen.

Für die fristgerechte Zahlung der Gerichtskosten ist das Zugangsdatum bei Gericht ausschlaggebend.

Werden die Fristen versäumt, wird das Gericht die Klage als unbegründet zurückweisen. Das gilt auch bei Nichteinzahlung der Gerichtskosten.

Nichtige Beschlüsse bedürfen **keiner Ungültigkeitserklärung** eines Gerichts, da diese bereits von sich aus ungültig sind. Um eine Rechtsunsicherheit zu vermeiden, besteht die Möglichkeit einer Feststellungsklage **(Nichtigkeitsklage)** nach § 44 Abs. 1 Satz 1 WEG.

8.1.4 Auslegung von Altbeschlüssen, Übergangsbestimmungen

Übergangsvorschriften:
§ 48 WEG

Durch § 48 WEG wurde geregelt, dass alle alten Beschlüsse und gerichtlichen Entscheidungen auch nach der WEG-Reform weiterhin gelten.

8.2 Vereinbarungen

An eine Vereinbarung sind alle Wohnungseigentümer gebunden, die dieser zugestimmt haben. Vereinbarungen werden im Grundbuch eingetragen. Sie sind für alle Sonderrechtsnachfolger bindend, sofern die Eintragung im Grundbuch erfolgt ist. Fehlt die Eintragung im Grundbuch, ist diese für den Sonderrechtsnachfolgen unwirksam.

Beispiel

- Teile des Gemeinschaftseigentums sollen in Sondereigentum umgewandelt werden.
- Einem Eigentümer sollen Sondernutzungsrechte eingeräumt werden.
- Die Zweckbestimmung eines Teileigentums soll geändert werden, z. B. Gewerberäume werden zu Wohnräumen.

9 Die Versammlungsniederschrift

Über die Versammlung der Eigentümergemeinschaft ist eine Versammlungsniederschrift (Protokoll) zu erstellen (§ 24 Abs. 6 WEG). Dabei kann es sich um ein Beschlussprotokoll oder ein Ergebnisprotokoll handeln. Die Entscheidung über die Art des Protokolls liegt beim Versammlungsleiter.

Folgende Angaben muss das Protokoll enthalten:
- Name der Gemeinschaft
- Angaben zur fristgerechten Ladung
- Versammlungsort, Datum, Versammlungsbeginn
- Versammlungsleiter, Protokollführer
- Teilnehmer, vertretene Teilnehmer, Angaben zur Teilnahme Dritter (z. B.Architekt)
- Geschäftsordnungsbeschlüsse (z.B. Redezeiten)
- Abstimmungsmodalitäten (Stimmkarten, Handzeichen usw.)
- Stimmrechtsausschlüsse
- alle Beschlussanträge, Feststellungen und Verkündungen der Abstimmungsergebnisse (Ja-Stimmen, Nein-Stimmen, Enthaltungen), Verkündung der Beschlussergebnisse (angenommen oder abgelehnt)
- evtl. Unterbrechungen (mit Zeitangaben)
- unter „Sonstiges" gemachte Anmerkungen, Diskussionen, Hinweise
- Ende der Versammlung (Uhrzeit)
- Unterschriften

Merke!

In der Regel wird die Niederschrift an die Eigentümer versendet. Das hat mindestens eine Woche vor Ablauf der Widerspruchsfrist zu erfolgen. Die Niederschrift ist durch die Eigentümergemeinschaft in Textform aufzubewahren.

10 Die Beschlusssammlung

Mit der WEG-Reform hat es bezüglich der Beschlusssammlung keine Neuregelungen gegeben.

Die Beschlusssammlung ist die **Sammlung aller Beschlüsse und gerichtlichen Entscheidungen**. Sie ist aber nicht als eine Sammlung von Protokollen oder Sitzungsniederschriften zu werten. Für die Führung ist der Verwalter zuständig.

Wirtschaftsplan, Jahresabrechnung, Vermögensbericht:
§ 28 WEG

Vereinbarungen müssen darin nicht aufgeführt werden, da diese im Grundbuch eingetragen werden müssen.

Die Beschlusssammlung dient potenziellen Rechtsnachfolgern von Wohnungseigentümern zur Information, um die Beschlusslage (Beschlussübersicht) der Wohnungseigentümergemeinschaft zu erfassen.

Einberufung, Vorsitz, Niederschrift:
§ 24 WEG

Vorgaben hinsichtlich der Form der Beschlusssammlung wurden vom Gesetzgeber nicht gemacht. Diese ist aber in schriftlicher Form als Akte oder in Form einer Computerdatei mit entsprechenden Ausdrucksmöglichkeiten zu führen. Die Beschlusssammlung muss den Wortlaut sämtlicher Beschlüsse sowie die gerichtlichen Urteilsformeln enthalten (§ 24 Abs.7 WEG). Geschäftsordnungsbeschlüsse müssen nicht in die Beschlusssammlung aufgenommen werden, da sie sich mit Ablauf der Versammlung erledigt haben.

Die Eintragungen in die Beschlusssammlung haben unverzüglich zu erfolgen, d.h., sie müssen unmittelbar im Anschluss an die jeweilige Beschlussfassung erfolgen, spätestens aber am nächsten Tag.

Beispiel für eine Beschlusssammlung

Lfd. Nr.	Beschlussnummer und Beschlusswortlaut	Versammlung (Art/Ort/Datum/Top) Umlaufbeschluss (Datum der Verkündung)	Gerichtsentscheidung (Tenor/Gericht/Datum/Az./Parteien)	Vermerk (angenommen/abgelehnt ...)	Eintragungsvermerk (Verwalter/Versammlungsleiter/Datum/Unterschrift)
1	1/2022 Im Wirtschaftsjahr 2022 soll die Instandhaltungsrücklage in Höhe von 10.000,00 € zugeführt werden.	ordentliche Versammlung Ort: ... Datum: 09.09.2022 Top 3	-	angenommen	Name: Ole Kramer Datum: 15.09.2022 Unterschrift: Amin Frein
2	(...)	(...)	(...)	(...)	(...)

11 Die Aufbewahrungspflicht des Verwalters

Buchführungs- und Aufzeichnungspflichten nach anderen Gesetzen:
§ 140 AO

Ordnungsvorschriften für die Aufbewahrung von Unterlagen:
§ 147 AO

gültig seit 01.01.2025

Die gesetzlichen Aufbewahrungspflichten sind durch den Verwalter einzuhalten.

Aufbewahrungsdauer	Unterlagen
6 Jahre	• Schriftverkehr • sonstige Verwalterunterlagen
8 Jahre	• Jahresabrechnungen • Kontobelege, Buchungsbelege
10 Jahre	• Inventare • Jahresabschlüsse • Bilanzen
unbefristete Aufbewahrungspflicht	• Teilungserklärung, Teilungspläne, Abgeschlossenheitsbescheinigung • Versammlungsprotokolle • Beschlusssammlung • Unterlagen, die dauerhaft für die Verwaltung notwendig sind

Nach Fristablauf kann nur die Gemeinschaft über die Vernichtung der Unterlagen per Beschluss entscheiden. Entscheidet sich die Gemeinschaft gegen eine Vernichtung, muss entschieden werden, in welcher Form die Unterlagen eingelagert werden. Da die Archivierungsmöglichkeiten in vielen Verwaltungen begrenzt sind, kann auch Archivplatz auf Kosten der Gemeinschaft angemietet werden oder ggf. entscheidet sich die Gemeinschaft für eine digitale Archivierung.

12 Der Verwaltungsbeirat

Der Verwaltungsbeirat kann durch eine einfache Mehrheit bestellt werden. Teilweise gibt es dazu bereits Vorgaben in der Gemeinschaftsordnung. Im Rahmen der WEG-Reform hat der Gesetzgeber keine Vorgabe zur Anzahl der Beiratsmitglieder mehr gemacht. So kann es bei kleineren Anlagen auch möglich sein, dass es nur ein Beiratsmitglied gibt.

Verwaltungsbeirat:
§ 29 WEG

Merke!

Beiratsmitglieder können nur Wohnungs- oder Teileigentümer der jeweiligen Gemeinschaft werden.

Der Verwaltungsbeirat selbst hat keine Rechtsmacht, er hat lediglich die Aufgabe, den Verwalter zu unterstützen und zu überwachen. Das umschließt folgende Aufgaben:

- Einberufung der Eigentümerversammlung, sofern ein Verwalter fehlt oder sich weigert, eine Versammlung einzuberufen (§ 24 Absatz Abs. 3 WEG)
- Vertritt die Wohnungseigentümer gegenüber dem Verwalter (§ 9b Abs. 2 WEG).
- Unterstützung bei der Vorbereitung der Eigentümerversammlung
- Schlüssigkeitsprüfung der Jahresabrechnung
- ggf. Durchführung von Beiratssitzungen

Einberufung, Vorsitz, Niederschrift:
§ 24 WEG

Vertretung:
§ 9b WEG

Per Beschluss können die Befugnisse des Verwaltungsbeirats durch die Eigentümergemeinschaft erweitert werden. Im **Bestellungsbeschluss** sollte enthalten sein, dass die Haftung des Verwaltungsbeirats bzw. der Mitglieder auf Vorsatz und grobe Fahrlässigkeit beschränkt wird.

Für seine Arbeit kann der Verwaltungsbeirat einen Aufwendungsersatz (z.B. Fahrtkosten, Telefon- und Kopierkosten) bekommen. Zudem sollte für den Beirat auch eine Haftpflichtversicherung abgeschlossen werden (§ 29 Abs. 3 WEG).

Verwaltungsbeirat:
§ 9b WEG

Des Weiteren hat der Verwaltungsbeirat das Recht, sich im Rahmen der Eigentümerversammlung eine Entlastung erteilen zu lassen. Damit ist gemeint, dass die Eigentümergemeinschaft gegenüber dem Beirat auf Ersatz- oder Schadensersatzansprüche verzichtet, die durch die Beiratstätigkeit entstanden sein könnten.

Über die Laufzeit einer Bestellung wurde im Wohnungseigentumsgesetz keine Regelung getroffen. Die Laufzeit sollte nicht eins zu eins mit der Laufzeit des Verwaltervertrags übereinstimmen, da ansonsten, falls z.B. aufgrund eines Verwalterwechsels zwischenzeitlich noch kein neuer Verwalter vorhanden ist, die Gemeinschaft sozusagen „kopflos“ dasteht. Der Beirat bzw. jedes einzelne Mitglied kann das Amt jederzeit niederlegen oder abberufen werden. Spätestens mit dem Ausscheiden aus der Eigentümergemeinschaft endet das Amt.

13 Die Veräußerungsbeschränkung

Veräußerungsbeschränkung:
§ 12 WEG

Ist in der Teilungserklärung/Gemeinschaftsordnung eine Veräußerungsbeschränkung vorhanden, muss der verkaufende Eigentümer sich die Zustimmung der Eigentümergemeinschaft oder eines Dritten, i. d. R. des Verwalters, einholen.

Im Grunde geht es darum, dass sich die Wohnungseigentümer gegenüber einem möglicherweise unzuverlässigen neuen Eigentümer absichern. Allerdings darf eine Zustimmung nur aus wichtigem Grund versagt werden.

Beispiel

Wichtige Gründe können sich aus der Person des Erwerbers ergeben, wie z. B.:
- Es ist bekannt, dass der Erwerber nicht in der Lage ist, das Hausgeld zu bezahlen (Insolvenz- oder Konkursverfahren, Schuldner bei anderen Gemeinschaften).
- Der Erwerber will das Sondereigentum in unzulässiger Weise nutzen (Wohnung oder Gewerberäume als Bordell).
- Der Erwerber ist bereits als Störer in anderen Gemeinschaften hinreichend bekannt.

Kommt es zu einer Veräußerung im Zwangsversteigerungsverfahren oder im Zuge eines Insolvenzverfahrens, muss die Zustimmung durch den zuständigen Bearbeiter eingeholt werden.

Merke!

Holt sich der veräußernde Eigentümer nicht die Zustimmung ein, gilt das Rechtsgeschäft erst einmal als schwebend unwirksam, kann aber durch die nachträgliche Einholung der Zustimmung geheilt werden.

Durch einfache Mehrheit (§ 12 Abs. 4 WEG) kann die Eigentümergemeinschaft eine Aufhebung der Veräußerungsbeschränkung beschließen. Gibt es keine Veräußerungsbeschränkung, benötigt der verkaufende Eigentümer auch keine Zustimmung.

Als Veräußerung gilt:
- Veräußerung durch einen Insolvenzverwalter
- Veräußerung im Zuge eines Zwangsversteigerungsverfahrens
- Veräußerung im Zuge einer Teilungsversteigerung
- Schenkung des Sondereigentums bzw. eines Bruchteils
- Veräußerung des gesamten Sondereigentums bzw. eines Bruchteils

14 Die Entziehung des Eigentums

Entziehung des Wohnungseigentums:
§ 17 WEG

Zur Entziehung des Eigentums kann es bei schwerwiegenden Verletzungen der Pflichten eines Wohnungseigentümers gegenüber einem anderen Wohnungseigentümer bzw. der Eigentümergemeinschaft kommen. Voraussetzung ist, dass die Fortsetzung der Gemeinschaft nicht mehr zumutbar ist. Die Gemeinschaft kann dann die Veräußerung des Wohnungseigentums von diesem Eigentümer verlangen.

LERNFELD 9

Wohnungseigentum begründen und verwalten

SITUATIONEN

Situation 71

Gemeinschaftseigentum und Sondereigentum

Bei der MEWOH Musterwohn GmbH stellt man immer wieder fest, dass nicht allen Eigentümerinnen und Eigentümern der Unterschied zwischen dem Gemeinschaft- und Sondereigentum bekannt bzw. richtig klar ist. Auch heute gibt es wieder so einen Fall. Isabell hat ein Schreiben von Herrn Guthsberg erhalten. Er ist neuer Eigentümer einer Wohnung in der Baumstraße 157, 04178 Leipzig.

Sandro Guthsberg
Baumstraße 157
04178 Leipzig

Leipzig,18.02.2023

MEWOH Musterwohn GmbH
Fangerstraße 15–20
04104 Leipzig

Sandro Guthsberg, Wohnungseigentümer
Fragen zum Protokoll der letzten WEG-Versammlung

Sehr geehrte Frau Ahrens,

mir wurde gesagt, ich kann mich mit Fragen zum Protokoll der letzten WEG-Versammlung an Sie wenden. Ich bin neuer Eigentümer einer Wohnung in der Baumstraße 157. Leider konnte ich an der letzten WEG-Versammlung nicht teilnehmen (wäre meine erste gewesen). Jetzt bin ich im Protokoll über einige Punkte gestolpert.

- Wie im Protokoll steht, wird die Hauseingangstür demnächst ausgebessert und neu gestrichen. Warum nur die Hauseingangstür? Auch die Türen in meiner Wohnung müssten instandgesetzt und gestrichen werden. Kann man das nicht gleich auf alle Türen im Haus (auch in den Wohnungen) ausweiten?
- Dann steht im Protokoll, dass der Hof demnächst neu gestaltet und bepflanzt werden soll. Davon halte ich nicht viel. Die Eigentümerinnen und Eigentümer, die das wollen, können es natürlich gerne machen lassen. Allerdings möchte ich mich finanziell nicht daran beteiligen.
- Abschließend noch eine Bitte. Wie ich gesehen habe, gibt es auf dem Hof einige Kfz-Stellplätze. Nicht alle sind immer belegt. Ich hätte daher gerne einen Schlüssel für das Hoftor, damit ich mein Auto auch auf dem Hof abstellen kann.

Viele Dank für Ihre Hilfe und viele Grüße

Sandro Guthsberg

Sandro Guthsberg

ARBEITSAUFTRÄGE

1 Erläutern Sie die Begriffe Gemeinschafts- und Sondereigentum. Wie erfolgt die Abgrenzung?

2 Erarbeiten Sie für alle Eigentümerinnen und Eigentümer ein Infoblatt, in dem die notwendigen Informationen zusammengestellt sind. Bestandteil des Infoblatts soll auch eine Übersicht mit Beispielen sein, welche Bauteile bzw. technischen Anlagen den zwei Begriffen zugeordnet werden können. Nutzen Sie für die Übersicht auch das Arbeitsblatt 9.1 „Abgrenzung Gemeinschafts- und Sondereigentum“, welches den Webcodematerialien beiliegt.

Aufgaben

1 Für was stellt das Wohnungseigentumsgesetz (WEG) eine der Rechtsgrundlagen dar? Welche Regelungen beinhaltet es?

2 Eine weitere Rechtsgrundlage stellt das Wohnungseigentumsmodernisierungsgesetz (WEMoG) dar.
- a) Wann trat es in Kraft?
- b) Was will der Gesetzgeber mit dem WEMoG im Wesentlichen fördern?
- c) Welche Themen werden im WEMoG behandelt? Nennen Sie vier Beispiele.

3 Welche der folgenden Gesetze und Verordnungen sollten Sie auch beachten?
- a) Elektromobilitätsgesetz (EmoG)
- b) Grunderwerbsteuergesetz (GrEStG)
- c) Sozialgesetzbuch (SGB)
- d) Straßenverkehrsordnung (StVO)
- e) Heizkostenverordnung (HeizkVO)
- f) Bürgerliches Gesetzbuch (BGB)
- g) Verordnung über die Berufsausbildung zum Gärtner/zur Gärtnerin
- h) Zivilprozessordnung (ZPO)
- i) Arbeitszeitgesetz (ArbZG)
- j) Grundbuchordnung (GBO)
- k) Gesetz über die Zwangsversteigerung und Zwangsverwaltung (ZVG)

4 Kennen Sie die folgenden Abkürzungen?
- a) TE
- b) MEA
- c) TOP
- d) GE
- e) ETV
- f) SE
- g) GO

5 Wo finden Sie nähere Bestimmungen, wenn es um die Eigentumsbegriffe geht?

6 Das Gesetz unterscheidet zwischen vier verschiedenen Eigentumsbegriffen. Welche sind das?
- a) Gemeinschaftseigentum
- b) Zusatzeigentum
- c) Teileigentum
- d) partielles Eigentum
- e) Sondereigentum
- f) Besitzeigentum
- g) dingliches Eigentum
- h) Sicherheitseigentum
- i) Wohnungseigentum

7 Ordnen Sie die folgenden Definitionen den vier Eigentumsbegriffen zu.
- a) Es handelt sich um Eigentum an nicht zu Wohnzwecken dienenden Räumen in einem bestehenden oder zu errichtenden Bauwerk auf einem Grundstück.
- b) Es umfasst das Grundstück und Gebäude, soweit sie nicht im Sondereigentum oder im Eigentum Dritter stehen.
- c) Es ist mit einer Wohnung verbunden und umfasst einen Miteigentumsanteil an dem gemeinschaftlichen Eigentum.
- d) Es handelt sich um Eigentum an einer bestimmten Wohnung in einem bestehenden oder zu errichtenden Bauwerk auf einem Grundstück.

8 Mit der WEG-Reform können dem Sondereigentum nun auch weitere Flächen zugeordnet werden. Welche der folgenden Flächen gehören dazu?
- a) Gärten
- b) Tiefgaragenstellplätze
- c) Trockenräume
- d) Terrassen
- e) Dachböden
- f) Kfz-Stellplätze im Freien

9 Frau Sellers ist Eigentümerin von zwei Wohnungen in einer Eigentumsanlage. Eine davon möchte sie gerne an eine Ärztin vermieten, für die die Räume ideal für ihre neue Arztpraxis sind. Aus Sicht von Frau Sellers wäre das kein Problem. Zumal die Wohnung ihr Sondereigentum darstellt und sie ja frei entscheiden kann, an wen sie vermietet. Wie beurteilen Sie die Situation?

10 Wo erfolgt die Abgrenzung zwischen Gemeinschafts- und Sondereigentum?

11 Warum ist die Unterscheidung zwischen Gemeinschafts- und Sondereigentum wichtig?

12 Handelt es sich bei den folgenden Bestandteilen um

a) Sondereigentum,
b) Gemeinschaftseigentum oder
c) keines von beidem?

1 Geschossdecken
2 Fassade
3 Mülltonnen
4 Hausprechanlage
5 Transporter des Hausmeisters
6 Briefkastenanlage
7 Einbaumöbel in der Wohnung
8 Gegensprechanlagen in den Wohnungen
9 Treppenhaus
10 Dach

Nutzen Sie auch das Arbeitsblatt 9.2 „Sonder- oder Gemeinschaftseigentum?", welches den Webcodematerialien beiliegt.

13 Wie kann ein Sondernutzungsrecht für einen Wohnungseigentümer/eine Wohnungseigentümerin begründet bzw. eingeräumt werden?

14 Wo werden Sondernutzungsrechte formuliert?

15 Ist die Begründung eines Sondernutzungsrechts per Beschluss möglich?

16 Es soll eine nachträgliche Änderung im Hinblick auf ein Sondernutzungsrecht erfolgen. Was ist zu beachten?

17 In einer Wohneinheit finden Sie auch Anlagen wie z. B. Strom- und Wasserzähler. Werden diese dem Gemeinschaftseigentum oder dem Sondereigentum zugeordnet?

18 Wer trägt die Kosten für den Gebrauch von z. B. Haus-Strom- und Hauptwasserzähler?

19 Das Gemeinschaftseigentum einer Wohnungseigentumsanlage wird in Miteigentumsanteile (MEA) unterteilt. Welche der folgenden Aussagen sind richtig?

a) Die Miteigentumsanteile und das Sondereigentum müssen immer unabhängig voneinander betrachtet werden.
b) Das Sondereigentum und die Miteigentumsanteile haben grundsätzlich keine Berührungspunkte.
c) Mit jedem Miteigentumsanteil muss auch Sondereigentum verbunden werden.
d) Der Miteigentumsanteil stellt einen statistischen Wert dar.

20 Die Immo-MAG KG ist mit der Verwaltung der Wohnungseigentümergemeinschaft Klausterring 3, 04107 Leipzig betraut. Die Wohnungsanlage umfasst ein Grundstück mit 15 Wohnungen. Den Wohnungen werden die folgenden Wohnflächen zugeschrieben:

Wohnung Nr.	Wohnfläche in m²
1	75,00
2	80,00
3	80,00
4	92,00
5	92,00
6	92,00
7	95,00
8	95,00
9	95,00
10	80,00
11	80,00
12	95,00
13	100,00
14	110,00
15	110,00
Gesamt	**1.371,00**

Berechnen Sie die Miteigentumsanteile für alle Wohnungen in Tausendstel.

Nutzen Sie auch das Arbeitsblatt 9.3 „Berechnung von Miteigentumsanteilen", welches den Webcodematerialien beiliegt.

Situation 72

Begründung von Wohnungseigentum

Die MEWOH Musterwohn GmbH verwaltet seit einigen Jahren das Mehrfamilienhaus von Frau Sauermann in der Quellberger Str. 15 in 04155 Leipzig. Frau Sauermann selbst besitzt das Grundstück seit nunmehr über 20 Jahren. Es umfasst auf einer Fläche von gut 2 300 Quadratmetern: 10 Wohnungen, eine Gewerbeeinheit, fünf Kfz-Stellplätze und fünf Garagen.

Mittlerweile beschäftigt sie sich mit der Frage, wie es zukünftig mit dem Mehrfamilienhaus weitergehen soll. Ein Verkauf des ganzen Grundstücks kommt für sie nicht infrage. Allerdings überlegt sie, nach und nach einige der Einheiten zu verkaufen und das Grundstück in eine Wohnungseigentumsanlage umzuwandeln.

Aus diesem Grund hat sich Frau Sauermann mit der MEWOH in Verbindung gesetzt, um sich hinsichtlich ihrer Überlegungen beraten zu lassen. In zwei Tagen hat Isabell nun mit Frau Sauermann dazu einen Termin vereinbart. Im Vorfeld des Termins hat Frau Sauermann Isabell schon einige Fragen gemailt:

Löschen | Antworten | An alle | Weiterleiten

Von: Kerstin.Sauermann@online.dex
An: Isabell.Ahrens@mewoh-musterwohn.dex
Datum: 17.02.2023
Betreff: Unser Termin am 19.02.2023

Sehr geehrte Frau Ahrens,

vielen Dank für Ihre schnelle Rückmeldung und unser Telefonat. Ich bestätige Ihnen hiermit noch einmal unseren Termin am 19.02.2023 um 11:00 Uhr bei Ihnen in der MEWOH. Mittlerweile gehen mir einige Fragen zu meinem Vorhaben durch den Kopf, über die ich mit Ihnen u. a. gerne sprechen würde. Ich schicke Ihnen diese schon einmal vorab.

1. Welche Möglichkeiten gibt es genau, um mein Mehrfamilienhausgrundstück in Wohnungseigentum umzuwandeln?
2. Was ist bei einer entsprechenden Umwandlung zu beachten bzw. wie sieht der Ablauf genau aus? Das wäre hilfreich zu wissen.
3. Welche Unterlagen sind dafür erforderlich? Wer ist für diese Unterlagen zuständig? Vermutlich wird es da einiges an „Papierkram" geben.
4. Auch ganz wichtig: Was passiert mit den Stellplätzen und Garagen?

Alle weiteren Fragen folgen am 19.02.2023. Sollten Sie noch Fragen haben, dann melden Sie sich gerne.

Mit freundlichen Grüßen
Kerstin Sauermann

ARBEITSAUFTRÄGE

1 Bereiten Sie Antworten auf die von Frau Sauermann gestellten Fragen vor.

2 Stellen Sie einen Ablaufplan zur Umwandlung des Grundstücks in eine Wohnungseigentumsanlage auf.

3 Erläutern Sie den Inhalt der notwendigen Unterlagen.

Aufgaben

1 Auf welche zwei Arten kann Wohnungs- und Teileigentum begründet werden? Geben Sie auch die gesetzliche Grundlage dafür an.

2 Eine Wohnung bzw. ein Raum sind nicht in sich abgeschlossen. Ist in diesem Fall die Begründung von Wohnungs- oder Teileigentum möglich?

3 Was ist unter den Begriffen „Gebäude“ und „Räume“ zu verstehen? Definieren Sie beide, um sie voneinander abzugrenzen.

4 Wie ist nach der neuen WEG-Fassung ein Kfz-Stellplatz einzuordnen?
a) Gebäude
b) Bauwerk
c) Raum
d) abhängig von der Nutzung

Was ergibt sich aus dieser Einordnung für einen Kfz-Stellplatz?

5 Welche der folgenden Unterlagen sind für die Teilung eines Grundstücks erforderlich?
a) Aufteilungsplan
b) Unbedenklichkeitsbescheinigung nach GrEStG
c) schriftliche Einverständniserklärung des ursprünglichen Eigentümers/der Eigentümerin
d) Abgeschlossenheitsbescheinigung
e) Planungsunterlagen für die weitere Nutzung
f) Gemeinschaftsordnung
g) Teilungserklärung

6 Es soll eine Änderung der Teilungserklärung vorgenommen werden. Was ist zu beachten, wenn
a) es sich um einen Alleineigentümer handelt?
b) schon Eigentumsvermerke anderer Eigentümer und Eigentümerinnen im Grundbuch eingetragen sind?

7 Wie sieht die Situation aus, wenn keine Gemeinschaftsordnung existiert?

8 Wem obliegt die Durchsetzung der Gemeinschaftsordnung?

9 Ein Aufteilungsplan umfasst verschiedene Zeichnungen bzw. Bauzeichnungen. Was muss aus ihnen hervorgehen?
a) Lage des Gebäudes auf dem Grundstück
b) Aufteilung des Gebäudes und des Grundstücks
c) Anbindung an das Straßennetz der Gemeinde
d) Lage und Größe des Sondereigentums
e) Wege zu den nächsten öffentlichen Verkehrsmitteln
f) die im Gemeinschaftseigentum stehenden Flächen der Gebäude und des Grundstücks

10 „Das Begründen von Sondereigentum ist nur nach Vorlage einer Abgeschlossenheitsbescheinigung möglich.“ Was meinen Sie zu der Aussage? Berücksichtigen Sie dabei
a) die gesetzliche Situation laut WEG sowie
b) das Vorgehen in der Praxis.

11 An wen müssen Sie sich wenden, wenn Sie eine Abgeschlossenheitsbescheinigung benötigen?

12 Welche der folgenden Voraussetzungen für das Ausstellen einer Abgeschlossenheitsbescheinigung sind nicht richtig?
a) Zu einer Wohnung können zusätzlich Räume außerhalb des Wohnungsabschlusses gehören, z. B. ein Abstellraum auf der halben Treppe.
b) Stellplätze sind auch als Sondereigentum anzugeben.
c) Es ist nicht erforderlich, dass eine Wohnung baulich vollkommen von den anderen Wohnungen getrennt sein muss, z. B. durch Decken und Wände.
d) Jede Wohnung muss mit einer Wasser-/Abwasserversorgung und einer Waschmöglichkeit ausgestattet sein. Ein WC sowie eine Kochgelegenheit sind nicht notwendig.
e) Eine Wohnung muss einen eigenen Zugang unmittelbar vom Freien, von einem Treppenhaus oder einem Vorraum aus haben.

13 Wann erst dürfen nach dem Grunderwerbsteuergesetz der Erwerber bzw. die Erwerberin eines Grundstücks oder eines Erbbaurechts in das Grundbuch als Eigentümer bzw. Eigentümerin oder als Erbbauberechtigte eingetragen werden?

Situation 73

Teilungserklärung und Gemeinschaftsordnung

Nach der Beratung durch Isabell hat sich Frau Sauermann dazu entschieden, einige Wohnungseinheiten ihres Mehrfamilienhausgrundstücks in Wohnungseigentum umzuwandeln. Die MEWOH Musterwohn GmbH möchte sie beauftragen, sie bei allen nötigen Schritten zu unterstützen. Da Isabell sich mit dem Vorhaben von Frau Sauermann bereits auskennt, erhält sie nun die Aufgabe, sich um alle erforderlichen Unterlagen zu kümmern, die für die Umwandlung notwendig sind.

Obwohl Frau Sauermann von ihrem Vorhaben überzeugt ist, gibt es dennoch einige Punkte, die ihr Sorgen bereiten. Daher schreibt sie Isabell noch einmal eine E-Mail.

Von: Kerstin.Sauermann@online.dex
An: Isabell.Ahrens@mewoh-musterwohn.dex
Datum: 22.02.2023
Betreff: Unser Gespräch vom 19.02.2023

Sehr geehrte Frau Ahrens,

noch einmal herzlichen Dank für Ihre Zeit und das Gespräch. Ihre ganzen Informationen und Erklärungen haben mich bestärkt, meinem Vorhaben zu folgen und einige der Wohneinheiten meines Mehrfamilienhausgrundstücks in Wohnungseigentum umzuwandeln. Allerdings bereiten mir einige Punkte noch ein wenig Bauchschmerzen. Aber da können Sie mir vermutlich auch sagen, ob meine Bedenken begründet sind.

Von Bekannten, die auch in Besitz einer Eigentumswohnung sind, habe ich schon häufiger gehört, dass es im Rahmen der Eigentümerversammlungen immer wieder Problem gibt, wenn es um einzelne Detailfragen geht. Oft gehen die Probleme darauf zurück, dass in der Teilungserklärung bzw. Gemeinschaftsordnung viele Details nicht richtig geregelt sind. Die Eigentümerinnen und Eigentümer sind dann unsicher, wie mit den jeweiligen Problemen umzugehen ist.

Wer erstellt eigentlich die Teilungserklärung bzw. die Gemeinschaftsordnung? Zudem würde ich gerne, die folgenden Punkte mit einbinden:
- Vom ersten Tag an soll ein Verwalter eingesetzt werden.
- Es soll ggf. ein Verwaltungsbeirat gebildet werden.
- Besonders wichtig ist mir, dass die genaue Verteilung der Lasten und Kosten in der Gemeinschaft berücksichtigt wird.
- Es muss eine klare Regelung hinsichtlich der Erhaltungsrücklage geben.
- Und es muss ebenfalls Regelungen zur Hausordnung geben.

Vielen Dank für Ihre Unterstützung.

Mit freundlichen Grüßen
Kerstin Sauermann

ARBEITSAUFTRÄGE

1 Erklären Sie, was eine Teilungserklärung und was eine Gemeinschaftsordnung ist. Geben Sie zudem drei Beispiele, was eine Gemeinschaftsordnung beinhalten kann. Nutzen Sie auch das Arbeitsblatt 9.4 „Teilungserklärung und Gemeinschaftsordnung", welches den Webcodematerialien beiliegt.

2 Erarbeiten Sie für das Grundstück von Frau Sauermann eine fiktive Teilungserklärung bzw. Gemeinschaftsordnung. Berücksichtigen Sie dabei insbesondere die Kostenverteilungsfragen in der Gemeinschaft.

Situation 74

Verwaltung von Wohnungseigentum

Frau Sauermann ist mit der bisherigen Verwaltertätigkeit der MEWOH Musterwohn GmbH sehr zufrieden. Gleiches gilt auch für die Beratung zu ihrem Vorhaben, das Grundstück in eine Wohnungseigentumsanlage umzuwandeln und einige der Wohneinheiten ihres Mehrfamilienhausgrundstücks als Wohnungseigentum zu verkaufen. Aus diesem Grund hat sie sich dazu entschlossen, die MEWOH als Verwalter für das Gemeinschaftseigentum und das Sondereigentum einzusetzen, sofern die Teilung erfolgt ist.

Für Frau Sauermann ist der nächste Schritt klar. Sie möchte, dass die Verwaltertätigkeit von beiden Eigentumsarten in einen Vertrag gekoppelt wird. Daher führt sie noch einmal ein Telefongespräch mit Isabell.

ARBEITSAUFTRÄGE

1 Erläutern sie Frau Sauermann den Unterschied beider Vertragsarten.

2 Welche Voraussetzung muss ein WEG-Verwalter zukünftig (vermutlich ab dem 01.12.2023) erbringen?

3 Welche Versicherungen sollte ein WEG-Verwalter vorweisen können?

4 Ab wann kann die Verwaltertätigkeit aufgenommen werden?

5 Erarbeiten Sie eine Checkliste, welche Punkte in den Verwaltervertrag für das Gemeinschaftseigentum aufgenommen werden sollten.

Aufgaben

1 Erklären Sie, was unter einem Wohnungseigentümer bzw. einer Wohnungseigentümerin zu verstehen ist.

2 Wo sind die Rechte und Pflichten eines Wohnungseigentümers bzw. einer Wohnungseigentümerin geregelt?

3 Was zählt zu den Rechten eines Wohnungseigentümers bzw. einer Wohnungseigentümerin? Nennen Sie drei Beispiele.

4 Besteht ein Individualanspruch gegenüber der Gemeinschaft auf eine ordnungsgemäße Benutzung des Gemeinschaftseigentums und des Sondereigentums?

5 Grundsätzlich kann jeder Wohnungseigentümer über die Benutzung seiner Wohnung frei entscheiden. Gibt es Ausnahmen?

6 Neben den Rechten fallen einem Wohnungseigentümer bzw. einer Wohnungseigentümerin auch Pflichten zu, die bindend sind. Nennen Sie drei Beispiele.

7 Erklären Sie, was unter einer Wohnungseigentümergemeinschaft zu verstehen ist.

8 Wie wird man Teil einer Wohnungseigentümergemeinschaft?

9 Wann entsteht eine Wohnungseigentümergemeinschaft?

10 Besitzt eine Wohnungseigentümergemeinschaft im vollen Umfang Rechtsfähigkeit und durch wen wird sie vertreten?

11 Auf welchen Zweck ist eine Wohnungseigentümergemeinschaft ausgerichtet?

12 Was sind die zentralen Aufgaben einer Wohnungseigentümergemeinschaft?

13 Die Technik & Wärme GmbH liefert regelmäßig Öl an die Wohnungseigentümergemeinschaft Holunderstr. 43 in 04416 Leipzig. Die letzte Lieferung wurde von der Gemeinschaft aber noch nicht bezahlt. Nun wendet sich ein Mitarbeiter der Technik & Wärme GmbH an Herrn Aslau, der Eigentümer einer Wohnung in der Wohnanlage ist. Er soll die Gesamtforderung bezahlen. Wie beurteilen Sie das Vorgehen der Technik & Wärme GmbH im Hinblick auf den möglichen Erfolg?

14 Worauf hat die Eigentümergemeinschaft einen Anspruch?

15 Kosten, die durch das Gemeinschaftseigentum entstehen, sind durch die Wohnungseigentümergemeinschaft zu tragen. Wie werden diese aber verteilt?

16 Wann wird von einer Mehrhausanlage gesprochen?

17 Erklären Sie anhand eines Beispiels, wie Untergemeinschaften gebildet werden können.

18 Was passiert bei der Begründung von Wohnungseigentum mit dem Grundbuch?

19 Ein Wohnungs- bzw. Teileigentumsgrundbuch besteht – neben einem Deckblatt – aus
a) dem Bestandverzeichnis sowie
b) den Abteilungen I-III.

Erklären Sie die Bestandteile. Was beinhalten Sie?

20 Eine ordnungsgemäße Verwaltung unterteilt sich in der Regel in eine
a) kaufmännische,
b) technische und
c) rechtliche Verwaltung.

Welche Aufgaben werden dort erledigt? Geben Sie jeweils drei Beispiele.

21 Damit ein Verwalter von Beginn an seinen Aufgaben im vollen Umfang nachkommen kann, benötigt er verschiedene Unterlagen, die ihm von der Wohnungseigentümergemeinschaft zur Verfügung zu stellen sind. Geben Sie fünf Beispiele.

22 Der Verwalter ist das handelnde Organ der Wohnungseigentümergemeinschaft. Was ist damit gemeint?

23 Welche Rechte hat der Verwalter im Innen- und Außenverhältnis?

24 Kann der Verwalter für die Gemeinschaft auch den Abschluss eines Darlehensvertrags vornehmen?

25 Unter welchen Voraussetzungen kann auf die Bestellung eines zertifizierten Verwalters nach § 26a WEG verzichtet werden?

26 Erfolgt die Bestellung eines Verwalters per
a) einfacher Mehrheit,
b) Allstimmigkeit,
c) Einstimmigkeit oder
d) qualifizierter Mehrheit?

27 Welche Aufgaben und Befugnisse fallen einem Verwalter zu? Was ist seine Hauptaufgabe?

28 Welche Möglichkeiten bestehen, einen Verwaltervertrag abzuschließen?

29 Aus welcher gesetzlichen Regelung ergibt sich die Haftung eines Verwalters?

30 Eine Wohnungseigentümergemeinschaft kann dem Verwalter die Entlastung für seine Tätigkeit erteilen.
a) Was ist damit gemeint?
b) Wo ist dies gesetzlich geregelt?

31 Es ist jederzeit möglich, den Verwalter abzuberufen.
a) Wann endet der Vertrag mit dem Verwalter spätestens?
b) Durch wen muss die Kündigung erfolgen?

32 Ein Verwalter legt sein Amt nieder. Endet der Verwaltervertrag in diesem Fall automatisch?

33 Die Verwalterfirma eines Einzelkaufmanns wird verkauft. Bleibt die bisherige Person weiter Verwalter oder geht das Amt automatisch an den Erwerber bzw. die Erwerberin über?

34 Warum ist es für eine Eigentümergemeinschaft sinnvoll, eine Verwaltervollmacht auszustellen?

35 Was passiert mit der Verwaltervollmacht nach dem Ablauf des Verwaltervertrags?

Situation 75

Erarbeitung eines Wirtschaftsplans

Bei der MEWOH Musterwohn GmbH ist im laufenden Jahr eine Anfrage zur Übernahme der Verwaltung der Wohnungseigentumsanlage Martinusallee 165 in 04289 Leipzig eingegangen. Nach Prüfung der Anfrage hat sich die MEWOH entschieden, die Verwaltung zu übernehmen. Die Übernahme soll ab dem 01.01. des Folgejahres erfolgen. Im Vorfeld wurden der MEWOH verschiedene Unterlagen vorgelegt. Aus ihnen gehen die folgenden Angaben zu der Wohnungseigentumsanlage hervor:

Daten zur Wohnungseigentumsanlage Martinusallee 165, 04289 Leipzig

- Die Wohnungseigentumsanlage umfasst insgesamt 20 Eigentumswohnungen mit einer Größe von 55 bis 135 Quadratmetern Wohnfläche.
- Zu der Anlage gehören außerdem zwei Gewerbeeinheiten mit einer Fläche von 140 und 200 Quadratmetern.
- Teil der Anlage sind auch 10 oberirdische Kfz-Stellplätze.
- Die Grundstücksgröße beläuft sich auf 950 Quadratmeter.
- Das Gebäude verfügt über eine Aufzugsanlage, die von allen Eigentumsparteien des Hauses genutzt werden kann.
- Die Versorgung der Wohnungen mit Wärme und Warmwasser erfolgt über eine zentrale Heizungs- und Warmwasserversorgung

ARBEITSAUFTRÄGE

1 Entwerfen Sie einen ersten Wirtschaftsplan für die Wohnungseigentumsanlage Martinusallee 165 in 04289 Leipzig, deren Verwaltung die MEWOH Musterwohn GmbH zum 01.01. übernimmt. Erläutern Sie dazu folgende Punkte:
- Welche Umlageschlüssel können Sie verwenden?
- Wo finden Sie Vorgaben zur Kostenaufteilung?
- Wann sind die Hausgeldzahlungen fällig?

2 Erläutern Sie die möglichen Varianten zur Kalkulation der Erhaltungsrücklage.

3 Kalkulieren Sie die Erhaltungsrücklage für die Wohnungseigentumsanlage.

Aufgaben

1 Warum ist es aus Sicht eines Verwalters erforderlich, einen Wirtschaftsplan aufzustellen?

2 Was wird in einem Wirtschaftsplan festgelegt und warum ist er für die Eigentümergemeinschaft so wichtig?

3 Aus welchen Teilen besteht ein Wirtschaftsplan?
a) Alternativwirtschaftsplan
b) Einzelwirtschaftsplan
c) ergänzender Wirtschaftsplan
d) Gesamtwirtschaftsplan
e) Kosten- und Leistungsanalyse

4 Der Wirtschaftsplan bedarf eines Beschlusses. Was ergibt sich aus dem Beschluss der Eigentümergemeinschaft gegenüber den einzelnen Eigentümern und Eigentümerinnen?

5 Was beinhaltet das Hausgeld? Geben Sie drei Beispiele.

6 Erklären Sie, was eine Sonderumlage ist und wann eine Eigentümergemeinschaft darauf zurückgreift.

7 Sie sind dabei, einen Wirtschaftsplan für das kommende Jahr aufzustellen. Was nutzen Sie dafür als Grundlage?

8 Wann sollte der Wirtschaftsplan spätestens aufgestellt werden und warum?

9 In der Praxis wird oft beschlossen, dass der Wirtschaftsplan über das Wirtschaftsjahr hinaus gilt, so lange bis ein neuer Wirtschaftsplan beschlossen wird. Was könnte sonst passieren?

10 Warum ist es notwendig, eine angemessene Erhaltungsrücklage anzusammeln?

11 Kann das Ansammeln einer Erhaltungsrücklage von jedem Eigentümer bzw. jeder Eigentümerin gefordert werden?

12 Wie ist die Erhaltungsrücklage anzulegen?

13 Wessen Eigentum ist die Erhaltungsrücklage und wird sie auch beim Ausscheiden eines Eigentümers bzw. einer Eigentümerin ausgezahlt?

14 Welche der folgenden Punkte sind bei der Berechnung der Erhaltungsrücklage zu berücksichtigen?
a) Ablauf von Zulassungen, z. B. Heizungsanlage
b) Beschaffenheit und Zustand der Wohnungseigentumsanlage
c) Anzahl der zur Verfügung stehenden Kfz-Stellplätze
d) Alter und Zustand der technischen Anlagen
e) durchschnittlicher Jahresverdienst der Eigentümer und Eigentümerinnen
f) Zugehörigkeitsdauer zur Wohnungseigentümergemeinschaft
g) Baujahr und Größe der Wohnungseigentumsanlage

15 Wo ist der Bestand der Rücklage auszuweisen?

16 Welche Grundlagen gelten für die Rechnungslegung?

17 Aus dem Rechnungswesen kennen Sie das Prinzip „Keine Buchung ohne Beleg!“. Gilt dieses auch für den Verwalter?

18 Was muss gemäß § 28 Abs. 2 WEG nach Ablauf des Wirtschaftsjahres durch den Verwalter erfolgen? Gibt es Ausnahmen?

19 Eine Aufstellung zu den haushaltsnahen Dienstleistungen gemäß § 35a EStG gehört ebenfalls zu einer ordnungsgemäßen Abrechnung. Warum ist diese für Eigentümer bzw. Eigentümerinnen wichtig?

20 Was ist unter einer Abrechnungsspitze zu verstehen?

21 Wie errechnet sich ein Hausgeldrückstand? Geben Sie ein Berechnungsbeispiel.

22 Seit der WEG-Reform ist die Erstellung eines Vermögensberichts erforderlich.
a) Was wird in ihm dargestellt?
b) Muss er beschlossen werden?

23 Was gehört zum Vermögen einer Wohnungseigentümergemeinschaft?
a) Rückstände aus Erhaltungsrücklagen
b) Guthaben aus Jahresabrechnungen
c) Darlehensverbindlichkeiten
d) Bausparverträge der Eigentümer und Eigentümerinnen
e) Rasenmäher

Situation 76

Vorbereitung und Durchführung einer Eigentümerversammlung

Momentan dreht sich bei der MEWOH Musterwohn GmbH beim Team WEG-Verwaltung wieder einmal alles um die Eigentümerversammlungen, die in Kürze anstehen. Durch die Team-Leiterin Frau Schmitt bekommt Isabell die Aufgabe, die Eigentümerversammlung für die Wohnungseigentumsanlage Balkauerstraße 57, 04179 Leipzig vorzubereiten, die in gut sechs Wochen stattfinden soll. Isabell soll dazu einen Übersichtsplan für die nächste Teambesprechung erarbeiten.

Frau Schmitt bittet Isabell zudem auch darum, bei ihren Überlegungen und Ausarbeitungen verschiedene Punkte zu berücksichtigen. Dazu macht sich Isabell einige Notizen.:

Wichtig: Noch einmal die Ladungsfristen genau prüfen!

Liegen alle erforderlichen Kostenvoranschläge vor?

Aufstellung einer genauen Terminplanung zum weiteren Ablauf

Alle notwendigen Unterlagen sind zu beachten und zusammenzutragen.

Die in den letzten Eigentümerversammlungen gefassten Beschlüsse müssen berücksichtigt werden.

Zudem erarbeitet Isabell bereits einen ersten Entwurf für ein Einladungsschreiben zur demnächst anstehenden Wohnungseigentümerversammlung.

Einladung zur Eigentümerversammlung 20..
Wohnungseigentümergemeinschaft Balkauerstraße 57, 04179 Leipzig

Sehr geehrte Frau/Sehr geehrter Herr ...,

unter Bezugnahme auf die in der Anlage beigefügte Tagesordnung laden wir Sie herzlich zu einer Eigentümerversammlung ein.

Datum:	Freitag, den 27.05.20..
Uhrzeit:	18:00 Uhr
Ort:	Besprechungsraum 3 unserer Außenstelle, Kalftstraße 25, 04357 Leipzig

ARBEITSAUFTRÄGE

1 Erarbeiten Sie den Entwurf eines fiktiven Einladungsschreibens.

2 Entwerfen Sie eine fiktive Tagesordnung.

3 Welche Form der Durchführung der Eigentümerversammlung würden Sie wählen? Begründen Sie Ihren Vorschlag.

Folgesituation

Heute findet die Eigentümerversammlung zur Wohnanlage Balkauerstraße 57, 04179 Leipzig satt. Wurden die Versammlungen im letzten Jahr alle digital durchgeführt, so hat sich die MEWOH Musterwohn GmbH in diesem Jahr dazu entschlossen, alle Eigentümerversammlungen wieder als Präsenzveranstaltungen durchzuführen. Isabell darf auch bei dieser Eigentümerversammlung mit dabei sein. Im Vorfeld geht sie noch einmal den Ablauf genau durch.

ARBEITSAUFTRÄGE

1 Erläutern Sie den Ablauf der Versammlung unter Berücksichtigung folgender Punkte:
- Teilnehmerliste
- Beschlussfähigkeit
- Tagesordnung
- Geschäftsordnungsbeschlüsse
- Beschlussverkündung
- Protokollerstellung

2 Es liegen Vollmachten im Original per Post und als Mail vor. Wie ist mit den vorliegenden Vollmachten zu verfahren?

3 Bei der letzten Eigentümerversammlung sind während der laufenden Versammlung Vollmachten auf Ihrem Smartphone eingegangen. Wie beurteilen Sie die Situation? Bis zu welchem Zeitpunkt müssen Ihnen die Vollmachten zugegangen sein?

Aufgaben

1 Für die richtige Vorbereitung einer Eigentümerversammlung leistet eine eigene Checkliste wertvolle Dienste. Man behält somit alle wichtigen Punkte im Blick. Welche der folgenden Punkte sollten zur Vorbereitung auf einer entsprechenden Checkliste stehen?
- a) Sammeln von Beschlussanträgen und Kostenvoranschlägen für das neue Wirtschaftsjahr
- b) Parkplatzsituation am Veranstaltungsort prüfen
- c) Belegprüftermin
- d) Raumbestellung
- e) zusätzliche Information der Mieter/Mieterinnen über anstehende Eigentümerversammlung (sofern Wohnungen vermietet sind)
- f) Erarbeitung Wirtschaftsplan
- g) Termin für die Versammlung festlegen
- h) Einladungen absenden
- i) Tagesordnung prüfen und notfalls nach eigenem Ermessen einkürzen
- j) Erarbeitung der Jahresabrechnung

2 Wer ist für das Einberufen einer Eigentümerversammlung zuständig?

3 In welcher Form hat die Einladung zu einer Eigentümerversammlung zu erfolgen?

4 Welche Anlagen gehören zur Einladung zu einer Eigentümerversammlung? Geben Sie drei Beispiele.

5 Sie erstellen zurzeit eine Tagesordnung für eine Eigentümerversammlung. Worauf sollten Sie im Hinblick auf die Formulierung der einzelnen Tagesordnungspunkte achten?

6 Wie ist mit den folgenden Beschlussarten während einer Eigentümerversammlung zu verfahren?
- a) zusätzliche Beschlüsse
- b) Geschäftsordnungsbeschlüsse

7 Eine von Ihnen geleitete Eigentümerversammlung wurde gerade beendet. Nun soll plötzlich doch noch ein Beschluss gefasst werden. Wie beurteilen Sie die Situation?

8 Kann die Eigentümergemeinschaft beschließen, dass Eigentümer bzw. Eigentümerinnen auch die Möglichkeit haben sollen, online an einer Versammlung teilzunehmen?

9 Was sollte aus Sicht der Verwaltung bei der Planung einer Versammlung berücksichtigt werden, an der die Eigentümer bzw. Eigentümerinnen auch online teilnehmen können?

10 Bei einer elektronischen Veranstaltung spielt auch das Thema Datenschutz eine wichtige Rolle. Erklären Sie kurz, worauf zu achten ist.

11 Welche der folgenden Punkte sollten im Hinblick auf eine Onlineversammlung im Vorfeld unbedingt geregelt werden?
a) Welche Technik soll eingesetzt werden (Hardware, Software)?
b) Ausübung von Versammlungsrechten (Rede-, Antrags- und Stimmrecht)
c) Schulung aller Teilnehmer und Teilnehmerinnen im Umgang mit Hard- und Software
d) Regelung zur Kostentragung bzw. Verteilungsschlüssel
e) technische Ausstattung der Gemeinschaft und der Eigentümer
f) von wo aus an der Versammlung teilgenommen wird
g) Welcher Onlinedienst soll genutzt werden?
h) Festlegung der Teilnahmemöglichkeit per elektronischer Kommunikation
i) Wahrung des Datenschutzes gemäß DSGVO

12 Das Wohnungseigentumsgesetz kennt drei Stimmrechtsprinzipien. Nennen und erklären Sie diese.

13 Welches Stimmrechtsprinzip hat der Gesetzgeber festgelegt? Kann davon auch abgewichen werden?

14 Frau Draslan und Frau Kremmler gehört gemeinsam eine Wohneigentumseinheit. Wie müssen sie ihr Stimmrecht ausüben?

15 In welchen Fällen ist es möglich, einen Eigentümer bzw. eine Eigentümerin vom Stimmrecht auszuschließen?

16 Erklären Sie die folgenden Mehrheiten bzw. Begrifflichkeiten:
a) einfache Mehrheit
b) Allstimmigkeit
c) Einstimmigkeit
d) Mehrheiten gemäß § 21 WEG (bauliche Veränderungen)
e) qualifizierte Mehrheit
f) Negativbeschluss
g) Nichtbeschluss
h) nichtige Beschlüsse

Nutzen Sie auch das Arbeitsblatt 9.5 „Mehrheiten und andere Begriffe“, welches den Webcodematerialien beiliegt.

17 Bei der heutigen Eigentümerversammlung ist nur ein Eigentümer anwesend. Ist die Eigentümerversammlung beschlussfähig?

18 Geben Sie jeweils drei Beispiele, wann eine
a) einfache Mehrheit ausreicht und
b) wann eine Allstimmigkeit erforderlich ist.

19 Bei einer Abstimmung, die eine einfache Mehrheit erfordert, gibt es auch einige Stimmenthaltungen. Wie ist mit diesen zu verfahren?

20 Erklären Sie, was unter einer Öffnungsklausel zu verstehen ist.

21 Was ist im Rahmen einer Eigentümerversammlung unter einem Beschluss zu verstehen?

22 Welche Angelegenheiten können per Beschlussfassung durch eine Wohnungseigentümergemeinschaft geregelt werden?

23 In welchen Bereichen haben die Eigentümerinnen und Eigentümer Beschlusskompetenz? Geben Sie vier Beispiele.

24 Über einen schon bereits in der Vergangenheit gefassten Beschluss kann die Eigentümergemeinschaft einen Zweitbeschluss fassen. Geben Sie einen Grund dafür an.

25 Was ist unter einem Umlaufbeschluss zu verstehen?

26 Stellen Sie kurz den Ablauf eines Umlaufbeschlusses dar.

27 Wie kann ein Wohnungseigentümer bzw. eine Wohnungseigentümerin gegen einen getroffenen Beschluss vorgehen?

28 Erklären Sie kurz, was unter einer Vereinbarung zu verstehen ist und wo sie vermerkt wird.

29 Geben Sie zwei Beispiele für eine Vereinbarung.

Situation 77

Nacharbeiten zu einer Eigentümerversammlung

Als Isabell heute ins Büro kommt, ist sie sichtlich zufrieden, aber auch noch ein wenig geschafft. Hinter ihr liegen einige anstrengende Wochen, in denen sie fast ausschließlich nur an der Vorbereitung und Durchführung von Eigentümerversammlungen beteiligt war.

Isabell: Hallo Arif, es ist geschafft.

Arif: Was meinst du? Was ist geschafft?

Isabell: In den letzten Wochen drehte sich bei mir alles nur um das Vorbereiten und Durchführen von Eigentümerversammlungen. In den letzten zwei Wochen war ich fast täglich auf entsprechenden Versammlungen. Gestern war aber die letzte gewesen. Damit müssen wir uns also erst wieder in gut einem Jahr beschäftigen.

Arif: Kennst du nicht den Grundsatz „Nach der Eigentümerversammlung ist vor der Eigentümerversammlung“?

Isabell: Nein, davon habe ich noch nichts gehört.

Arif: Jetzt geht es darum, die ganzen Nacharbeiten vorzunehmen. Das begleitet einen bis zur nächsten Eigentümerversammlung.

Isabell: Okay, dann werde ich gleich mal mit Frau Schmitt sprechen und fragen, was nun zuerst ansteht. Auf jeden Fall danke für die Infos.

ARBEITSAUFTRÄGE

1 Im Allgemeinen gilt in den Verwaltungen eines wohnungswirtschaftlichen Unternehmens der Grundsatz „Nach der Eigentümerversammlung ist vor der Eigentümerversammlung“. Was ist damit gemeint?

2 Erläutern Sie die Aufgaben, die nach der Beendigung der Eigentümerversammlung anfallen. Beachten Sie dabei auch die Einhaltung der gesetzlichen Vorgaben und gehen Sie insbesondere auf die folgenden Punkte ein:
- Protokollversand
- Bearbeitung möglicher Einsprüche durch einzelne Eigentümerinnen und Eigentümer
- Abarbeitung der Beschlüsse

3 In einer Eigentümerversammlung wurde beschlossen, per Umlaufbeschluss die Auftragserteilung an einen neuen Hausmeisterdienst zu vergeben. Sie wurden beauftragt drei Kostenvoranschläge einzuholen.
a) Erläutern Sie die Durchführung eines Umlaufbeschlusses.
b) Formulieren Sie den Beschlussantrag.

Beauftragung eines neuen Hausmeisterdienstes

Folgende Leistungen sind zu berücksichtigen:
- regelmäßige Reinigung des Treppenhauses
- Reinigung von Hof- und Gehwegen
- Gartenarbeiten, wie z. B. das Beseitigen von Unkraut und das Mähen des Rasens
- Kontrolle der Heizungsbedienung und Überwachung bei der Anlieferung von neuem Brennstoff
- Ausführung kleinerer Reparaturen
- im erforderlichen Fall Durchsetzung der Hausordnung
- Übernahme des Winterdienstes
- Mülltonnenservice

Aufgaben

1 Über die Versammlung der Eigentümergemeinschaft ist eine Versammlungsniederschrift (Protokoll) zu erstellen. Geben Sie die gesetzliche Bestimmung dafür an.

2 Welche der folgenden Angaben muss das Protokoll nicht enthalten?
- a) bei vermieteten Wohneinheiten: Angaben zum Wohnsitz des Eigentümers bzw. der Eigentümerin
- b) Geschäftsordnungsbeschlüsse
- c) Abstimmungsmodalitäten
- d) Gründe für die gefassten Beschlüsse
- e) evtl. Unterbrechungen
- f) Erreichbarkeit des Versammlungsleiters bzw. der -leiterin für Rückfragen
- g) Mitschrift der Diskussionen zu den wichtigsten TOPs
- h) Angaben zur fristgerechten Ladung
- i) Unterschriften
- j) Name der Gemeinschaft
- k) Ende der Versammlung
- l) Angaben zur Teilnahme Dritter

3 In der Regel wird die Niederschrift an die Eigentümer versendet. Bis wann hat dies zu erfolgen?

4 Muss die Eigentümergemeinschaft die Versammlungsniederschrift aufbewahren?

5 Was ist unter der Beschlusssammlung zu verstehen und wer hat sie zu führen?

6 Sind auch Vereinbarungen Bestandteil der Beschlusssammlung?

7 Wozu dienen Beschlusssammlungen?

8 Erklären Sie die gesetzlichen Vorgaben zur Form einer Beschlusssammlung.

9 Müssen auch Geschäftsordnungsbeschlüsse mit in die Beschlusssammlung aufgenommen werden?

10 Die gesetzlichen Aufbewahrungspflichten (§§ 140 und 147 AO) sind durch den Verwalter einzuhalten. Geben Sie an, welche Unterlagen einer Aufbewahrungsdauer von
- a) 6 Jahren,
- b) 10 Jahren und
- c) einer unbefristeten Aufbewahrungspflicht unterliegen.

11 Was passiert mit den Unterlagen, sofern die Aufbewahrungsfrist abgelaufen ist? Können Sie als Verwalter bzw. als Verwalterin die Unterlagen einfach vernichten?

12 Wie kann der Verwaltungsbeirat bestellt werden?

13 Gibt es eine gesetzliche Vorgabe zur Anzahl der Verwaltungsbeiratsmitglieder?

14 Können in einen Verwaltungsbeirat auch Mitglieder aufgenommen werden, die zu anderen Eigentümergemeinschaften gehören?

15 Dem Verwaltungsbeirat obliegt es, den Verwalter zu unterstützen und zu überwachen. Welche der folgenden Aufgaben gehören dazu?
- a) vertritt die Wohnungseigentümer gegenüber dem Verwalter
- b) Einberufung der Eigentümerversammlung, sofern ein Verwalter fehlt oder sich weigert, eine Versammlung einzuberufen
- c) kann im Namen der Gemeinschaft oder als Vertretung für den Verwalter Rechtsgeschäfte abschließen
- d) Schlüssigkeitsprüfung der Jahresabrechnung
- e) ggf. Durchführung von Beiratssitzungen
- f) alleinige Rechtsvertretung bei Klagen gegen die Gemeinschaft
- g) Unterstützung bei der Vorbereitung der Eigentümerversammlung

16 Der Verwaltungsbeirat hat das Recht, sich im Rahmen der Eigentümerversammlung eine Entlastung erteilen zu lassen. Was ist damit gemeint?

17 Warum sollte die Laufzeit einer Bestellung des Beirats nicht eins zu eins mit der Laufzeit des Verwaltervertrags übereinstimmen?

18 Erklären Sie, was unter einer Veräußerungsbeschränkung zu verstehen ist.

19 Welche Voraussetzung ist erforderlich, bevor es zur Entziehung des Eigentums kommen kann?

Stichwortverzeichnis

Q

R

S

T

U

V

W

Z

Bildquellenverzeichnis

Grafiken: PER Medien und Marketing GmbH, S. 22, 31, 35-36, 53, 61, 64, 67, 71, 86-89, 91, 93, 95-96, 98, 100, 104, 106-107, 109, 114-115, 122-124, 126, 128, 140, 143-144, 146-148, 155-156, 160, 173, 230, 305-310, 325-327, 334, 342-345, 348-350, 356-357, 370, 373, 375

Abbildungen:

S. 15: Shutterstock.com/Anna Issakova | **S. 16:** Shutterstock.com/fizkes | **S. 21:** Shutterstock.com/ImageFlow | **S. 23:** Shutterstock.com/NeydtStock | **S. 25:** Shutterstock.com/PRPicturesProduction | **S. 32:** stock.adobe.com/Butch | **S. 35:** stock.adobe.com/Andre Bonn | **S. 37:** Shutterstock.com/ahoi-images | **S. 40:** Shutterstock.com/Anton Shaparenko | **S. 43:** stock.adobe.com/MG/Stockfotos/Stockfotos-MG | **S. 49:** Shutterstock.com/nnattalli | **S. 50:** stock.adobe.com/LIGHTFIELD STUDIOS | **S. 55:** stock.adobe.com/Erwin Wodicka/Gina Sanders | **S. 60:** Shutterstock.com/keimy | **S. 61:** Shutterstock.com/Oleksiy Mark | **S. 65:** Shutterstock.com/anatoliy_gleb | **S. 74:** stock.adobe.com/Monkey Business | **S. 76:** Shutterstock.com/ARMMY PICCA | **S. 77:** Shutterstock.com/Jeanette Dietl | **S. 78:** Shutterstock.com/Palatinate Stock | **S. 79:** STAATSBETRIEB GEOBASISINFORMATION UND VERMESSUNG SACHSEN | **S. 80:** Shutterstock.com/Che Media | **S. 81:** STAATSBETRIEB GEOBASISINFORMATION UND VERMESSUNG SACHSEN | **S. 82:** Shutterstock.com/wavebreakmedia | **S. 84:** Shutterstock.com/Palatinate Stock | **S. 85:** Imago Stock & People GmbH/viennaslide\r | **S. 87:** Shutterstock.com/Artem_Graf | **S. 98:** stock.adobe.com/Illustrations/MQ/MQ-Illustrations | **S. 102 (ob.):** Shutterstock.com/ronstik | **S. 102 (un.):** Shutterstock.com/Anton Violin | **S. 103:** Shutterstock.com/EyeFound | **S. 108:** Shutterstock.com/buffaloboy | **S. 113:** stock.adobe.com/Fotodesign/Stockwerk/Stockwerk-Fotodesign | **S. 114:** Shutterstock.com/DifferR | **S. 116:** Shutterstock.com/DifferR | **S. 117:** Shutterstock.com/Artem_Graf | **S. 123:** Shutterstock.com/Billion Photos | **S. 140:** stock.adobe.com/Günter Menzl | **S. 141:** Shutterstock.com/Robert Kneschke | **S. 146 (ob.):** Shutterstock.com/Francesco Scatena | **S. 146 (un.):** Shutterstock.com/Prostock-studio | **S. 150 (ob. li.):** Shutterstock.com/Fahroni | **S. 150 (ob. re.):** stock.adobe.com/elmar gubisch | **S. 150 (un.):** Shutterstock.com/bookzv | **S. 152:** Shutterstock.com/Vladimir Nenezic | **S. 153 (ob.):** stock.adobe.com/Fotodesign/Stockwerk/Stockwerk-Fotodesign | **S. 153 (un.):** Shutterstock.com/aldorado | **S. 162:** Shutterstock.com/Rawpixel.com | **S. 164:** Shutterstock.com/r.classen | **S. 178:** stock.adobe.com/Günter Menzl | **S. 181:** stock.adobe.com/Tiberius Gracchus | **S. 183:** Shutterstock.com/Olena Rudo | **S. 185 (ob.):** stock.adobe.com/schulzfoto | **S. 185 (un.):** stock.adobe.com/Wlodzimierz | **S. 187:** stock.adobe.com/AustrianImages.com | **S. 189:** Shutterstock.com/NDAB Creativity | **S. 191:** stock.adobe.com/Joachim/Nitschmann, Hans/nmann77 | **S. 201:** Shutterstock.com/Gorodenkoff | **S. 205:** Shutterstock.com/Anton Shaparenko | **S. 207:** stock.adobe.com/Joachim/Nitschmann, Hans/nmann77 | **S. 209:** stock.adobe.com/rcx | **S. 221:** stock.adobe.com/saravut654@hotmail.com/saravut | **S. 226:** Shutterstock.com/frantic00 | **S. 227:** Shutterstock.com/wk1003mike | **S. 240:** Shutterstock.com/Ann Rodchua | **S. 241:** Shutterstock.com/Photo Smoothies | **S. 249:** Shutterstock.com/Wirestock Creators | **S. 254:** stock.adobe.com/Ocskay Mark | **S. 259:** Shutterstock.com/smereka | **S. 124 (un.):** Shutterstock.com/Larisa Rudenko | **S. 268:** stock.adobe.com/Shisu_ka | **S. 273:** stock.adobe.com/WoGi | **S. 292 (li.):** Shutterstock.com/Sigur | **S. 292 (re.):** Shutterstock.com/Bigc Studio | **S. 294:** Shutterstock.com/Andrew Rybalko | **S. 296:** Shutterstock.com/goodluz | **S. 298:** Shutterstock.com/Vadim Ratnikov | **S. 300 (ob.):** Shutterstock.com/DifferR | **S. 300 (mi.):** Shutterstock.com/Alexey Slyusarenko | **S. 300 (un.):** Shutterstock.com/Trong Nguyen | **S. 303:** stock.adobe.com/H_Ko | **S. 312:** Shutterstock.com/moreimages | **S. 319 (li):** Shutterstock.com/Bobex-73 | **S. 319 (re):** Shutterstock.com/New Africa | **S. 320:** stock.adobe.com/euthymia | **S. 329:** Shutterstock.com/Michael Dechev | **S. 332:** Shutterstock.com/PIXEL to the PEOPLE | **S. 335:** Shutterstock.com/Andrey_Popov | **S. 337:** stock.adobe.com/zinkevych | **S. 339:** Shutterstock.com/ADragan | **S. 340:** Shutterstock.com/Julia Tim | **S. 343:** stock.adobe.com/Farknot Architect | **S. 352:** Shutterstock.com/Kowit Lanchu | **S. 354:** stock.adobe.com/Monkey Business | **S. 358:** Shutterstock.com/fizkes | **S. 376:** Shutterstock.com/fizkes | **S. 378 (li.):** stock.adobe.com/totalpics/flashpics | **S. 378 (mi.):** Shutterstock.com/Atiketta Sangasaeng | **S. 378 (re.):** stock.adobe.com/U. J. Alexander | **S. 383:** stock.adobe.com/Andrey Popov